प्रगतिशील आलोचना और नामवर सिंह

[आलोचना]

प्रगतिशील आलोचना और नामवर सिंह

विजय कुमार भारती

लोकभारती प्रकाशन

लोकभारती प्रकाशन
पहली मंजिल, दरबारी बिल्डिंग, महात्मा गांधी मार्ग
प्रयागराज-211 001

वेबसाइट : www.lokbhartiprakashan.com
ईमेल : info@lokbhartiprakashan.com

शाखाएँ : 1-बी, नेताजी सुभाष मार्ग, दरियागंज
नई दिल्ली-110 002
अशोक राजपथ, साइंस कॉलेज के सामने
पटना-800 006

पहला संस्करण : 2023

मूल्य : ₹895

बी.के. ऑफसेट
नवीन शाहदरा, दिल्ली-110 032
द्वारा मुद्रित

PRAGATISHEEL AALOCHANA AUR
NAMVAR SINGH
Criticism by Vijay Kumar Bharti

ISBN : 978-93-93603-59-3

‘तेरा तुझको सौंपता, क्या लागै है मेरा’

आलोचक **नामवर सिंह** को

समर्पित

क्रम

भूमिका

आलोचक नामवर सिंह हमारे बीच नहीं रहे। परन्तु अपने आलोचना कर्म के ज़रिए वे साहित्य की दुनिया में सदैव विद्यमान रहेंगे। नामवर सिंह हिन्दी के प्रगतिशील आलोचकों में महत्त्वपूर्ण तो हैं ही, अद्वितीय भी हैं। उनका आलोचना कर्म साहित्य को समृद्ध करते हुए तथा हमारी चेतना को उद्‌बुद्ध करते हुए वैचारिक संघर्ष की ऊर्जा तथा विवाद उत्पन्न करने का साहस प्रदान करता है। नामवर सिंह का आलोचना कर्म विभिन्न विचारधाराओं, साहित्य सिद्धान्तों और वादों के द्वंद्व से सम्पन्न हुआ है, जो लेखन और वाचन दोनों रूपों में मौजूद है। यद्यपि आलोचना कर्म का जैसे-जैसे विस्तार होता है, वैसे-वैसे अन्तर्विरोधों एवं विवादों के पैदा होने की गुंजाइश बढ़ने लगती है। अत: नामवर सिंह आलोचना कर्म भी इससे मुक्त नहीं है।

'नामवर सिंह का कृती व्यक्तित्व'— इस अध्याय के अन्तर्गत उनके व्यक्तित्व के कई आयामों पर विचार किया गया है। किसी व्यक्ति के पारिवारिक संस्कारों का व्यक्ति पर व्यापक प्रभाव पड़ता है। नामवर जी के पारिवारिक जीवन की चुनौतियों ने उनके जीवन में दृढ़ता प्रदान की। शिक्षा के संस्कार भी जीवन में कम अहमियत नहीं रखते। अच्छे अध्यापकों ने नामवर जी के भाषा एवं साहित्य सम्बन्धी ज्ञान को समृद्ध किया। उनके मित्रों ने उनके व्यक्तित्व को परिमार्जित एवं समृद्ध किया। किसी व्यक्ति के जीवन की वैचारिक प्रतिबद्धता उसके कर्म को गहरे ढंग से प्रभावित करते हैं। नामवर जी के आलोचना कर्म पर इसका प्रभाव देखा जा सकता है।

'प्रगतिशील आलोचना और नामवर सिंह'— अध्याय के अन्तर्गत नामवर सिंह ने प्रगति विरोधी शक्तियों के साथ जो संघर्ष किया, उसे प्रस्तुत किया गया है। प्रगतिशीलता के साथ विचारों की जड़ता भी आती है। उस जड़ता का विरोध उन्होंने किस प्रकार किया, यह ध्यातव्य है। प्रगतिशीलता पूर्णत: परम्परा विरोधी नहीं होती। बल्कि परम्परा के मूल्यांकन की अन्तर्दृष्टि प्रदान करती है। इसे नामवर सिंह ने वैचारिक संघर्ष से अर्जित किया है। प्रयोगवादी शिल्प की चुनौतियों को नामवर सिंह ने आत्मसात् किया और जनवादी मूल्यों की पक्षधरता की। राजनीतिक दल किस प्रकार प्रगतिशील मूल्यों का दुरुपयोग करते हैं, इसकी पड़ताल उन्होंने की है। प्रगतिशील मूल्यों को आधार बनाकर उन्होंने हिन्दी के बड़े आलोचकों की

संकीर्णताओं को भी प्रस्तुत किया। मार्क्सवाद को प्रगतिशील विचारों का आधार मानते हुए उन्होंने उसके गतिशील विचारों पर अपनी दृष्टि केन्द्रित की।

'हिन्दी साहित्येतिहासकारों का इतिहास और नामवर सिंह'—अध्याय के अन्तर्गत उनकी इतिहास सम्बन्धी अवधारणा का विवेचन किया गया है। वे इतिहास लेखन को पुनरावृत्ति नहीं मानते। वे इतिहास-बोध के संकट पर नज़र रखते हैं। इतिहास की मौलिक और समसामयिक व्याख्या पर बल देते हैं। वे वर्तमान समय की चुनौतियों के सन्दर्भ में इतिहास को देखने पर बल देते हैं। उनकी इतिहास दृष्टि में महत्त्वपूर्ण है—वैज्ञानिकता और इतिहास विरोधी है—अन्धी आस्था। उनकी दृष्टि मूलत: मार्क्सवादी है। साथ ही सामाजिकता एक बड़ी कसौटी है। स्वाधीनता आन्दोलन से लेकर भूमंडलीकरण की प्रवृत्तियों पर वे बारीकी से नज़र रखते हैं।

'परम्परा का मूल्यांकन और दूसरी परम्परा की खोज'—अध्याय के अन्तर्गत नामवर सिंह के परम्परा सम्बन्धी दृष्टिकोण का विवेचन है। नामवर सिंह का परम्परा सम्बन्धी दृष्टिकोण मूलत: 'दूसरी परम्परा की खोज' में व्यक्त हुआ है। परम्परा के कई रूपों की जाँच-पड़ताल की गई है। नामवर जी का दृष्टिकोण इस सन्दर्भ में आधुनिक एवं प्रगतिशील है। परम्परा की कसौटी पर आचार्य शुक्ल एवं आचार्य द्विवेदी की परख की गई है। दोनों आलोचकों की परम्परा महत्त्वपूर्ण है, भले ही वे भिन्न हों। इस भिन्नता का सटीक विश्लेषण नामवर सिंह ने किया है। नामवर जी ने विरोधी परम्परा, लोक परम्परा, अभिजन परम्परा आदि का विवेचन बड़ी सूक्ष्मता के साथ किया है। उन्होंने परम्परा को एकांगी ढंग से उपस्थित नहीं किया है। पूरे भारतीय परिदृश्य में परम्परा को उपस्थित किया है। अत: द्विवेदी जी की परम्परा का स्रोत सिर्फ़ हिन्दी से सम्बद्ध नहीं है। इस परम्परा में रवीन्द्रनाथ ठाकुर भी शामिल हैं। नामवर जी ने परम्परा की धारा में प्रगतिशील तत्त्वों की खोज की है। किसी भी तरह की आस्था और अनुमान को महत्त्व नहीं दिया है। परम्परा की प्रवहमान धारा के प्रति नामवर सिंह का रुझान पूर्णत: व्यक्त हुआ है।

'नयी कहानी आन्दोलन और नामवर सिंह'—अध्याय के अन्तर्गत नामवर सिंह की नयी कहानी सम्बन्धी अवधारणा पर विचार किया गया है। नयी कहानी को स्थापित करते हुए उन्होंने पाठकों का ध्यान नयी कहानी की अन्तर्वस्तु और संरचना पर दिलाया। कहानी की पुरानी कसौटियों की जड़ता से पाठकों को बाहर निकाला। उन्होंने कहानी के नये प्रतिमानों पर विचार किया। उन्होंने प्रमाणित किया कि नयी कहानी पुरानी कहानी से किस प्रकार भिन्न है। साथ ही कमजोर कहानी के लक्षणों को तार्किक ढंग से प्रस्तुत किया। उन्होंने कहानी पाठ की प्रक्रिया पर भी काफ़ी बल दिया। नयी कहानी पर विचार करते हुए नयी कहानी की पृष्ठभूमि का बारीकी से विश्लेषण किया। नामवर सिंह ने कहानी के सन्दर्भ में जागरूक पाठक वर्ग को महत्त्व दिया और उनकी महत्त्वपूर्ण भूमिका पर विचार किया। नयी कहानी

के सवालों के अन्तर्गत उन्होंने कहानीपन, अन्तर्विरोध, सार्थकता-निरर्थकता, युगबोध आदि सवालों पर सूक्ष्मता से विचार किया। नयी कहानी किस प्रकार अन्वेषणपरकता, सम्प्रेषणीयता, सांकेतिकता, प्रभावान्विति, बिम्बात्मकता, प्रतीकात्मकता, फैंटेसी आदि से सम्बद्ध है, इसकी भी उन्होंने पड़ताल की। उन्होंने यह प्रमाणित किया कि नयेपन की कसौटी पर निर्मल वर्मा खरे उतरते हैं। हालाँकि इसे लेकर नामवर सिंह विवादों में घिरे।

'नयी कविता, अकविता और नामवर सिंह'— अध्याय के अन्तर्गत नामवर सिंह की नयी और अकविता सम्बन्धी अवधारणा पर विचार किया गया है। वे इसके प्रतिमानों का निर्धारण पृष्ठभूमि का विवेचन करते हुए करते हैं। नामवर सिंह नयी कविता तथा अकविता के सन्दर्भ में कविता के प्रतिमानों—विसंगति, विडम्बना, तनाव, ईमानदारी, सपाटबयानी का निर्धारण करते हुए मुक्तिबोध और धूमिल को महत्त्वपूर्ण कवि के रूप में स्थापित करते हैं। साथ ही नयी कविता और अकविता की उपलब्धियों और सीमाओं पर भी विचार करते हैं। नामवर सिंह इन काव्य आन्दोलनों की साजिश की भी परख करते हैं। परन्तु इन प्रतिमानों का निर्धारण करते समय वे इसके अतिरेक से पाठकों को सावधान करते हैं। इन प्रतिमानों में वे सबसे अधिक बल ईमानदारी और तनाव पर देते हैं। साथ ही वे अनुभव, भाषा, कथन और कथ्य के बीच द्वंद्वात्मक सम्बन्ध को स्वीकार करते हैं। नई कविता और अकविता सम्बन्धित मूल्यांकन में उनकी कुछ सीमाएँ भी हैं। उनके द्वारा किया गया नयी कविता और अकविता के मूल्यांकन का सबसे विवादास्पद बिन्दु रूपवाद सम्बन्धी आरोप है। साथ ही यह भी ध्यातव्य है कि उन्होंने अमेरिकी न्यू क्रिटिसिज़्म की अवधारणा को भारतीय परिस्थितियों के सन्दर्भ में व्याख्यायित करने का प्रयास किया है।

'समकालीन विचारात्मक संघर्ष : आधुनिकता और उत्तर आधुनिकता'— इस अध्याय के अन्तर्गत नामवर सिंह की आधुनिकतावाद एवं उत्तर आधुनिकतावाद सम्बन्धी अवधारणा का विश्लेषण किया है। वे इनकी सीमाओं को अच्छी तरह पहचानते हैं। आधुनिकतावाद के सन्दर्भ में आत्मसजगता, सन्देहवाद, कलावाद आदि की पड़ताल करते हैं। साथ ही वे छद्‌म आधुनिकता के प्रति चिन्ता ज़ाहिर करते हैं। नामवर सिंह आधुनिकतावाद के साथ प्रतिबद्धता के सवाल को सामने रखते हुए इसकी सीमाओं की पड़ताल करते हैं। वैसे उन्होंने आधुनिकता की कई प्रवृत्तियों को मार्क्सवाद में समाहित कर स्वीकार किया है।

इसी तरह नामवर सिंह उत्तर आधुनिकतावाद पर विचार करते हैं। उसकी हर प्रवृत्ति की पड़ताल करते हैं। चाहे विमर्श हो, विचारधारा का अन्त, इतिहास का अन्त, लेखक की उपेक्षा, बहुलतावाद—इन सभी प्रश्नों को वे गम्भीरता से लेते हैं, फिर निष्कर्ष तक पहुँचते हैं। नामवर सिंह अन्ततः उत्तर आधुनिकतावाद को स्वीकार नहीं करते।

इस शोध कार्य के निर्देशक प्रो. मुक्तेश्वरनाथ तिवारी के प्रति मैं आभारी हूँ। जिन्होंने अपना बहुमूल्य समय देकर मेरा मार्गदर्शन किया। शोध कार्य के दौरान उन्होंने मुझे पूरी वैचारिक स्वतंत्रता दी। मनुष्यता के व्रत का निर्वाह करते हुए बुरे समय में मुझे स्नेह दिया एवं मेरी आत्मनिर्भरता का सम्मान किया। उन्होंने पुस्तक प्रकाशन के लिए मुझे सदैव प्रोत्साहित किया।

यद्यपि मैं अपने पूर्व निर्देशक प्रो. सुधा सिंह के प्रति भी आभार व्यक्त करता हूँ, जिन्होंने विषय-चयन में सहायता की।

साथ ही अपने गुरुवर प्रो. जगदीश्वर चतुर्वेदी के प्रति भी मैं विशेष तौर पर कृतज्ञता व्यक्त करता हूँ, जिन्होंने इस शोध की नीरसता के दलदल से मुझे बाहर निकाला और इसके महत्त्व से परिचित कराया। उन्होंने शोध कार्य के दौरान मेरे कई प्रश्नों का समाधान किया।

इसके अतिरिक्त मैं बर्दवान विश्वविद्यालय के हिन्दी विभाग के विभागीय सहकर्मियों के प्रति भी आभार व्यक्त करता हूँ, जिन्होंने इस शोध कार्य को पूरा करने के लिए मेरा उत्साहवर्द्धन किया।

इस शोध कार्य के पूर्ण होने में माँ (अनुराधा भारती) एवं पत्नी (पूर्णिमा भारती) की भी एक विशेष भूमिका रही है, जिन्होंने मेरे बहुत-से दायित्वों का वहन कर, शोध कार्य के लिए अवसर प्रदान किया। मुझे याद है कि इस कार्य को पूरा करने के लिए मैंने अपनी पुत्री श्रेया के स्नेह एवं संवाद के समय का कुछ अमूल्य हिस्सा भी गँवाया है। साथ ही परिवार के सभी सदस्यों का सहयोग भी मिलता रहा है।

अन्तत: इस शोध कार्य में विशेष सहयोग के लिए प्रेमकुमार भारती (बड़े भाई) एवं राम प्यारे राम, शिष्य—दिनेश, चन्दन एवं अमित के प्रति भी मैं आभारी हूँ।

अन्तत: मैं लोकभारती प्रकाशन के प्रकाशक के प्रति आभार व्यक्त करता हूँ, जिन्होंने मेरे शोध कार्य को प्रकाशित करने की स्वीकृति प्रदान की।

—विजय कुमार भारती

प्रगतिशील आलोचना और नामवर सिंह

नामवर सिंह : एक कृती व्यक्तित्व

नामवर सिंह हिन्दी के उन विशिष्ट प्रगतिशील आलोचकों में रहे हैं, जिन्होंने प्राय: पचास वर्षों से आलोचना-जगत में संघर्षरत एवं साधनारत होकर हिन्दी आलोचना को समृद्ध किया। हिन्दी की प्राय: सभी विधाओं में आलोचकीय हस्तक्षेप करते हुए, असहमति और विरोध झेलते हुए, वे सक्रिय रहे। उनकी यह सक्रियता इस हद तक रही है जो आलोचना के ठोस प्रतिमानों को भी परिवर्तित एवं परिवर्द्धित करने की क्षमता रखती है। उनकी इस क्षमता का परिचय प्रगतिशील आलोचना से लेकर उत्तर-आधुनिकता तक, अनवरत गति और ऊर्जा के साथ अबाध रूप में मिलता है। कृष्णदत्त पालीवाल के शब्दों में : "समाजवादी जीवन-मूल्यों और नये साहित्य के भाव-बोध को लेकर समसामयिक आलोचना के क्षेत्र में डॉ. नामवर सिंह अग्रणी हैं।"[1] नामवर सिंह के बारे में यह ध्यातव्य है कि वे सिर्फ सफल आलोचक ही नहीं, सफल अध्यापक, सफल वक्ता एवं जागरूक पाठक भी रहे हैं। वे आलोचना से अधिक आलोचकीय संवाद को महत्त्व देते थे और विवाद भी पैदा करते थे। सचाई यह है कि दोस्त तो दोस्त, दुश्मन भी नामवर जी की देन को अपने-अपने अन्दाज में स्वीकार करते हैं। जो भी हो, नामवर सिंह का रचना-संसार काफी वृहद है, इस अर्थ में नहीं कि उनकी गिनी-गिनाई कृतियाँ कितनी हैं, बल्कि इस अर्थ में कि उन्होंने अनगिनत कृतिकारों का दिशा-निर्देशन भी किया है, अपनी पारदर्शी चेतना और प्रखर बुद्धि के बल पर उन्होंने अपनी लेखन-क्षमता से अधिक वाचन क्षमता से हिन्दी आलोचना की परम्परा को विकसित एवं समृद्ध किया है। अत: स्वाभाविक है कि पुरानी पीढ़ी के साथ-साथ नई पीढ़ी भी उनके नामवरीय व्यक्तित्व का कायल है। परन्तु साहित्य-साधना का यह मार्ग प्रशस्त नहीं होता और साथ ही जीवन भी। अत: जीवन-यात्रा के साथ-साथ साहित्यिक यात्रा में व्यक्तित्व की कई परतें एक साथ खुलती हैं, जिन्हें जाने-समझे बगैर हम आलोचक नामवर सिंह से पूरी तरह परिचित नहीं हो पाते।

वास्तव में व्यक्तित्व का अध्ययन उसके निजी तथा सामाजिक, सांस्कृतिक क्रिया-कलापों के आधार पर किया जाता है। मूलत: व्यक्तित्व मानव-चरित्र और व्यवहार का सम्मिलित रूप है। इसलिए यह वृहद् अर्थ में जीवन-शैली भी है। जो

भी हो, व्यक्तित्व समग्र रूप में सामाजिक इकाई है। स्टीफेन पी. स्पाइजर के शब्दों में : "Personality can be seen as a by product of social structure, or conversely social structure can be regarded as a by product of the personality characteristics of the participants."[2] इस प्रकार, व्यक्तित्व निर्माण में सामाजिक संरचना की जितनी भूमिका होती है, उतनी ही सामाजिक संरचना के निर्माण में व्यक्तित्व की।

इस प्रकार व्यक्तित्व सम्पूर्ण एवं अभिन्न सामाजिक इकाई है, जिसे खंडित करके नहीं देखा जा सकता चाहे बाह्य हो या आन्तरिक।

जहाँ तक व्यक्तित्व निर्माण का प्रश्न है, उसमें भौतिक तथा सामाजिक पर्यावरण की महत्त्वपूर्ण भूमिका तो होती ही है, साथ ही सृजन-कर्म की भी। हालाँकि भौतिक, सामाजिक तथा साहित्यिक वातावरण के कारक इतने सूक्ष्म होते हैं कि इनकी जाँच-पड़ताल बमुश्किल ही हो पाती है। पर यह तय है कि इन कारकों का सन्तुलन ही व्यक्तित्व की सफलता तय करता है।

कृति भी कृतिकार के व्यक्तित्व के रास्ते अपना सफर पूरा करती है। इस सफर के कई पड़ाव होते हैं; कई मोड़ होते हैं; पगडंडियाँ होती हैं; गलियाँ होती हैं; टीले होते हैं; पर्वत और पठार भी, और भी बहुत कुछ; जीवन की तरह विस्तृत और अनजान। अत: कृति से गुजरते हुए कृतिकार को जीवन की अनगिनत चुनौतियों का स्वाद चखना पड़ता है। नामवर जी का जीवन भी अनगिनत बाधाओं और काँटों से भरा पड़ा है। नामवर जी ने अपने जीवन के बारे में कहा है : "...लेकिन औरों की तरह मैं भी जानता हूँ कि प्रेमचन्द का जीवन सरल-सपाट नहीं था। अपने जीवन के बारे में मैं भी नहीं कह सकता कि यह सरल-सपाट है—भले ही इसमें बड़े ऊँचे पहाड़ न हों, बड़ी गहरी घाटियाँ न हों।"[3]

वैसे, जीवन स्वभावत: सरल-सपाट नहीं होता। जीवन के स्वभाव से जूझने का जीवट किसी भी व्यक्ति के लिए महत्त्वपूर्ण होता है। हजारीप्रसाद द्विवेदी के शब्दों में : "...साहित्य जीवन से सीधे उत्पन्न होता है। तो जिस व्यक्ति के जीवन से आलोच्य ग्रंथ निकला है, उसके विषय में जानकारी प्राप्त कर लेने से हमें अनेक सुविधाएँ मिल जाती हैं। यदि हम ऐसा शुरू में ही कर लेंगे तो ग्रंथ के अनेक अस्पष्ट अंशों को समझ सकेंगे और ग्रंथ का रस गाढ़े भाव से अनुभव कर सकेंगे।"[4]

जन्म

नामवर सिंह का जन्म 28 जुलाई, 1927 को बनारस के जीयनपुर गाँव में एक किसान परिवार में हुआ था।

नामकरण

'नामवर' नामकरण किसी पड़ोसन ने किया था, जबकि पिता 'राम जी' नाम रखना चाहते थे। जो भी हो, माँ 'नामवर' नाम से बुलाया करती थीं। काशीनाथ सिंह के अनुसार पिता आजीवन 'बड़के जने' कहकर बुलाते रहे।

माता-पिता

पिता नागर सिंह अपने भाइयों (बड़े भाई—सागर सिंह, छोटे भाई—बाबूनन्दन सिंह) में मझले थे और प्राइमरी स्कूल के अध्यापक थे। वे पाखंड और आडम्बर से युक्त बेहद अनुशासनप्रिय तथा मर्यादावादी व्यक्ति थे। साथ ही वे चुप्पा, एकान्तप्रिय, स्वाभिमानी और आस्तिक भी थे। अत: पिता के ठेठ किसानी व्यक्तित्व और अनुशासनप्रियता का प्रभाव नामवर सिंह पर पड़ा, जिसे उन्होंने स्वयं स्वीकार किया है।

पिता नागर सिंह की कमी यह थी कि वे खुद की तरह नामवर सिंह को भी प्राइमरी स्कूल का अध्यापक बनाना चाहते थे, फिर भी नामवर सिंह अपने पिता के प्रति कृतज्ञ होते हुए कहते हैं : "पिताजी न होते तो आज जो कुछ हूँ, न होता।"[5] माँ बागेश्वरी देवी सुन्दर, मुखर, धर्मभीरु, हँसमुख, सहनशील और आदर्श गृहिणी थीं। काशीनाथ सिंह के अनुसार वे अपढ़ होने के दुख से दुखी रहा करती थीं। परन्तु लोकगीतों में उनकी विशेष दिलचस्पी थी। नामवर सिंह के शब्दों में : "गाँव की बहुत-सी कहावतें तो उसी के मुँह से मालूम हुई हैं।"[6] माँ कर्मठ होने के साथ-साथ त्याग की प्रतिमूर्ति भी थीं। काशीनाथ सिंह के अनुसार उन्होंने अपने बच्चों की पढ़ाई के लिए गहने तक बेच डाले।

पारिवारिक जीवन

नामवर सिंह का पालन-पोषण संयुक्त परिवार में हुआ था—मझले भाई रामजी सिंह और छोटे भाई काशीनाथ सिंह के साथ। नामवर सिंह भ्रातृस्नेह तो प्राप्त करते रहे पर बहन के स्नेह से वंचित रहे। बागेश्वरी देवी की पहली सन्तान (पुत्री) लगभग नौ साल की उम्र में ही गुजर गई। अत: नामवर जी का पारिवारिक जीवन बहन-विहीन रहा। वैसे, नामवर जी की पारिवारिक दुनिया में काशीनाथ सिंह का विशिष्ट स्थान रहा है। उन्होंने काशीनाथ को 'भरत-जैसा भाई' कहा है। काशीनाथ की बदौलत ही नामवर सिंह अपनी पारिवारिक जिम्मेदारियों से मुक्त रहकर सृजन-कार्य में लीन रहे। काशीनाथ सिंह के प्रति कृतज्ञता व्यक्त करते हुए नामवर सिंह कहते हैं : "कभी-कभी मुझे बहुत अफसोस होता है कि यदि काशी पर यह बोझ न होता तो वह और न जाने क्या बन गए होते!"[7]

इसके अतिरिक्त भाई काशी का महत्त्व नामवर सिंह के लिए इसलिए भी है कि वे ही उन्हें निकट से देखनेवाले, समझनेवाले और यहाँ तक कि उनकी गलतियों को क्षमा करनेवाले भी हैं। नामवर जी के शब्दों में : "एक आदमी है जो मेरे निकट का है, संयोग से मेरा भाई है, वह मुझे जानता है।"[8]

काशीनाथ और नामवर सिंह के भ्रातृत्व-प्रेम का प्रमाण है नामवर सिंह के पत्रों का संग्रह 'काशी के नाम', जिसका सम्पादन काशीनाथ सिंह ने किया है। भ्रातृत्व-प्रेम का निर्वाह जितना काशीनाथ सिंह ने किया, उतना नामवर सिंह ने भी। काशीनाथ सिंह के शब्दों में : "वे खुद चाहे जितना अकेले रहे हों, भाइयों को कभी अकेला नहीं छोड़ा।"[9]

वैवाहिक जीवन और सन्तान

1945 में हाईस्कूल के इम्तहान के उपरान्त नामवर सिंह का विवाह शान्ति सिंह से स्वेच्छा से नहीं, बल्कि बीमार पिता के दबाव से हुआ। अत: उनका दाम्पत्य जीवन सन्तोषजनक नहीं रहा। अपने वैवाहिक जीवन के बारे में नामवर जी की स्वीकारोक्ति है : "पिताजी ने मेरी इच्छा के विरुद्ध मेरा विवाह किया था, सही है, लेकिन उसका दंड मेरी पत्नी भोगे, यह उचित नहीं। यह मैं जानता था और मैं जानता हूँ लेकिन जाने क्यों मन में ऐसी गाँठ थी कि मैं पत्नी को पति का सुख नहीं दे सका। आज तक। कारण जो हो, मैं उसका विश्लेषण नहीं करता, लेकिन इसका दुख तो मेरे मन में रहेगा ही कि इतना पढ़ने-लिखने, समझने, मानवीय संवेदना की बातें करने के बावजूद मैं अपनी पत्नी को सुख नहीं दे सका।"[10]

सन् 1948 में पुत्र विजय एवं 1968 में पुत्री समीक्षा का जन्म हुआ। पुत्र विजय पेशे से इंजीनियर हैं, और पुत्री समीक्षा कॉलेज में अध्यापक। नामवर जी की यह विडम्बना रही है कि अपने बेटे या बहू से ठीक तरह से नहीं जुड़ पाए, इसे वे अपनी कमी मानते हैं।

यद्यपि पुत्री समीक्षा ठाकुर से नामवर सिंह का बेहद आत्मीय लगाव रहा है। उन्होंने नामवर सिंह के साक्षात्कारों का संग्रह एवं सम्पादन 'कहना न होगा' एवं 'बात बात में बात' शीर्षक से किया है। समीक्षा के प्रति आत्मीय लगाव की सचाई को नामवर सिंह इस अन्दाज में कहते हैं : "मैंने सोचा था कि मेरी सन्तान में कोई तो ऐसा हो जो मेरे और काशी के लिखे हुए को पढ़ने और समझनेवाला हो।"[11]

नामवर सिंह ने अपनी आत्मकथा में 'पारिवारिक आदमी' न होने का दुख व्यक्त किया है। वजह यह भी है कि चौदह साल की लम्बी अवधि तक वे पारिवारिक जीवन से दूर रहे। फलत: पारिवारिक संवेदना की कमी उन्हें सालती रही। पुत्री समीक्षा 'पापा' के रूप में काशीनाथ सिंह को ही ज्यादा जानती और समझती रही। यहाँ तक कि 'समीक्षा' नामकरण भी काशीनाथ सिंह द्वारा किया गया है।

संवेदना और नामवर सिंह

संवेदनशीलता मनुष्यता की बुनियादी पहचान है। इस दृष्टि से संवेदनशीलता अन्तरंग व्यक्तित्व का अनिवार्य हिस्सा है। नामवर जी के सन्दर्भ में ध्यान दें तो उनकी संवेदना का एक हिस्सा आलोचना में समाहित है और दूसरा, निजी जीवन में। जहाँ तक निजी या व्यक्तिगत जीवन की संवेदना का प्रश्न है, पद्मा सचदेव ने कहा है : "नामवर जी कब मनुष्य नहीं थे, कब रूखे, यह मैं नहीं जानती।"[12] परन्तु नामवर जी ने पद्मा सचदेव के समक्ष यह स्वीकारा : "मेरी जिन्दगी जैसी रही, उसमें जो संवेदनशील मनुष्य है, वह मेरी बेटी ने बनाया है।"[13] संवेदनशीलता का दूसरा हिस्सा आचार्य हजारीप्रसाद द्विवेदी ने बनाया। नामवर जी के शब्दों में : "उनके बगैर मैं बड़ा रूखा कम्युनिस्ट होता। वे कहते थे, मैं तुम्हारे बाँस की नोकें छील दूँगा।"[14] यद्यपि नामवर जी की संवेदना की यात्रा में पत्नी कहीं नहीं थीं। अत: पत्नी के प्रति उपेक्षा का भाव उनके व्यक्तित्व का एक दुर्बल पक्ष था। जीवन के इस रीतेपन की विडम्बना को व्यक्त करते हुए नामवर सिंह कहते हैं : "जिन्दगी से मुझे कोई शिकायत नहीं है। मेरी बेटी ने सब रीते घट भर दिये हैं।"[15] परन्तु एक रीतापन सपनों के घर का भी है। काशीनाथ सिंह जब 'सपने के घर' का सवाल छेड़ते हैं तो उत्तर में नामवर सिंह कहते हैं : "वैसे सचमुच का 'घर' तो अब भी सपना है और सपना ही रहेगा।"[16]

शिक्षा

नामवर सिंह की प्रारम्भिक शिक्षा 1932 में आवाजापुर के लोअर प्राइमरी स्कूल में हुई। चौथी कक्षा में उनका दाखिला माधोपुर स्कूल में हुआ। सन् 1940 में नामवर सिंह मिडिल स्कूल की परीक्षा में शिवाजी सम्बन्धी प्रश्नोत्तर लिखने में उलझ जाने के कारण फेल हो गए। पुन: 1941 में उन्होंने मिडिल स्कूल की परीक्षा प्रथम श्रेणी से पास की। 1941 में उनका दाखिला हीवेट क्षत्रिय स्कूल में हुआ।

1944 में उन्होंने हाईस्कूल की परीक्षा पास की। 1945 में नामवर सिंह ने बनारस के उदय प्रताप कॉलेज में दाखिला लिया तथा 1948 में उन्होंने बी.ए. की परीक्षा प्रथम श्रेणी से पास की। 1949 में उन्होंने एम.ए. की पढ़ाई के लिए काशी हिन्दू विश्वविद्यालय में दाखिला लिया। 1951 ई. में उन्होंने एम.ए. की परीक्षा प्रथम श्रेणी एवं प्रथम स्थान के साथ उत्तीर्ण की। इसी दौरान नामवर सिंह ने 'हिन्दी के विकास में अपभ्रंश का योग' नामक लघु शोध-प्रबन्ध लिखा। 1956 में नामवर जी ने काशी विश्वविद्यालय से 'पृथ्वीराज रासो की भाषा' नामक विषय पर पी-एच.डी. की उपाधि प्राप्त की। अत: उनका विद्यार्थी जीवन काफी सम्पन्न रहा।

गुरु-परम्परा

गुरु ही मनुष्य के व्यक्तित्व को सम्पूर्णता प्रदान करता है। गुरु ही जीवन का सच्चा पथ-प्रदर्शक है। इस अर्थ में भी कि पशुता से मनुष्यता की यात्रा में गुरु पशुता को नियंत्रित एवं संशोधित करता है—स्नेह देकर भी और डाँट-डपटकर भी। नामवर सिंह के जीवन का यह संयोग रहा कि उन्हें अच्छे गुरु मिले—प्राइमरी से लेकर एम.ए. तक। माधोपुर प्राइमरी के अध्यापक मताउल्ला खाँ और धर्मदेव सिंह का वत्सल स्नेह उन्हें प्राप्त हुआ। सुरेश शर्मा के अनुसार, अध्यापक धर्मदेव सिंह के व्यक्तित्व का गहरा प्रभाव नामवर जी पर पड़ा। इन्होंने ही नामवर जी को नेहरू जी की सभा में, जो 1936 में कमालपुर में हुई थी, जाने के लिए प्रेरित किया था।

गुरु की गुरुता जितनी महत्त्वपूर्ण होती है, उतनी ही पात्र (शिष्य) की पात्रता भी। नामवर जी ने अपने गुरुओं की देन को योग्य पात्र की तरह, बड़ी आत्मीयता के साथ स्वीकार किया था। नामवर जी ने अपनी आत्मकथा में उदय प्रताप कॉलेज के अध्यापक पंडित विजय शंकर मिश्र का जिक्र किया है, जिन्होंने उन्हें संस्कृत पढ़ाई। उन्होंने 'कुमारसम्भव' का पंचम इतनी तन्मयता से पढ़ाया कि नामवर जी का मन कालिदास की सम्पूर्ण रचनाओं को पढ़ने के लिए लालायित हो उठा। हालाँकि संस्कृत-ज्ञान के संस्कार की सम्पूर्णता आचार्य हजारीप्रसाद द्विवेदी ने प्रदान की।

हिन्दी के प्रथम गुरु के रूप में नामवर सिंह ने मार्कण्डेय सिंह का नाम लिया है, जो कवि थे। मार्कण्डेय सिंह ने नामवर जी में गद्य-संस्कार का बीजारोपण किया। नामवर जी के शब्दों में : "मैं स्वीकार करना चाहूँगा कि आगे चलकर मेरा गद्यकार और आलोचक का जो व्यक्तित्व बना, उसकी नींव मार्कण्डेय सिंह जी की डाली हुई है।"[17] मार्कण्डेय सिंह वागाडम्बर-विरोधी थे, अत: वे ऐसे गद्य की उपेक्षा करते थे, जो संस्कृत-बहुल शब्दावली में रचित हो। चंडी प्रसाद हृदयेश की कहानी 'शान्तिनिकेतन' के उपहास की घटना उन्हें याद है। गुरु मार्कण्डेय सिंह के प्रिय कहानीकार 'प्रेमचन्द' थे। नामवर जी स्वीकारते हैं : "मुझमें यह संस्कार बन गया कि वागाडम्बर भाषा का सबसे बड़ा दोष है।"[18] उनका दूसरा प्रभाव नामवर जी के काव्य-संस्कार पर पड़ा। नामवर जी के शब्दों में : "उन्होंने कुछ कवियों के प्रति मुझमें अरुचि पैदा कर दी।"[19] विशेषत: माखनलाल चतुर्वेदी के प्रति, उनकी तुकबाजी को लेकर। नामवर सिंह के आलोचकीय संस्कार की नींव भी बहुत कुछ मार्कण्डेय सिंह ने डाली। नामवर जी के अनुसार, आलोचक रामचन्द्र शुक्ल उनके आदर्श थे : "वे कहते थे, गद्य गठा हुआ होना चाहिए जिसमें चर्बी न हो बल्कि हड्डी दिखाई दे तो भी हर्ज नहीं।...विशेषण अच्छे गद्य के दुश्मन हैं।"[20] अत: नामवर सिंह ने मार्कण्डेय सिंह को अपने गद्य का 'प्रथम प्रेरणास्रोत' माना है। उनकी प्रेरणा से नामवर सिंह ने भाषा के वाग्जाल, अनावश्यक विशेषण प्रयोग,

संश्लिष्ट तथा संकर वाक्यों के प्रयोग से स्वयं को मुक्त किया। इस प्रकार नामवर सिंह को भाषागत सहजता और प्रवाहमयता मार्कण्डेय सिंह की प्रेरणा से प्राप्त हुई।

गुरु के रूप में पंडित केशव प्रसाद मिश्र की देन भी नामवर जी के साहित्यिक संस्कार निर्माण में सहायक थी, जिनका सान्निध्य नामवर जी ने बनारस हिन्दू विश्वविद्यालय में 1949 से 1950 तक प्राप्त किया। नामवर जी के अनुसार वे सफल अध्यापक, संस्कृत के पंडित, कुशल अनुवादक तथा भाषाविज्ञान और अपभ्रंश के गहन अध्येता भी थे। हालाँकि उन्होंने हाईस्कूल तक ही विधिवत पढ़ाई की थी, परन्तु स्वाध्याय के बल पर उन्होंने अद्‌भुत ज्ञानार्जन किया था। नामवर जी ने उन्हीं की प्रेरणा से 'हिन्दी के विकास में अपभ्रंश का योग' नामक लघु शोध-प्रबन्ध एम.ए. में तैयार किया था।

नामवर जी ने केशव प्रसाद मिश्र को पंडितों की पुरानी परम्परा का अन्तिम रत्न माना है। उनका स्मरण करते हुए कहते हैं कि वे 'वाग्योविद्' और 'उच्चारणविद्' थे। शब्दोच्चारण की शिक्षा देने के लिए वे अक्सर पतंजलि को उद्धृत करते थे। उन्होंने 'उच्चारण' नामक एक निबन्ध भी लिखा था जो 'नागरी प्रचारिणी पत्रिका' से प्रकाशित भी हुआ था। नामवर जी उनकी देन के प्रति कृतज्ञ भाव से कहते हैं : "उनसे मैंने शब्द विवेक पाया। उन्हीं के मुख से मैंने पतंजलि का यह कथन पहली बार सुना—एक ही शब्द जानो। सम्यक् रूप से जानो। सही जगह उसका इस्तेमाल करो तो इस लोक में और उस लोक में तुम्हारी समस्त कामनाएँ पूर्ण होंगी।"[21] नामवर सिंह के अनुसार, केशव जी ने बहुत कम लिखा है पर ठोस लिखा है। अत: नामवर जी यह मानते हैं कि यदि उन्होंने कम लिखा है तो उन पर केशव जी का प्रभाव है। उनके शब्दों में : "लिखते समय मेरे सामने अक्सर केशव जी होते हैं।"[22]

गुरु-परम्परा के क्रम में आचार्य हजारीप्रसाद द्विवेदी का नाम नामवर सिंह के सन्दर्भ में विशेष तौर पर उल्लेखनीय है। यह ऐसी परम्परा है जो 'दूसरी परम्परा की खोज' जैसी कृति को जन्म देती है। नामवर जी उन्हें 'केशव जी के उत्तराधिकारी' के रूप में स्वीकार करते थे। आचार्य द्विवेदी का सान्निध्य नामवर सिंह को 1950 से प्राप्त हुआ, जब वे एम.ए. अन्तिम वर्ष के विद्यार्थी थे। नामवर जी के अनुसार, द्विवेदी जी की परम्परा रामचन्द्र शुक्ल और केशव प्रसाद मिश्र की परम्परा से भिन्न, सहज भाषा की परम्परा है। द्विवेदी जी ने उन्हें गद्य की सहज भाषा के आदर्श से परिचित कराया। प्रारम्भ में तो वे द्विवेदी जी की भाषा के कायल न थे, परन्तु कालान्तर में उनकी भाषा के जादू से नहीं बच पाए। 1945 ई. में काशी नागरी प्रचारिणी, बनारस द्वारा आयोजित सभा में द्विवेदी जी ने 'सहज भाषा' पर एक व्याख्यान दिया था। अत: 'बोलचाल के विन्यास में छोटे, सरल-सहज वाक्यों वाले गद्य' की प्रेरणा नामवर जी को आचार्य द्विवेदी से मिली थी। अध्ययन संस्कार के अतिरिक्त द्विवेदी जी ने नामवर सिंह को जीवन जीने के संस्कार भी दिये, परिस्थितियों से लड़ने-भिड़ने की

ऊर्जा भी दी। नामवर सिंह को द्विवेदी जी का सदा सान्निध्य मिलता रहा। कबीर की भाषा में : 'मोको कहाँ ढूँढ़े बन्दे, मैं तो तेरे पास में।'

नामवर जी के लिए यह दुखद था कि द्विवेदी जी के सान्निध्य के कारण ही उन्हें विभागीय राजनीति का शिकार होना पड़ा था। उन्हें काशी हिन्दू विश्वविद्यालय से निकाला गया था। यद्यपि और भी वजहें रही हों। शिष्य को यदि गुरु का सान्निध्य, गुरुवत के साथ यदि मित्रवत् प्राप्त हो जाए तो इसे जीवन का सुखद संयोग ही कहा जा सकता है। नामवर जी के लिए द्विवेदी जी ऐसे ही थे—'हर क्षण के गुरु' और 'हर क्षण के साथी'। गुरु और शिष्य के पत्र-व्यवहारों से यह पता चलता है कि उनमें साहित्यिक और आत्मीय निकटता थी। द्विवेदी जी ने नामवर सिंह को 'प्रिय भाई' और 'प्रियवर' कहकर सम्बोधित किया है। द्विवेदी जी शिष्य के ज्ञान को मुक्त कंठ से स्वीकार भी किया करते थे, 1950 में शान्तिनिकेतन से द्विवेदी जी ने लिखा : "आपके पत्र पढ़ने से मुझे और बहुत-सी बातें सूझी हैं।"[23] द्विवेदी जी के लिए दुखद यह था कि उन्हें सैद्धान्तिक विरोध की बजाय व्यक्तिगत स्वार्थों से प्रेरित विरोध का सामना करना पड़ा था। जो भी हो, द्विवेदी जी ने काशी हिन्दू विश्वविद्यालय के विषाक्त वातावरण में संघर्ष किया एवं नामवर सिंह को भी कठिन चुनौतियों से जूझने के लिए तैयार एवं प्रेरित किया। द्विवेदी जी द्वारा प्राप्त प्रेरणास्पद वाक्यों का उल्लेख नामवर जी ने अपनी आत्मकथा में उद्धृत किया है। काशी हिन्दू विश्वविद्यालय के विरोधी वातावरण को ध्यान में रखकर द्विवेदी जी ने कहा था : "एक चीज याद रखो, विरोध उसी का होता है, जिसमें तेज होता है। विरोध से ही शक्ति नापी जाती है।"[24] अत: इस बात से उन्हें काफी बल मिला था।

नामवर जी ने गुरु हजारीप्रसाद द्विवेदी के सन्दर्भ में ज्योतिष आस्था का भी जिक्र किया है। दिलचस्प संयोग के बहाने उन्होंने लिखा है : "पंडित जी का जन्म 1907 में हुआ था और मेरा 1927 में। मुझे ज्योतिष में कभी भी यकीन नहीं रहा लेकिन विचित्र है कि सागर विश्वविद्यालय से जब मैं निकाला गया तो उसी समय द्विवेदी जी को भी बी.एच.यू. से निकाला गया।"[25]

अपने प्रिय गुरुजनों में पंडित विश्वनाथ मिश्र को भी नामवर जी ने याद किया है, जिन्होंने उन्हें अच्छी भाषा के आदर्श तक पहुँचने में काफी सहायता की। नामवर जी ने उनसे रीतिकाव्य परम्परा की 'भाषिक रूढ़ियों का ज्ञान' प्राप्त किया। उनके योगदान के बारे में नामवर जी ने कहा है : "किशोरावस्था के ब्रजभाषा-काव्य के अकाल परिचय को उन्होंने प्रत्यभिज्ञान में परिणत कर दिया, जो आगे चलकर बहुत काम आया।"[26]

नामवर सिंह त्रिलोचन जी को कक्षा के बाहर का गुरु स्वीकारते थे, जिन्होंने उन्हें भाषा के प्रति सजगता का संस्कार दिया। त्रिलोचन जी के कहने पर उन्होंने गद्य की पहली पुस्तक गोर्की की 'आवारा डायरी' खरीदी। नामवर सिंह का 'तार

सप्तक' से परिचय त्रिलोचन जी के माध्यम से ही हुआ। अत: नामवर जी को कविता के मर्म, बारीकियों आदि का ज्ञान त्रिलोचन जी के माध्यम से हुआ। त्रिलोचन जी ने उन्हें अनुवाद के लिए प्रेरित किया। उन्होंने 'क्षत्रिय मित्र' का सम्पादन करते समय रवीन्द्रनाथ की कविता 'उर्वशी' का अनुवाद करने के लिए प्रेरित किया। हालाँकि नामवर सिंह यह मानते हैं कि वह अनुवाद अच्छा नहीं हुआ। वैसे नामवर जी को बंगला सीखने की प्रेरणा त्रिलोचन जी से ही प्राप्त हुई। नामवर जी ने बंगला उपन्यास 'अरक्षणिया' (शरत्चन्द्र चटर्जी द्वारा रचित) से ही बांग्ला के अक्षर-ज्ञान की शुरुआत की। त्रिलोचन जी के असाधारण ज्ञान एवं क्षमता के प्रति नामवर सिंह की उक्ति है : "वह तो विश्वकोश हैं—जीवन के अनुभवों के विभिन्न प्रदेशों की यात्राओं के, पुस्तकों के।"[27]

आजीविका

समाजशास्त्रीय दृष्टि से लेखक की आजीविका का विश्लेषण अनिवार्य है। पूँजीवादी युग में लेखक के साथ आजीविका का सम्बन्ध सीधा-सपाट नहीं, बल्कि जटिल है। क्योंकि आजीविका का सम्बन्ध प्रशासन और सत्ता से भी जुड़ा होता है। इन स्थितियों में सत्ता और प्रशासन का सुख ही केवल लेखक को नहीं भोगना पड़ता, बल्कि उसके दबाव एवं हस्तक्षेप भी झेलने पड़ते हैं। अत: प्रो. मैनेजर पांडेय की उक्ति है : "लेखक की सामाजिक स्थिति को समझने के लिए उसके सामाजिक मूल और पेशे की जानकारी जरूरी है।"[28] आजीविका प्राय: योग्यता का भी मानदंड हुआ करती है, अत: आजीविका मनुष्य की बड़ी और महत्त्वपूर्ण चुनौती के रूप में जीवन में उपस्थित होती है। इससे भी महत्त्वपूर्ण है स्वाभिमान की रक्षा करते हुए आजीविका की समस्या का समाधान करना। आलोचक नामवर सिंह ने अपने जीवन में यह सन्तुलन बनाए रखा और उन्हें इस बात का सन्तोष भी था और सुख भी। उनकी स्वीकारोक्ति है : "अपनी आजीविका के लिए कभी किसी के सामने हाथ नहीं फैलाया। अपने स्वाभिमान और आत्मविश्वास के कारण मैं कहीं सिर नहीं झुका सकता। सन्तोष है कि मुझे कहीं सिर नहीं झुकाना पड़ा।"[29] नामवर जी की पहली नियुक्ति लेक्चरर के रूप में काशी हिन्दू विश्वविद्यालय में जुलाई, 1953 में हुई। यह नियुक्ति नई पंचवर्षीय योजना के तहत रामदरश मिश्र के साथ हुई। नामवर जी के अनुसार, यह पद विश्वम्भरनाथ पाठक की मदद से वे स्वयं ले आए थे। इस समय आचार्य हजारीप्रसाद द्विवेदी हिन्दी विभाग के विभागाध्यक्ष थे। अत: अस्थायी पद पर नामवर सिंह की नियुक्ति हुई और पुनर्नियुक्ति भी हुई। परन्तु दुखद यह है कि 1959 में उन्हें काशी हिन्दू विश्वविद्यालय से निकाला गया। वजह यह थी कि विश्वविद्यालय ने चुनाव लड़ने की अनुमति नहीं दी थी।

वे चुनाव हारे और नौकरी भी छूट गई। यह समय नामवर जी के जीवन का बड़ा कठिन समय था, पर इतना भी कठिन नहीं कि उन्हें तोड़ दे। काशीनाथ सिंह के शब्दों में : "मैंने देखा कि जो परेशानियाँ किसी सामान्य आदमी को भीतर तक तोड़ देती हैं, वे ही उस आदमी को और ज्यादा 'क्रिएटिव' और मानवीय बना देती हैं।"[30]

इस समय का एक पहलू यह भी था कि एक तो उनकी नौकरी खत्म हो गई और दूसरी ओर मझले भाई भी स्कूल मैनेजमेंट के झगड़े के कारण बेकार हो गए। पिता भी रिटायर हो चले थे। कुल मिलाकर उन्हें आर्थिक तंगी चारों ओर से घेर रही थी। फिर भी उत्साह की कमी नहीं रही। वे निरन्तर अध्ययनरत रहे। नामवर जी को दूसरी नौकरी सागर विश्वविद्यालय में जुलाई, 1959 में मिली। इस बार भी विश्वम्भरनाथ पाठक की भूमिका महत्त्वपूर्ण रही। चयन-समिति में नन्ददुलारे वाजपेयी के घोर विरोध के बावजूद नामवर जी की नियुक्ति हुई। परन्तु अज्ञात कारणों से 30 अप्रैल, 1960 को नामवर सिंह की नौकरी खत्म हो गई जिसका उल्लेख 'काशी के नाम' पत्र-संख्या 7 में मिलता है।

काशीनाथ सिंह के अनुसार, वजह थी वाजपेयी जी का नौकरशाही रवैया, जिसकी अवहेलना कर एवं सभाओं तथा गोष्ठियों में खुलेआम आलोचना कर नामवर सिंह ने शत्रुता मोल ले ली थी। आज के बौद्धिक जगत में भी लोग आलोचना को सही अर्थ में ग्रहण नहीं करते, फलत: वह वैमनस्य का रूप ले लेती है। काशीनाथ सिंह के अनुसार : "इन सारे भावों, विभावों और अनुभावों का संयोग घटित हुआ, 1960 में हुए मध्य प्रदेश के हिन्दी साहित्य सम्मेलन के अधिवेशन में और इसकी परिणति हुई सागर विश्वविद्यालय से भी नामवर सिंह के निष्कासन में।"[31] आजीविका-विहीन होने का कष्ट तो महसूस किया जा सकता है परन्तु आजीविका छिनने की यंत्रणा का अनुभव सिर्फ वही कर सकता है, जिसके साथ यह घटित होता है। फिर भी, नामवर सिंह ने काशीनाथ सिंह को पत्र में लिखा : "घबराना मत। मेरा चित्त एकदम स्थिर है। मेरी ही तरह तुम भी इसे सहज भाव से स्वीकार करना।"[32]

काशीनाथ सिंह ने संस्मरण 'गरबीली गरीबी वह' में नामवर जी की स्वाभिमान-रक्षा के मार्मिक प्रसंग का जिक्र किया है। हुआ यह कि बड़े भाई की अभावग्रस्तता को ध्यान में रखकर उन्होंने चुपके से उनकी जेब में एक रुपया डाल दिया। पर वे रुपये भी नामवर जी ने उन्हें लौटा दिये और यह भी समझा दिया कि 'चवन्नी' से ज्यादा उन्हें जरूरत नहीं। अभाव पर स्वभाव की इस विजय से काशीनाथ मर्माहत हो उठे और रात भर रोते रहे।

1960 से '65 के आर्थिक संकट के दौर में तनावयुक्त और थकानमुक्त रहते हुए नामवर जी ने अपना जीवन जिया, स्वाभिमान की रक्षा की और रचनात्मक ऊर्जा को भी बचाए रखा।

तीसरी नौकरी नामवर सिंह को 16 अक्टूबर, 1970 में जोधपुर विश्वविद्यालय में मिली। यहाँ नामवर सिंह 1970-74 तक रहे। यहाँ भी डॉ. गुप्ता जो विभागाध्यक्ष थे, उनका दंश उन्हें झेलना पड़ा। यह दंश था, पाठ्यक्रम में बदलाव का दंश, जिसका मामला हाईकोर्ट तक पहुँचा, पर असफल रहा। इससे भी भड़काऊ मुद्दा 'आधा गाँव' को पाठ्यक्रम में शामिल करने पर बना। 'आधा गाँव' पर अश्लीलता और साम्प्रदायिकता का आरोप लगाया गया।

अन्ततोगत्वा पाठ्यक्रम से 'आधा गाँव' हटाया गया। जो भी हो, सन् 1959 में असिस्टेंट प्रोफेसर की पोस्ट कन्फर्म नहीं हुई और सन् '60 में नौकरी छूट गई। इस पीड़ा का जिक्र नामवर जी के पत्रों का संग्रह 'काशी के नाम' में पत्र-संख्या 7 में हुआ है।

अत: 1960 से '65 तक का समय नामवर सिंह के लिए बड़ा कठिन था। इस लम्बी अवधि में वे आजीविका-विहीन रहे। ऐसे दौर में भी नामवर सिंह उसी धैर्य के साथ अध्ययनरत रहे और ज्ञान को साधते रहे। इस साधना के एक हिस्से में विद्वत-मंडली के साथ बैठकबाजी भी शामिल थी।

जोधपुर विश्वविद्यालय की नौकरी छूटने के उपरान्त 1.10.74 से 31.10.74 तक नामवर सिंह कन्हैयालाल माणिकलाल मुंशी इंस्टीट्यूट (आगरा) में निदेशक के पद पर रहे। वहाँ उन्हें बालकृष्ण राव का सहयोग मिला।

सन् 1974 में बी.डी. नाग चौधरी ने जवाहरलाल नेहरू विश्वविद्यालय के लिए ऑफर दिया। 1 नवम्बर, 1974 को जे.एन.यू. में भारतीय भाषा केन्द्र के अध्यक्ष और प्रोफेसर के रूप में उनकी नियुक्ति हुई। 1987 में वे एक सफल प्रोफेसर के रूप में जे.एन.यू. से सेवामुक्त हुए, पर वहीं पाँच वर्ष के लिए पुनर्नियुक्त किए गए।

सन् 1993 से 1996 तक वे राजा राममोहन राय लाइब्रेरी, फाउंडेशन के अध्यक्ष पद पर कार्यरत रहे। उन्होंने 'राष्ट्रीय सहारा' (दैनिक, नोएडा) के प्रधान सम्पादकीय सलाहकार के रूप में कार्य किया और वे 'आलोचना' (त्रैमासिक) के प्रधान सम्पादक भी रहे हैं।

मित्र-मंडली

सिसरो ने कहा है : चाहे मित्र अनुपस्थित हों, पर वे उपस्थित रहने के समान हैं। मूल बात यह है कि मैत्री सम्बन्धों के प्रभाव से मुक्त नहीं हुआ जा सकता। इन सम्बन्धों का चाहा-अनचाहा प्रभाव हमारे व्यक्तित्व पर पड़ता ही है। जहाँ तक नामवर सिंह के मैत्री सम्बन्धों का प्रश्न है, वे भाग्यशाली रहे कि समय-समय पर उन्हें अच्छे मित्र मिले—चाहे वे साहित्यिक रहे हों अथवा गैर-साहित्यिक। नामवर जी ने अपनी आत्मकथा में लिखा है : "मुझे अपने मित्रों से घर का वातावरण मिला। रोजमर्रा

के जीवन में सुख-दुख में काम आनेवाला सम्बन्ध मिला। मैं अपना सौभाग्य मानूँगा कि परिवार की कमी दिल्ली में पूरी हुई। वर्ना मैं भी बोहेमियन होता, जैसाकि दिल्ली में आकर बहुत-से लोग हो गए।"[33]

नामवर जी अपनी मित्र-मंडली में श्रीमती शीला सन्धू और उनके पति हरदेव सन्धू को विशेष तौर पर स्मरण करते हैं। दिल्ली में यहाँ जो मंडली लगती थी, उनमें राजेन्द्र यादव, मन्नू भंडारी, निर्मला जैन, भारत यायावर, निर्मल वर्मा, कृष्णा सोबती आदि हुआ करते थे। नामवर जी के शब्दों में : यह 'पारिवारिक जमावड़ा' हुआ करता था। इस मित्र-मंडली में वे सन्धू जी के प्रति विशेष कृतज्ञता प्रकट करते हैं, भवभूति के श्लोक के साथ। क्योंकि सन्धू जी ने नामवर जी के ॲपेंडिक्स ऑपरेशन के समय सच्चे मैत्री धर्म का निर्वाह किया था। नामवर जी कहते हैं : "मित्रता की इससे अच्छी परिभाषा नहीं हो सकती कि बिना कुछ किए, सौख्य मात्र से ही सारे दुखों को दूर कर देता है। ऐसे मित्र अनिर्वचनीय उपलब्धि हैं आपके जीवन की... सचाई यह है कि मुझे जैसे भाई मिले, उसी तरह के मित्र मिले।"[34]

मैत्री सम्बन्धों में अनबन और गलतफहमियों के बावजूद उन्होंने अपने मैत्री सम्बन्धों का निर्वाह किया। राजेन्द्र यादव जैसे मित्र की तुलना वे अश्क और मंटो के सम्बन्धों की तरह करते हैं, अर्थात् जैसे अश्क के लिए 'मंटो मेरा दुश्मन।'

1960 से '65 तक की लम्बी अवधि में, विशेषत: बनारस में तीन तरह के लोगों से उनकी मित्रता थी—साहित्यिक, गैर-साहित्यिक तथा राजनीतिक। नामवर सिंह के साहित्यिक मित्रों में केदारनाथ सिंह, विजयमोहन, शालिग्राम शुक्ल, अक्ष्योम्येश्वरी प्रताप आदि रहे।

बनारस के गैर-साहित्यिक मित्रों में कम्युनिस्ट पार्टी के लोग थे, जिसमें सत्यनारायण सिंह, रुस्तम सैटिन, जवाहरलाल, गिरिजेश राय आदि थे। इनके अतिरिक्त राजनीतिशास्त्र के विद्वान गणेशप्रसाद उनियाल, अंग्रेजी विभाग के जी.बी. मोहन तंपी, इतिहास-संस्कृति के विद्वान डॉ. वी.एस. पाठक, संस्कृत विद्वान रतिनाथ झा आदि थे, जिनसे मैत्री की अनर्गल बातें नहीं, बल्कि सार्थक बहसें हुआ करती थीं। नामवर सिंह की इन खूबियों का जिक्र करते हुए भारत यायावर ने लिखा है : "नामवर सिंह को उस सहचर की बराबर तलाश रहती है, जिससे वे वाद-विवाद कर सकें, बहस कर सकें। वे अपने से असहमति रखनेवाले का भी इसीलिए आदर करते हैं।"[35]

नामवर जी ने अपनी आत्मकथा में विशेष तौर से दो गैर-साहित्यिक मित्रों का जिक्र किया है : एक, एडवोकेट नगेन्द्र प्रताप सिंह का और दूसरे, मार्कण्डेय सिंह का। नगेन्द्र जी इसलिए प्रिय हैं क्योंकि वे : "मेरी तीखी आलोचना कर सकते हैं, मेरे प्रशंसक नहीं हैं वह।"[36]

दूसरे मित्र भूतपूर्व लेफ्टिनेंट गवर्नर मार्कण्डेय सिंह, जिनसे मिलकर उन्हें बेहद आत्मीय एहसास हुआ करता था। नामवर सिंह की मित्र-मंडली का एक सम्बन्ध

'परिमल' से भी जुड़ा, जिनमें विजयदेव नारायण साही, सर्वेश्वरदयाल सक्सेना, केदारनाथ अग्रवाल, धूमिल, त्रिलोचन आदि मित्र हुए। इनमें विजयदेव नारायण साही के बारे में नामवर जी ने लिखा है : "मेरा उनसे अन्त तक वैचारिक मतभेद रहा लेकिन वह ऐसे व्यक्ति थे, जिनसे हम संवाद कर सकते थे, हम एक-दूसरे को समझते थे।"[37] यही नहीं, नामवर जी के शब्दों में : "ऐसे मस्ती के बहुत प्रसंग हैं जहाँ हम और साही साथ-साथ रहे।"[38] इलाहाबाद में अमरकान्त और मार्कण्डेय भी नामवर जी के मित्र रहे। इलाहाबाद के मित्रों में वे जितेन्द्र और ओमप्रकाश को कमलेश्वर, दुष्यन्त, मार्कण्डेय की तुलना में अधिक प्रतिभावान मानते हैं और इनमें अमरकान्त को सबसे अधिक। भैरवप्रसाद गुप्त के यहाँ भी नामवर सिंह एवं उनके मित्रों का जमावड़ा लगता था, जिनमें शमशेर, नरेश मेहता आदि थे।

लखनऊ के मित्रों में कुँवर नारायण, देवराज आदि थे। मित्र के रूप में रघुवीर सहाय से नामवर सिंह की निकटता और आत्मीयता विजयदेव नारायण साही-जैसी थी। मित्रों में श्रीकान्त वर्मा और मुक्तिबोध भी रहे। मित्रों में नामवर सिंह ने विष्णु खरे का जिक्र बड़े संयमित शब्दों के साथ किया है। उन्होंने उन्हें 'मित्र नहीं, पथ का साथी' कहा है। आलोचक अशोक वाजपेयी को न वे मित्र मानते हैं और न शत्रु। उनके साथ मतभेद होने के बावजूद उनसे घरेलू सम्पर्क हैं।

अत: नामवर सिंह ने जीवन में अपनी मित्र-मंडली का सार्थक उपयोग किया। आलोचकीय ऊर्जा जुटाई और सामग्री भी। उन्होंने मैत्री सम्बन्धों का निर्वाह नीर-क्षीर विवेक के साथ किया, यहाँ तक कि विवादों और गलतफहमियों के वातावरण में भी मैत्री निष्ठा का पालन किया। निष्कर्षत: यह कहा जा सकता है कि नामवर जी ने चाटुकार और चापलूस मित्रों की भीड़ नहीं जुटाई, बल्कि निर्मम आलोचक मित्रों को भी अपनाया। भले ही, मित्रों की अनर्गल टिप्पणियों से नामवर सिंह व्यथित हुए हों। 'जीवन क्या जिया' में नामवर सिंह ने इस दुख की विस्तार से चर्चा की है कि प्रोफेसर बनने और कुछ कमेटियों में प्रवेश पाने से उन्हें 'सत्ता और प्रतिष्ठान का आदमी' कहकर उनकी भर्त्सना की गई। अत: उनकी टिप्पणी है : "मैं इसको नितान्त मध्यवर्गीय जलन का रूप मानता हूँ।"[39] मित्रों की ईर्ष्यालु टिप्पणियों पर दुख प्रकट करते हुए नामवर जी ने एक जायज प्रश्न की ओर हमारा ध्यान आकृष्ट किया है : "सवाल यह होना चाहिए कि वहाँ पहुँचकर वह करता क्या है?"[40] अत: नामवर सिंह के व्यक्तित्व निर्माण में मैत्री सम्बन्ध काफी सहायक रहे हैं।

आन्दोलन, संगठन तथा चुनाव

परतंत्र भारत के परिवेश ने नामवर जी को नई शक्ति एवं प्रेरणा प्रदान की। चार-पाँच वर्ष की उम्र में ही वे नमक सत्याग्रह के साक्षी बने। आठवीं कक्षा में वे 1942 के

आन्दोलन से प्रेरित हुए और 16 अगस्त, 1942 को तिरंगा फहराने के उत्साह में ब्रिटिश सरकार की गोली से बाल-बाल बचे। अन्तत: उनका सहपाठी महँगू सिंह मारा गया।

इस प्रकार किशोरावस्था से ही उनमें राष्ट्रीयता और देशप्रेम का बीजवपन हो गया। नामवर सिंह स्कूली जीवन से ही 'प्रगतिशील लेखक संघ' संगठन के सम्पर्क में आ चुके थे। कारण यह था कि इस संगठन द्वारा आयोजित गोष्ठियों से उन्हें लेख, निबन्ध, कविताएँ आदि पाठ करने का अवसर मिलता था, साथ ही समय-समय पर 'जनवाणी' पत्रिका में उनके लेख भी छपते रहते थे। वैसे, 'प्रगतिशील लेखक संघ' से उनका सक्रिय जुड़ाव सन् 1947 में इलाहाबाद से हुआ। परन्तु इस समय 'प्रगतिशील लेखक संघ' भूमिगत रूप से सक्रिय था। सन् 1948 में आचार्य नरेन्द्रदेव की प्रेरणा से 'नवसंस्कृति संघ' का गठन हुआ। इसका उद्‌घाटन डी.पी. मुखर्जी ने किया एवं अध्यक्षता आचार्य हजारीप्रसाद द्विवेदी ने की। नामवर जी ने इसके गठन में सक्रिय भूमिका निभाई। वे काशी इकाई के सचिव बनाए गए और सन् 1950 तक इस संगठन में बने रहे। सन् 1950 में ही उन्होंने इलाहाबाद में 'प्रगतिशील लेखक संघ' के सम्मेलन में भाग लिया।

सन् 1951 में जब 'प्रगतिशील लेखक संघ' की भूमिगत सक्रियता समाप्त हुई, तो नामवर जी इससे पुन: जुड़े। प्रगतिशील लेखक संघ का प्रमुख अड्डा बनारस का 'सरस्वती प्रेस' था, जहाँ जगत शंखधर और शमशेर जैसे लोग ठहरा करते थे। इस संगठन के जरिये वे सज्जाद जहीर, नेमिचन्द्र जैन, अज्ञेय, प्रभाकर माचवे, यशपाल, निराला, विजयदेव नारायण साही, राजाराम शास्त्री, राजेन्द्र यादव, रामविलास शर्मा, शम्भुनाथ सिंह, त्रिलोचन, भगवतशरण उपाध्याय आदि के सम्पर्क में आए।

5 मार्च, 1953 को दिल्ली में आयोजित 'प्रगतिशील लेखक संघ' में जब नामवर सिंह ने शिरकत की, तभी एक दुखद स्थिति यह हुई कि महासचिव के पद से रामविलास शर्मा को हटाकर कृश्न चन्दर को महासचिव बना दिया गया। फलत: 'प्रगतिशील लेखक संघ' खत्म हो गया।पुन: 1957 के 'प्रगतिशील लेखक संघ' के सम्मेलन में नामवर सिंह संयुक्त सचिव बनाए गए, अमृतराय मुख्य सचिव बने। 'परिमल' वालों को निशाना बनाया गया। सन् 1967 में सज्जाद जहीर ने 'प्रगतिशील लेखक संघ' का पुनर्गठन किया और उन्हें पुन: संयुक्त सचिव बनाया। इस प्रकार नामवर जी का इस संगठन से सम्बन्ध अभी तक बरकरार है। इस सम्बन्ध में यह भी ध्यातव्य है कि उन्होंने 1974 में 'प्रगतिशील साहित्य धारा में अन्ध लोकवादी रुझान' शीर्षक आलेख लिखा, जिसमें संगठन की कमियों की कड़ी भर्त्सना है और प्रगतिशीलता की सही अवधारणा भी मौजूद है। बाँदा का 'प्रगतिशील लेखक सम्मेलन', 1973 का जिक्र करते हुए नामवर सिंह ने कहा : "फिर भी यह कटु सत्य है कि अभी तक वामपंथी लेखकों का कोई व्यापक संगठन नहीं बन सका;

यही नहीं, बल्कि संगठित होने की प्रक्रिया में विघटन की प्रवृत्तियाँ ज्यादा तेज हो रही हैं। निस्सन्देह इस प्रक्रिया में टुटपुँजिया मध्यवर्गीय व्यक्तिवादी संस्कारों का बहुत बड़ा योग है, जिसके कृत्य रूपों का विश्लेषण आवश्यक है।"[41] अत: नामवर सिंह ने 'प्रगतिशील लेखक संघ' से जुड़कर सच्चे अर्थों में प्रगतिशीलता को बचाए रखने की कोशिश की। उन्होंने राजनीतिक हस्तक्षेप और लेखक की निष्ठा का प्रश्न उठाते हुए सत्ता के पिछलग्गू साहित्यकारों की भर्त्सना की। वामपंथी लेखकों द्वारा व्यवस्था विरोध की उथली और सतही समझ की भर्त्सना करते हुए कहा : "...मार्क्सवाद केवल एक राजनीतिक सिद्धान्त नहीं, बल्कि एक विश्व-दृष्टि है—राजनीति जिसका एक पक्ष है।...विश्व-दृष्टि पर बहस होनी चाहिए, राजनीतिक लाइन पर नहीं।"[42] इस प्रकार, नामवर सिंह ने 'प्रगतिशील लेखक संघ' का सही मार्गदर्शन कर पुनर्जीवित करने का प्रयास किया।

सन् 1952-53 से ही वे कम्युनिस्ट पार्टी के सम्पर्क में थे पर तब तक उन्होंने चुनाव लड़ने का विचार नहीं किया था। जुलाई, 1959 में वे चकिया-चन्दौली लोकसभा उपचुनाव में कम्युनिस्ट पार्टी के उम्मीदवार बने। हालाँकि यह निर्णय उन्होंने परिवार की राय के विरुद्ध लिया। इस चुनावी अभियान में उन्होंने काफी सभाएँ कीं और अथक परिश्रम किया। काशीनाथ सिंह ने इन दिनों का स्मरण करते हुए लिखा है : "विद्यार्थियों, लेखकों, पाठकों, बुद्धिजीवियों के बीच उन्होंने बड़े भाषण दिये हैं। काश, गाँव की अनपढ़ जनता के बीच दिये गए वे भाषण आज हमारे पास होते! "[43]

जो भी हो, लोगों पर भाषण का प्रभाव तो पड़ा पर वोट नामवर जी के पक्ष में नहीं पड़े। कांग्रेस उम्मीदवार प्रभुनारायण सिंह की जीत हुई। दूसरा परिणाम यह हुआ कि नामवर सिंह काशी हिन्दू विश्वविद्यालय से निष्कासित किये गए। क्योंकि उन्होंने विश्वविद्यालय की अनुमति के बिना चुनाव लड़ा था। इस घोर विडम्बना के बावजूद भी नामवर जी के उत्साह, कर्मठता, अध्ययन तथा चिन्तन-मनन में कोई कमी नहीं आई और न ही पार्टी के प्रति निष्ठा में। 1960-64 तक उन्होंने चकिया-चन्दौली में पार्टी की शाखाएँ गठित करने का कार्य किया। इस सन्दर्भ में केदारनाथ सिंह की टिप्पणी है : "अपने समस्त अध्ययन के साथ-साथ वे पार्टी दफ्तर जाना नहीं भूलते थे।"[44] जहाँ तक अध्ययन की बात है, काशीनाथ सिंह के शब्दों में : "मैंने आज तक ऐसे किसी आदमी की कल्पना नहीं की थी, जिसके सारे दुखों, सारी परेशानियों, पराजयों, तिरस्कारों और अपमानों का विकल्प अध्ययन हो।"[45]

नामवर सिंह के व्यक्तित्व का यह अद्भुत सन्तुलन था कि वे अपने को समय के ढंग से नहीं, बल्कि समय को अपने ढंग से जी रहे थे। काशीनाथ सिंह के शब्दों में : "मैंने देखा कि जो परेशानियाँ किसी सामान्य आदमी को भीतर तक तोड़

देती हैं। वे ही उस आदमी को और ज्यादा क्रिएटिव और मानवीय बना देती हैं। ऐसे क्षणों में उनमें हास्य और मजाक की क्षमता अद्‌भुत ढंग से निखरकर सामने आती है।"[46] वास्तविकता यह है कि नामवर सिंह का राजनीतिक कैरियर असफल रहा। ऐसा लगता है कि राजनीति के सैद्धान्तिक ज्ञान होने के बावजूद व्यावहारिक राजनीति अर्थात् राजनीति के छल-छद्‌म और तिकड़मों से दूर रहने के कारण उन्हें असफलता हाथ लगी। केदारनाथ सिंह के अनुसार, इस 'दर्दनाक शॉकिंग' से उन्हें बनारस छोड़ना पड़ा, जो उनके लिए आसान भी नहीं था। यहीं से नामवर सिंह के विस्थापित जीवन की शुरुआत हुई। परवर्ती समय में इस विस्थापन ने उनके जीवन को महत्त्वपूर्ण ढंग से स्थापित किया।

अध्यापक नामवर सिंह

एक सफल अध्यापक स्वभावत: गहन अध्येता होता है। इसे ऐसे भी कहा जा सकता है कि अध्ययन और अध्यापन एक ही सिक्के के दो पहलू हैं। प्रसिद्ध विद्वान बेकन के अनुसार : "अध्ययन उल्लास का, अलंकार का, और योग्यता का कारण बनता है।"[47] निस्सन्देह नामवर सिंह की ख्याति और प्रसिद्धि के मूल में भी यही कारण है। नामवर जी की पुस्तकें इसका प्रमाण हैं कि वे एक ही विषयों पर लिखते-बोलते हुए बड़ी कुशलता से दूसरे विषयों और सन्दर्भों को जोड़ते चलते हैं। असलम परवेज के शब्दों में : "नामवर जी का मामला यह है कि उन्होंने सबसे ज्यादा पढ़ा ही है। उससे कुछ कम बोला है और उससे भी कम लिखा है।"[48] अध्ययन की उत्कंठा सम्बन्धी एक घटना का जिक्र पुरुषोत्तम अग्रवाल ने इस प्रकार किया है : "एक बार रात के खाने के बाद टहलते हुए चमनलाल (उन दिनों वे पी-एच. डी. कर रहे थे, डॉ. मैनेजर पांडेय के साथ) ने नामवर जी को किसी किताब के बारे में बताया। यह भी कह बैठे कि यह किताब उनके पास है, अभी पढ़ नहीं रहे हैं। 'तो पहले मैं ही पढ़ लेता हूँ, आप पहले लेते ही आइए,' नामवर जी ने कहा। चमनलाल ने बार-बार कहा कि मैं सुबह आपके घर पहुँचा दूँगा, लेकिन नामवर जी अड़ गए : 'मैं यहाँ खड़ा हूँ, आप होस्टल से लेते ही आइए।' चमनलाल जी को किताब उसी वक्त लानी पड़ी।"[49] उनके शिष्यों के अनुसार नामवर जी को यह पता होता था कि शिष्य क्या पढ़ रहा है। किसी भी विषय पर नई पुस्तक क्यों न हो, वे उसे पढ़ लिया करते थे। नामवर जी के शब्दों में : "किताबें तो बहाना होती हैं, खूँटी हैं, जिन पर आप कोई भी कपड़ा टाँग सकते हैं।"[50] अध्ययन की इस लालसा ने ही निजी अज्ञानता के विरुद्ध मोर्चा खोलने में सहायता की होगी। शेली का कहना है : "जितना ही हम अध्ययन करते जाते हैं उतना ही हमें अपने अज्ञान का आभास होता जाता है।"[51]

नामवर सिंह संस्कृत, प्राकृत, अपभ्रंश के अध्येता तो थे ही, साथ ही साथ मार्क्स, एंगेल्स, कॉउवेल, रैल्फ फॉक्स, जॉर्ज लुकाच आदि की पुस्तकों का भी उन्होंने गहन अध्ययन किया। विजय मोहन सिंह के अनुसार : "विश्वविद्यालय के मुख्य द्वार के बाहर स्थित 'ग्लोब बुक डिपो' को उन्होंने लगभग पेट्रोनाइज कर रखा था, वहाँ 'टाइम्स लिटरेरी सप्लीमेंट', 'एनकांउटर लन्दन मैगजीन' आदि पत्रिकाएँ तो मँगवाते ही थे। वे उनमें प्रकाशित नई पुस्तकों की समीक्षाएँ पढ़कर 'नई समीक्षा' के आधार स्तम्भ डॉन क्रोरैनसम, क्लिंथब्रुक्स, आइवर विंटर्स, एलेन टेट तथा ब्लेकमर आदि की पुस्तक भी मँगवाते थे। वे समीक्षात्मक वैचारिक पुस्तकें तो पढ़ते थे, पर काव्य तथा कथा साहित्य भी कम नहीं पढ़ते थे। उनके यहाँ तोल्स्तोय, दास्तोएव्स्की, चेखव तथा पुश्किन आदि की पुस्तकें तो उपलब्ध थीं ही, फ्लावेयर, स्टेंडल, डी.एच. लॉरेंस, टॉमस मान तथा डिकेंस आदि के उपन्यास भी अलमारियों में करीने से रखे रहते थे।"[52]

इस प्रकार नामवर जी का अध्ययन क्षेत्र सिर्फ हिन्दी नहीं, बल्कि हिन्दीतर विषयों और साहित्येतर विषयों से जुड़कर समृद्ध हुआ। इसे चयन का विवेक भी कहा जा सकता है, जो अध्ययन की भी सीमाओं और संकीर्णताओं को ध्वस्त करता है। इन्हीं सीमाओं और संकीर्णताओं को केन्द्र में रखकर जॉर्ज बर्नार्ड शॉ की यह उक्ति है : "आज अध्ययन करना सभी जानते हैं पर क्या अध्ययन करना चाहिए, यह कोई नहीं जानता।"[53] जहाँ तक अध्यापन का सवाल है, अध्यापन सिर्फ नौकरी या पेशा नहीं बल्कि राष्ट्रीय और सांस्कृतिक जिम्मेवारी है, जिसका एहसास किए बगैर सफल अध्यापक नहीं हुआ जा सकता। महाकवि कालिदास के अनुसार : "जो अध्यापक पद प्राप्त करके भी शास्त्रार्थ से भागता है, दूसरों के अँगुली उठाने पर भी चुप रह जाता है और केवल जीविकोपार्जन के लिए विद्या पढ़ाता है, वह पंडित नहीं, बल्कि ज्ञान बेचनेवाला बनिया कहलाता है।"[54] पुरुषोत्तम अग्रवाल के अनुसार नामवर जी ने छात्रों को नौकरीवादी बनाने की कोशिश नहीं की बल्कि साहित्य और भाषा के प्रति सजग और संवेदनशील बनाने का प्रयास किया। उन्होंने अध्यापन की गुणवत्ता का पूरा ध्यान रखा। पुरुषोत्तम अग्रवाल के शब्दों में : "आखिरकार अध्यापन का अर्थ केवल सूचना या कोरा विश्लेषण दे देना नहीं है। अध्यापन का अर्थ है मनुष्य की मूलभूत जिज्ञासा वृत्ति को ठोस समस्याओं के सन्दर्भ में उद्‌बुद्ध करना। उसके विवेक को तीक्ष्णतर तथा अधिक मूल्यपरक बनाना। यह कार्य बेशक क्लास रूम तक सीमित नहीं रहता, लेकिन अध्यापक के लिए उसकी शुरुआत वहीं से होती है।"[55] अत: परिस्थितियाँ चाहे कितनी ही प्रतिकूल क्यों न रही हों, नामवर जी ने सदैव परिवेश को अपने अध्ययन के अनुकूल बनाए रखा। उनके समर्थक और विरोधी, सभी उन्हें बेहतर और सफल अध्यापक के तौर पर स्वीकारते रहे हैं।

नामवर जी ने सन् 1952 से सन् '92 तक अध्यापन कार्य किया। करीब-करीब चार दशक तक वे अध्यापन से जुड़े रहे। काशी हिन्दू विश्वविद्यालय के सुखद क्षणों का स्मरण करते हुए नामवर जी कहते हैं : "इस पुस्तक (बकलम खुद) के निबन्धों की फक्कड़ाना मस्ती वाली शैली में मैं अध्यापन किया करता था और मैंने पाया कि कमरा विद्यार्थियों से ठसाठस भरा रहने लगा था, बैठने की जगह नहीं रहती थी, यहाँ तक कि क्लास के बाहर खड़े होकर सुनते थे।...एक साहब जल-भुनकर बोले थे—'ही मस्ट बी टॉकिंग समथिंग पॉपुलर'।"[56]

एक सजग अध्यापक के रूप में नामवर जी ने हर विषय में स्वयं को 'अपटुडेट' बनाए रखा। अत: नामवर जी का अध्यापकीय व्यक्तित्व लगभग हर अध्यापक के लिए प्रेरणा का स्रोत है। आज का अधिकांश अध्यापक जिस सूचनाधर्मिता एवं छद्म विद्वत्ता का निर्वाह कर रहा है, नामवर जी इससे सदा मुक्त रहे। उन्होंने छात्रों की असहमति को अनुशासनहीनता के रूप में नहीं बल्कि खुले मन से ग्रहण किया। 'एकालाप' के बदले 'संवाद' की स्थितियों को प्रश्रय दिया और छात्रों के प्रति आत्मीयता की हद में रहे, अर्थात् छात्रों के प्रति आत्मीयता क्लासरूम में ही अधिक रही, व्यर्थ की गपबाजी और बैठकबाजी में वे बिलकुल नहीं रमे। क्लासरूम में पढ़ाने की तकनीक का वर्णन करते हुए पुरुषोत्तम जी ने लिखा है : "क्लास में लेक्चर शुरू करते ही नामवर जी धीरे-धीरे रूपान्तरित से होने लगते हैं। एकदम सटीक और सुघड़ वाक्य बोलते हुए वे बिना जताए ही अपनी विचार प्रकिया में छात्रों को शामिल करते चले जाते हैं। किसी भी विषय में सबसे पहले मूलभूत धारणाएँ और समस्याएँ स्पष्ट करते हैं। छात्रों के सामने सवाल खड़े करते हैं और छात्रों को अपने साथ लेते हुए उनके उत्तर खोजते हैं। बीच-बीच में उनका सेंस ऑफ ह्यूमर, बात करने का उनका विशिष्ट ढंग, सीखने की प्रक्रिया को बेहद आत्मीय बना देता है।"[57]

नामवर जी कक्षा में छात्रों की उपस्थिति की बाध्यता के पक्षधर नहीं थे।

डॉ. रामबक्ष के अनुसार, उन्हें अपनी अध्यापन शैली पर इतना भरोसा था कि "यदि छात्र विश्वविद्यालय प्रांगण में आ गया तो मेरी कक्षा में तो वह आएगा ही।"[58]

नामवर जी अध्यापक के तौर पर बेहद ईमानदार रहे। डॉ. रामबक्ष के शब्दों में : "डॉ. नामवर सिंह उन अध्यापकों में से नहीं, जो छात्रों को अन्य बहुत सारी किताबें तो बता दें, पर उस पुस्तक का जिक्र न करें, जिससे वे पढ़कर पढ़ाते हों। वे उस पुस्तक का जिक्र कक्षा में विशेष रूप से करते। हर बार लगा है कि पुस्तक में उपलब्ध सामग्री के अलावा भी उन्होंने बहुत कुछ नया बताया है। एक आलोचक के लिए हो, चाहे न हो, एक शिक्षक के लिए हर दिन नया पढ़ाना-सिखाना निश्चय ही बहुत बड़ी बात है।"[59]

महत्त्वपूर्ण यह भी कि नामवर जी विश्वविद्यालय के अध्यापक रहे और ऐसे में यह जिम्मेदारी और भी चुनौतीपूर्ण हो जाती है। सर्वपल्ली डॉ. राधाकृष्णन् ने कहा

है : "विश्वविद्यालय ही देश के महापुरुषों का निर्माण करनेवाला कारखाना है और अध्यापक उन्हें बनानेवाले कारीगर हैं।"[60]

पुरुषोत्तम जी ने उन्हें पक्षधर अध्यापक के रूप में भी कहा है। यह सही हो, तो भी वे अपनी राय छात्रों पर नहीं थोपते थे। उन्होंने अपने विद्यार्थियों को नौकरीवादी बनाने की बजाय अपने समय, भाषा और परिवेश के प्रति सजग तथा संवेदनशील बनाया। उन्होंने आजीवन विश्वविद्यालय की स्वायत्तता का ईमानदार अध्यापक की भाँति निर्वाह किया। मूलत: वे बेहद अकादमिक अनुशासन पसन्द करनेवाले अध्यापक रहे। अन्तत: पुरुषोत्तम अग्रवाल के शब्दों में : "नामवर जी सिर्फ पढ़ाते नहीं, सिखाते हैं।"[61]

यदि नामवर सिंह के अध्यापकीय योगदान का मूल्यांकन किया जाए तो यह निश्चय ही कहा जा सकता है कि उन्होंने महापुरुष भले ही तैयार न किए हों, परन्तु कई आलोचक, चिन्तक और सर्जक जरूर तैयार किए हैं। अत: अध्यापकीय सफलता उनके व्यक्तित्व की एक बड़ी पूँजी है। अध्यापन कार्य के लिए पाठ्यक्रम एक बुनियादी सामग्री है, जो स्वस्थ और उन्नत अकादमिक परिवेश के लिए काफी निर्णायक सिद्ध होती है। इसलिए डॉ. रामबक्ष ने ठीक ही कहा है : "अध्यापक का काम सिर्फ दिये हुए पाठ्यक्रम को पढ़ाना ही नहीं है, बल्कि अच्छा पाठ्यक्रम तैयार करना भी है।"[62] अत: विश्वविद्यालय में अध्यापन करते हुए नामवर सिंह प्रारम्भ से ही पाठ्यक्रम के प्रति सतर्क रहे और इसे परिवर्तित करते हुए पुनर्नवीकृत भी करते रहे।

जोधपुर विश्वविद्यालय में उन्होंने 50 वर्ष पुराना पाठ्यक्रम का ढाँचा बदल दिया। डॉ. रामबक्ष के अनुसार, उन्होंने छायावाद के साथ प्रसाद, निराला, अज्ञेय, मुक्तिबोध, कुँवर नारायण और शमशेर बहादुर सिंह को पाठ्यक्रम में शामिल किया। उन्होंने भाषाविज्ञान को पाठ्यक्रम से हटाया, काव्यशास्त्र के ढाँचे में परिवर्तन किया तथा आचार्य शुक्ल, अभिनव गुप्त, टी.एस. इलियट के कुछ पाठ के साथ व्यावहारिक आलोचना के अंश को भी शामिल किया। उन्होंने नये रचनाकारों की रचनाओं में 'कनुप्रिया', 'सारा आकाश', 'उसका बचपन', 'झूठा-सच', 'मैला आँचल' तथा 'आधा गाँव' को पाठ्यक्रम में शामिल किया। 'आधा गाँव' पर अश्लीलता और साम्प्रदायिकता के आरोप लगे। साथ ही पाठ्यक्रम के आधार पर कम्युनिस्ट प्रचार का भी आरोप लगा। यहाँ तक कि रामविलास शर्मा ने भी कहा : "साम्प्रदायिक तो नहीं, पर अश्लील है, विश्वविद्यालय में पढ़ाए जाने लायक नहीं है।"[63] अन्तत: 'आधा गाँव' पाठ्यक्रम से हटाया गया। परन्तु नामवर सिंह की ऊर्जा कम नहीं हुई। जब वे जवाहरलाल नेहरू विश्वविद्यालय में गए, तब उन्होंने पाठ्यक्रम को और समृद्ध कर, अपनी इच्छा पूरी की। उन्होंने पाठ्यक्रम में आचार्य हजारीप्रसाद द्विवेदी के साथ डॉ. रामविलास शर्मा को भी रखा। इस प्रकार जे.एन.यू. के एम.ए. और

एम.फिल्. के पाठ्यक्रम को तैयार कर उन्होंने अपनी अध्यापकीय जिम्मेवारी का परिचय दिया, जो लगभग विश्वविद्यालय के लिए उदाहरण बने। डॉ. रामबक्ष के शब्दों में : "विश्वविद्यालयों में हिन्दी पाठ्यक्रम के इतिहास पर जब विचार किया जाएगा, तब उनके इस ऐतिहासिक योगदान को अच्छी तरह से रेखांकित किया जा सकेगा।"[64]

जहाँ तक प्रशासन सम्बन्धी मामलों की बात थी, इस मामले में नामवर जी की राय दूसरों से भिन्न थी। डॉ. रामबक्ष के अनुसार, प्रश्न-पत्रों की गोपनीयता को वे महत्त्व नहीं देते थे। वे मानते थे कि हमें विद्यार्थियों की कमजोरी की नहीं, बल्कि शक्ति की जाँच करनी है।

डॉ. रामबक्ष के अनुसार, एक शोध निर्देशक के रूप में नामवर सिंह ने 'उपदेश के बदले निर्देश' ही दिया है, शोधार्थी को शक्तिशाली बनाया है और मतभेदों का सम्मान भी किया है।

अन्ततः, डॉ. रामबक्ष के इस वाक्य से सहमत हुआ जा सकता है : "यह कहना शायद अत्युक्ति न होगी कि यह उनके पाठ्यक्रम और अध्यापकीय व्यक्तित्व का असर है कि भीषण बेरोजगारी के इस दौर में भी डॉ. नामवर सिंह के विद्यार्थी बेरोजगार नहीं हैं।"[65]

सम्पादक नामवर सिंह

'सम्पादक' का कार्य जितना रचनात्मक है, उतना ही आलोचनात्मक। अतः इस कार्य के लिए विवेक, धैर्य और साहस का सन्तुलन भी आवश्यक है। नामवर सिंह ने अपने सम्पादन-कर्म में इस सन्तुलन को बनाए रखा है, तभी उनका सम्पादन-कर्म विशेषतः 'आलोचना' पत्रिका, हिन्दी साहित्य-जगत के लिए अविस्मरणीय और अन्वेषी है।

नामवर सिंह ने पत्रिकाओं के साथ-साथ पुस्तकों का भी सम्पादन किया है, जिनके सम्पादकीय वक्तव्य का अपना विशेष महत्त्व है। नामवर जी द्वारा सम्पादित पुस्तकें इस प्रकार हैं :

1. आधुनिक रूसी कविताएँ (1978)
2. रामचन्द्र शुक्ल : चिन्तामणि, भाग-3 (1983)
3. नागार्जुन : प्रतिनिधि कविताएँ (1984)
4. मलयज : रामचन्द्र शुक्ल (1987)
5. रामचन्द्र शुक्ल संचयन (1988)
6. शमशेर बहादुर सिंह : प्रतिनिधि कविताएँ (1990)
7. कार्ल मार्क्स : कला और साहित्य-चिन्तन (1991)
8. हजारीप्रसाद द्विवेदी : संकलित निबन्ध (1993)

9. बुल्लेशाह की काफियाँ
10. बाबा फरीद
11. सोहणी महीवाल (फजल शाह)
12. हीर (वारिस शाह)
13. रामचन्द्र शुक्ल समग्र

इसके अतिरिक्त नामवर जी कुछ पुस्तकों के भी प्रधान सम्पादक रहे हैं :

1. उत्तरशती (कविता), सम्पादक—मंगलेश डबराल
2. उत्तरशती (गद्य), सम्पादक—सुधीश पचौरी
3. उत्तरशती (कथा), सम्पादक—विजय मोहन सिंह
4. उत्तरशती (आलोचना), सम्पादक—परमानन्द श्रीवास्तव

पुस्तकों के सम्पादन में नामवर सिंह का चयन-विवेक भी शामिल है। इन पुस्तकों की भूमिका इतनी महत्त्वपूर्ण है कि कम शब्दों में भी मूल्यांकन की कई परतें खुलती हैं और समझ का विस्तार करती हैं। इसके अतिरिक्त नामवर सिंह द्वारा सम्पादित पत्रिकाएँ भी उनके कृती व्यक्तित्व का अभिन्न और महत्त्वपूर्ण हिस्सा हैं। ये पत्रिकाएँ हैं :

1. साप्ताहिक 'जनयुग' (1965-1967),
2. त्रैमासिक 'आलोचना' (1967-1990)।

उन्होंने सबसे पहले साप्ताहिक 'जनयुग' का सम्पादन मार्च, 1965 से शुरू किया। परन्तु जून, 1965 में ही वे राजकमल के साहित्यिक सलाहकार के रूप में भी जुड़े। फलत: उनका निजी लेखन व्यस्तताओं के नकारात्मक दबाव से प्रभावित होने लगा। अन्तत: 1967 में उन्होंने 'जनयुग' के सम्पादन कार्य से अपने को मुक्त किया।

पुन: अप्रैल, 1967 से उन्होंने त्रैमासिक 'आलोचना' के सम्पादन का कार्यभार सँभाला। इससे नामवर सिंह को आलोचक के रूप में विशिष्ट पहचान मिली। स्वयं नामवर सिंह के शब्दों में : "मेरे आलोचना-कर्म में 'आलोचना' पत्रिका का सम्पादन उल्लेखनीय है।"[66]

वैसे, नामवर सिंह से पहले 'आलोचना' के सम्पादन से शिवदान सिंह चौहान और नन्ददुलारे वाजपेयी जुड़े थे। परन्तु सम्पादक नामवर सिंह ने 'आलोचना' को स्थायित्व और प्रतिष्ठा दी। 1967 ई. से 1990 ई. तक अर्थात् लगभग 24 वर्षों तक उन्होंने 'आलोचना' का, 93 अंकों के साथ, सफल सम्पादन किया। वैसे, उनकी इच्छा 100 अंकों तक के सम्पादन की थी, जो अधूरी रही। फिर भी जिस निष्ठा और कर्मठता से उन्होंने इस कार्य को साधा, वह हिन्दी आलोचना की अमूल्य निधि है। 'आलोचना' को नामवर सिंह ने संवाद के साँचे में ढाला; समकालीन और ज्वलंत समस्याओं से जोड़ा; साहित्य के अतिरिक्त साहित्येतर समीक्षा को महत्त्व दिया

तथा हिन्दी की परिधि से बाहर निकलकर अन्य भारतीय भाषाओं के लेखन को भी शामिल किया। यही नहीं, उन्होंने 'आलोचना' पत्रिका के माध्यम से परिसंवादों को भी लिखित रूप में शामिल किया। इस प्रकार उन्होंने 'आलोचना' को नवजीवन प्रदान किया। आलोचक परमानन्द श्रीवास्तव ने नामवर सिंह की तुलना एफ.आर. लीविस से तथा 'आलोचना' पत्रिका की तुलना लीविस की पत्रिका 'स्क्रूटनी' से की है। परमानन्द जी की दृष्टि में : "नामवर सिंह के लिए 'आलोचना' पत्रिका के सम्पादन का अर्थ था—जड़ साहित्याभिरुचि और सैद्धान्तिक संकीर्णता के विरुद्ध संघर्ष। निष्क्रिय और यथास्थिति पोषक रसास्वाद के विरुद्ध तथा सार्थक सक्रिय मूल्यांकन के पक्ष में वैचारिक संघर्ष।"[67] 'आलोचना' के विविध अंक उनके समृद्ध चिन्तन के वैविध्य का साक्ष्य है। यहाँ तक कि नामवर जी के सम्पादन में 'आलोचना' का प्रथम अंक (अप्रैल, 1967) ऐतिहासिक और महत्त्वपूर्ण हुआ। 'आलोचना' के इस अंक की पृष्ठभूमि में चौथे आम चुनाव की घटना, नक्सल आन्दोलन (1967) और कम्युनिस्ट पार्टी के विभाजन की घटना थी। पहली बार कई राज्यों में गैर-कांग्रेसी सरकारें बनी थीं। नामवर जी ने अपने सम्पादकीय आलेख में कविता और राजनीति के सन्दर्भों पर महत्त्वपूर्ण टिप्पणी की। उन्होंने लिखा : "हमने यह मान लिया है कि कविता और राजनीति के बीच बुनियादी विभाजन है। समस्या यह नहीं है कि दोनों छोर कभी मिल नहीं सकते बल्कि यह कि यदि वे मिल सकते हैं तो बड़ी कीमत पर। राजनीति की अस्पष्ट वक्तृतावादी और जड़ फिकरों वाली भाषा के साथ कविता की जटिलता, तनाव और यथातथ्यता का कोई मेल नहीं है।"[68] इस प्रकार उन्होंने समकालीन राजनीतिक यथार्थ को प्रस्तुत करते हुए कविता और कवि की भूमिका स्पष्ट की।

नामवर सिंह ने अपने सम्पादन-कर्म के दरमियान युवा लेखन को विशेष रूप से नोटिस में लिया। उनके लेखन की विविधता, विशिष्टता और खुलेपन की सराहना की। इस प्रकार, नामवर जी ने युवा लेखन को साहित्यिक परिदृश्य के केन्द्र में स्थापित किया। इसके लिए उन्होंने 'आलोचना' का अंक 'युवा कविता पर एक बहस' के रूप में सम्पादित किया।

नामवर जी द्वारा सम्पादित 'आलोचना' के विशेषांकों का अपना ऐतिहासिक महत्त्व है। उन्होंने हिन्दी के महत्त्वपूर्ण रचनाकारों तथा आलोचकों को केन्द्र में रखकर विशेषांकों का सम्पादन किया, जिनमें भारतेन्दु, मैथिलीशरण गुप्त, मुंशी प्रेमचन्द, नागार्जुन, त्रिलोचन, मुक्तिबोध, धूमिल, आचार्य रामचन्द्र शुक्ल, आचार्य हजारीप्रसाद द्विवेदी, रामविलास शर्मा आदि हैं।

उपरोक्त विशेषांकों में रामविलास शर्मा पर केन्द्रित 'आलोचना' विशेषांक (1982, अंक 60-61, रामविलास शर्मा के 70वें जन्मदिन के उपलक्ष्य में आयोजित) काफी चर्चित हुआ। इस सम्पादकीय आलेख का शीर्षक था : 'केवल जलती मशाल'।

बाद में रामविलास शर्मा पर 'इतिहास की शव-साधना' शीर्षक आलेख प्रकाशित हुआ। 'केवल जलती मशाल' और 'इतिहास की शव-साधना' के अन्तर्विरोधों ने कई विवादों को जन्म दिया।

'केवल जलती मशाल' के अन्तर्गत नामवर जी ने रामविलास शर्मा को 'प्रगतिशील आलोचना का अग्रदूत' एवं 'हिन्दी जाति का प्रतिनिधि' कहा है। उनकी तुलना नामवर जी मार्क्स और एंगेल्स से भी करते हैं। यहाँ तक कि वे रामविलास शर्मा को शुक्ल जी के समानधर्मा मानते हैं। परन्तु, 2001 वाले 'आलोचना'-5 का सम्पादकीय 'इतिहास की शव-साधना' में नामवर सिंह रामविलास शर्मा की बहुत-सी मान्यताओं पर जमकर प्रहार करते हैं। सचाई यह है कि 'केवल जलती मशाल' और 'इतिहास की शव-साधना' में समीक्षा के मानदंड अलग-अलग हैं। बावजूद इसके, इसने कई विवादों को जन्म दिया और नामवर सिंह को रामविलास शर्मा के प्रशंसकों का विरोध भी झेलना पड़ा। आलोचक विश्वनाथ प्रसाद तिवारी ने इन दोनों आलेखों को नामवर सिंह की 'नेकनीयती और बदनीयती' के अन्तर और प्रमाण के रूप में देखा है। बल्कि, नामवर जी की इस आलोचना को उन्होंने 'चमत्कारवादी आलोचना का उम्दा उदाहरण' तथा उनके आरोपों को 'कलावादी लफ्फाजी' कहा है। रामविलास शर्मा पर होनेवाले इन प्रहारों की प्रतिक्रिया पर खीजते हुए विश्वनाथ प्रसाद तिवारी ने यह भी कहा है : "लेकिन रामविलास जी चाहे जितना गुनगुनाएँ या बुदबुदाएँ, नामवर जी कभी उनके समानधर्मा नहीं बन सकते, साधना-धर्मा भी नहीं। साधना के लिए जो निष्ठा, एकाग्रता, समर्पण, नैरन्तर्य, विनम्रता और निर्लोभता जरूरी है, उनमें से एक भी तत्त्व नामवर जी में नहीं है।"[69]

तिवारी जी ने नामवर सिंह पर बड़े ही अतिशयोक्तिपूर्ण ढंग से प्रहार किया है जबकि वास्तविकता से सारा हिन्दी-जगत परिचित है। मूल बात है कि रामविलास शर्मा से सम्बन्धित इन दोनों आलेखों में नामवर सिंह के सम्पादकीय सूझ-बूझ का भी परिचय मिलता है। सम्पादक की दृष्टि जितने गुणों की ओर होती है, उतनी ही सीमाओं की ओर भी। अर्थात् सफल सम्पादक नीर-क्षीर विवेक की क्षमता से परिपूर्ण होता है। वास्तविकता यह है कि 'इतिहास की शव-साधना' वाले आलेख में नामवर सिंह रामविलास जी के 'अन्ध राष्ट्रवादी प्राच्यवाद' का विरोध करते हैं। उनकी दुश्चिन्ता यह है कि "...जिस आर्य समाज को राहुल जी 1920 के आसपास छोड़ चुके थे। उसी आर्य समाज की ओर रामविलास जी सत्तर साल बाद लौट रहे हैं।"[70] उनकी इस चिन्ता का सन्दर्भ समकालीन भी है; अर्थात् आर्य समाज अब साम्प्रदायिक संगठन में तब्दील हो चुका है। नामवर सिंह की दूसरी चिन्ता उनके वैदिक सौन्दर्य-बोध को लेकर भी है। रामविलास शर्मा पर टिप्पणी करते हुए वे कहते हैं : "वेदों से शुरू करने का शायद यही खतरा है। लोक अक्सर छूट

जाता है। वहाँ तक पहुँचने की नौबत नहीं आती है।"[71] नामवर जी ने यह सवाल भी उठाया था कि रामविलास जी की वैदिक नवजागरण की परम्परा में बुद्ध और उनकी श्रमण-परम्परा क्यों नहीं शामिल है, स्वामी दयानन्द के प्रति उनमें श्रद्धा तो है परन्तु राजा राममोहन राय के प्रति उदासीनता क्यों है? संक्षेप में, नामवर सिंह, उनके मार्क्सवादी रूप के साथ उनके पुनरुत्थानवादी रूप को स्वीकार नहीं कर पाते और उनकी कड़ी आलोचना करते हैं।

नामवर सिंह ने समय-समय पर एक जागरूक और सचेत सम्पादक की हैसियत से समकालीन साहित्यिक परिदृश्य में हस्तक्षेप जारी रखा। साथ ही, सक्रिय संवाद को प्रोत्साहित किया। उनका सम्पादकीय कर्म उनके वैचारिक संघर्ष की अन्यतम उपलब्धि है।

उनकी 'आलोचना' के सम्पादकीय कर्म का लक्ष्य काफी विराट था। नामवर जी ने इस लक्ष्य के बारे में कहा है : " 'आलोचना' के अन्तर्गत हम यह भी चाहते थे कि हिन्दी पाठकों को विश्व साहित्य की नई से नई प्रवृत्तियों के बारे में जानकारी होनी चाहिए।"[72] अत: इस लक्ष्य को पूरा करते हुए नामवर जी ने लुकाच, ब्रेख्त, वाल्टर बेंजामिन, लूसिए गोल्डमान, ग्राम्शी, रेमंड विलियम्स के विचारों को 'आलोचना' में स्थान ही नहीं दिया, बल्कि समय-समय पर उन पर विशेषांक भी सम्पादित किया। इनमें 'आलोचना', अंक-18 (जुलाई-सितम्बर-71)जॉर्ज लुकाच पर; 'आलोचना' अंक-20 गोल्डमान पर; 'आलोचना' अंक-31 (अक्टूबर-दिसम्बर-74) रेमंड विलियम्स पर; आदि महत्त्वपूर्ण हैं।

'आलोचना' के जरिये नामवर जी ने 'साहित्य का समाजशास्त्र' जैसी आलोचना की अधुनातन पद्धतियों से हिन्दी के पाठकों का परिचय कराया और 'साहित्यशास्त्र' की जड़ता से मुक्ति दिलाई। यही नहीं, उन्होंने 'आलोचना' के माध्यम से शैली-विज्ञान, उत्तर-आधुनिकता से सम्बन्धित लेखों एवं क्रान्तिकारी कवि मायकोव्स्की, उपन्यासकार पेटर वाइस, पाब्लो नेरुदा के विचारों से भी हिन्दी जगत को परिचित कराया। नामवर जी के सम्पादकीय कर्म में अन्धलोकवादी रुझान के प्रति खुला विद्रोह है, जिसकी शक्ति उन्हें विभिन्न प्रश्नों के साथ टकराने और जूझने से प्राप्त हुई है। तभी उन्होंने प्रगतिशील लेखक संघ से जुड़ने और मार्क्सवादी होने के बावजूद, 'आलोचना' : अप्रैल-जून, 1979 में प्रगतिशील लेखन की संकीर्णता की कड़ी आलोचना की और कलावाद के खतरे से मार्क्सवादियों को सचेत किया। उन्होंने इस सम्पादकीय में कहा : "...मार्क्सवाद केवल एक राजनीतिक सिद्धान्त नहीं, बल्कि एक विश्व-दृष्टि है—राजनीति जिसका एक पक्ष है...इसलिए लेखकों के बीच कायदे से विश्व-दृष्टि पर बहस होनी चाहिए, राजनीतिक लाइन पर नहीं। विश्व-दृष्टि एक वामपंथी लेखक के लिए भी ज्यादा बुनियादी है।"[73]

नामवर सिंह ने 'आलोचना' का सम्पादन आरम्भ में अकेले ही किया। परन्तु बाद में विष्णु खरे, नन्दकिशोर नवल, परमानन्द श्रीवास्तव और अरुण कमल ने भी 'आलोचना' के सम्पादन में काफी सहयोग किया। आजकल डॉ. अपूर्वानन्द 'आलोचना' का सम्पादन कर रहे हैं और नामवर सिंह प्रधान सम्पादक का दायित्व-निर्वाह कर रहे हैं।

कुल मिलाकर नामवर सिंह का सम्पादकीय व्यक्तित्व उनके आलोचनात्मक व्यक्तित्व का ही एक पहलू है। नामवर सिंह के सम्पादकीय विवेक के संस्पर्श से 'आलोचना' ने अपना ऐतिहासिक महत्त्व स्थापित किया, जो आज की तारीख में भी हमारी वैचारिक धरोहर है। अत: परमानन्द श्रीवास्तव की इस बात से अवश्य ही सहमत हुआ जा सकता है : "नामवर सिंह के अपने आलोचनात्मक संघर्ष से 'आलोचना' के सम्पादक के रूप में उनके संघर्ष को अलग कर पाना कठिन है। कम-से-कम तीन महत्त्वपूर्ण दशकों की हिन्दी रचनाशीलता पर 'आलोचना' का दबाव रहा है—स्वीकृति के रूप में, अस्वीकृति के रूप में, सहमति के रूप में, असहमति या विरोध के रूप में। हिन्दी सृजनशीलता पर मुख्यत: एकाग्र होते हुए भी 'आलोचना' ने एक अखिल भारतीय चरित्र प्राप्त किया और उसका विचारात्मक संघर्ष विश्व-दृष्टि-निरपेक्ष न था।"[74]

वक्ता नामवर सिंह

बोलना सिर्फ बोलना भर नहीं है, एक दायित्व भी है। दायित्वबोध एवं प्रतिबद्ध होकर बोलने की प्रक्रिया वक्ता को सार्थक संवाद से जोड़ती है। जहाँ तक वक्ता नामवर सिंह का सम्बन्ध है, उनके लिए बोलना उनके आलोचना-कर्म का अभिन्न हिस्सा है। नामवर सिंह कहते हैं : "आलोचना-कर्म वाद विवाद संवाद नहीं तो और क्या है—लेखक-आलोचक के बीच? आलोचक-आलोचक के बीच? मौखिक हो या लिखित।"[75]

इस बोलने की कोशिश में उनका लेखन भी प्रभावित हुआ, कई आरोप भी लगे परन्तु बोलने की भी एक सार्थकता है। इस सम्बन्ध में 28 मई, 1988 को नामवर जी को 'जंगम विद्यापीठ का कुलपति' बताते हुए नागार्जुन ने कहा था : "अपने देश में आम जनता तक बातों को ले जाने की दृष्टि से, पुस्तकों से दूर कर दिये गए लोगों तक विचारों को पहुँचाने के लिए लिखना जितना जरूरी है, उससे ज्यादा जरूरी है बोलना।"[76]

इसमें सन्देह नहीं कि नामवर सिंह ने इस कार्य को बखूबी साधा है। इस साधना को उन्होंने 'वैचारिक लड़ाई' का रूप दिया है—छात्रों, बुद्धिजीवियों, अध्यापकों और साहित्य-प्रेमियों के बीच। आलोचक खगेन्द्र ठाकुर के अनुसार : "वे विचारों के बीज

बोते रहे हैं। इस वैचारिक सांस्कृतिक अभियान में नामवर जी एक तो विचारधारा की हीनता की व्यावहारिक काट काटते रहे हैं; दूसरे, वैकल्पिक विचारधारा की ओर से लोक-शिक्षण भी करते रहे हैं।"[77] इस प्रकार उन्होंने हमारे देश की जनता को 'वैचारिक जरूरतों की पूर्ति' की है। इसलिए कवि नागार्जुन ने उन्हें 'वाचिक परम्परा का आचार्य' कहा है जबकि आलोचक खगेन्द्र ठाकुर उन्हें 'वाद विवाद संवाद' का भी आचार्य मानते हैं। नामवर सिंह स्वयं की 'मौखिक आलोचना' को 'लोक-साहित्य' का दर्जा देते हुए कहते हैं : "जिस समाज में साक्षरता 50 फीसदी से भी कम हो, हिन्दी समाज में, वहाँ वाचिक परम्परा के द्वारा महत्त्वपूर्ण काम किया जा सकता है।"[78]

बावजूद इसके कि लिखना एक 'कमिटमेंट' है और 'आलोचना' को सुलिखित होना चाहिए, नामवर जी ने वाचन कर्म को विशेष महत्त्व दिया है। नामवर जी अध्यापक जीवन से ही बोलते रहे हैं—कक्षाओं में, सभाओं में, गोष्ठियों में। लगभग तीस से भी अधिक व्याख्यान दिये हैं। यदि ध्यान दें तो हमारी प्राचीन परम्परा बहुश्रुत रही है। यहाँ तक कि इसकी जड़ें हमारे हिन्दी साहित्य में गहरी धँसी हैं। कबीर इसी वाचिक परम्परा की महत्त्वपूर्ण कड़ी हैं। दुखद यह है कि आज यह परम्परा समृद्ध होने की बजाय क्षीण हो रही है। सिर्फ हमारे यहाँ ही नहीं, पश्चिम में भी यह समृद्ध परम्परा रही है। नामवर सिंह के अनुसार फरदीनांदो सस्योर की पुस्तक, जो 1916 में छपी थी, वह मूलत: उनके दो शिष्यों द्वारा लिये गए क्लास नोट्स हैं। अत: नामवर जी बड़े दुख से कहते हैं : "हमारे यहाँ यह परम्परा नहीं है।" जबकि नामवर जी के अनुसार विगटेस्टाइन की पुस्तक 'फिलॉसोफिकल इनवेस्टीगेशन' में सिर्फ उसके लेक्चर्स हैं, जो उनके शिष्यों द्वारा संकलित हैं। इसकी तुलना में वे अपने को कम भाग्यशाली मानते हैं। फिर भी इस महत्त्वपूर्ण परम्परा की शुरुआत हो चुकी है। खगेन्द्र ठाकुर द्वारा सम्पादित पुस्तक 'आलोचक के मुख से' (2005) में नामवर जी के वक्तव्यों का संग्रह है।

नामवर जी के लिए वक्तव्य और लेखन आलोचना के दो भिन्न छोर नहीं हैं। वे यह भी कहते हैं : "अपने साहित्य में, अपनी संस्कृति में और समाज में साहित्य सम्बन्धी क्या सोच-विचार चल रहा है, उसको कैसे बदला जा सके, उसको समृद्ध किया जाए? यह एक काम है और यह बोलकर भी किया जा सकता है और लिखकर भी किया जा सकता है।"[79] बल्कि वे यह भी स्वीकारते हैं कि बोलकर 'कॉमन रीडर' तक पहुँचा जा सकता है, जिसने उन्हें नहीं पढ़ा है। अत: नामवर सिंह यदि हिन्दी के सफल और श्रेष्ठ वक्ता हैं तो यह महज संयोग नहीं है। वे अपने वक्तव्य को बड़े अनुशासनिक ढंग से तैयार करते हैं। इसके लिए वे बाकायदा तथ्य संग्रह करते हैं, गम्भीरता से सोचते-विचारते हैं, नोट्स लेते हैं—वक्तव्य के पहले भी और वक्तव्य के बाद भी।

उनके वक्तृत्व-कौशल का एक पहलू यह भी है कि वे श्रोताओं का रुख पहचानते हुए, उनकी तन्द्रा तोड़ते हुए, हास्य का सीमित और सन्तुलित उपयोग करते हुए, बिना किसी लम्बी-चौड़ी भूमिका के मुख्य बात पर आ जाते हैं और धीरे-धीरे अपने वक्तव्य को मूल विषय से जोड़ते हुए विस्तार देने लगते हैं। भगवान सिंह के शब्दों में : "...वह अपना प्रत्येक वाक्य बहुत स्पष्ट, नियंत्रित और सरल वाक्य-रचना की दृष्टि से और पूरा कर्ता-क्रिया युक्त रखते हैं। इससे जटिल वाक्यों या ललित पदगुम्फन या आवेश के कारण संचार में जो बाधा उपस्थित होती है, वह उनके व्याख्यान में नहीं दिखाई देती।"[80] वक्तव्य के समय वे श्रोताओं की मन:स्थिति का ध्यान तो रखते हैं पर अपने श्रोताओं के विवेक पर भी भरोसा रखते हैं। उनके वक्तव्य का सन्तुलन इस हद तक है कि प्राय: विषयान्तर नहीं होते और यदि हुए भी तो तुरन्त इसका संकेत भी कर देते हैं।

जहाँ तक आवेश का प्रश्न है, वे प्राय: ऐसी स्थिति में नहीं आते और यदि आ भी गए तो इतना सन्तुलन रखते हैं कि आवेश में कहीं मूल विषय से न भटक जाएँ। नामवर सिंह प्राय: अपने वक्तव्यों में आवेश की बजाय खंडन की स्थितियाँ अधिक तैयार करते हैं।

अरविन्द त्रिपाठी के अनुसार, नामवर जी पर गुरु हजारीप्रसाद द्विवेदी की छाप है। वे कहते हैं : "वही किस्सागो अन्दाज, वही ज्ञान को साधारणीकरण के रूप में ढालने की कला, व्यक्तित्व और वाणी में वही पूरब के बनारसी मिजाज भरी मस्ती, भोजपुरी के शब्दों का बेहिसाब सार्थक प्रयोग।"[81] परन्तु यदि यह सही भी हो तो उनका अपना अन्दाज है, जो द्विवेदी जी से भिन्न है। नामवर जी के वक्तव्य में इतिहास, राजनीति, समाजशास्त्र, अर्थशास्त्र, संस्कृति, कला, सिद्धान्त, विचारधाराएँ—सब साथ-साथ और इतने सन्तुलित होते हैं कि हिन्दी का श्रोता बड़ी सहजता से समृद्ध हो उठता है। अरविन्द त्रिपाठी ने नामवर सिंह के वक्तृत्व-कला की समानता विजयदेव नारायण साही और श्रीकान्त वर्मा से की है।

नामवर जी अपनी वक्तव्य-शैली के लिए सिर्फ हिन्दी समाज में ही नहीं, बल्कि हिन्दीतर समाज में भी उतने ही लोकप्रिय हैं। कविता पर बोलते हुए वे कविता को हिन्दी के बाहर अन्य भारतीय भाषाओं की कविता से भी जोड़ते हैं और विश्व स्तर की श्रेष्ठ कविताओं से भी। ऐसा ही वे अन्य विधाओं पर बोलते हुए भी करते हैं। मराठी साहित्यकार नारायण सुर्वे कहते हैं : "मैं सच कहूँ तो उनका बोलना कामरेड डांगे की तरह है।"[82]

आलोचक अशोक वाजपेयी नामवर जी को लिखनेवाले आलोचक की अपेक्षा बोलनेवाले आलोचक मानते हैं, साथ ही यह भी कि "नामवर जी में एक अचूक असरवादिता है। उनकी वाचिक परम्परा है। जैसी मंडली हो, वैसी सेटिंग कर देते हैं।"[83] इसी सवाल को जब सुधीश पचौरी नामवर सिंह के साथ संवाद में दुहराते हैं

तो नामवर जी उत्तर देते हुए कहते हैं : "अवसर-बात और अवसरवाद में फर्क है। इस अवसर से बाहर उस बात को हटा दें तो अनर्थ भी हो सकता है। मैं समझता हूँ कि अवसरवाद में और अवसर के अनुरूप बात कहे जाने में फर्क किया जाना चाहिए।"[84] इसे और स्पष्ट करते हुए वे यह भी कहते हैं : "अवसर को अगर हम एक शब्द दे दें तो सारे भ्रम दूर हो जाएँगे। अवसर का मतलब है सन्दर्भ।"[85] अत: इन आरोपों का खंडन नामवर सिंह ने किया है।

सचाई चाहे जो भी रही हो, पर नामवर सिंह इस टिप्पणी से आहत होते हैं। लगभग यही आरोप राजेन्द्र यादव का भी है : "और जहाँ लिखित में सर्वश्रेष्ठ होते हैं, वहाँ बोलने में अवसरवादी होते हैं।"[86] यही नहीं, वे नामवर सिंह को सत्ता के करीब मानते हैं और जातिवाद का भी आरोप लगाते हैं। वे कहते हैं : "उन्होंने जो लिखना छोड़ा है, वह इसलिए कि इस सुविधा से उन्हें तत्काल लाभ होता है, तत्काल सत्ता मिलती है, तत्काल तालियाँ मिलती हैं।"[87]

वैसे, बड़ा वक्ता विवादास्पद तो होता है और नामवर जी के लिए विवाद उनकी आलोचना का एक महत्त्वपूर्ण तत्त्व है। इसके बावजूद नामवर जी की वक्तृत्व-कला की प्रशंसा उनके प्रशंसक ही नहीं, विरोधी भी करते हैं। राजेन्द्र यादव के ही शब्दों में : "यह सही है कि नामवर ने आलोचना को विमर्श से ज्यादा व्यापक एक्सेप्टेंस दिलाई है। नामवर उसी तरह के हीरो हैं।...कुछ लोगों को सुनना मुझे हमेशा बौद्धिक थ्रिल देता है, जिनमें नामवर एक हैं। मैं सिर्फ नामवर को सुनने जाता हूँ।"[88] सुधीश पचौरी के शब्दों में : "उन्होंने हिन्दी आलोचना को बोलचाल का रूप दिया है, विमर्श बनाया है, मैं इसे धनात्मक अवदान मानता हूँ।"[89]

नामवर सिंह ने आलोचना की परम्परा को सिर्फ लिख-बोलकर ही नहीं, संवादों से भी समृद्ध किया है। इस दृष्टि से उनकी बातें और उनके संवाद (साक्षात्कार कहना नामवर जी को पसन्द नहीं है) काफी अनसुलझी गुत्थियाँ सुलझाने में सहायक हैं। इस सन्दर्भ में निम्नलिखित पुस्तकें काफी महत्त्वपूर्ण हैं :

1. कहना न होगा (1994), साक्षात्कार संग्रह—समीक्षा ठाकुर (सम्पादक)
2. बात बात में बात (2006), साक्षात्कार संग्रह—समीक्षा ठाकुर (सम्पादक)

इसके अतिरिक्त नामवर सिंह की चिट्ठियाँ, चिट्ठियाँ भर नहीं हैं, बल्कि उनके व्यक्तित्व और कृतित्व का एक बुनियादी दस्तावेज हैं। उनकी चिट्ठियों का संग्रह है—'काशी के नाम' (2006)—काशीनाथ सिंह (सम्पादक)

कवि और गीतकार नामवर सिंह

नामवर सिंह मूलत: आलोचक के रूप में ख्यात हैं परन्तु उनकी शब्द-साधना कविता लेखन से शुरू हुई। 1936-37 के आसपास जब वे पाँचवीं-छठी कक्षा में पढ़ रहे

थे, तभी से उन्होंने ब्रजभाषा में कविताएँ लिखनी आरम्भ की। उन दिनों ब्रजभाषा साहित्यिक भाषा थी और इसी भाषा में कविता लिखने का चलन था। नामवर जी का कविता-लोक अन्त्याक्षरी प्रतियोगिताओं और 'समस्यापूर्ति' के अभ्यास से विकसित हुआ।

दूसरी ओर नामवर जी की कविताओं पर माँ के लोकगीतों का, अकबर भट्ट और अमरेश भट्ट के काव्य पाठ का गहरा प्रभाव पड़ा। ठाकुर जयचन्द सिंह के जरिये नामवर जी का सरोकार रीतिकालीन कविताओं से हुआ। नामवर जी ने छठी कक्षा में ही इंग्लैंड पर हिटलर की विजय को लेकर कविता लिख डाली :

"चढ्यौ बरतानिया पर हिटलर 'पुनीत' ऐसे
जैसे गढ़ लंक पर पवन सुत कूदि गौ।"[90]

इसी अभ्यास को आगे बढ़ाते हुए नामवर जी ने सातवीं कक्षा में रीतिकालीन प्रभाव में आकर घनाक्षरी छन्द में लिखा :

"आस हुई मास प्रिय मिलन अवधि की है
उमगै उरोज रहै कंचुकी मसकि मसकि।"[91]

इस कविता के लिए उन्हें झिड़की भी सुननी पड़ी थी। जो भी हो, उन दिनों घनाक्षरी और सवैया छन्द में लिखनेवालों को बड़ा कवि माना जाता था। साथ ही श्रृंगार रस में लिखने का भी चलन था।

परन्तु इन दिनों नामवर सिंह ने कवि होने के लिए अपना तखल्लुस 'पुनीत' रख लिया था। अत: कवि नामवर सिंह 'पुनीत' के रूप में जाने गए।

1941 के आसपास उन्होंने खड़ी बोली में कविता लेखन आरम्भ किया। इसी वर्ष 'क्षत्रिय मित्र' पत्र में उनकी खड़ी बोली की पहली कविता 'दीवाली' शीर्षक से छपी। दूसरी कविता का शीर्षक था : 'सुमन, रो मत, छेड़ गाना।' खड़ी बोली में कविता लेखन का संस्कार नामवर सिंह को त्रिलोचन जी एवं शम्भुनाथ जी से प्राप्त हुआ। यद्यपि छन्द सवैया ही रहा। इस छन्द से लगाव की वजह यह थी कि जगदम्बा प्रसाद 'हितैषी' की पुस्तक 'कल्लोलिनी' और महादेवी वर्मा की 'रश्मि' की दो कविताएँ सवैया छन्द में थीं। इससे नामवर जी को एहसास हुआ : "पुराने कवि ही नहीं, आधुनिक कवि भी खड़ी बोली में सवैया लिख सकते हैं।"[92] गिरिजाकुमार माथुर के सवैये भी नामवर जी को प्रिय थे।

इसी क्रम में उनका परिचय दूसरी तरह की कविताओं से भी हुआ। नामवर जी की कविताएँ इलाहाबाद की 'नई कविता' एवं 'कवि' नामक पत्रिका में छपीं। इसी बीच 1951 में विडम्बना यह हुई कि 'नीम के फूल' नामक कविता-संग्रह कम्पोज होते हुए भी, मुकदमेबाजी के कारण प्रकाशित न हो सकीं। पुन: 'किताबमहल' से

कुछ कवियों (नामवर सिंह की भी) की छोटी-छोटी काव्य पुस्तिकाएँ प्रकाशित होने की योजना बनी, परन्तु वह भी क्रियान्वित न हो पाई। 'नामवर के विमर्श' पुस्तक में सुधीश पचौरी ने उनकी आठ कविताएँ प्रकाशित की हैं। जहाँ तक उनकी कविता का प्रश्न है, उनकी छोटी कविताओं में शब्द और अर्थ, दोनों का सौन्दर्य विद्यमान है। प्रकृति के आलम्बन और उद्दीपन उनकी कविताओं में विशेषत: उपस्थित हैं। उदाहरणस्वरूप ये पंक्तियाँ :

> "पारदर्शी नील जल में सिहरते शैवाल
> चाँद था, हम थे, हिला तुमने दिया भर ताल।"[93]

नौका-विहार का यह दृश्य बड़ा जीवन्त है। उनकी कविताओं में किसानी परिवेश का ऐन्द्रिय-बोध भी उपस्थित है :

> "धुँधुवाता अलाव, चौतरफा मोढ़ा मचिया
> पड़े गुड़गुड़ाते हुक्का कुछ खींच मिरजई
> बाबा बोले लख अकास : 'अब मटर भी गई'
> देखा सिर पर नीम फाँक में से कचपकिया।"[94]

उनकी कविताओं के वैशिष्ट्य पर टिप्पणी करते हुए त्रिलोचन जी कहते हैं : "वर्ण, गंध, शब्द, रूप—इन सभी विषयों का सह-चित्रण करने में तथा जागरूक पाठक के हृदय में उसकी सहानुभूति जगा देने की ओर वे अपनी कविताओं में विशेष ध्यान रखते हैं।"[95]

परन्तु नामवर सिंह की कविताओं में यह वर्णन सपाट अधिक है और शब्द-चमत्कार विशेषत: उसमें दीखता है, फिर भी कविता लेखन के ये प्रयास भी महत्त्वपूर्ण हैं अत: त्रिलोचन की यह टिप्पणी उचित ही है : "नामवर सिंह ने पदावली और विषय-निर्वाह के अतिरिक्त अभी तक और कोई नवीनता नहीं दी है।"[96]

यद्यपि नामवर सिंह की पुस्तक 'पकी आँखें' प्रकृति और जीवन के अनूठे दृश्य प्रस्तुत करती है, जिसमें प्रकृति वर्णन में छायावादी प्रभाव है। उनकी कविताएँ छन्द की दृष्टि से महत्त्वपूर्ण हैं, जिनमें घनाक्षरी-सवैया जैसे छन्दों का भी कुशल प्रयोग देखने को मिलता है।

नामवर जी का रुझान कविता लेखन से गीत लेखन की ओर भी हुआ। उन पर शम्भुनाथ सिंह के गीतों का गहरा असर हुआ। छायावादी गीतों तथा अंग्रेजी कविता ने भी उन्हें गीत लेखन की प्रेरणा दी। उन्होंने अंग्रेजी के कवि कीट्स की कविता 'ला बेल दाम सां मर्सी' का छन्दोबद्ध अनुवाद भी किया था। शम्भुनाथ जी के प्रभाव से उन्होंने कविता का गायन भी सीखा। उनके गीत प्राय: प्रकृति सौन्दर्य पर आधारित हैं :

“बादल के टुकड़े-सा दिन के
तीसरे पहर में उगा चाँद।”[97]

उनका एक गीत धान पर भी है, जिसका शीर्षक है : ‘सुनहरा विहान’। गीत की पंक्तियाँ हैं :

“झुपुर-झुपुर धान के समुद्र में
हलर-हलर सुनहरा विहान।”[98]

नामवर सिंह के इन गीतों में प्रगीत-तत्त्व विद्यमान हैं, साथ ही प्रेम और संवेदना का प्रवाह भी है। उनके गीतों में मूलत: किसानी संवेदना उभरकर आई है और लय का स्वाभाविक सौन्दर्य भी। वैसे, नामवर जी की कविताएँ और गीत उतने समृद्ध तो नहीं हैं परन्तु उनके कृती व्यक्तित्व का अभिन्न हिस्सा हैं। उन्होंने त्रिलोचन जी के प्रभाव में आकर सॉनेट भी लिखे हैं। कुल मिलाकर बतौर कवि उनकी पहचान तो बनी परन्तु श्रेष्ठ कवि के रूप में नहीं। परन्तु कविता लेखन से उनके आलोचना-कर्म का गहरा सरोकार है। नामवर सिंह स्वीकारते हैं : “उस कैशोर सृजन ने कम-से-कम मुझे अच्छे शब्द, सटीक शब्द, उचित शब्द, शब्दों के बीच जो अर्थच्छटाएँ होती हैं, छवियाँ होती हैं; उनके प्रति मुझे जागरूक बनाया। मुझे लगा कि कविता में शब्द महत्त्वपूर्ण होते हैं। शब्द की साधना ही पहली सीढ़ी है। उसके बिना कोई आदमी विशाल कथ्य के बावजूद अच्छा नहीं लिख सकता।”[99] अत: नामवर सिंह का आलोचक रूप बहुत कुछ कवि व्यक्तित्व से निर्मित है। यही वजह है कि अरुण कमल कहते हैं : “हिन्दी में आचार्य रामचन्द्र शुक्ल और डॉ. नामवर सिंह को पढ़ते हुए हमेशा लगता है कि हम कविता की संगत में हैं।”[100]

निबन्धकार नामवर सिंह और ‘बकलम खुद’

सन् 1950 से 1951 तक नामवर सिंह ने निरन्तर निबन्ध लेखन किया, जिनकी संख्या 51 है, परन्तु इनमें से 17 निबन्ध ही ‘बकलम खुद’ में संकलित हैं तथा शेष अप्रकाशित हैं। ‘बकलम खुद’ के प्रकाशन का संयोग बहुत-कुछ ‘नीम के फूल’ जैसा ही है। ‘बकलम खुद’ के दो वॉल्यूम 17-17 करके छपनेवाले थे परन्तु वे भी प्रेस में ही रह गए।

जो भी हो, ‘बकलम खुद’ निबन्ध-संग्रह (17 निबन्ध), जगदीश भारती के सहयोग से 1951 में ‘साहित्य सहकार प्रकाशन’ द्वारा प्रकाशित हुआ।

उन दिनों नामवर जी की दिलचस्पी आलोचना की बजाय गद्य लेखन में थी। अत: ‘बकलम खुद’ के निबन्धों को उन्होंने प्राय: व्यंग्यात्मक शैली में लिखा। विष्णुचन्द्र शर्मा के शब्दों में : “नामवर जी ने ‘बकलम खुद’ के व्यंग्य निबन्ध

लिखते समय पूरी भारतेन्दु मंडल की भाषा से व्यंग्य और प्रेमचन्द से सरलता की कला को आत्मसात् कर लिया था।"[101]

'बकलम खुद' निबन्ध-संग्रह व्यंग्यात्मक एवं ललित शैली में लिखे गए हैं। इस संग्रह के कुछ निबन्ध काफी चर्चित रहे हैं, जैसे—'आषाढ़स्य प्रथम दिवसे', 'क्या बेवकूफ के भी सींग-पूँछ होती हैं', 'साहित्यकार की आस्था', 'कबीर का दुख', 'कबीर का सच' आदि।

'आषाढ़स्य प्रथम दिवसे' नामक निबन्ध में लेखक और मेघ का संवाद है। मेघ भारत के विभिन्न प्रान्तों से होते हुए नगरों और महानगरों—दिल्ली, काशी, प्रयाग, लखनऊ आदि की सैर करता है। सारा व्यंग्य मेघ के माध्यम से उपस्थित होता है। इस निबन्ध में व्यंग्य जितना सरकारी व्यवस्था पर है, उतना ही मनुष्य की उपभोक्तावादी संस्कृति पर भी, जिससे मानवता का दम निरन्तर घुँट रहा है। लेखक के पानी बरसाने के अनुरोध पर मेघ उबल पड़ता है और कहता है : "क्या तुम उस भूमि की बात पूछ रहे हो जहाँ खादी की किश्तियों में धरती के टेसू डूब रहे हैं? जहाँ गोश्त की दीवारों पर चाँदमारी का अभ्यास किया जाता है? जहाँ भूख की समस्या हल करने के लिए डॉक्टर ने पेट काटकर निकाल दिया है? जहाँ सिक्कों का अचार पड़ता है और उसे खा-खाकर सत्य-अहिंसा की डकार छोड़ी जाती है? जहाँ स्वराज्य के धाम में जिन्दगी का पानी सूख रहा है; जलती हुई साँसें ही हवा हैं; परिन्दों की चिता ही धूम है?—इन सबका सन्निपात मैं मेघ हूँ।"[102] अत: यह व्यंग्य प्रकृति के माध्यम से सामाजिक विद्रूपताओं को उपस्थित करता है।

इस संग्रह का निबन्ध 'क्या बेवकूफ के भी सींग-पूँछ होती हैं' की शुरुआत भर्तृहरि के श्लोक से होती है, परन्तु विषय व्यंग्य में परिवर्तित हो जाता है। व्यंग्य के निशाने पर साहित्य, संगीत, कला आदि हैं, जिनके दुरुपयोग पर व्यंग्य किया गया है। समकालीन समाज का यह कड़वा सच है। आगे चलकर 'सींग और पूँछ' रूपक से जातिवादी और डिग्रीधारी लोगों पर व्यंग्य किया गया है। साथ ही शिक्षण संस्थानों में होनेवाली नियुक्तियों में जो भ्रष्टाचार व्याप्त है, उस पर भी व्यंग्य है। अन्तत: कबीर के माध्यम से एक उम्मीद भी व्यक्त की गई है : "आदमियों में एक ऐसा वर्ग है जो अब सींग-पूँछ लगाकर आदमी से पशुत्व की ओर बढ़ रहा है और दूसरा वर्ग घिस-घिसाकर क्रमश: मानवता के अस्तित्व का झंडा फहरा रहा है। कबीर के समय भी ऐसे पढ़-पशु थे।"[103] एक अन्य निबन्ध है : 'साहित्यकार की आस्था', जिसकी शुरुआत एक दानव की लोककथा से होती है पर मुख्य प्रश्न साहित्य के सन्दर्भ में आस्था का उठाया गया है। इस निबन्ध में 'आस्था' की रूढ़ धारणा की आलोचना है, जिसमें सोवियत संघ के लेखकों से लेकर भारतीय लेखकों की आस्था का प्रश्न उठाया गया है; अर्थात् नामवर सिंह की मूल चिन्ता आस्था की स्वतंत्रता को लेकर है : "हर आदमी स्वतंत्र ढंग से

सोचे और अपने विवेक के अनुसार कार्य करे, इससे बढ़कर अच्छी बात और क्या हो सकती है?"[104]

इस निबन्ध में विवेकवादियों की आलोचना करते हुए नामवर सिंह कहते हैं : "कोई खराब चीज इसलिए आज अच्छी नहीं कही जा सकती कि वह कल अच्छी थी।"[105]

इसी क्रम में, जब राजनीति के अवसरवाद को साहित्य में स्वातंत्र्य चिन्तन कहा जाता है, तो यहाँ भी व्यंग्य प्रकट होता है। अन्तत: 'अन्धायुग' और 'नदी के द्वीप' (उपन्यास) की कमियों को भी नामवर जी ने व्यंग्यात्मक रूप में उद्धृत किया है।

इस प्रकार वे आस्था के अन्तर्विरोधों तक पहुँचते हुए सूर और तुलसी की निराशा के सकारात्मक रूप की खोज करते हैं : "...तुलसी और सूर के विनय के पद बावजूद निराशा के आज भी लोगों को शक्ति प्रदान करते हैं।"[106]

अत: 'आस्था' को पार्टी-साहित्य, राजनीति से जोड़ते हुए गम्भीर बहस की गई है। अन्तत: आस्था के खतरे को बताते हुए नामवर सिंह आस्था की सकारात्मक शक्ति की परख करते हैं : "जो अपने आस्था-केन्द्र के अन्तर्विरोध की प्रकृति को नहीं पहचानता, उसी की आस्था टूटती है; अथवा इन सबके विपरीत उसमें आस्था के स्थान पर अन्धविश्वास घर करता है।...इस अन्तर्विरोध के बावजूद इन तमाम चीजों में या इनमें से किसी एक में हमारी आस्था इसलिए होती है कि उसमें हमें जीवनीशक्ति दिखाई पड़ती है अथवा दूसरे शब्दों में उसमें भविष्य के बीज दिखाई पड़ते हैं।"[107] शेष निबन्धों में, विशेषत: 'कबीर का दुख' और 'कबीर का सच' में क्रमश: 'कफन' की नई व्याख्या और 'अनल' पक्षी के प्रतीक के रूप में कबीर के महत्त्व की स्थापना है। नामवर जी का 'बकलम खुद' समकालीन समस्याओं और युगीन सन्दर्भों को गहरी चिन्ता के साथ उद्‌घाटित करता है, जिनमें लोकतांत्रिक तथा सामाजिक मूल्यों को केन्द्र में रखकर व्यंग्य का सृजन किया गया है। 'बकलम खुद' के व्यंग्यों में कहीं कहानीपन है तो कहीं सामाजिक-राजनीतिक आलोचना का कठोर तेवर। साथ ही, साहित्य की रूढ़ धारणा पर भी व्यंग्य है। इसकी रोचक शैली पाठकों को आकृष्ट भी करती है तथा भाषा बिलकुल चुस्त और सधी हुई है। हालाँकि नामवर जी के इन निबन्धों पर आचार्य हजारीप्रसाद द्विवेदी का प्रभाव परिलक्षित होता है। व्यंग्य-शैली को प्रभावशाली बनाने के लिए जिन रूपकों और मिथकों का उपयोग नामवर जी ने किया है, उससे यह व्यंग्य श्रेष्ठ व्यंग्य की कोटि में उपस्थित होता है। 'बकलम खुद' के बारे में विश्वनाथ प्रसाद तिवारी की टिप्पणी है : "उनमें व्यंग्य ऐसा है कि नामवर जी हिन्दी व्यंग्यकारों की पंक्ति में भी गिने जा सकते हैं। दो-टूक और बेबाक कहने की निर्भीकता नामवर जी में शुरू से है, जो उनकी आलोचना की एक रेखांकित करने योग्य विशेषता है।"[108]

आलोचक नामवर सिंह

नामवर सिंह जी के लेखन का आरम्भ कविता लेखन से हुआ। इसके उपरान्त उन्होंने निबन्ध-लेखन भी किया, परन्तु नामवर को ख्याति आलोचनात्मक कृतियों से मिली। अत: नामवर जी का आलोचक व्यक्तित्व, कवि और निबन्धकार व्यक्तित्व की तुलना में काफी विस्तृत और महत्त्वपूर्ण है। अत: उनकी आलोचनात्मक कृतियाँ इस प्रकार हैं :

1. हिन्दी के विकास में अपभ्रंश का योग
2. आधुनिक साहित्य की प्रवृत्तियाँ
3. छायावाद
4. पृथ्वीराज रासो की भाषा
5. इतिहास और आलोचना
6. कहानी : नई कहानी
7. कविता के नये प्रतिमान
8. दूसरी परम्परा की खोज
9. वाद विवाद संवाद

हिन्दी के विकास में अपभ्रंश का योग (1952) : नामवर सिंह की यह पुस्तक लघु शोध-प्रबन्ध है, जिसे उन्होंने एम.ए. के दौरान लिखा और इसका निर्देशन आचार्य हजारीप्रसाद द्विवेदी ने किया। यह पुस्तक दो खंडों में विभाजित है : प्रथम—भाषा खंड एवं द्वितीय—साहित्य खंड। भाषा खंड के अन्तर्गत तीन अध्याय हैं :

1. अपभ्रंश भाषा : उद्‌भव और विकास
2. परवर्ती अपभ्रंश और उसमें हिन्दी के बीज
3. अपभ्रंश से हिन्दी का उद्‌भव और विकास

साहित्य खंड के अन्तर्गत दो अध्याय हैं :

1. अपभ्रंश साहित्य
2. अपभ्रंश और हिन्दी का साहित्यिक सम्बन्ध

पुस्तक के अन्त में उपसंहार के साथ-साथ अपभ्रंश के दोहों का संग्रह भी है। इस पुस्तक में नामवर सिंह ने अपभ्रंश शब्द की व्युत्पत्ति पर विचार करते हुए यह स्थापित किया है : "भाषा विशेष के अर्थ में अपभ्रंश शब्द का प्रयोग प्राय: छठी शती ईसवी के आसपास मिलता है।"[109] उन्होंने इस भ्रम का भी निराकरण किया है कि अपभ्रंश को देशभाषा के रूप में निर्विवाद रूप से स्वीकार नहीं किया जा सकता : "निष्कर्ष यह निकला कि देशी भाषा अपभ्रंश एकदम नये सिरे से उत्पन्न नहीं हुई थी बल्कि उसकी पूर्ववर्ती साहित्यिक प्राकृत ही देशी भाषाओं के योग से अपभ्रंश की अवस्था में विकसित हो गई।"[110]

नामवर सिंह ने अपभ्रंश की प्रकृति पर भी विचार किया है और उसकी विशिष्टता पर भी। इस सन्दर्भ में राहुल सांकृत्यायन की मान्यताओं का खंडन करते हुए वे यह स्थापित करते हैं : "अपभ्रंश ने संस्कृत व्याकरण के विस्तार को अत्यन्त संक्षिप्त करके भाषा के ढाँचे को बहुत सरल बना दिया है।"[111]

इस पुस्तक में नामवर सिंह ने अपभ्रंश साहित्य का विश्लेषण एवं मूल्यांकन प्रस्तुत करते हुए स्वयंभू और हेमचन्द के योगदान की विशेष चर्चा की है एवं अपभ्रंश साहित्य की संवेदना का एक व्यापक फलक चित्रित किया है। 138 ग्रंथों की सूची के साथ अपभ्रंश के चुने हुए दोहों को उन्होंने व्याख्यासहित प्रस्तुत किया है। इस सम्बन्ध में डॉ. पी.एल. वैद्य की टिप्पणी है : "लेखक ने अपभ्रंश भाषा-सम्बन्धी सारी समस्याओं का वैज्ञानिक और ऐतिहासिक अध्ययन उपस्थित किया है।"[112]

आधुनिक साहित्य की प्रवृत्तियाँ (1954) : इस पुस्तक में हिन्दी साहित्य की चार प्रवृत्तियों की चर्चा है—छायावाद, रहस्यवाद, प्रगतिवाद और प्रयोगवाद। इन्हीं के आधार पर चार अध्याय भी निर्धारित हैं। नामवर जी ने यह पुस्तक हिन्दी में बढ़ती हुई वादों की बहुलता के विरुद्ध लिखी। उनके शब्दों में : "सर्वत्र वादों की संख्या गिनाने में होड़-सी लगी हुई है। बहुज्ञता प्रदर्शित करने के लिए जैसे सबसे खुला मैदान यहीं दिखाई पड़ रहा है।"[113] साठ के दशक के आसपास यूरोपीय प्रभाव में आकर हिन्दी में नये-नये वादों की चर्चा होने लगी और हिन्दी के उदाहरण भी दिये जाने लगे। ऐसी आलोचना में इतिहास-बोध का अभाव एवं अन्धानुकरण का प्रभाव था। अत: इस ओर ध्यान दिलाते हुए नामवर सिंह ने कहा है : "विभिन्न साहित्यिक वादों के उत्थान और पतन के इतिहास से परिचित अध्येता जानते हैं कि हर वाद अपने साहित्य और समाज के विशेष परिवेश से अभिन्न रूप से जुड़ा हुआ है और उसके आन्दोलन के पीछे एक इतिहास है।"[114] साथ ही यह भी ध्यान रखना है : "...अपने यहाँ ये वाद किसी साहित्यिक आन्दोलन के रूप में चले या नहीं और कुल मिलाकर इन्होंने हमारी साहित्यिक परम्परा में क्या योगदान दिया।"[115] इसलिए नामवर सिंह ने छायावाद, रहस्यवाद, प्रगतिवाद और प्रयोगवाद को हिन्दी साहित्य की भारतीय परम्परा के अन्तर्गत शामिल करते हुए इनका मूल्यांकन किया है।

छायावाद (1955) : 'छायावाद' पुस्तक में कुल 12 अध्याय हैं—'प्रथम रश्मि', 'केवल मैं, केवल मैं', 'एक कर दे पृथ्वी आकाश', 'पल-पल परिवर्तित प्रकृति-वेश', 'देवी माँ सहचरि प्राण', 'जागो फिर एक बार', 'कल्पना के कानन की रानी', 'रूप-विन्यास', 'पद विन्यास', 'खुल गए छन्द के बन्ध', 'जिसके आगे राह नहीं' तथा 'परम्परा और प्रगति'। इन अध्यायों के माध्यम से नामवर सिंह ने छायावाद का उद्भव और विकास, प्रमुख प्रवृत्तियों का विश्लेषण, छायावादी काव्य आन्दोलन का स्वरूप, छायावाद के प्रमुख कवियों की भूमिका

एवं उनके योगदान तथा छायावाद के ऐतिहासिक योगदान और महत्त्व का विस्तृत विवेचन किया है। नामवर सिंह के ही शब्दों में : "यह निबन्ध छायावाद की काव्यगत विशेषताओं को स्पष्ट करते हुए छायाचित्रों में निहित सामाजिक सत्य का उद्घाटन करने के लिए लिखा गया है।"[116] इस पुस्तक में मुख्य तौर पर "छायावाद के केन्द्रबिन्दु 'भाव प्रबलता से प्रेरित स्वच्छन्द कल्पना' पर विस्तार से विचार किया गया है।"[117]

'छायावाद' पुस्तक में नामवर सिंह ने छायावाद की स्वानुभूति को भक्तिकालीन स्वानुभूति से अलग करके दिखाया है और छायावाद के काव्य-सौन्दर्य का विवेचन करते हुए यह भी प्रमाणित किया है कि व्यक्ति-स्वाधीनता का सम्बन्ध भी कहीं-न-कहीं सामाजिक स्वाधीनता से है। साथ ही, नामवर सिंह ने छायावाद की राष्ट्रीय भूमिका को विशाल परिदृश्य में मूल्यांकित किया है। उन्होंने छायावाद के सार्वभौम और शाश्वत सत्य को अलौकिक न मानकर सौन्दर्यशास्त्रीय नियमों के परिप्रेक्ष्य में विवेचित किया है। नामवर जी ने यह भी संकेत दिया है कि "छायावाद की सीमाएँ भावी काव्य के लिए उसी अक्षय स्रोत से सम्पर्क स्थापित करने का सन्देश देती हैं। प्रगतिशील साहित्य उसी सन्देश की पुकार है।"[118]

पृथ्वीराज रासो : भाषा और साहित्य (1956) : नामवर जी के शोध-प्रबन्ध का ही संशोधित रूप है। शोध-प्रबन्ध के रूप में इसका शीर्षक था : 'संक्षिप्त पृथ्वीराज रासो', जो 1956 में पूरा हुआ। बाद में जब नामवर जी ने 'पृथ्वीराज रासो का संक्षिप्त आलोचनात्मक परिचय' शीर्षक लेख इस पुस्तक के अन्तिम परिशिष्ट के रूप में जोड़ दिया तब उन्हें पुस्तक के शीर्षक परिवर्तन की जरूरत पड़ी। अत: अब यह पुस्तक 'पृथ्वीराज रासो : भाषा और साहित्य' के नाम से जानी जाती है। इस पुस्तक में कुल चार अध्याय के साथ परिशिष्ट भी प्रस्तुत है। पुस्तक के चार अध्यायों में पृथ्वीराज रासो का भाषा-सम्बन्धी विवेचन है एवं परिशिष्ट में पृथ्वीराज रासो के साहित्यिक पक्ष का उद्घाटन है।

इस पुस्तक का महत्त्व इस बात में है कि नामवर सिंह ने आदिकाल की ही नहीं, बल्कि हिन्दी साहित्य की सबसे विवादास्पद कृति को अपने शोध का विषय बनाया और इस कृति को फुटकल विवेचन के कठघरे से निकालकर व्यवस्थित विवेचन के रूप में प्रस्तुत किया। हालाँकि यह कार्य द्विवेदी जी की प्रेरणा से सम्भव हुआ। डॉ. नामवर सिंह के शब्दों में : "जिस ग्रंथ को बड़े-बड़े विद्वानों ने अप्रामाणिक, भट्टभणंत और जाली कहकर इतिहास के कूड़ेदान में फेंक दिया था, उसमें जाने कैसे आचार्य द्विवेदी को दिलचस्पी पैदा हो गई।"[119] अन्ततः काफी मुश्किलों का सामना करते हुए नामवर सिंह ने अपना शोध-कार्य पूरा किया। 'पृथ्वीराज रासो : भाषा और साहित्य' के अन्तर्गत पृथ्वीराज रासो का ऐतिहासिक, साहित्यिक और भाषा-वैज्ञानिक महत्त्व प्रस्तुत किया गया है। पृथ्वीराज रासो की भाषा के अन्तर्गत

ध्वनि विचार, रूप विचार, वाक्य विन्यास तथा शब्द समूह का विवेचन करते हुए इसके मूल पाठ एवं आलोचनात्मक परिचय को प्रस्तुत किया गया है। अत: यह पुस्तक 'पृथ्वीराज रासो' के सम्यक् एवं व्यवस्थित विवेचन में सहायक है, जिससे नामवर सिंह के भाषा-सम्बन्धी विवेक का भी परिचय मिलता है।

इतिहास और आलोचना (1957) : नामवर सिंह की पुस्तक 'इतिहास और आलोचना' प्रगतिशील आलोचना का एक महत्त्वपूर्ण दस्तावेज है, जिसके अन्तर्गत इतिहास के पुनर्मूल्यांकन का महत्त्वपूर्ण प्रयास है। इस पुस्तक में कुल सत्रह निबन्ध हैं, जिनके शीर्षक हैं—'व्यापकता और गहराई', 'कलात्मक सौन्दर्य का आधार', 'सामाजिक संकट और साहित्य', 'समाज', 'साहित्य और लेखक का व्यक्तित्व', 'अनुभूति और वास्तविकता', 'प्रगतिशील वस्तु और प्रयोगवादी रूप', 'भ्रम और वास्तविकता', 'आस्था का प्रश्न', 'पाँचवें दशक की कविता', 'नई कविता में लोकभाषा', 'छायावादी आलोचना', 'प्रसाद की काव्य-भाषा', 'कामायनी के प्रतीक', 'इतिहास में लोक-साहित्य', 'इतिहास का नया दृष्टिकोण', 'हिन्दी-साहित्य के इतिहास पर पुनर्विचार' तथा 'इतिहास और आलोचना'। लेखक के अनुसार, इस पुस्तक के प्राय: निबन्ध 1952 से 1956 ई. के बीच लिखे गए हैं और दूसरे संस्करण के अन्तिम दो निबन्ध 1961 के हैं। पुस्तक के बारे में लेखक नामवर सिंह का कहना है : "...यह पुस्तक छठे दशक के वैचारिक संघर्ष का एक विवादमूलक दस्तावेज है।"[120] वास्तव में यह वैचारिक संघर्ष प्रगति-विरोधी विचारों से है और मार्क्सवादी दृष्टि की स्थापना से भी है। 'इतिहास और आलोचना' का महत्त्व इस बात में है कि यह इतिहास की अन्धी आस्था तथा साहित्य की संकीर्ण दृष्टि का विरोध करती हुई आलोचना और साहित्य का सम्बन्ध स्थापित करती है। यह पुस्तक नामवर सिंह की इतिहास-दृष्टि को समझने में काफी सहायक है। नामवर सिंह के शब्दों में : "वस्तुत: इतिहास लिखने का कार्य वही कर सकता है, जो स्वयं इतिहास बनाने में योग देता है अथवा दिलचस्पी रखता है—इतिहास अर्थात् समसामयिक इतिहास, क्योंकि जो बीत चुका, उसका अब क्या बनाया जा सकता है।"[121]

अत: नामवर सिंह की इतिहास-दृष्टि केन्द्रीय रूप में 'इतिहास और आलोचना' नामक पुस्तक में मौजूद है।

कहानी : नई कहानी (1966) : नामवर सिंह की यह कहानी-सम्बन्धी आलोचना की पुस्तक है, जो 'नई कहानी' आन्दोलन की परम्परा को स्थापित करती है और स्वीकृति भी दिलाती है। इस पुस्तक के आलेखों को तीन शीर्षकों में विभाजित किया गया है—प्रस्थान, प्रक्रिया और प्रतिपत्ति। प्रस्थान के अन्तर्गत कुल पाँच अध्याय हैं, जिनमें—'नई कहानी का नयापन', 'कहानी की सफलता और सार्थकता', नई कहानी के प्रश्नों की कसौटी पर 'नई कहानी की उपलब्धियाँ' एवं पहली नई कहानी 'परिन्दे' की चर्चा है।

दूसरे शीर्षक 'प्रक्रिया' के अन्तर्गत कहानी लेखक और पाठक का प्रश्न, फैंटेसी का स्वरूप, छोटी और अच्छी कहानी के साथ ही कहानी की कसौटी तथा प्रमुख कहानीकारों की कहानियों का मूल्यांकन किया गया है।

तीसरे एवं अन्तिम शीर्षक 'प्रतिपत्ति' के अन्तर्गत नई कहानी को नये सन्दर्भों में व्याख्यायित किया गया है। 'कहानी : नई कहानी' के माध्यम से नामवर सिंह कहानी के प्रतिमानों का मूल्यांकन करते हुए नई कहानी की परम्परा स्थापित करते हैं। इस प्रयास में वे निर्मल वर्मा को नई कहानी के प्रतिनिधि के रूप में रखते हैं, साथ ही कहानी समीक्षा-पद्धति के निर्माण की कोशिश करते हैं।

भले ही नामवर सिंह पर, नई कहानी समीक्षा पर कविता के प्रतिमान लागू करने का आरोप लगाया गया हो, बावजूद इसके, वे प्रगतिशील दृष्टि अपनाते हुए नई कहानी आन्दोलन को स्थापित करते हैं। अत: नई कहानी समीक्षा में यह पुस्तक मील का पत्थर साबित हुई। नई कहानी के परिप्रेक्ष्य में नामवर सिंह का कहना है : "देखने की चीज वह नई संवेदना है, जो एक वस्तु स्थिति का—चाहे वह कितनी ही अप्रिय क्यों न हो, साहस के साथ साक्षात्कार कर रही है।"[122]

कविता के नये प्रतिमान (1968) : इसमें प्रतिमानों की चर्चा कम, मूल्यों की चर्चा अधिक है। वास्तव में यह नये काव्य-सृजन में नये मूल्यों की पहचान है, जिसे नामवर सिंह अनुशासन कहते थे। इस पुस्तक में समस्त अध्यायों को दो खंडों में बाँटा गया है एवं अन्तिम खंड परिशिष्ट है।

प्रथम खंड के अध्यायों के शीर्षक हैं—'कविता क्या है', 'कविता के नये प्रतिमान', 'रस के प्रतिमान की प्रसंगानुकूलता', 'मूल्यांकन की समस्या : छायावादोत्तर कविता', मूल्यों का टकराव : ''उर्वशी'—विवाद, पुनर्मूल्यांकन का एक उदाहरण : 'कामायनी'', 'तार सप्तक : इतिहास की आवृत्ति'।

द्वितीय खंड के अध्यायों के शीर्षक हैं—'काव्य-भाषा और सृजनशीलता', 'काव्य-बिम्ब और सपाटबयानी', 'काव्य संरचना : प्रगीतात्मक और नाटकीयता', 'विसंगति और विडम्बना', 'अनुभूति की जटिलता और तनाव', 'ईमानदारी और प्रामाणिक अनुभूति', 'परिवेश और मूल्य'।

परिशिष्ट के अन्तर्गत दो अध्याय हैं : ''अँधेरे में' : परम अभिव्यक्ति की खोज' और ''अँधेरे में' पुनश्च'।

नई कविता के प्रतिमान के रूप में नामवर सिंह ने अनुभूति की प्रामाणिकता, जटिलता, तनाव, विसंगति, विडम्बना, ईमानदारी आदि का परीक्षण करते हैं और व्याख्यायित भी करते हैं। ध्यातव्य है कि ये सभी अमेरिकी नई समीक्षा की संकल्पनाएँ थीं और अमेरिकी प्रचार तंत्र का हिस्सा थीं, इसे नामवर सिंह ने स्वयं स्वीकार किया है। इस सम्बन्ध में सबसे अधिक विवाद रूपवादी आलोचना को लेकर हुआ।

जहाँ तक 'कविता के नये प्रतिमान' के मुख्य कवियों का प्रश्न है, इनमें मुक्तिबोध हैं। इसलिए इस पुस्तक में 'अँधेरे में' पर दो स्वतंत्र अध्याय हैं।

अत: तमाम विवादों के बावजूद 'कविता के नये प्रतिमान' पर नामवर सिंह को साहित्य अकादेमी पुरस्कार मिला एवं उनकी आलोचनात्मक क्षमता से हिन्दी का विद्वत् समाज परिचित हुआ।

दूसरी परम्परा की खोज (1982) : नामवर सिंह की यह पुस्तक आचार्य हजारीप्रसाद द्विवेदी को केन्द्र में रखकर लिखी गई है। यह कहने के लिए तो खोज है, परन्तु वास्तव में यह आचार्य हजारीप्रसाद द्विवेदी के व्यक्तित्व और कृतित्व का मूल्यांकन है। मूल्यांकन का यह प्रयास द्विवेदी जी की मृत्यु की टीस से भले ही उत्पन्न हुआ हो परन्तु वास्तव में यह द्विवेदी जी की तेजस्वी परम्परा को स्थापित करता है।

इस पुस्तक में कुल आठ अध्याय हैं—'दूसरी परम्परा की खोज', 'ब्राह्मण समाज में ज्यों अछूत', 'अस्वीकार का साहस', 'प्रेमा पुमर्थो महान्', 'भारतीय साहित्य की प्राणधारा और लोकधर्म', 'संस्कृति और सौन्दर्य', 'त्वं खलु कृति', 'व्योमकेश शास्त्री उर्फ हजारीप्रसाद द्विवेदी'।

वैसे नामवर जी के शब्दों में : "परम्परा के समान ही खोज भी एक गतिशील प्रक्रिया है।"[123] इस गतिशील प्रक्रिया में आचार्य हजारीप्रसाद द्विवेदी का जीवन-संघर्ष उपस्थित है जो उनके कृती व्यक्तित्व को उद्घाटित करता है। साथ ही इस पुस्तक में आचार्य रामचन्द्र शुक्ल एवं आचार्य हजारीप्रसाद द्विवेदी के विचारों को वाद-विवाद की शैली में प्रस्तुत करते हुए आचार्य द्विवेदी की स्थापनाओं के महत्त्व को उद्घाटित किया गया है। इस प्रकार 'दूसरी परम्परा की खोज' 'लोकोन्मुख प्रगतिशील परम्परा' की खोज है, जो आचार्य द्विवेदी की जाति-धर्मनिरपेक्ष दृष्टि से निर्मित है। 'दूसरी परम्परा की खोज' कृति का महत्त्व इस बात में भी है कि यह परम्परा भिन्न और विरोधी होते हुए भी प्रगतिशील परम्परा को विकसित करती है।

दूसरे अर्थों में यह द्विवेदी जी की परम्परा की खोज नहीं बल्कि मूल्यांकन भी है जिसमें कबीर, कालिदास, तुलसीदास, रवीन्द्रनाथ से लेकर वाल्टर बेंजामिन और वेलिंगटन मूर तक शामिल हैं।

वाद विवाद संवाद (1989) : नामवर सिंह आलोचना-कर्म को वाद विवाद संवाद मानते हुए तथा डॉ. रामविलास शर्मा को वाद विवाद संवाद का गुरु मानते हुए इस पुस्तक को उन्हें सादर समर्पित करते हैं। नामवर सिंह कहते हैं : "आलोचना-कर्म वाद विवाद संवाद नहीं तो और क्या है—लेखक-आलोचक के बीच, आलोचक-आलोचक के बीच? मौखिक हो या कि लिखित।"[124]

'वाद विवाद संवाद' मूलत: नामवर सिंह के निबन्धों का आंशिक संग्रह है। इस संग्रह में कुछ लिखित और कुछ वाचिक निबन्धों के संग्रह हैं। इनके शीर्षक हैं—'एकालाप और संलाप', 'आलोचना की भाषा', 'जनतंत्र और समालोचना',

'आलोचना की स्वायत्तता', 'आलोचना की संस्कृति और संस्कृति की आलोचना', 'मलयज की संघर्ष-मीमांसा', 'प्रासंगिकता का प्रमाद', 'प्रासंगिकता पर पुनश्च:', 'प्रलय की छाया के माध्यम से', 'मार्क्सवादी सौन्दर्यशास्त्र के विकास की दशा', 'प्रगतिशील साहित्य धारा में अन्ध लोकवादी रुझान', 'साहित्य में प्रगतिशील आन्दोलन की ऐतिहासिक भूमिका', 'केवल जलती मशाल', 'प्रगति और समाज', 'कविता और राजीनीति', 'युवा लेखन पर एक बहस', विश्वविद्यालय में हिन्दी तथा 'आलोचना और संस्थान'। पुस्तक का अन्तिम विषय 'हाशिए पर' बड़ा रोचक है। इसमें खंडन-मंडन के साथ आलोचना के सूत्र-वाक्य प्रस्तुत किए गए हैं।

'वाद विवाद संवाद' का महत्त्व इस बात में है कि यह आलोचना के समकालीन प्रश्नों से मुठभेड़ करती है, भले ही कहीं-कहीं अतिवाद की स्थितियाँ आ जाएँ। मूलत: यह पुस्तक हमारी आलोचकीय जड़ता पर प्रहार करती हुई हमारी सोच को प्रासंगिक तथा गतिशील बनाती है।

काशी के नाम (पत्र-संग्रह 2006) : पत्र साहित्य की दृष्टि से 'काशी के नाम' विशेष महत्त्व रखता है। इस पुस्तक में नामवर सिंह के जीवन-संघर्ष के कई पहलू उभरकर आए हैं। साथ ही नामवर सिंह एवं काशीनाथ सिंह के भ्रातृत्व सम्बन्धों का यह अनूठा दस्तावेज है। इसमें संघर्ष और संवेदना का सुन्दर समन्वय है।

जमाने से दो दो हाथ (2010) : इस पुस्तक में उनके व्याख्यानों, वाचिक टिप्पणियों तथा आलेखों का संग्रह है, जो वर्तमान समय की चुनौतियों को केन्द्र में रखकर तार्किकता के साथ जाँच-पड़ताल करती है। फासीवाद, साम्प्रदायिकता, राष्ट्रवाद, धर्मनिरपेक्षता, लोकतंत्र, भूमंडलीकरण सिर्फ शब्द मात्र नहीं हैं। इनकी पृष्ठभूमि में कोई न कोई विचारधारा है जो देशकाल और परिवेश के अनुरूप अपनी भूमिका बदलती रही है। नामवर सिंह के शब्दों में : "धर्म की सामाजिक भूमिका को कौन किस तरह से इस्तेमाल कर रहा है, इसको पहचाने बिना धर्म का नकार भी अन्ध वैज्ञानिकतावाद होगी।"[125] इस पुस्तक में उन्होंने लोकतंत्र के वर्तमान चरित्र को भी परखने की कोशिश की है : "लोकतंत्र समाजवादी नहीं, शुद्ध बुर्जुआ लोकतंत्र है।"[126]

हिन्दी का गद्यपर्व (2010) : इस पुस्तक में निबन्ध-संग्रह तथा पुस्तक समीक्षाएँ संकलित हैं, जिसमें हिन्दी तथा यूरोपीय आलोचकों के आलोचना-कर्म का मूल्यांकन तथा प्रमुख साहित्यिक विमर्श के सवाल मौजूद हैं। गाहा सतसई के सन्दर्भ में उनकी टिप्पणी है : "...स्त्री के बिना कविता की कल्पना नहीं की जा सकती। फिर भी लोकधर्मी कविता के केन्द्र में स्त्री का होना सामान्य है। विशेषत: स्त्री का दुख।"[127]

कविता की जमीन और जमीन की कविता (2010) : इस पुस्तक में भी नामवर सिंह के वक्तव्यों का संग्रह है। कविता के जमीनी संस्कारों को

महत्त्व दिया गया है। इस पुस्तक के केन्द्र में कबीर, रवीन्द्रनाथ, पंत, शमशेर, नागार्जुन, त्रिलोचन आदि हैं। नामवर सिंह ने इस पुस्तक में विचारधारा के दुरुपयोग का प्रश्न उठाते हुए कहा है : "किसी कवि या कविता की विचारधारा अपनी रुचि के साँचे में फिट करने का प्रयत्न एक धोखा है।"[128] यही वजह है कि त्रिलोचन उनके लिए महत्त्वपूर्ण कवि हैं क्योंकि "त्रिलोचन न विचारधारा के फीते पर फिट, न सुरुचि के साँचे में। हर चौखट में अनफिट, हर शिविर से बाहर।"[129]

प्रेमचन्द और भारतीय समाज (2010) : यह पुस्तक आलोचना जगत में चलनेवाले घालमेल या मिक्सचर को बेनकाब करती है। प्रगतिशीलता, समाजवाद, भारतीयता, साम्प्रदायिकता, गांधीवाद और दलित साहित्य जैसे वैचारिक प्रश्नों के केन्द्र में प्रेमचन्द को मूल्यांकित करने का प्रयास इस पुस्तक में हुआ है। प्रेमचन्द के बारे में उनकी टिप्पणी है : "प्रेमचन्द दलित साहित्यकार नहीं थे। इससे प्रेमचन्द की तौहीन नहीं होती है।"[130]

इस प्रकार नामवर सिंह का कृती व्यक्तित्व उनके जीवन-संघर्ष तथा रचना-संघर्ष से निर्मित है। एक व्यक्ति के रूप में नामवर सिंह जैसे संवेदनशील, कर्मठ, संघर्षशील रहे हैं, वैसे ही आलोचक के रूप में प्रगतिशील, मार्क्सवादी और समाजशास्त्रीय चिन्तक के रूप में दिखाई देते हैं, जहाँ उनकी कोशिश आलोचना को अन्धत्व एवं पूजावाद से मुक्त कराने की रही है।

प्रगतिशील आलोचक के रूप में नामवर सिंह ने लगभग प्रत्येक सिद्धान्त, विचारधारा और वाद से कुछ-न-कुछ ग्रहण किया है, जो भी उनकी दृष्टि से ग्राह्य है। रहीम की भाषा में : 'सार-सार को गहि रहे थोथा देय उड़ाय।' नामवर सिंह के कृती व्यक्तित्व की उपलब्धि यह है कि हर कीमत पर उन्होंने प्रगतिशील मूल्यों की रक्षा की है। उनके आलोचना-कर्म ने हिन्दी की आलोचकीय जड़ता पर निरन्तर प्रहार किया है और नये सिरे से हिन्दी के पाठकों को सोचने पर विवश किया है। नामवर सिंह का व्यापक व्यक्तित्व किसी-न-किसी अर्थ में उनके कृतित्व की देन है।

परन्तु इसका अर्थ यह कतई नहीं है कि नामवर सिंह विवादों, आरोपों और अन्तर्विरोधों से परे हैं; बल्कि यही उन्हें महान आलोचक के रूप में स्थापित करता है। यह सचाई है कि हर महान व्यक्ति अन्तर्विरोधों से युक्त होता है क्योंकि वह युगीन परिस्थितियों के अनुसार स्वयं को संशोधित एवं परिवर्तित करता रहता है, जो दूसरे अर्थों में उसकी मानसिक परिपक्वता का परिचायक भी है। भले ही इसे अवसरवादिता की संज्ञा दी जाती रही हो।

नामवर सिंह का आलोचना-कर्म कविता, निबन्ध आलोचना, संवाद, वक्तव्य और सम्पादन कर्म से समन्वित होकर परिपूर्ण हुआ है। अत: उनके आलोचना-कर्म को किसी एक विधा से जोड़कर मूल्यांकित करना न्यायसंगत नहीं है।

नामवर सिंह हिन्दी की आलोचना परम्परा की वो कड़ी थे जो आचार्य शुक्ल से आचार्य द्विवेदी तथा रामविलास शर्मा से सम्बद्ध होते थे। अत: नामवर सिंह का आलोचना-कर्म अपनी पूर्ववर्ती परम्परा की कड़ी का विस्तार करते हुए आलोचना के प्रतिमान निर्धारण में विशिष्ट भूमिका निभाता है।

सन्दर्भ

1. पालीवाल, कृष्णदत्त, हिन्दी आलोचना के नये वैचारिक सरोकार, वाणी प्रकाशन, नई दिल्ली, 2002, पृ. 233
2. Spizer, Stephen P. The Sociology of Personality, Van Nostrand Reinhold Company, New York, 1969, p. 1
3. सिंह, नामवर, 'जीवन क्या जिया', भारत यायावर (सम्पादक), आलोचना के रचना-पुरुष : नामवर सिंह, वाणी प्रकाशन, नई दिल्ली, 2003, पृ. 457
4. द्विवेदी, हजारीप्रसाद, साहित्य सहचर, लोकभारती प्रकाशन, इलाहाबाद, 2002, पृ. 7
5. सिंह, नामवर, 'जीवन क्या जिया', भारत यायावर (सम्पादक), आलोचना के रचना-पुरुष : नामवर सिंह, वाणी प्रकाशन, नई दिल्ली, 2003, पृ. 459
6. वही, पृ. 460
7. वही, पृ. 461
8. वही, पृ. 464-65
9. सिंह, काशीनाथ, भूमिका, काशी के नाम, नामवर सिंह (सम्पादक) राजकमल प्रकाशन, नई दिल्ली, 2006
10. सिंह, नामवर, 'जीवन क्या जिया' भारत यायावर (सम्पादक), आलोचना के रचना-पुरुष : वाणी प्रकाशन, नई दिल्ली, 2003, पृ. 462
11. वही, पृ. 461
12. सचदेव, पद्मा, 'इस तरह हिन्दी को नामवर मिले' भारत यायावर (सम्पादक), आलोचना के रचना-पुरुष : नामवर सिंह, वाणी प्रकाशन, नई दिल्ली, 2003, पृ. 28
13. वही, पृ. 27
14. वही
13. वही
16. ठाकुर, समीक्षा (सम्पादक), बात बात में बात, वाणी प्रकाशन, नई दिल्ली, 2006, पृ. 352
17. सिंह, नामवर, 'रचना और आलोचना के पथ पर', भारत यायावर (सम्पादक), आलोचना के रचना-पुरुष : नामवर सिंह, वाणी प्रकाशन, नई दिल्ली, 2003, पृ. 494
18. वही, पृ. 495
19. वही
20. वही
21. वही, पृ. 497
22. वही, पृ. 498
23. द्विवेदी, हजारीप्रसाद, पत्र से उद्धृत (शान्तिनिकेतन 21, 06, 50), सुधीश पचौरी (सम्पादक),

नामवर के विमर्श, प्रवीण प्रकाशन, नई दिल्ली, 1995, पृ. 496

24. सिंह, नामवर 'जीवन क्या जिया', भारत यायावर (सम्पादक), आलोचना के रचना-पुरुष : नामवर सिंह, वाणी प्रकाशन, नई दिल्ली, 2003, पृ. 470
25. वही
26. वही, पृ. 499
27. वही, पृ. 491
28. पांडेय, मैनेजर, साहित्य के समाजशास्त्र की भूमिका, हरियाणा साहित्य अकादेमी, पंचकूला, 2006, पृ. 107
29. सिंह, नामवर, 'जीवन क्या जिया', भारत यायावर (सम्पादक), आलोचना के रचना-पुरुष : नामवर सिंह, वाणी प्रकाशन, नई दिल्ली, 2003, पृ. 467
30. सिंह, काशीनाथ, घर का जोगी जोगड़ा (2006), राजकमल प्रकाशन, नई दिल्ली, 2008, पृ. 29
31. वही, पृ. 36
32. सिंह, नामवर, 'काशी के नाम पत्र', सम्पादक, राजकमल प्रकाशन, नई दिल्ली, 2003, पृ. 16
33. सिंह, नामवर, 'आलोचना के रचना-पुरुष : नामवर सिंह', भारत यायावर (सम्पादक) पृ. 463
34. वही, पृ. 464
35. वही, पृ. 12
36. वही, पृ. 464
37. सिंह, नामवर, आलोचना के रचना-पुरुष : नामवर सिंह, वाणी प्रकाशन, नई दिल्ली, 2003, पृ. 479
38. वही, पृ. 480
39. वही, पृ. 483
40. वही
41. सिंह, नामवर, 'प्रगतिशील साहित्य धारा में अन्ध लोकवादी रुझान', नन्दकिशोर नवल (सम्पादक), नामवर संचयिता, राजकमल प्रकाशन, नई दिल्ली, 2003, कुल पृ. 58 से 65, पृ. 60
42. वही, पृ. 62
43. सिंह, काशीनाथ, 'घर का जोगी जोगड़ा' (2006), राजकमल प्रकाशन, नई दिल्ली, 2008, पृ. 28
44. सिंह, केदारनाथ, 'अपना बनारस ढूँढ़ते हुए', सुधीश पचौरी (सम्पादक), नामवर के विमर्श, प्रवीण प्रकाशन, नई दिल्ली, 1995, पृ. 78
45. सिंह, काशीनाथ, 'घर का जोगी जोगड़ा' (2006), राजकमल प्रकाशन, नई दिल्ली, 2008, पृ. 28
46. वही
47. बेकन, 'साहित्यिक सुभाषित कोश' से उद्धृत, हरिवंशराय शर्मा (सम्पादक), राजपाल एंड संस' दिल्ली, 1994, पृ. 48
48. परवेज, असलम, 'नामवर जी', सुधीश पचौरी (सम्पादक), नामवर के विमर्श, प्रवीण

प्रकाशन, नई दिल्ली, 1995, पृ. 160
49. अग्रवाल, पुरुषोत्तम, 'वे सिर्फ पढ़ाते नहीं सिखाते हैं', सुधीश पचौरी (सम्पादक), नामवर के विमर्श, प्रवीण प्रकाशन, नई दिल्ली, 1995, पृ. 83
50. सिंह, नामवर, 'जीवन क्या जिया', भारत यायावर (सम्पादक) आलोचना के रचना-पुरुष : नामवर सिंह, वाणी प्रकाशन, नई दिल्ली, 2003, पृ. 473
51. शेली, 'साहित्यिक सुभाषित कोश' से उद्धृत, हरिवंशराय शर्मा (सम्पादक), राजपाल एंड संस, दिल्ली, 1994, पृ. 48
52. सिंह, विजयमोहन, 'यदि कहना ही हो तो', सुधीश पचौरी (सम्पादक), नामवर के विमर्श, प्रवीण प्रकाशन, नई दिल्ली, 1995, पृ. 72-73
53. शॉ, जॉर्ज बर्नार्ड, 'साहित्यिक सुभाषित कोश' से उद्धृत, हरिवंशराय शर्मा (सम्पादक), राजपाल एंड संस, दिल्ली, 1994, पृ. 48
54. वही, पृ. 49
55. अग्रवाल, पुरुषोत्तम, 'वे सिर्फ पढ़ाते नहीं, सिखाते हैं', सुधीश पचौरी (सम्पादक), नामवर के विमर्श, प्रवीण प्रकाशन, नई दिल्ली, 1995, पृ. 89
56. सिंह, नामवर, 'जीवन क्या जिया', भारत यायावर (सम्पादक), आलोचना के रचना-पुरुष : नामवर सिंह, वाणी प्रकाशन, नई दिल्ली, 2003, पृ. 473
57. अग्रवाल, पुरुषोत्तम, 'वे सिर्फ पढ़ाते नहीं, सिखाते हैं', सुधीश पचौरी (सम्पादक), नामवर के विमर्श, प्रवीण प्रकाशन, नई दिल्ली, 2003, पृ. 84
58. डॉ. रामबक्ष, 'मन के शिक्षक', सुधीश पचौरी (सम्पादक), नामवर के विमर्श, प्रवीण प्रकाशन, नई दिल्ली, 2003, पृ. 96
59. वही, पृ. 97
60. डॉ. राधाकृष्णन, सर्वपल्ली, साहित्यिक सुभाषित कोश, हरिवंशराय शर्मा (सम्पादक), राजपाल एंड संस, दिल्ली, 1994, पृ. 49
61. अग्रवाल, पुरुषोत्तम, 'वे सिर्फ पढ़ाते नहीं, सिखाते हैं', सुधीश पचौरी (सम्पादक), नामवर के विमर्श, प्रवीण प्रकाशन, नई दिल्ली, 2003, पृ. 96
62. डॉ. रामबक्ष, 'मन के शिक्षक', नामवर के विमर्श, सुधीश पचौरी (सम्पादक), प्रवीण प्रकाशन, नई दिल्ली, 1995, पृ. 99
63. सिंह, नामवर, 'जीवन क्या जिया', भारत यायावर (सम्पादक), आलोचना के रचना-पुरुष : नामवर सिंह, वाणी प्रकाशन, नई दिल्ली-2003, पृ. 472
64. रामबक्ष, 'मन के शिक्षक', नामवर के विमर्श, सुधीश पचौरी (सम्पादक) प्रवीण प्रकाशन, नई दिल्ली, 1995, पृ. 102
65. वही, पृ. 101
66. सिंह, नामवर, 'रचना और आलोचना के पथ पर', भारत यायावर (सम्पादक), आलोचना के रचना-पुरुष : नामवर सिंह, वाणी प्रकाशन, नई दिल्ली, 2003, पृ. 500
67. श्रीवास्तव, परमानन्द, 'नामवर सिंह का आलोचनात्मक संघर्ष और 'आलोचना' का सम्पादन, नामवर के विमर्श, सुधीश पचौरी (सम्पादक), प्रवीण प्रकाशन, नई दिल्ली, 1995, पृ. 333
68. सिंह, नामवर, सम्पादकीय, 'आलोचना', अप्रैल-जून, 1967
69. तिवारी, विश्वनाथ प्रसाद, 'आलोचना का कट्टरतावाद', भारत यायावर (सम्पादक), आलोचना के रचना-पुरुष : नामवर सिंह, वाणी प्रकाशन, नई दिल्ली, 2003, पृ. 231

70. सिंह, नामवर, 'इतिहास की शव-साधना' (2001), नन्दकिशोर नवल (सम्पादक), नामवर संचयिता, राजकमल प्रकाशन, नई दिल्ली 2003, पृ. 417
71. वही, पृ. 410
72. सिंह, नामवर, 'रचना और आलोचना के पथ पर', भारत यायावर (सम्पादक), आलोचना के रचना-पुरुष : नामवर सिंह, वाणी प्रकाशन, नई दिल्ली, 2003, पृ. 506
73. सिंह, नामवर, 'प्रगतिशील साहित्य धारा में अन्ध लोकवादी रुझान' (1974), नन्दकिशोर नवल (सम्पादक), नामवर संचयिता, राजकमल प्रकाशन, नई दिल्ली, 2003, पृ. 62
74. श्रीवास्तव, परमानन्द, 'नामवर सिंह का आलोचनात्मक संघर्ष और आलोचना' का सम्पादन, सुधीश पचौरी (सम्पादक), नामवर के विमर्श, प्रवीण प्रकाशन, नई दिल्ली, प्रथम संस्करण, 1995, पृ. 346
75. सिंह, नामवर, वाद विवाद संवाद (1989), राजकमल प्रकाशन, नई दिल्ली, 2003, पृ. 5
76. नागार्जुन, प्रस्तावना, खगेन्द्र ठाकुर (सम्पादक), 'आलोचक के मुख से, राजकमल प्रकाशन, नई दिल्ली, 2005, पृ. 7
77. ठाकुर, खगेन्द्र, 'आलोचक के मुख से' (1989), राजकमल प्रकाशन, नई दिल्ली, 2003, पृ. 8
78. ठाकुर, समीक्षा, 'बात बात में बात', वाणी प्रकाशन, नई दिल्ली, 2006, पृ. 11
79. वही
80. सिंह, भगवान, 'नामवर सिंह की वक्तृत्व-शैली के बहाने', भारत यायावर (सम्पादक), आलोचना के रचना-पुरुष : वाणी प्रकाशन, नई दिल्ली 2003, पृ. 95
81. त्रिपाठी, अरविन्द, 'जब नामवर सिंह बोलते हैं', भारत यायावर (सम्पादक), आलोचना के रचना-पुरुष : नामवर सिंह, वाणी प्रकाशन, नई दिल्ली, 2003, पृ. 111
82. सुर्वे, नारायण, 'कामरेड डांगे की तरह है उनका बोलना', सुधीश पचौरी (सम्पादक), नामवर के विमर्श, प्रवीण प्रकाशन, नई दिल्ली, 1995, पृ. 145
83. वाजपेयी, अशोक, 'आलोचना का अध्यात्म', सुधीश पचौरी (सम्पादक), नामवर के विमर्श, प्रवीण प्रकाशन, नई दिल्ली, 1995, पृ. 449
84. सिंह नामवर, सुधीश पचौरी (सम्पादक), नामवर के विमर्श, प्रवीण प्रकाशन, नई दिल्ली, 1995, पृ. 490
85. वही, पृ. 491
86. यादव, राजेन्द्र, सुधीश पचौरी (सम्पादक), नामवर के विमर्श, प्रवीण प्रकाशन, नई दिल्ली, 1995, पृ. 465
87. वही
88. यादव, राजेन्द्र, 'जिस कातिल पे दम निकले', सुधीश पचौरी (सम्पादक), नामवर के विमर्श, प्रवीण प्रकाशन, नई दिल्ली, 1995, पृ. 466
89. पचौरी, सुधीश, नामवर के विमर्श, प्रवीण प्रकाशन, नई दिल्ली, 1995, पृ. 475
90. सिंह, नामवर, नामवर के विमर्श, सुधीश पचौरी (सम्पादक), प्रवीण प्रकाशन, नई दिल्ली, 1995, पृ. 27
91. सिंह, नामवर, 'रचना और आलोचना के पथ पर', भारत यायावर (सम्पादक), आलोचना के रचना-पुरुष : नामवर सिंह, वाणी प्रकाशन, नई दिल्ली, 2003, पृ. 487
92. वही, पृ. 488

93. सिंह, नामवर (त्रिलोचन शास्त्री का आलेख 'कवि नामवर सिंह' से उद्धृत), सुधीश पचौरी (सम्पादक), नामवर के विमर्श, प्रवीण प्रकाशन, नई दिल्ली, 1995, पृ. 362
94. वही, पृ. 363
95. त्रिलोचन, 'बकलम खुद कुमारिल', कमला प्रसाद तथा अन्य (सम्पादक), नामवर सिंह : आलोचना की दूसरी परम्परा, वाणी प्रकाशन, नई दिल्ली, 2004, पृ. 204
96. वही, पृ. 205
97. सिंह, नामवर, भारत यायावर (सम्पादक), आलोचना के रचना-पुरुष : नामवर सिंह, वाणी प्रकाशन, नई दिल्ली, 2009, पृ. 488
98. वही
99. सिंह, नामवर, 'रचना और आलोचना के पथ पर', भारत यायावर (सम्पादक), आलोचना के रचना-पुरुष : नामवर सिंह, वाणी प्रकाशन, नई दिल्ली, 2003, पृ. 490
100. कमल, अरुण, 'हिन्दी के हित का अभिमान वह', भारत यायावर (सम्पादक), आलोचना के रचना-पुरुष : नामवर सिंह, वाणी प्रकाशन, 2003, पृ. 67
101. शर्मा, विष्णुचन्द्र, 'वाद-विवाद के केन्द्र में नामवर सिंह', भारत यायावर (सम्पादक), आलोचना के रचना-पुरुष : नामवर सिंह, वाणी प्रकाशन, नई दिल्ली, 2003, पृ. 57
102. सिंह, नामवर, 'आषाढ़स्य प्रथम दिवसे', कमला प्रसाद तथा अन्य (सम्पादक), नामवर सिंह : आलोचना की दूसरी परम्परा, वाणी प्रकाशन, नई दिल्ली, 2002, पृ. 211
103. सिंह, नामवर, 'क्या बेवकूफ के भी सींग-पूँछ होती हैं?', कमला प्रसाद तथा अन्य (सम्पादक), नामवर सिंह : आलोचना की दूसरी परम्परा, वाणी प्रकाशन, नई दिल्ली, 2002, पृ. 219
104. वही, पृ. 221
105. वही, पृ. 222
106. सिंह, नामवर, 'साहित्यकार की आस्था', नामवर सिंह : कमला प्रसाद तथा अन्य (सम्पादक), आलोचना की दूसरी परम्परा, 2002, पृ. 225
107. वही, पृ. 224-25
108. तिवारी, विश्वनाथ प्रसाद, 'रीझि भजै या खीझि', भारत यायावर (सम्पादक), आलोचना के रचना-पुरुष : नामवर सिंह, वाणी प्रकाशन, नई दिल्ली, 2003, पृ. 39
109. सिंह, नामवर, 'हिन्दी के विकास में अपभ्रंश का योग' (1952), लोकभारती प्रकाशन, इलाहाबाद, 1982, पृ. 22
110. वही, पृ. 26
111. वही, पृ. 32
112. वही, पृ. 10
113. सिंह, नामवर, भूमिका, 'आधुनिक साहित्य की प्रवृत्तियाँ' (1954), लोकभारती प्रकाशन, इलाहाबाद, संस्करण 2001, पृ. 7
114. वही
115. वही
116. सिंह, नामवर, भूमिका, 'छायावाद' (1955), राजकमल प्रकाशन, नई दिल्ली, 2001, भूमिका।
117. वही

118. वही, पृ. 155
119. सिंह, नामवर, नवीन संस्करण की भूमिका, 'पृथ्वीराज रासो : भाषा और साहित्य' (1956) राधाकृष्ण प्रकाशन, नई दिल्ली, संस्करण 2007, पृ. 10
120. सिंह, नामवर, विज्ञप्ति, 'इतिहास और आलोचना' (1957), राजकमल प्रकाशन, नई दिल्ली, संस्करण, 2002, विज्ञप्ति
121. वही, पृ. 155
122. सिंह, नामवर, 'कहानी : नई कहानी', लोकभारती प्रकाशन, इलाहाबाद, संस्करण, 2002, पृ. 195
123. सिंह, नामवर, भूमिका, 'दूसरी परम्परा की खोज', 1982, राजकमल प्रकाशन, नई दिल्ली, संस्करण 2000, भूमिका
124. सिंह, नामवर, भूमिका, अनभै साँचा, 'वाद विवाद संवाद', राजकमल प्रकाशन, नई दिल्ली, संस्करण, 2003, भूमिका
125. सिंह, नामवर, 'जमाने से दो दो हाथ', आशीष त्रिपाठी (सम्पादक), राजकमल प्रकाशन, नई दिल्ली, संस्करण-2010, पृ. 29
126. वही, पृ. 35
127. सिंह, नामवर, 'हिन्दी का गद्यपर्व', आशीष त्रिपाठी (सम्पादक), राजकमल प्रकाशन, नई दिल्ली, संस्करण-2010, पृ. 285
128. वही
129. सिंह, नामवर, 'कविता की जमीन और जमीन की कविता', आशीष त्रिपाठी (सम्पादक), राजकमल प्रकाशन, नई दिल्ली, संस्करण-2010, पृ. 196
130. सिंह, नामवर, 'प्रेमचन्द और भारतीय समाज', आशीष त्रिपाठी (सम्पादक), राजकमल प्रकाशन, नई दिल्ली, संस्करण-2010, पृ. 177

प्रगतिशील आलोचना और नामवर सिंह

प्रगतिशील लेखक संघ : पृष्ठभूमि और परिचय

प्रगतिशील आलोचना के सन्दर्भ को प्रगतिशील लेखन की पृष्ठभूमि और उसके स्वरूप-विवेचन के बगैर नहीं समझा जा सकता। ध्यातव्य है कि प्रगतिशील लेखन का एक साहित्यिक आन्दोलन के रूप में महत्त्व रहा है। फिर भी प्रगतिशील आन्दोलन पर कुछ आरोप भी लगाए गए हैं : "कुछ लोग यह कहते हैं कि प्रगतिशील लेखक संघ और प्रगतिवाद का आन्दोलन—यह सब विदेश से उधार लिया गया साहित्यिक फसाद था; रूस की प्रेरणा से गठित कम्युनिस्ट पार्टी से संचालित था और तत्कालीन भारत के यथार्थ के द्वंद्वों, राष्ट्रीय जीवन की अनिवार्यताओं तथा हिन्दी की जातीय आवश्यकताओं की तार्किक परिणति न था।"[1]

यह भी कहा गया कि इसी वजह से प्रगतिवाद का अवसान शीघ्र हो गया। डॉ. रेखा अवस्थी ने इन आरोपों का बड़े ही तार्किक ढंग से खंडन किया है और यह प्रमाणित करने की कोशिश की है कि 'प्रगतिशील लेखक संघ' (1936) के पहले भी लेखक संघ को संगठित करने की कोशिशें हो रही थीं, अन्य मंच और संगठन भी राष्ट्रीय मुक्ति आन्दोलन की प्रगतिशील अन्तर्वस्तु के अन्तर्गत विकसित करने की कोशिश कर रहे थे। इस प्रकार डॉ. अवस्थी की स्थापनाएँ काफी महत्त्वपूर्ण हैं। प्रगतिशील साहित्य की पृष्ठभूमि पर ध्यान दें तो 1929 से ही 'हिन्दी साहित्य सम्मेलन' के पदाधिकारियों के बीच चुनाव को लेकर नई पीढ़ी और पुरानी पीढ़ी के बीच संघर्ष शुरू हो गया। फलस्वरूप नई पीढ़ी की विजय हुई। गणेश शंकर विद्यार्थी अध्यक्ष और रामवृक्ष शर्मा बेनीपुरी प्रचार मंत्री के रूप में चयनित हुए, पर दुर्भाग्यपूर्ण ढंग से कानपुर के दंगे में गणेश शंकर विद्यार्थी की मृत्यु हो गई और 'हिन्दी साहित्य सम्मेलन' की व्यवस्था पुरातनपंथियों के हाथ में आ गई। इन्हीं लोगों ने मुक्त छन्द तथा उग्र के साहित्य का विरोध किया। इनकी मानसिकता की भर्त्सना पं. नेहरू ने 'मेरी कहानी' (1933) में करते हुए कहा कि हिन्दी में अभी भी दरबारी शैली की प्रधानता है जबकि अन्य भाषाओं में समसामयिक साहित्य लिखा जा रहा है। कुल मिलाकर : "संकुचित दृष्टिकोण साहित्य पर हावी था, राष्ट्रीयता की कल्पना में जनवादी चेतना हावी नहीं थी बल्कि हिन्दू अभिजात का संकीर्ण वर्गस्वार्थ हावी था।"[2]

बावजूद इसके, सन् '30 के आसपास ही नई पीढ़ी के साहित्यकारों ने हिन्दू पुनरुत्थानवादी राष्ट्रीयता और जनवादी राष्ट्रीयता में फर्क करने की मुहिम छेड़ी। पर इसी बीच ब्रिटिश शासन ने 'जागरण', 'हंस' आदि पत्रिकाओं पर पाबन्दियाँ लगानी शुरू की, जो साम्यवाद, समाजवाद, स्वाधीनता और किसान-मुक्ति की बात कर रहे थे। पट्टाभिसीतारमैया के अनुसार 1930 से 1934 तक लगभग 348 समाचार-पत्रों का प्रकाशन बन्द हो गया, जो साधारण घटना न थी। सिर्फ यही नहीं, मार्क्स, एंगेल्स, गोर्की, लेनिन आदि की पुस्तकों को जब्त कर उसकी बिक्री पर पाबन्दी लगा दी गई। यहाँ तक रवीन्द्रनाथ की 'रूस से चिट्ठी' को भी नहीं बख्शा गया। फलस्वरूप प्रेमचन्द को 'जागरण' के माध्यम से कहना पड़ा : "...जबकि हर सम्पादक के सर पर तलवार लटक रही हो, राष्ट्र का सच्चा राजनीतिक विकास नहीं हो सकता।"[3]

डॉ. रेखा अवस्थी के अनुसार, 1934 में प्रेमचन्द रामचन्द्र टंडन से मिलकर 'विशाल सहकारी प्रकाशन संस्था' बनाने के बारे में सोच रहे थे। पर उन दोनों के आपसी विवाद के कारण यह योजना क्रियान्वित न हो सकी। पुन: 1934 में प्रेमचन्द ने 'हंस' के माध्यम से लेखक संघ के गठन की जरूरतों पर बल दिया। 1935 में प्रेमचन्द तथा अन्य साहित्यकारों ने हिन्दुस्तान की सभी भाषाओं की साहित्यिक एकता को केन्द्रीय और महत्त्वपूर्ण प्रश्न के रूप में उठाया। फलस्वरूप 'हंस', 'भारतीय साहित्य परिषद्' के मुखपत्र के रूप में प्रकाशित हुआ। अत: इन्हीं परिस्थितियों के अन्तर्गत प्रगतिशील लेखन की बुनियाद तैयार हो रही थी।

प्रगतिशील लेखक संघ की स्थापना

'प्रगतिशील लेखक संघ' की स्थापना भले ही पेरिस में, 1935 में हुई हो, पर इससे पहले सोवियत संघ में मैक्सिम गोर्की ने 1934 में 'सोवियत लेखक संघ' का गठन किया, जिसके अधिवेशन का जॉर्ज बर्नार्ड शॉ, हेनरी बारबूज, आंद्रे जीद, रोमां रोलां, आदि ने समर्थन किया।

दूसरी ओर जुलाई, 1935 में पेरिस में हेनरी बारबूज ने 'वर्ल्ड कांग्रेस ऑफ राइटर्स फार दि डिफेंस ऑफ कल्चर' नामक संस्था का अधिवेशन किया। इस संस्था से रोमां रोलां, मैक्सिम गोर्की, आंद्रे मालरो, टॉमस मान, वाल्डे फ्रेंक जैसे साहित्यकार जुड़े थे, जिनका मुख्य लक्ष्य फासिज्म, शोषण तंत्र का विरोध करना एवं लेखक की स्वतंत्रता की माँग करना था।

जो भी हो, 1935 में ई.एम. फार्स्टर के सभापतित्व में पेरिस में 'प्रोग्रेसिव राइटर्स एसोसिएशन' नामक अन्तरराष्ट्रीय संस्था का प्रथम अधिवेशन हुआ। फलस्वरूप: "इस अधिवेशन में सारी दुनिया के प्रगतिशील लेखकों की एक स्थायी समिति चुन ली गई,

जिसके अध्यक्ष अंग्रेजी के कथाकार ई.एम. फार्स्टर बनाए गए और इसका केन्द्रीय कार्यालय पेरिस में स्थापित कर दिया गया।"[4] इसी तर्ज पर 1935 में लन्दन में, 'इंडियन प्रोग्रेसिव राइटर्स एसोसिएशन' की स्थापना हुई, जिसके अध्यक्ष मुल्कराज आनन्द और सेक्रेटरी सज्जाद जहीर चुने गए। इस संस्था के नामकरण में इंडियन जोड़ने की सचाई यह थी कि "अंग्रेजी बोलने और लिखने के बावजूद लन्दन में लोग उन्हें इंडियन ही कहते थे।"[5] विडम्बना चाहे जो भी रही हो, इस बैठक में एक घोषणापत्र तैयार किया गया और उसकी प्रतियाँ हिन्दुस्तान के प्रमुख लेखकों और सम्पादकों के पास भेज दी गईं। प्रेमचन्द ने इस घोषणापत्र का सारांश 1936 के 'हंस' में प्रकाशित किया।

इस प्रकार 'प्रगतिशील लेखक संघ' के निर्माण का एक परिप्रेक्ष्य भारतीय राजनीति और समाज की अन्दरूनी प्रतिक्रियाओं से जुड़ा है तो दूसरा परिप्रेक्ष्य पेरिस और लन्दन के साथ अन्तरराष्ट्रीय प्रतिक्रियाओं का भी है। अत: प्रगतिशील चिन्तन के तत्त्वों के विकास को सरलीकृत ढंग से या सिर्फ भारतीय परिदृश्य के अन्तर्गत नहीं परखा जा सकता।

प्रगतिशील लेखक संघ और प्रेमचन्द

पूर्व विवरण से यह स्पष्ट है कि हिन्दुस्तान में लेखकों के संगठन बनाने की जो कोशिशें हो रही थीं, उसके कर्णधार प्रेमचन्द थे। वे 'प्रोग्रेसिव राइटर्स एसोसिएशन' (पेरिस और लन्दन) की गतिविधियों से पूरी तरह परिचित थे और सज्जाद जहीर तथा मुल्कराज आनन्द के सम्पर्क में भी थे। अत: 1936 के जनवरी महीने में 'हिन्दुस्तानी साहित्य एकादमी', प्रयाग के सालाना जलसे में प्रेमचन्द की मुलाकात सज्जाद जहीर, फिराक, अहमद अली, दयानारायण निगम से हुई और 'प्रगतिशील लेखक संघ' को हिन्दुस्तान में व्यापक स्तर पर फैलाने का निर्णय लिया गया। परन्तु शिवदान सिंह चौहान के अनुसार, दिसम्बर, 1935 में ही 'भारतीय प्रगतिशील लेखक संघ' का गठन कर लिया गया था।

सज्जाद जहीर को इलाहाबाद में 'प्रगतिशील लेखक संघ' के संगठन के लिए सहयोगी के रूप में अहमद अली, फिराक गोरखपुरी, डॉ. सैयद एजाज हुसैन, प्रोफेसर एहतेशाम हुसैन, वकार अजीम, पंत, शिवदान सिंह चौहान और नरेन्द्र शर्मा मिले। अत: सज्जाद जहीर ने 'प्रगतिशील लेखक संघ' के उद्देश्यों के बारे में कहा : "...प्रगतिशील साहित्यिक आन्दोलन का रुख देश की जनता और मजदूरों, किसानों और मध्यवर्ग की ओर होना चाहिए। उनको लूटनेवालों और उन पर अत्याचार करनेवालों का घोर विरोध करना, अपनी साहित्यिक रचनाओं से जनता में चेतना, गति, क्रियाशीलता और एकता उत्पन्न करना और उन तमाम

अवशेषों और प्रवृत्तियों का विरोध करना, जो जड़ता, प्रतिक्रिया, निरुत्साह उत्पन्न करती है—हमारा मुख्य कर्तव्य ठहरा।"[6] इस प्रकार 'प्रगतिशील लेखक संघ' अपने उद्देश्यों और योजनाओं को लेकर काफी सक्रिय था। इसने प्रेमचन्द को गहरे रूप में प्रभावित किया। सन् 1936 के अप्रैल महीने में लखनऊ में 'प्रगतिशील लेखक संघ' की स्थापना के उद्देश्य से लेखकों द्वारा सम्मेलन का आयोजन किया गया, जिसकी अध्यक्षता मुंशी प्रेमचन्द ने की। रेखा अवस्थी के शब्दों में : "गांधीवाद से मोहभंग और समाजवादी विचारधारा के प्रसार और उसके प्रति उत्साह के वातावरण में हिन्दी और उर्दू के साहित्यकारों, बोलियों और प्रादेशिक भाषाओं के रचनाकारों, पत्रकारों और बुद्धिजीवियों ने बहुत बड़ी संख्या में लखनऊ के इस पहले 'प्रगतिशील लेखक सम्मेलन' का स्वागत किया।"[7]

9 और 10 अप्रैल को प्रेमचन्द द्वारा दिये गए ऐतिहासिक वक्तव्य काफी चर्चित और प्रभावशाली रहे। प्रेमचन्द ने कहा : " 'प्रगतिशील लेखक संघ'—यह नाम ही मेरे विचार से गलत है। साहित्यकार या कलाकार स्वभावत: प्रगतिशील होता है। अगर यह उसका स्वभाव न होता, तो शायद वह साहित्यकार ही न होता।"[8] स्पष्ट है कि प्रेमचन्द ने सिद्धान्त और विचारधारा को प्रगतिशीलता के लिए महत्त्व नहीं दिया; अर्थात् प्रगतिशील के वास्तविक अर्थ को प्रेमचन्द ने लेखकीय संस्कार के लिए महत्त्वपूर्ण माना।

प्रेमचन्द ने भाषा को साधन के रूप में स्वीकार किया और साहित्य को परिभाषित करते हुए कहा : "साहित्य की बहुत-सी परिभाषाएँ की गई हैं; पर मेरे विचार से उसकी सर्वोत्तम परिभाषा 'जीवन की आलोचना' है—चाहे वह निबन्ध के रूप में हो, चाहे कहानियों के या काव्य के, उसे हमारे जीवन की आलोचना और व्याख्या करनी चाहिए।"[9]

'प्रगतिशील लेखक संघ' की सभा में प्रेमचन्द ने पूँजी और धन के दुर्बल चरित्रों से साहित्यकारों को सावधान किया तथा उस साहित्य की हिमायत की जो सच्चे अर्थों में संघर्षशीलता एवं जनपक्षधरता का उपासक है। प्रेमचन्द के इस अध्यक्षीय वक्तव्य का असर 'प्रगतिशील लेखक संघ' के उद्देश्यों पर भी देखा जा सकता है :

"1. भारत के तमाम प्रगतिशील लेखकों की संस्थाएँ संगठित करना और साहित्य छापकर अपने उद्देश्य का प्रचार करना।
2. प्रगतिशील लेखकों और अनुवादकों को प्रोत्साहित करना और प्रतिक्रियावादी प्रवृत्तियों के विरुद्ध संघर्ष करके देशवासियों के स्वाधीनता-संग्राम को आगे बढ़ाना।
3. प्रगतिशील लेखकों की सहायता करना।
4. स्वतंत्रता और स्वतंत्र विचार की रक्षा करना।"[10]

1936 में देश की स्वाधीनता का लक्ष्य पहले था, अत: यह स्वाभाविक था कि 'प्रगतिशील लेखक संघ' के उद्देश्य इससे जुड़े थे परन्तु : "एक ओर जहाँ प्र.ले.सं. को अनेक महत्त्वपूर्ण राजनीतिज्ञों, बुद्धिजीवियों, लेखकों और विशेष कर नये लेखकों का पूर्ण सहयोग मिला, वहीं दूसरी ओर प्रारम्भ में ही ब्रिटिश हुकूमत और हिन्दू पुनरुत्थानवादी लेखकों ने प्र.ले.सं. का जबरदस्त विरोध किया।"[11] यही नहीं, प्रेमचन्द का भी जबरदस्त विरोध हुआ। उन्हें ब्राह्मण-विरोधी और घृणा का प्रचारक कहा गया। अफसोस कि आज उन्हें कुछ दलित लेखकों द्वारा दलित-विरोधी भी कहा जा रहा है।

प्रगतिशील आन्दोलन भाषा के स्तर पर भी था; अर्थात् प्रगतिशील लेखकों ने भाषा को संस्कृत की तत्सम पदावली तथा अरबी-फारसी से बोझिल क्लिष्ट भाषा का विरोध किया और यह कहा कि जनता का काव्य जनता की भाषा में लिखा जाए। अत: किसी-न-किसी रूप में लेखकों के दो गुट—हिन्दी-उर्दू के हो गए।

फिर भी 'प्रगतिशील लेखक संघ' का विस्तार हुआ। 1938 ई. में कलकत्ता में अखिल भारतीय स्तर पर 'प्रगतिशील लेखक संघ' का सम्मेलन हुआ और 1939 से श्रीपतराय के सम्पादन में 'हंस' प्रगतिशील लेखन का मोर्चा बना। 1938-39 तक 'रूपाभ' के सम्पादक सुमित्रानन्दन पंत एवं नरेन्द्र शर्मा ने भी प्रगतिवाद का खुलकर समर्थन किया। नामवर सिंह के शब्दों में : "हमारे लिए 'रूपाभ' का केवल ऐतिहासिक महत्त्व नहीं है, बल्कि वह आज भी 'प्रगतिशील' लेखकों के लिए प्रेरणा का स्रोत है।"[12] भगवतीचरण वर्मा ने अपने सम्पादन में 'विचार' नामक साहित्यिक पत्रिका 1939 से 1942 तक निकाली, जिसने प्रगति विरोधियों को मुँहतोड़ जवाब दिया। 1938 में 'चकल्लस' नामक साहित्यिक पत्रिका का सम्पादन अमृतलाल नागर ने किया जिसने प्रगतिवाद के विरोधियों पर व्यंग्य का बीड़ा उठाया। 'चकल्लस' के बन्द हो जाने पर 1939-40 के आसपास इलाहाबाद से 'उच्छृंखल' नामक पत्रिका का सम्पादन करते हुए नरोत्तम नागर ने प्रगतिवादी सोच को जीवित रखा। 1938 में 'विप्लव' नामक मासिक पत्र ने यशपाल के सम्पादन में प्रगतिवाद को विशेष महत्त्व प्रदान किया। इस प्रकार प्रगतिशील आन्दोलन के विस्तार में लेखक संघ के साथ-साथ पत्रिकाओं की भी महत्त्वपूर्ण भूमिका रही है।

फरवरी, 1940 में लखनऊ में 'प्रगतिशील लेखक संघ' का सम्मेलन हुआ जिसका ब्रिटिश सरकार ने दमन किया। बावजूद इसके 1943 में 'प्रगतिशील लेखक संघ' ने बम्बई में 'भारतीय जननाट्य संघ' की स्थापना की, जिसने प्रगतिशील सोच को उपन्यास, कहानी, कविता तक सीमित न रखकर नाटक, रंगमंच तक विस्तृत किया। यद्यपि सन् 1946 से 1951-52 तक का दौर प्रगतिशील आन्दोलन का नया दौर है जिसमें कम्युनिस्ट विचारधारा की पार्टी और क्रान्ति के प्रति एक आस्था

का उभार हुआ। रेखा अवस्थी के शब्दों में : "1946 से 1951 तक के प्रगतिशील साहित्यिक आन्दोलन के विकास में 'जनवाणी' के मंच का महत्त्वपूर्ण स्थान है।"[13] 1946 में बम्बई में अखिल भारतीय प्रगतिशील लेखक संघ का सम्मेलन हुआ जिसकी अध्यक्षता श्रीपाद अमृत डाँगे ने की। ध्यातव्य है कि 1946 में साम्प्रदायिक दंगा भड़कने पर 'प्रगतिशील लेखक संघ' के अधिकांश लेखकों ने साम्प्रदायिक एकता से सम्बन्धित रचनाएँ लिखीं।

1947 में देश आजाद हुआ परन्तु इन दिनों 'प्रगतिशील लेखक संघ' भयंकर अन्तर्विरोधों का शिकार हुआ। कुछ लेखक मानते थे, देश आजाद हुआ तो कुछ मानते थे, औपनिवेशिक स्वराज हुआ। फिर भी सितम्बर, 1947 में इलाहाबाद में लेखक संघ का विशाल अधिवेशन हुआ, जिसमें व्यापक स्तर पर जनकवि सम्मेलन भी आयोजित हुए। इसमें कुल 25 प्रस्ताव लिये गए। प्रस्ताव के रूप में मुख्यत: 'साम्प्रदायिक दंगों के प्रति दुख' देश के नवनिर्माण का तथा 'जनता के सांस्कृतिक धरातल को ऊँचा करने का आह्वान' था। 'लेखकों के अधिकार और अभिव्यक्ति की स्वतंत्रता', 'बोलियों का विकास', 'सेंसर की समाप्ति' और 'दमन विरोध' का भी प्रस्ताव प्रगतिशील लेखक संघ ने लिया। 1945-46 में कांग्रेसी नेताओं द्वारा कम्युनिस्ट-विरोधी अभियान शुरू हुआ। कई लेखक इस अग्निपरीक्षा में खरे नहीं उतर पाए। यहाँ तक कि 'पंत' का रवैया भी बदल गया। नामवर सिंह के शब्दों में : "लेकिन 'बौद्धिक सहानुभूति' की सीमा का यही अन्त होता है और उसकी कार्य-शक्ति समाप्त हो जाती है।"[14]

रामविलास शर्मा ने भी पंत की कड़ी आलोचना की। इस दौर में 'सुधारवाद' और 'संकीर्णतावाद' का विवाद पैदा हुआ। वास्तविकता यह है कि 1946 में 'परिमल' की स्थापना हुई और 'प्रगतिशील लेखक संघ' का विरोध शुरू हो गया। अत: जब 'अखिल भारतीय प्रगतिशील लेखक संघ' का आयोजन बम्बई के भिवंडी में 1949 (27, 28 और 29 मई) को हुआ तो इसकी अध्यक्षता करते हुए इस्मत चुगताई ने लेखकों का आह्वान करते हुए कहा : "वे सांस्कृतिक संगठनों पर होनेवाले हमलों का मुँहतोड़ जवाब दें।"[15] इस प्रकार 'परिमल' और 'प्रगतिशील लेखक संघ' का संघर्ष 'कलावाद' बनाम प्रगतिशील साहित्य के संघर्ष के रूप में उभरकर आया, जिसकी परिणति 1951-52 में उभरकर आई। अत: 1951 तक प्रगतिवाद का आन्दोलन कमजोर पड़ गया। मार्च, 1953 में जब 'अखिल भारतीय प्रगतिशील लेखक सम्मेलन' आयोजित हुआ तब रामविलास शर्मा ने इस सम्मेलन में लेखक संघ की समस्याओं पर एक विवरण प्रस्तुत किया, जो काफी महत्त्वपूर्ण है। डॉ. शर्मा ने विवरण प्रस्तुत करते हुए कहा : "प्रगतिशील लेखकों का बुनियादी कार्य साहित्य रचना द्वारा राष्ट्रीय संस्कृति की रक्षा करना और उसे समृद्ध करना है।"[16] यानी कि साम्राज्यवादी संस्कृति, जो धोखाधड़ी

और छलकपट की है, उसका विरोध करना; साथ ही सांस्कृतिक इतिहास को विकृत कर प्रस्तुत करना तथा साम्प्रदायिकता आदि का विरोध करना—प्रगतिशील लेखक संघ का उद्देश्य था।

इसके अन्तर्गत अंग्रेजों की शिक्षा-नीति का विरोध किया गया और यह कहा गया : "हमारे यहाँ जनता सर्वत्र यह माँग कर रही है कि शिक्षा की हर मंजिल में उसकी अपनी भाषा के माध्यम से उसे शिक्षा दी जाए।"[17]

इस सम्मेलन में यह भी कहा गया कि "जनता के विविध स्तरों से भाषावार प्रान्त बनाने की माँग सामने आई है। यह देश की एकता को सुदृढ़ करने की माँग है, उसे विघटित करने की माँग नहीं है।"[18] इस माँग के जरिये अमरीकी 'युद्धवादियों' का विरोध किया गया।

संस्कृति के प्रश्न को ध्यान में रखते हुए, रूढ़िवादी-शक्तियों तथा भाग्यवाद और अकर्मण्यता का विरोध करते हुए कहा गया : "हमारी राष्ट्रीय संस्कृति मानवतावादी है, वह आक्रमण और उत्पीड़न के विरुद्ध वीरतापूर्ण प्रतिरोध की संस्कृति है, वह जातियों के बीच शान्ति और मैत्री की संस्कृति है। जनजीवन से इस संस्कृति का घनिष्ठ सम्पर्क है, वह लोकप्रिय और जनवादी संस्कृति है।"[19]

सम्मेलन में अन्तरराष्ट्रीय परिदृश्य के तहत साम्राज्यवाद और विशेषत: अमरीकी साम्राज्यवाद का विरोध किया गया और उन्हें सांस्कृतिक विकास का बाधक माना गया। साथ ही उन छद्म लेखकों पर टिप्पणी की गई : "कुछ लेखक जो स्वयं को प्रगतिशील भी कहते हैं, भारत में बढ़ते हुए युद्ध प्रचार के प्रति तटस्थ रहते हैं। वे प्रगतिशील साहित्य की आलोचना करते हैं पर युद्धवादियों और उनके कलमनवीसों के बारे में चुप रहते हैं।"[20]

इस सम्मेलन में कम्युनिस्टवादी दबाव के आरोपों का खंडन करते हुए कहा गया : "लेखक चाहे कम्युनिस्ट हो, चाहे गैर-कम्युनिस्ट, यहाँ परस्पर विचार-विमर्श द्वारा ही कोई फैसला लिया जाता है।"[21] भारतीय पूँजीपतियों और जमींदारों की स्वार्थपरता का विरोध भी इस सम्मेलन में किया गया और कहा गया : "जनवादी अधिकारों के बिना जनता की प्रगति सम्भव नहीं है। इसलिए प्रगतिशील लेखक ऐसे अधिकारों की रक्षा के लिए लड़ते हैं। स्वाधीनतापूर्वक विचार व्यक्त करने के लिए स्वयं अपने अधिकार के लिए लड़ते हैं।"[22]

अत: "प्रगतिशील साहित्य जनता की सेवा करता है, उसके उत्पीड़कों-साम्राज्यवादियों, सामन्तों और पूँजीपतियों की सेवा नहीं करता।"[23]

इस सम्मेलन में 'कलावाद' का विरोध किया गया तथा जवाहरलाल नेहरू के 'डिस्कवरी ऑफ इंडिया' की आलोचना करते हुए यह कहा गया : "प्रगतिशील साहित्य झूठी देशभक्ति के साहित्य से भिन्न है।...वह साहित्य की जनवादी विषयवस्तु के आधार पर स्वयं को प्रतिक्रियावादी साहित्य से अलग करता है।"[24]

इस सम्मेलन में रूप और वस्तु के सम्बन्ध के बारे में कहा गया कि यह साहित्य के जातीय और लोकप्रिय कलात्मक रूप का समर्थन करता है पर : "वह रूप को विषयवस्तु के अधीन मानता है और रूप के आधार पर सभी साहित्य को प्रगतिशील नहीं मानता। वैज्ञानिक दृष्टिकोण से वह अपना मार्ग पहचानता है। जो साहित्य विवेक को अस्वीकार करता है और सहजबोध के गुण गाता है, उसका वह विरोध करता है।"[25]

इस सम्मेलन में प्रगतिशील लेखन पर लगे आरोपों, विशेषत: आर्थिक आधारों को महत्त्व देने के बारे में यह कहा गया : "जनता के जीवन में जो कुछ भी महत्त्वपूर्ण है उसका प्रेम, सुख-दुख, उस सबको प्रगतिशील साहित्य प्रतिबिम्बित करता है।"[26]

इस सम्मेलन में इस आरोप का खंडन किया गया कि यह 'अनुकरणमूलक' और 'राष्ट्रीय' साहित्य है अर्थात् "प्रगतिशील साहित्य जनता की राष्ट्रीय और लोकप्रिय परम्पराओं के अनुसार विकसित होता है। वह जनता के हित प्रतिबिम्बित करता है। अत: वह उत्कृष्ट रूप से राष्ट्रीय जनवादी है। जो लोग जातियों में घृणा फैलाते हैं, अश्लील और निराशावादी साहित्य रचते हैं, वे अवश्य पश्चिम के पतनशील लेखकों का अनुकरण करते हैं। जो साहित्य अतीतमुखी है, भविष्य को जिससे भय है, जो साम्प्रदायिक द्वेषभाव का प्रचारक है, वह अराष्ट्रीय है।"[27]

इस सम्मेलन में प्रगतिशील साहित्य के अन्तर्गत यौन-सम्बन्धों के वर्णन की नग्न श्रृंगारवादिता की भर्त्सना की गई। इस आरोप का भी खंडन किया गया : "प्रगतिशील साहित्य केवल विषयवस्तु पर जोर देता है और रूप की उपेक्षा करता है। लोकप्रिय कलात्मक रूप के बिना साहित्य प्रभावशाली न होगा। प्रगतिशील साहित्य के लिए रूपगत सौन्दर्य आवश्यक है।"[28]

इस सम्मेलन में प्रगतिशील लेखक संघ की अनिवार्य सदस्यता एवं कट्टर मार्क्सवादी होने की शर्त को नकारते हुए कहा गया : "मार्क्सवाद प्रगतिशील साहित्य को प्रभावित करता रहा है। यह ऐतिहासिक तथ्य है, पर वह संघ की सदस्यता की शर्त नहीं है।"[29]

इस सम्मेलन ने लेखकों के बिखराव एवं मनमुटाव का अनुभव कर लिया था। अत: यह कहा गया : "लेखक जब सामान्य उद्देश्यों के लिए संगठित होते हैं तब प्रगतिशील साहित्यिक आन्दोलन का विकास तेजी से होता है। अपनी एकता को मजबूत करना, संगठन को सुदृढ़ करना, प्रगतिशील लेखकों का कर्तव्य है।"[30]

'प्रगतिशील लेखक संघ' ने भाषाई एकता पर भी विशेष ध्यान दिया और इस बात पर बल दिया : "हर भाषाई क्षेत्र की अपनी सांस्कृतिक विशेषताएँ हैं। साथ ही, सभी क्षेत्रों की कुछ सामान्य विशेषताएँ हैं। साहित्य का जातीय रूप भिन्न होगा पर जनवादी विषयवस्तु में बहुत समानता होगी। इसलिए प्रगतिशील लेखकों का

अखिल भारतीय केन्द्र आवश्यक है।"[31] सम्मेलन में सज्जाद जहीर के पाकिस्तान लौटने पर दुख व्यक्त किया गया। पत्रकारिता के कलात्मक महत्त्व को स्वीकारा गया और यह कहा गया : "इस सम्मेलन के सामने सबसे महत्त्वपूर्ण कार्य है प्रगतिशील लेखकों के एकताबद्ध होकर काम करने के लिए अल्पतम आधार प्रस्तुत करना।... यह सम्मेलन एकता सम्मेलन होगा और संगठन का बुरा चाहनेवालों को उचित उत्तर देगा।"[32] परन्तु प्रगतिशील लेखक संघ का यह स्वप्न पूरा न हो सका।

अप्रत्यक्ष रूप से नम्बूदरीपाद ने 'प्रगतिशील लेखक संघ' को अनावश्यक करार दिया। अत: 1953 में संघ निष्क्रिय हो गया। अत: रामविलास शर्मा बड़े दुख के साथ कहते हैं : "मार्च, 1953 के बाद 'प्रगतिशील लेखक संघ' को समाप्त करने का श्रेय कम्युनिस्ट पार्टी के नेतृत्व को है।"[33]

इस प्रकार 1953 से प्रगतिवाद का अवसान आरम्भ हो गया और प्रगति-विरोधी शक्तियाँ सक्रिय होने लगीं, जिसका उद्‌भव प्रयोगवाद के रूप में हुआ।

प्रगतिवाद बनाम प्रगतिशील

प्रगतिशील आन्दोलन के अन्तर्गत 'प्रगतिवाद' और 'प्रगतिशील' शब्द का भी विवाद उत्पन्न हुआ। कुछ लोगों ने प्रेमचन्द का वाक्य कि 'साहित्यकार स्वभावत: प्रगतिशील होता है' को आधार बनाया। अत: यह कहा गया कि 'प्रगतिशील' आलोचना और प्रगतिवादी आलोचना का स्वभाव भिन्न है। मधुरेश ने यह कहा कि कुछ लोगों ने 'प्रगतिवादी आलोचना' को पार्टी के वर्चस्व वाली आलोचना से जोड़कर देखा है, जिसमें राजनीतिक कट्टरता भी मौजूद है। जबकि प्रगतिशील आलोचना में वैचारिक उदारता और खुलापन है। अत: कुछ आलोचकों का कहना है, मार्क्सवादी सौन्दर्यशास्त्र ही प्रगतिवाद है तथा आदिकाल से लेकर छायावाद तक का साहित्य प्रगतिशील साहित्य है पर छायावाद के बाद का साहित्य प्रगतिशील नहीं है। यह भी कहा गया कि मार्क्सवादी साहित्य सिद्धान्त से प्रेरित होकर रचा गया साहित्य प्रगतिवादी साहित्य है। अत: इस विवाद का मूल यह है कि कुछ लोग 'प्रगतिवाद' शब्द को संकीर्ण ठहराना चाहते हैं और प्रगतिशील शब्द को उदार और व्यापक। यही नहीं, इस बहाने 'प्रगतिशील लेखक संघ' की संकीर्णता प्रमाणित करने के लिए प्रगतिवाद और प्रगतिशील साहित्य का अन्तर प्रस्तुत किया : "उनके अनुसार 'प्रगतिशील लेखक संघ' द्वारा निर्धारित और प्रचारित साहित्य प्रगतिवाद है और बाकी प्रगतिशील साहित्य।"[34]

जो भी हो, ये स्थितियाँ भ्रामक हैं और प्रगतिशील तथा प्रगतिवाद शब्द के रूप में अलग दीखने के बावजूद एक ही हैं। डॉ. नामवर सिंह के शब्दों में : "...जिस तरह छायावाद और छायावादी कविता भिन्न नहीं है उसी तरह प्रगतिवाद और प्रगतिशील

साहित्य भिन्न नहीं है।"[35] अत: नामवर सिंह 'वाद' और 'शील' के फर्क को व्यर्थ ठहराते हैं और उसे एक तरह की साजिश मानते हैं—'वाद' की अपेक्षा 'शील' को अधिक अच्छा और उदार समझकर इन दोनों में भेद करना कोरा बुद्धि-विलास है और कुछ लोगों की इस मान्यता के पीछे प्रगतिशील साहित्य का प्रच्छन्न विरोध-भाव छिपा है।"[36] बावजूद इसके यह विभाजन स्वीकार्य नहीं हुआ। व्यावहारिक स्तर पर प्रगतिवाद और प्रगतिशील में कोई अन्तर नहीं है।

प्रगतिवाद और मार्क्सवाद

यह तथ्य है कि प्रगतिशील साहित्य 'प्रोग्रेसिव लिटरेचर' का हिन्दी अनुवाद है, जिसका प्रचार अंग्रेजी साहित्य में 1935 के आसपास 'प्रोग्रेसिव राइटर्स एसोसिएशन' के उपरान्त हुआ। और जब भारत में 'प्रगतिशील लेखक संघ'(1936) की स्थापना हुई तभी से प्रगतिशील शब्द प्रचलन में आया। परवर्ती समय में यह प्रगतिवाद में रूपान्तरित हो गया। वास्तविकता यह है कि प्रगतिवाद का आरम्भ 1930 के आसपास ही हो गया था। कारण यह था : "सन् 1930 तक आते-आते हिन्दुस्तान की राष्ट्रीय संस्था कांग्रेस में वामपंथी दल कायम हो गया था, स्वयं कांग्रेस के भी प्रस्तावों में हिन्दुस्तान के श्रमजीवी जनसमूह की चर्चा होने लगी थी।"[37] इस प्रकार प्रगतिशील साहित्य अभारतीय नहीं है बल्कि "प्रगतिवाद हिन्दी साहित्य की परम्परा का स्वाभाविक विकास है।"[38] यह आन्दोलन सिर्फ राष्ट्रीय नहीं, विश्वव्यापी भी रहा है। निस्सन्देह इस आन्दोलन को मार्क्सवादी विचारधारा का सहयोग मिला, जिसके अन्तर्गत साहित्य के रूप और वस्तु के सम्बन्धों पर पुनर्विचार किया गया।

जहाँ तक मार्क्सवाद और प्रगतिशील साहित्य के सम्बन्धों की बात है : नामवर सिंह कहते हैं : "प्रगतिवाद की माँ मार्क्सवाद ही है, तो हिन्दी में प्रगतिवाद का जन्म उन्नीसवीं सदी में ही हो जाना चाहिए था क्योंकि उस समय यूरोप में मार्क्सवाद की धूम मची हुई थी और हिन्दुस्तानी लोग यूरोप के सम्पर्क में अच्छी तरह आ गए थे।"[39] रामविलास शर्मा का भी यही कहना है : "प्रगतिशील लेखक संघ की स्थापना कम्युनिस्ट पार्टी की पहल से हुई थी।"[40] इसे स्पष्ट करने के लिए डॉ. शर्मा ने केन्द्रीय सरकार के गृह सचिव एम.जी. हैलेट द्वारा प्रान्तीय सरकारों के गृह विभाग को लिखे पत्र का हवाला दिया है, जिसमें यह साफ कहा गया था कि कई लोग सक्रिय कम्युनिस्ट हैं और यदि नहीं हैं तो कम्युनिस्टों की तरह वकालत कर रहे हैं और उनका प्रभाव बुद्धिजीवियों पर बढ़ रहा है; दूसरी ओर यह संघ कम्युनिस्ट इंटरनेशनल की नीतियों को अपना रहा है। अत: सचाई चाहे जो भी रही हो, पर प्रगतिशील लेखकों को विचारधारात्मक प्रेरणा मार्क्सवाद से प्राप्त हुई। अत: प्रगतिवादियों ने भी मार्क्सवादियों की तरह दुनिया को औपनिवेशिक दासता एवं

फासीवाद के संकट के प्रति सचेत किया। प्रगतिवाद ने भी मजदूरों और किसानों की पक्षधरता की और उन्हें संगठित करनेवाले साहित्य की ओर अपना रुख किया। अत: लेखकों ने प्रगतिवाद शब्द को ही चुना, जिसका मतलब है कि सभी लेखकों को—चाहे वे वामपंथी हों या न हों, जोड़ना चाहते थे। 'प्रगतिशील लेखक संघ' के सम्मेलनों के घोषणापत्र में बार-बार वामपंथी विचारधारा के दबाव का खंडन किया गया। अत: इस आधार पर प्रगतिवाद मार्क्सवाद का पर्याय नहीं है। प्रगतिशील साहित्य शोषण और उत्पीड़न के विरुद्ध लिखा गया साहित्य है, जिसका ध्येय समतावादी समाज की स्थापना करना है। लगभग यही उद्देश्य मार्क्सवादी साहित्य का भी है। इस प्रकार प्रगतिवादी साहित्य और मार्क्सवादी साहित्य में एक बुनियादी एकता है। यदि ध्यान दें तो मार्क्सवाद सिर्फ सामाजिक रूपान्तरण का ही दर्शन नहीं है, बल्कि उसने साहित्य और कला के चिन्तन को भी गहरे रूप में प्रभावित किया है। बावजूद इसके कि मार्क्स और एंगेल्स ने कला और साहित्य पर स्वतंत्र तथा विस्तृत रूप से कुछ नहीं कहा, पर उनकी टिप्पणियाँ और पत्र मार्क्सवादी साहित्य को रेखांकित करने में मददगार साबित हुए। साथ ही लुकाच, प्लेखानोव, ग्राम्शी, ब्रेख्त, गोर्की, लेनिन और माओ ने भी साहित्य और कला-सम्बन्धी चिन्तन पर विचार किया। निष्कर्ष यही है कि मार्क्सवाद ने प्रगतिशील साहित्य को गहरे स्तर पर प्रभावित किया।

मूल बात यह है कि प्रगतिशील साहित्य नारेबाजी का साहित्य नहीं बल्कि जनता का साहित्य होता है, जिसमें जन आकांक्षाएँ ही मुख्य लक्ष्य होती हैं। वह सिर्फ यथार्थ को अभिव्यक्त करके ही सन्तुष्ट नहीं होता, बल्कि उसके रूपान्तरण की भी चिन्ता करता है। शोषण और उत्पीड़न के विरुद्ध स्वर बुलन्द करता है, जनता के सौन्दर्य-बोध का विस्तार कर उन्हें मानवीय दृष्टि प्रदान करता है एवं साहित्यिक और कलात्मक अभिरुचियों को स्वस्थ रूप प्रदान करता है।

प्रगतिशील साहित्य से जुड़े साहित्यकारों में प्रेमचन्द के साथ-साथ प्रसाद, सुदर्शन, विश्वम्भरनाथ शर्मा 'कौशिक', यशपाल, उपेन्द्रनाथ अश्क, अमृतलाल नागर, विष्णु प्रभाकर, अमृतराय, रांगेय राघव, वृंदावनलाल वर्मा, हजारीप्रसाद द्विवेदी तथा राहुल सांकृत्यायन आदि विशेष रूप से उल्लेखनीय हैं।

प्रगतिशील साहित्य के विकास से ही प्रगतिशील आलोचना का उद्भव हुआ, जो हिन्दी आलोचना के विकास में मील का पत्थर साबित हुआ।

प्रगतिशील आलोचना और नामवर सिंह

प्रगतिशील आलोचना के पूर्व हिन्दी आलोचना शास्त्रीय, तुलनात्मक, अनुसन्धानपरक, परिचयात्मक, व्याख्यात्मक, स्वच्छन्दतावादी, प्रभाववादी, मनोवैज्ञानिक तथा ऐतिहासिक आलोचना के रूप में विद्यमान थी। अत: छायावादी काल से प्रगतिशील

आलोचना का उद्‌भव हुआ। स्पष्ट है कि 1936 में 'प्रगतिशील लेखक संघ' की स्थापना और प्रेमचन्द के अध्यक्षीय भाषण ने हिन्दी साहित्य जगत को गहरे स्तर पर प्रभावित किया। परिणामस्वरूप साहित्य के नये सौन्दर्यशास्त्र और प्रतिमान की माँग होने लगी। अत: मार्क्सवादी या प्रगतिशील आलोचना का आरम्भ हुआ। प्रगतिशील आलोचना का बुनियादी आधार मार्क्सवादी जीवन-दृष्टि है। मार्क्सवाद एक ऐसी वैज्ञानिक व्यवस्था है जो आर्थिक, सामाजिक एवं दार्शनिक दृष्टिकोण पर आधारित है। इसका प्रवर्तन कार्ल मार्क्स और एंगेल्स ने किया तथा लेनिन ने इसे विकासात्मक स्वरूप प्रदान किया। इसके अतिरिक्त हीगेल, फायरबाख, ए. स्मिथ, डी. रिकार्डो, सेंट साइमेन फूरियर और आवेन भी स्मरणीय हैं। मार्क्स तथा एंगेल्स ने यह कहा कि राजनीति, दर्शन, कला आदि में रुचि लेने से पहले उनकी बुनियादी जरूरतें रोटी, कपड़ा, मकान आदि पूरी होनी चाहिए। अत: भौतिक सम्पदा का उत्पादन और पुनरुत्पादन ही मानव समाज के विकास और अस्तित्व की नींव है।

मार्क्सवादी चिन्तन प्रणाली का, आधार और अधिरचना (बेस और सुपर स्ट्रक्चर) से भी गहरा सम्बन्ध रहा है। अत: मार्क्स और एंगेल्स ने क्रियाशील उत्पादन सम्बन्धों की समग्रता को आधार अर्थात् बेस माना और इस पर आधारित राजनीति, दर्शन, कानून, कला, साहित्य आदि को अधिरचना माना। हालाँकि इसको लेकर काफी विवाद भी रहे हैं। रेमंड विलियम्स ने भी इसकी अपने ढंग से व्याख्या की है।

मार्क्सवादी चिन्तन-प्रणाली के अन्तर्गत पूँजीपति वर्ग और वैश्वीकरण की बात भी की गई है। विशेषत: मार्क्स और एंगेल्स द्वारा कम्युनिस्ट घोषणापत्र में चिन्ता व्यक्त की गई है कि सांस्कृतिक उपभोक्ता मालों के बाजार पर यह इजारेदारी एक ओर स्वदेशी नैसर्गिक प्रतिमा और स्थानीय सृजनशीलता को कुंठित करती है, दूसरी ओर संस्कृति उत्पादों के मानकीकरण की आड़ में संस्कृति की समरूपता थोपती है और अंग्रेजी पर निर्भरता को बढ़ाती जाती है। मार्क्सवाद के अन्तर्गत द्वंद्वात्मक और ऐतिहासिक भौतिकवाद, वैज्ञानिक साम्यवाद और अर्थ-व्यवस्था तथा राज्य की व्याख्या मौजूद है।

जहाँ तक मार्क्सवादी आलोचना का प्रश्न है, जर्मनी के फ्रांज मेहरिंग (1846-1916) को पहला मार्क्सवादी आलोचक माना जाता है। इसी क्रम में रूसी आलोचक प्लेखानोव का भी नाम लिया जाता है।

मार्क्सवादी आलोचना का व्यवस्थित सिद्धान्त 1932 में प्रस्तुत किया गया, जिसे 'समाजवादी वास्तववाद' से भी अभिहित किया गया।

मार्क्सवादी चिन्तन-प्रणाली का मूलाधार है द्वंद्वात्मक भौतिकवाद, जो प्राकृतिक घटनाओं की विवेचना भौतिकवादी ढंग से अर्थात् सामाजिक ऐतिहासिक आधार पर करता है।

मार्क्सवादी चिन्तन-प्रणाली से ही मार्क्सवादी सौन्दर्यशास्त्र का विकास हुआ है। मार्क्स और एंगेल्स के अनुसार साहित्य अथवा कला सामाजिक चेतना का रूप है। अत: उसकी सौन्दर्य-बोधी चेतना को कालानुसार हो रहे परिवर्तनों के माध्यम से मनुष्य के सामाजिक अस्तित्व में ढूँढ़ा जाए।

मार्क्सवादी आलोचना के अन्तर्गत इतिहास की भौतिकवादी व्याख्या की गई। अत: मार्क्सवादी आलोचना का विकास लगभग 150 वर्षों से जारी है। मार्क्सवादी आलोचना की विशिष्टता यह है : "मार्क्सवादी आलोचना साहित्य के आलोचक और साहित्यिक इतिहासकार के बीच पार्थक्य-रेखा को मिटा देती है।...मार्क्सवादी आलोचना अपने युग के समग्र सामाजिक विकास की सम्पूर्ण चित्रवत्ता को निरूपित करनेवाली आलोचना-प्रणाली है।...मार्क्सवादी आलोचना 'वस्तु' आधारित आलोचना है। यह आलोचना-प्रणाली 'वस्तु' और 'रूप' के द्विविभाजन को स्वीकार करती है तथा वस्तु को मूल सामाजिक तत्त्व मानती है, उसे मूल सामाजिक तत्त्व के रूप में ग्रहण करती है तथा मूर्त रूप देती है।... मार्क्सवादी आलोचना के अन्तर्गत प्लेखानोव के अनुसार—साहित्यिक वैदुष्य को मार्क्सवादी आलोचना के दायित्व के रूप में स्वीकार करता है। पाठकों को अपने वैदुष्य से जगाना और प्रभावित करना मार्क्सवादी आलोचना का मूल तत्त्व माना जाता है। जहाँ तक मूल्यांकन का प्रश्न है : "मार्क्सवादी आलोचना-प्रणाली का सर्वाधिक बल मूल्यांकन के पक्ष पर है।...यह मूल्यांकन किसी भी प्रदत्त कृति में मूलभूत सामाजिक प्रवृत्ति को वस्तु के दृष्टिकोण से उजागर करने की प्रक्रिया में साकार होता है।"[41]

जहाँ तक रूप और वस्तु का सम्बन्ध है : "वस्तु के साथ रूप पर भी विचार करना मार्क्सवादी आलोचना का क्षेत्र है।"[42]

मार्क्सवादी आलोचना की विशिष्ट भूमिका यह भी है कि "मार्क्सवादी आलोचना आलोचक को एक साभिप्राय और सार्थक अनुपात तक 'लेखकों का शिक्षक' मानती है, जहाँ आलोचना केवल लेखकीय मंतव्य या वस्तु का आग्रहण ही नहीं करती, बल्कि वह लेखक के द्वारा निरूपित विधेयात्मक सामाजिक भाव को समर्थन देती है और निषेधात्मक पक्ष का वर्जन करती है। मार्क्सवादी आलोचना 'लेखकीय-शिक्षक' के दायित्व के साथ 'पाठकीय शिक्षक' की भी भूमिका अदा करती है। यह पाठकों का प्रबुद्ध करनेवाली आलोचना-प्रणाली के रूप में उपस्थित होती है।"[43]

हिन्दी की प्रगतिशील आलोचना के अन्तर्गत मार्क्सवादी आलोचना ठोस ऐतिहासिक परिप्रेक्ष्य में समाहित है, जिसे कुछ लोग प्रगतिवादी आलोचना तथा कुछ प्रगतिशील जनवादी समालोचना भी कहते हैं। फिर यह समीक्षा-प्रणाली पूरी तरह मार्क्सवादी आलोचना पर आधारित नहीं है।

हिन्दी की प्रगतिशील आलोचना 1930 के आसपास के राष्ट्रीय आन्दोलन तथा राष्ट्रीय परिप्रेक्ष्य से जुड़े किसान आन्दोलन, मजदूर आन्दोलन, छात्र आन्दोलन, युवा आन्दोलन, सशस्त्र क्रान्तिकारी आन्दोलन के दौर में जन्मी, जिससे यथार्थवादी अभिव्यक्ति को बल मिला। इस समय मार्क्स, एंगेल्स, गोर्की, ट्राटस्की, कॉडवेल, राल्फ फॉक्स आदि का साहित्य खुफिया ढंग से पढ़ा जाता था। क्रान्तिकारी भगत सिंह भी साम्यवादी तथा मार्क्सवादी विचारों से प्रभावित थे, जैसाकि उनके लेखों में मौजूद है। अत: 1930 के आसपास जो वैचारिक लहर उत्पन्न हुई, उसे विस्तार देने में राधामोहन गोकुल, राहुल सांकृत्यायन, गणेश शंकर विद्यार्थी, रामवृक्ष शर्मा बेनीपुरी, अख्तर हुसैन रायपुरी, शिवदान सिंह चौहान, प्रकाशचन्द्र गुप्त आदि उल्लेखनीय हैं। प्रगतिशील आलोचना के विकास में दो तरह की धाराएँ रही हैं। इन धाराओं के आपसी संघर्ष और एकता से प्रगतिशील आलोचना निर्मित हुई है। प्रगतिशील आलोचना की एक धारा अपने इतिहास के प्रति दृष्टिकोण से जुड़ी थी, जिसके अन्तर्गत काफी मतभेद थे। मध्यवर्ग के ये नौजवान परम्पराभंजन और अस्वीकार की भूमिका में थे। साम्प्रदायिकता, सामन्ती संस्कार, रूढ़िवाद का विरोध तो वे कर रहे थे परन्तु कमी यह थी कि "मध्यवर्ग के नौजवान उत्पीड़ित जनगण की मुक्ति को अपने से नहीं जोड़ते थे। अत: निम्न पूँजीवादी भटकाव के आवेश में वे इतिहास और परम्परा, समाज और यौन नैतिकता के खिलाफ जेहाद बोल रहे थे।...ऐसे लोग मोटे तौर पर पुराने का विरोध और नये का समर्थन करना ही मार्क्सवादी विचारधारा मानते थे।"[44] अत: ये नये समीक्षक मार्क्सवाद से प्रभावित तो थे ही, पर दादावाद, अतियथार्थवाद, फ्रायडवाद और प्रकृतिवाद से भी कम प्रभावित नहीं थे। 1934 में कलकत्ते से प्रकाशित होनेवाली 'विशाल भारत' नामक पत्रिका ने, जिसके सम्पादक बनारसीदास चतुर्वेदी थे, 'कस्मै देवा' शीर्षक परिसंवाद आयोजित किया। 1936 में प्रेमचन्द के 'प्रगतिशील लेखक संघ' के अध्यक्षीय वक्तव्य ने भी प्रगतिशील सोच के निर्माण में सक्रिय भूमिका अदा की। वैसे : "हर साहित्यिक आन्दोलन अपने साथ एक विशिष्ट प्रकार की समीक्षा-प्रणाली भी कालक्रम से विकसित करता है।"[45] परन्तु समीक्षा-प्रणाली के विकास में जितनी भूमिका आलोचक की होती है, उतनी ही रचनाकार की भी। इस दृष्टि से हुसैन रायपुरी का लेख 'साहित्य और क्रान्ति', विश्वमित्र, कलकत्ता, 1933 और इलाचन्द्र जोशी का निबन्ध 'जनसाधारण के साहित्य का आदर्श', 1933—प्रगतिशील आलोचना में विशिष्ट स्थान रखता है।

प्रगतिशील आलोचना और विशेषत: यदि 1940 के आसपास दृष्टि डालें तो शुक्ल जी के विचारों में यह संकेत मिलने लगता है, जब वे व्यक्तिवाद, कलावाद, रहस्यवाद आदि का विरोध करते हुए दिखाई देते हैं। इस सम्बन्ध में रेखा अवस्थी का यह मंतव्य महत्त्वपूर्ण है : "प्रगतिशील आलोचना को आचार्य रामचन्द्र शुक्ल

के लोकमंगलवाद एवं जातीय स्वत्व के सिद्धान्तों से बल मिला, जिससे वह समाजवादी यथार्थवाद की मार्क्सवादी सौन्दर्य-दृष्टि का विकास कर सके।"[46] इस पहली नकारवादी परम्पराभंजक धारा की ओर संकेत करते हुए विश्वनाथ त्रिपाठी ने कहा है : "किन्तु हिन्दी के प्रारम्भिक प्रगतिशील आलोचकों ने प्राचीन साहित्य कौन कहे, समसामयिक साहित्य को भी परखने में विवेक से काम नहीं लिया। घोषणापत्र का सूत्र पकड़कर अपने साहित्य को आँखें मूँदकर कोसना शुरू किया।"[47] यह टिप्पणी शिवदान सिंह चौहान के बारे में है, जिन्होंने मार्च, 1937 के 'विशाल भारत' में 'भारत में प्रगतिशील साहित्य की आवश्यकता' नामक निबन्ध लिखा था, जिसके अन्तर्गत उन्होंने भक्तिकाल, रीतिकाल की भर्त्सना तो की ही, आधुनिक काल के बारे में यह निर्णय ही ले लिया कि इस काल में कहीं भी स्वस्थ विचारधारा नहीं है। अत: कहीं-कहीं साहित्य की प्रगतिशील परम्परा सर्वनिषेध और उपदेश का शिकार हुई। विश्वनाथ त्रिपाठी के अनुसार, इस धारा के शिकार राहुल सांकृत्यायन, यशपाल और रांगेय राघव भी हुए। उन्होंने यह भी मंतव्य किया है कि "प्रगतिवादी आलोचना का एक बहुत बड़ा हिस्सा ऐसा है जो इस बात का उदाहरण है कि अच्छे से अच्छा सिद्धान्त भी विवेकहीनता के कारण भ्रष्ट हो सकता है। केवल सिद्धान्त को ध्यान में रखकर न तो साहित्य रचा जाता है, न आलोचना की जा सकती है। रचना और आलोचना की प्रक्रिया में सिद्धान्तों का भी परिष्कार होता है। केवल सिद्धान्त ही रचना और आलोचना को प्रभावित नहीं करते, आलोचना और रचना भी सिद्धान्तों को प्रभावित करती है।"[48]

विश्वनाथ त्रिपाठी ने यह मंतव्य राहुल सांकृत्यायन, रांगेय राघव तथा यशपाल के बारे में किया है, जिन्होंने तुलसीदास की बड़ी निर्ममता से आलोचना की है।

प्रगतिशील आलोचना की दूसरी धारा के आलोचकों का रुझान यह था कि "अपनी जातीय परम्परा, विरासत और संस्कृति का द्वंद्वात्मक ढंग से मूल्यांकन किया जाए और मृत तथा जीवन्त तत्त्वों में फर्क कर अपनी जनसंस्कृति के निर्माण के लिए जीवन्त उपादानों को स्वीकार किया जाए।"[49] इन दो धाराओं में पहली धारा का प्रतिनिधित्व शिवदान सिंह चौहान करते थे तथा दूसरी धारा का प्रतिनिधित्व रामविलास शर्मा, केदारनाथ अग्रवाल, चन्दबली सिंह, हंसराज रहबर आदि करते थे।"[50] अत: यह स्पष्ट है कि प्रगतिशील आलोचना इन दो धाराओं के आपसी संघर्ष से भी विकसित हुई है।

जहाँ तक प्रगतिशील आलोचकों का प्रश्न है, इसमें दोनों ही धाराओं के आलोचक शामिल हैं। फिर भी मुख्य तौर पर रामविलास शर्मा, शिवदान सिंह चौहान, प्रकाश चन्द्र गुप्त, भगवत शरण उपाध्याय, रांगेय राघव, मुक्तिबोध, नामवर सिंह, मैनेजर पांडेय, विश्वम्भरनाथ उपाध्याय, शिवकुमार मिश्र, रमेश कुन्तल मेघ, सुरेन्द्र चौधरी, चन्द्रभूषण तिवारी, हृषिकेश आदि जाने जाते हैं।

रामविलास शर्मा : रामविलास शर्मा ने प्रगतिशील एवं प्रतिक्रियावादी तत्त्वों की पहचान करते हुए प्रगतिशील आलोचना को समृद्ध किया। 'प्रगतिशील लेखक संघ' से जुड़कर एक संगठनकर्ता के रूप में भी उन्होंने वैचारिक संघर्ष किया। उनकी आलोचना का आरम्भ 1934 में निराला पर प्रकाशित निबन्ध और 'प्रेमचन्द' (1941) नामक पहली आलोचनात्मक पुस्तक से हुआ। उन्होंने 50 से भी अधिक पुस्तकें लिखी हैं। नन्दकिशोर नवल के शब्दों में : "वे हिन्दी के पहले आलोचक हैं जिसने मार्क्सवादी सौन्दर्यशास्त्र को ठीक समझकर उसे साहित्य के क्षेत्र में लागू किया है और उसके आधार पर आलोचना लिखी है।"[51] डॉ. शर्मा सम्प्रदायवादी मार्क्सवादी आलोचक नहीं बल्कि उदारवादी मार्क्सवादी आलोचक हैं। उनकी प्रगतिशील दृष्टि इस उद्धरण में द्रष्टव्य है : "प्रगतिशील आलोचना के ज्ञान से साहित्य की धारा मोड़ी जा सकती है और नये प्रगतिशील साहित्य का निर्माण किया जा सकता है...प्रगतिशील आलोचना किन्हीं अमूर्त सिद्धान्तों का संकलन नहीं है, वह साहित्य की परम्परा का मूर्त ज्ञान है। और यह ज्ञान उतना ही विकासमान है, जितना साहित्य की परम्परा।"[52] अत: रामविलास शर्मा की आलोचना में परम्परा-बोध का काफी विस्तार है, परम्परा की आधुनिक और सचेत व्याख्या के साथ वे आलोचना-कर्म में प्रवृत्त होते हैं। पर किसी भी स्तर पर वे प्रगति-विरोधी मूल्यों से समझौता करते। वे महान क्लासिक लेखकों को ही अपनी आलोचना का हिस्सा बनाते हैं। प्रगतिशील आलोचना की क्षमता से वे औपनिवेशिक सामन्तवादी, दरबारी, पूँजीवादी मूल्यों को समझने में वे सफल होते हैं।

शिवदान सिंह चौहान : शिवदान सिंह चौहान के आलोचना-कर्म का आरम्भ 1937 के 'विशाल भारत' में प्रकाशित निबन्ध 'भारत में प्रगतिशील साहित्य की आवश्यकता' से हुआ। उनकी उल्लेखनीय पुस्तकों में 'हिन्दी गद्य साहित्य' (1952), 'हिन्दी साहित्य के अस्सी वर्ष' (1954), 'साहित्यानुशीलन' (1955), 'आलोचना के मान' (1958), 'साहित्य की समस्याएँ' (1959) और 'आलोचना के सिद्धान्त' (1960) आदि हैं। मधुरेश के शब्दों में शिवदान सिंह चौहान का महत्त्व इस बात में है कि "उनका वैचारिक संघर्ष एक ओर यदि प्रयोगवादियों की कुंठाग्रस्त, धुरीहीन और मानव-विरोधी प्रवृत्तियों से रहा है, वहीं उन्होंने प्रगतिवादी आलोचकों की उग्र अतिवादिता और कुत्सित समाजशास्त्रीयता का भी विरोध किया है।"[53]

प्रकाशचन्द्र गुप्त : प्रगतिशील आलोचना के अन्तर्गत प्रकाशचन्द्र गुप्त की भी सक्रिय भूमिका थी, जिसकी जानकारी हमें 'आधुनिक हिन्दी साहित्य' (1952), 'साहित्य धारा' (1956), 'आज का हिन्दी साहित्य' (1966) तथा 'प्रेमचन्द' (1969) आदि आलोचनात्मक पुस्तकों से मिलती है। उनकी आलोचना में अस्वीकृति और नकार की बजाय स्वीकृति और सहमति का स्वर अधिक है। मधुरेश के शब्दों में : "प्रकाशचन्द्र गुप्त मार्क्सवादी आलोचना के चयनवादी सिद्धान्त और संकीर्णता के विरुद्ध थे, क्योंकि कुल मिलाकर वह रचना के विरोध में जानेवाली दृष्टि थी।"[54]

भगवतशरण उपाध्याय : भगवतशरण उपाध्याय ने ज्यादा पुस्तकें नहीं लिखी हैं, पर उनकी समीक्षाओं का संग्रह 'समीक्षा के सन्दर्भ' (1969) नामक पुस्तक काफी चर्चित रही है। उनकी आलोचना-दृष्टि इतिहास और संस्कृति से प्रभावित रही है, पर मूलत: वह प्रोत्साहनमूलक ही रही है। वे रचना को सिर्फ रचना के आधार पर मूल्यांकन नहीं करते, बल्कि इतिहास-दृष्टि को आधार बनाकर करते हैं।

अमृतराय : अमृतराय की प्रमुख आलोचनात्मक पुस्तकों में—'साहित्य में संयुक्त मोर्चा', 'नई समीक्षा', 'आधुनिक भावबोध की संज्ञा', 'सहचिन्तन', 'प्रेमचन्द की प्रासंगिकता' आदि हैं। एक सम्पादक के रूप में भी 'हंस' और 'नई कहानियाँ' से वे जुड़े रहे। वे प्रगतिशीलता को आधुनिक रूप में स्वीकार करते हैं। वे संकीर्ण और चयनवादी दृष्टि के विरोध में मुखर हस्तक्षेप के उदाहरण हैं।"[55]

रांगेय राघव : रांगेय राघव की महत्त्वपूर्ण पुस्तकों में—'भारतीय पुनर्जागरण की भूमिका', 'भारतीय संत परम्परा और समाज', 'संगम और संघर्ष', 'काव्य यथार्थ और प्रगति', 'महाकाव्य विवेचन', 'प्रगतिशील साहित्य के मानदंड' तथा 'गोरखनाथ और उनका युग' हैं। उनकी मार्क्सवादी दृष्टि की प्रासंगिकता साहित्य और संस्कृति के प्रश्नों से जुड़ती है। रामविलास शर्मा से असहमति व्यक्त करते हुए वे प्रगतिशील चिन्तन की व्यापकता को महत्त्व देते हैं।

गजानन माधव मुक्तिबोध : मुक्तिबोध की महत्त्वपूर्ण आलोचनात्मक पुस्तकों में 'नई कविता का आत्मसंघर्ष तथा अन्य निबन्ध', 'एक साहित्यिक की डायरी', 'नये साहित्य का सौन्दर्यशास्त्र' तथा 'कामायनी : एक पुनर्विचार' है। मुक्तिबोध ने प्रगतिशील आलोचना के माध्यम से व्यक्तिवाद, कलावाद और पूँजीवादी पतनशील वृत्तियों का विरोध किया है। कृष्णदत्त पालीवाल के शब्दों में : "शीतयुद्ध से प्रभावित उच्च-मध्यवर्ग के सिद्धान्तों का क्षणवाद, धनवाद, अस्तित्ववाद, हीगलीय सौन्दर्यवाद, अमरीकी आधुनिकतावाद, स्वच्छन्दतावाद आदि का खंडन किया तथा अनास्था के स्थान पर आस्थावादी जीवन-मूल्यों को प्रश्रय दिया। व्यक्तिवाद-पूँजीवाद पर टिका 'लघुमानव का सिद्धान्त' भी उन्होंने बार-बार खंडित किया है।"[56]

प्रगतिशील आलोचक नामवर सिंह : नामवर सिंह के आलोचना-कर्म में प्रगतिशील लेखक संघ बतौर पृष्ठभूमि के रूप में उपस्थित रही है। नामवर सिंह 'प्रगतिशील लेखक संघ' से अभिन्न रूप में जुड़े रहे हैं। 1957 के प्रगतिशील लेखक संघ के सम्मेलन में नामवर सिंह संयुक्त सचिव बने। 1967 में जब सज्जाद जहीर के नेतृत्व में प्रगतिशील लेखक संघ का गठन हुआ तो नामवर सिंह पुन: संयुक्त सचिव बने। अत: प्रगतिशील लेखक संघ से उनका सम्बन्ध बराबर बना रहा।

यदि प्रगतिशील आलोचना के सन्दर्भ में नामवर सिंह का मूल्यांकन किया जाए तो नामवर सिंह ने प्रगतिशील आलोचना को और विस्तार दिया, रामविलास शर्मा की परम्परा से आगे बढ़ाते हुए उसे और जीवन्तता प्रदान की। नये विचारों,

सिद्धान्तों और मूल्यों को आत्मसात् करते हुए उन्होंने प्रगतिशीलता की रक्षा की है तथा समय-समय पर प्रगतिशीलता के बाधक तत्त्वों से हिन्दी पाठकों को सावधान किया है।

नामवर 'इतिहास और आलोचना' के अन्तर्गत प्रयोगवादी शिल्प के खतरे से प्रगतिवादी कवियों को सचेत करते हैं और इस दुर्बलता से सावधान करने के लिए शमशेर जैसे कवि की 'वर्ली के किसानों' और 'ग्वालियर के गोली-कांड' शीर्षक कविताओं को आधार बनाते हैं। शमशेर की इन कविताओं को लक्षित करते हुए वे कहते हैं कि "कैसे जनवादी भावनाएँ प्रयोगवादी शिल्प में जाते ही अपनी शक्ति खोकर एकदम प्रयोगवादी हो जाती हैं।"[57] यानी प्रयोग के प्रति अर्थात् रूप के प्रति सचेतनता यदि न हो तो प्रगतिशीलता का निर्वाह नहीं हो सकता। प्रयोगवादी शिल्प की दुर्बलता यह थी कि उसमें सौन्दर्य-बोध की वस्तुपरकता विद्यमान थी। मार्क्स के अनुसार : "सौन्दर्य की वस्तुपरकता का निषेध किया जाता है क्योंकि भाववादी अर्थ में सौन्दर्य को आत्मगत क्रिया का उत्पाद माना जाता है।"[58] ये आत्मगत स्थितियाँ प्रयोगवादी कवियों में मौजूद थीं। यही नहीं, वे विदेशी ह्रासोन्मुख भावनाओं, युद्धपीड़ित अनास्था, विद्रोह और वैयक्तिक असन्तोष तथा कुंठा के शिकार हो गए थे। अत: नामवर सिंह ने इन कवियों को इस खतरे से आगाह करते हुए कहा : "ऐसी स्थिति में जब भी कोई कवि प्रयोगवादी रूप को लेकर प्रगतिशील कविता लिखने का साहस करता है तो उसके लिए बराबर यह खतरा है कि वह ह्रास की उन भावनाओं में भी गिरफ्तार हो जाए।"[59] अत: उन्होंने यहाँ तक कहा कि "प्रयोगवादी शब्दों को पचाने की शक्ति जिन नये प्रगतिशील कवियों में नहीं है, उनके लिए यही अच्छा है कि वे अपनी ही पूँजी सँभालें।"[60] इस चेतावनी के बावजूद वे नये रूप-विधान के पुरस्कर्ता प्रगतिशील कवियों को मानते हैं, प्रयोगवादी कवियों को नहीं। यदि ध्यान दें तो 'इतिहास और आलोचना' के कई निबन्ध उनकी प्रगतिशील दृष्टि के परिचायक हैं। 'भ्रम और वास्तविकता' शीर्षक निबन्ध में भी उनकी प्रगतिशील दृष्टि मौजूद है। भक्तिकालीन तुलसी की रचनाओं को सिर्फ आध्यात्मिक मानकर छोड़ देना भ्रम का शिकार होना है। प्रगतिशील दृष्टि इसकी इजाजत नहीं देती। नामवर सिंह भक्त-कवियों के मूल्यांकन के सन्दर्भ में उनकी ऐतिहासिक सीमा की भी पहचान करते हैं, साथ ही वे आलोचकों की दृष्टि की सीमा भी पहचानते हैं : "दृष्टिकोण की सीमा के कारण सामाजिक वास्तविकता का भ्रमपूर्ण चित्रण तो अब तक के प्राय: सभी साहित्यकारों ने किया है। लेकिन उनमें से कुछ का भ्रम इतिहास-समर्थित हैं और कुछ इतिहास-विरोधी हैं।...मनुष्य का इतिहास भ्रमों का इतिहास नहीं बल्कि भ्रमों के विरुद्ध वास्तविकता की विजय का इतिहास है।"[61] नामवर सिंह की यह सोच मार्क्सवादी विचारधारा के कितनी करीब है, जो क्रिस्टोफर कॉडवेल की इस मान्यता में दृष्टिगत होती है : "...सत्य और भ्रान्ति, दोनों का अस्तित्व है और यह

कि मनुष्य गलतियाँ भी करता है। यह अनुचालन को ही खारिज नहीं कर देता, विज्ञान झूठा हो सकता है, कला निष्प्राण हो सकती है, अनुचालन पाखंडपूर्ण और भ्रामक हो सकता है। ज्यों-ज्यों समाज का ऐतिहासिक विकास होता है, त्यों-त्यों गलत अनुचालन सही अनुचालन से उत्पन्न होते हैं।"[62] 'छायावाद' नामक पुस्तक नामवर सिंह की एक चर्चित पुस्तक है। इस पुस्तक ने उन्हें आलोचक के रूप में प्रतिष्ठित करने में अहम् भूमिका निभाई।

नामवर सिंह ने अपनी प्रगतिशील दृष्टि से यह प्रमाणित किया कि छायावाद विदेशी अनुकरण नहीं, देशी (द्विवेदी युग) इतिवृत्तात्मकता की प्रतिक्रिया है। अत: छायावाद साहित्य की परम्परा का स्वाभाविक विकास नहीं, द्वंद्वात्मक विकास है। इसके साथ-साथ : "विरोध और प्रतिक्रिया परम्परा के स्वाभाविक विकास के ही सूचक हैं, क्योंकि विकास का अर्थ सदैव परिपाटी पालन ही नहीं होता। कोई भी विकास विरोध के बिना घटित नहीं होता।"[63] नामवर सिंह की यह सोच हमें मार्क्सवादी आलोचक अंर्स्ट फिशर के कथन में भी मिलती है : "समाजवादी कलाकार या लेखक मजदूर वर्ग का ऐतिहासिक दृष्टिकोण अपनाता है, लेकिन इसका मतलब यह नहीं होता कि वह अपनी रचना में मजदूर वर्ग का प्रतिनिधित्व करनेवाले किसी दल या चरित्र के प्रत्येक निर्णय अथवा कार्य को उचित सिद्ध करने के लिए बाध्य है।"[64] अर्थात् मार्क्सवादी सोच परिपाटी-पालन या अनुकरणमूलक सोच के अन्धत्व की विरोधी होती है। अत: "निहायत जरूरी है कि अन्तर्विरोध और द्वंद्व के जरिये यह मैं और समुदाय का सन्तुलन बार-बार स्थापित किया जाए।"[65] 'छायावाद' का महत्त्व नामवर सिंह की दृष्टि में इसलिए है कि उसने उस युग की प्रगतिशील शक्तियों की पहचान की। छायावादी कवियों में नामवर सिंह निराला को अधिक प्रगतिशील मानते हैं, इसलिए कि निराला में "वास्तविकता का बोध सबसे अधिक था और वह बोध इसलिए अधिक था कि जीवन्त वास्तविकता के साथ उनका सम्बन्ध सबसे अधिक रहा। निराला के काव्य में यह शक्ति और सौन्दर्य इसलिए सबसे अधिक आ सका कि वे सामाजिक जीवन में सबसे अधिक जागरूक और सक्रिय रहे।"[66] नामवर जी ने निराला के वास्तविकता बोध को उनके सौन्दर्य-बोध से संलग्न माना है। सौन्दर्य-बोध और सामाजिकता के सम्बन्धों पर जॉर्ज लुकाच की टिप्पणी है : "अगर मार्क्सवादी सौन्दर्यशास्त्र रचनाकर्म की सबसे बड़ी उपलब्धि इस बात में मानता है कि रचनाकार (कलाकार) हमें सामाजिक प्रक्रिया के बारे में सजग और सतर्क करता है, उसे अर्थ प्रदान करता है और अनुभवग्राह्य और जागरूकता को सामाजिक विकास से जोड़ देता है तो निश्चित रूप से इसका परिणाम रचनाकर्म का अवमूल्यन नहीं है, बल्कि एक ऐसा न्यायोचित और गौरवपूर्ण मूल्यांकन है, जैसाकि इससे पहले कभी नहीं किया गया है।"[67] निराला के रचनाकर्म में यह उपलब्धि स्पष्ट दिखती है। जो प्रगतिशील रचना की आधारभूमि तैयार करती है। नामवर सिंह

की यह प्रगतिशील दृष्टि ही है कि एक तरफ वे रामविलास शर्मा की उपलब्धियों को उद्धृत करते हैं तो दूसरी तरफ उनकी सीमाओं को भी। 'केवल जलती मशाल' (1982) शीर्षक निबन्ध में वे कहते हैं : "डॉ. शर्मा अपने संघर्ष और साधना में अप्रतिम हैं। प्रगतिशील आलोचना के अग्रदूत होने के साथ ही वे हिन्दी जाति के प्रतिनिधि समालोचक हैं और इस हैसियत से समूचे भारतीय साहित्य में उनका योगदान अन्यतम है।"[68] अपनी मार्क्सवादी दृष्टि के कारण ही वे रामविलास शर्मा की तुलना मार्क्स और एंगेल्स से करते हैं : "वे भी मार्क्स और एंगेल्स के समान ही वर्तमान क्रान्ति के विफल होने पर इतिहास से दृष्टि और प्रेरणा पाने के लिए अतीत की वैसी ही विफल क्रान्ति के विश्लेषण की ओर प्रवृत्त होते हैं। मार्क्स और एंगेल्स सोलहवीं सदी के 'महान् किसान युद्ध' की ओर मुड़े तो रामविलास शर्मा 1857 के गौरवशाली गदर की ओर।"

रामविलास शर्मा के मूल्यांकन के बहाने आलोचक नामवर सिंह, मार्क्सवादियों की जड़ता पर प्रहार करते हैं और वामपंथ की दुर्बलता और अप्रासंगिकता के प्रति चिन्ता व्यक्त करते हैं : "आज हिन्दी में क्रान्तिकारी मार्क्सवादियों की कमी नहीं है...और कमी भले न हो, वाणी में न वीरता कम है, न क्रोध, लगता है कि क्रान्ति होने ही वाली है और होगी तो उन्हीं के नेतृत्व में। उधर जनता असंगठित है, वामपंथी दल एक-दूसरे को तोड़ने की कोशिश में स्वयं अप्रासंगिक होने लगे हैं।"[69] कहना न होगा कि "मार्क्स और एंगेल्स भी अपने राजनीतिक, आर्थिक और ऐतिहासिक सार-संकलन को अति उत्साहपूर्वक यांत्रिक तरीके से दूसरे क्षेत्रों में घुसेड़ते नहीं थे।"[70]

परन्तु 'साहित्य में प्रगतिशील आन्दोलन' की ऐतिहासिक भूमिका शीर्षक निबन्ध में वे प्रगतिशील आन्दोलन की उपलब्धियों और सीमाओं पर विचार करते हुए रामविलास शर्मा की सीमाओं पर प्रहार करते हैं। 1986 में लिखे इस निबन्ध में नामवर सिंह ने 'प्रगतिशील लेखक संघ' को ध्यान में रखकर संस्कृति और साहित्य के संकट का जिक्र करते हैं। रामविलास शर्मा जहाँ 'प्रगतिशील लेखक संघ' की संस्था के पतन के लिए कम्युनिस्ट नेताओं को दोषी ठहराते हैं, वहीं नामवर सिंह रामविलास शर्मा को जिम्मेदार ठहराते हैं। आधार है रामविलास शर्मा की पुस्तक 'मार्क्सवाद और प्रगतिशील साहित्य'। नामवर सिंह की शिकायत जितनी रामविलास शर्मा से नहीं है, उतनी एक प्रगतिशील आलोचक से है : "विडम्बना यह है कि जिसे प्रगतिशील धारा से उन्हें परम्परा को देखने की दृष्टि मिली है, उसी का आज वे निषेध कर रहे हैं। आज की प्रगति का तिरस्कार, कल की परम्परा की जय-जयकार। परम्परा प्रेम नहीं, परम्परा पूजा है। परम्परा की रक्षा के नाम पर यह नया परम्परावाद है।"[71] आशय है एक प्रगतिशील या मार्क्सवादी लेखक की प्रतिबद्धता का अर्थात् नामवर सिंह की मार्क्सवादी प्रतिबद्धता लेनिन से काफी प्रभावित है और इसी दृष्टि

से वे रामविलास शर्मा की आलोचना करते हैं। लेनिन के अनुसार, 'मार्क्सवादी' की एक श्रेष्ठता इस बात में है कि वह मार्क्सवादी प्रगतिशील सांस्कृतिक विरासत को आलोचनात्मक ढंग से स्वीकार करने और अतीत में जो कुछ भी महान है, उसे आत्मसात् करने की क्षमता रखता है। मार्क्सवाद अपनी पूर्ववर्ती विचारधारा से सिर्फ (यहाँ सिर्फ पद्धति और अन्तर्वस्तु की दृष्टि से असाधारण महत्त्व का है) इसी मायने में आगे बढ़ जाता है कि यह सब उनके उद्देश्यों को उनके सारे भाववादी और यांत्रिक भटकाव से दूर करके सचेत बनाता है। इन उद्देश्यों को उनके प्रभावी कारणों से जोड़ता है और इन्हें सामाजिक विकास की सचेत ढंग से परिभाषित नियमों की व्यवस्था में शामिल करता है।"[72]

अत: नामवर सिंह की मार्क्सवाद के प्रति जो प्रतिबद्धता है, वह लेनिन के उपरोक्त विचारों के काफी निकट है। उनकी आलोचना मार्क्सवाद को आलोचनात्मक ढंग से आत्मसात् करती है। रेमंड विलियम्स ने प्रतिबद्धता को सामाजिक सन्दर्भ से जोड़ते हुए यह कहा है : "सामाजिकता के प्रति सचेत होने के लिए सामाजिक यथार्थ से गहरे स्तर पर प्रतिबद्ध होना चाहिए। इसका तात्पर्य है—अपनी वास्तविकताओं के प्रति सजग होना।"[73] एक आलोचक के लिए यह सजगता बेहद अनिवार्य है। इस सजगता का कहीं-न-कहीं प्रगतिशील दृष्टि से भी सम्बन्ध है। इसी दृष्टि के आधार पर नामवर सिंह कहते हैं : "परम्परा में नये प्रगतिशील तत्त्व तभी दिखते हैं जब वर्तमान में कोई जीवित प्रगतिशील साहित्य होता है और वे प्रगतिशील तत्त्व प्राय: वही होते हैं जिन्हें वर्तमान रचता है।"[74] अभिप्राय यह है कि सामाजिक यथार्थ से गहरे स्तर पर प्रतिबद्ध हुए बिना न तो परम्परा की प्रगतिशीलता को पहचाना जा सकता है और न ही वर्तमान समय की प्रगतिशीलता को। साथ ही इस प्रक्रिया का सम्बन्ध आलोचक के सामाजिक दायित्व से जुड़ा है क्योंकि "अगर कोई लेखक अपने लेखन की प्रक्रिया पर ध्यान दे तो उसे मालूम होगा कि वह जो कुछ लिख रहा है, वह उसका होते हुए भी पूरी तरह उसी का नहीं है।"[75] ऐसे में उसका दायित्व और भी बढ़ जाता है। इसलिए नामवर सिंह का यह सवाल भी बहुत बुनियादी है : "प्रगतिशील आन्दोलन में अपनी भूमिका को स्पष्ट करने के लिए डॉ. शर्मा ने इतना लिखा, लेकिन क्या कभी उनके मन में यह सवाल भी उठा है कि स्वयं उनके निर्माण में प्रगतिशील आन्दोलन की क्या भूमिका है?"[76] यह सवाल सिर्फ रामविलास शर्मा से जुड़ा हुआ सवाल नहीं है बल्कि प्रत्येक प्रगतिशील लेखक और आलोचक से जुड़ा हुआ सवाल है।

नामवर सिंह ने प्रगतिशील आलोचना के अन्तर्गत रामविलास शर्मा के साथ-साथ शिवदान सिंह चौहान, सुमित्रानन्दन पंत, मुक्तिबोध, सज्जाद जहीर आदि का मूल्यांकन करते हुए यह प्रमाणित किया है कि प्रगतिशील आन्दोलन प्रगतिशील दृष्टि की विजय का परिचायक है और : "विकासवाद के विपरीत प्रगतिवाद का विकास

द्वंद्वात्मक गतिविधि द्वारा आविर्भूत और अधिक स्वतंत्र है।"[77] अत: इसीलिए : "उसमें रोमांस, प्रेम, संघर्ष कल्पना, सभी का महत्त्वपूर्ण स्थान है क्योंकि प्रगतिवादी मानव के यथार्थ पर टिका हुआ है और इसीलिए कला-व्यवस्था में उसका सबसे अधिक महत्त्वपूर्ण स्थान है।"[78]

'कविता के नये प्रतिमान' में जो प्रतिमान नामवर सिंह ने निर्धारित किये हैं, वे प्राय: मार्क्सवादी आलोचना के ही प्रतिमान हैं—चाहे वह विसंगति हो, विडम्बना हो, अनुभूति की जटिलता हो, तनाव हो और ईमानदारी हो।

ईमानदारी के बारे में जॉर्ज लुकाच का कहना है : "ईमानदारी की अपनी ठोस अन्तर्वस्तु होती है।"[79] और साथ ही सच्चे कलाकार में ईमानदारी का रूप समझौताहीन होता है। इसलिए : "महान कलाकार की ईमानदारी इस बात में निहित होती है कि वह अपने चरित्रों को जिनके विकास के दौरान वे धारणाएँ और भ्रम, जिनके आधार पर वह उनका अपनी कल्पना में निर्माण करता है, उद्घाटित होते हैं। उनकी सारी क्षमताओं के प्रकट होने तक स्वतंत्र ढंग से विकसित होने देता है और ऐसा करने में इसकी जरा भी चिन्ता नहीं करता कि उसके सबसे गहरे विश्वास यथार्थ की निर्वैयक्तिक द्वंद्वात्मकता में भाप बनकर उड़ रहे हैं।"[80] निष्कर्ष यही है कि "ईमानदारी कोई स्वत:सिद्ध और प्रदत्त गुण नहीं बल्कि प्रयत्नसाध्य अर्जित क्षमता है, जिसके संवर्धन के लिए अनवरत प्रयत्न की आवश्यकता पड़ती है।"[81]

'कहानी : नई कहानी' में नामवर सिंह ने कहा है : "कहानी को देखो, कहानीकार को नहीं।" एस.एस. प्रावर ने भी कहा है : "मार्क्स कथाकार की अपेक्षा कथा पर ज्यादा विश्वास करते हैं।"[82] इसी विश्वास की बदौलत नामवर सिंह भी, एक ही लेखक की दुर्बलताओं और उपलब्धियों पर बात करते हैं। वास्तविकता यह कि अपनी समीक्षा-पद्धति में नामवर सिंह व्यक्ति के रूप में कहानीकार को आधार नहीं बनाते, कहानी को ही आधार बनाते हैं।

परम्परा के सम्बन्ध में भी नामवर सिंह की सोच प्रगतिशील है। रामविलास शर्मा के शब्दों में : "मार्क्सवाद के अनुसार न हम परम्परा से विच्छिन्न होकर प्रगति कर सकते हैं, न उसके अनुकरण मात्र से उसकी रक्षा कर सकते हैं। परम्परा में क्या मूल्यवान है, क्या ह्रासमान, यह समझकर विवेक से काम लेते हुए उससे सम्बन्ध जोड़ना चाहिए।"[83]

इस आधार पर 'दूसरी परम्परा की खोज' में आचार्य हजारीप्रसाद द्विवेदी की मूल्यवान परम्परा के तत्त्व ही अधिक हैं। परन्तु यह परम्परा एकांगी नहीं है। यह भारतीय मनीषियों से आरम्भ होती हुई पश्चिमी चिन्तकों तक विस्तार प्राप्त करती है।

मार्क्सवादी सौन्दर्यशास्त्र के प्रश्न पर नामवर सिंह भगवान सिंह से कहते हैं : "मार्क्सवाद की यह समझ है कि सौन्दर्यशास्त्र के आगे मार्क्सवादी विशेषण लगाने की आवश्यकता नहीं।...सौन्दर्य का सम्बन्ध वर्गों से है। हम बराबर वर्गों के वर्ग-

संघर्ष की बात करते हैं, लेकिन यहाँ आकर हम यह भूल जाते हैं कि सौन्दर्य की कोई सामान्य धारणा नहीं होती। एक समुदाय की दृष्टि में, एक उपभोक्ता, एक परजीवी की दृष्टि में जो सुन्दर है, वह एक ऐसे आदमी के लिए सुन्दर नहीं है जो मेहनत करता हो, कमाता हो, संघर्ष करता हो।"[84] नामवर सिंह मार्क्सवादी सौन्दर्यशास्त्र पर नेमिचन्द्र जैन से बात करते हुए सिद्धान्तों को खारिज तो नहीं करते पर इतना सचेत करते हैं : "...सामान्य सिद्धान्त का निरूपण करते हुए किसी कृति के मूल्यांकन में प्रवृत्त होना अवांछनीय मानता हूँ। जो रचना पर आरोपित हो, उस सामान्य सिद्धान्त का विरोध करता हूँ।"[85] इस प्रकार नामवर सिंह की प्रगतिशील दृष्टि किसी तरह की सैद्धान्तिक जड़ता को प्रश्रय नहीं देती। इसे और भी स्पष्ट करते हुए, जड़ मार्क्सवादी आलोचकों को सचेत करते हुए वे नेमिचन्द्र जैन से कहते हैं : "कुछ मार्क्सवादी आलोचक किसी कृति का मूल्यांकन करते समय मार्क्स, एंगेल्स, लेनिन या माओ के प्रमाण पर सामान्य सिद्धान्त-कथन करते हैं, फिर उस कृति की जाँच करते हैं। यह प्रणाली पुरानी शास्त्रीय आलोचना से भिन्न नहीं है। कोई भी बाबा वाक्य प्रमाण विश्लेषण की अक्षमता का पूरक नहीं हो सकता। मार्क्स या लेनिन का प्रमाण किसी आलोचना के प्रामाणिक होने की गारंटी नहीं है।"[86] अत: मार्क्सवाद को नामवर सिंह अनुकरणमूलक ढंग से नहीं स्वीकारते, बल्कि साहित्यिक और सांस्कृतिक जिम्मेदारी के रूप में देखते हैं, जिसका एक व्यापक परिप्रेक्ष्य है : "मार्क्सवाद केवल एक राजनीति सिद्धान्त नहीं, बल्कि एक विश्व-दृष्टि है—राजनीति जिसका एक पक्ष है, निस्सन्देह अत्यन्त महत्त्वपूर्ण पक्ष। यह विश्व-दृष्टि लेखक को अपने समय की वास्तविकता को उसकी समग्र जटिलता के साथ समझने में सहायक होती है।"[87] इसी मार्क्सवादी दृष्टि के तहत गोल्डमान विश्व-दृष्टि की अवधारणा निर्मित करते हैं। नामवर सिंह मार्क्सवाद को राजनीतिक बहस के रूप में उतनी स्वीकृति नहीं देते। वे कहते हैं : "लेखकों के बीच कायदे से विश्व-दृष्टि पर बहस होनी चाहिए राजनीतिक लाइन पर नहीं। विश्व-दृष्टि एक वामपंथी लेखक के लिए भी ज्यादा बुनियादी है।"[88] गोल्डमान के अनुसार : "इस विश्व-दृष्टि की अभिव्यक्ति दर्शन, कला और साहित्य में अलग-अलग रूपों में होती है, लेकिन इसका मूल रूप एक होता है, इसका अर्थ यह है कि इन सभी रूपों में एक बुनियादी एकता होती है।"[89]

नामवर सिंह का आलोचना

कर्म के अध्ययन और मनन से यह प्रतीत होता है कि उनकी आलोचनात्मक चेतना में विश्व-दृष्टि मौजूद है। तभी वे भूमंडलीकरण और बाजारवाद के खतरे को भली-भाँति भाँप लेते हैं। रजनी गुप्त के साथ संवाद करते हुए वे भूमंडलीकरण

और उसके बाजारवादी रवैये के बीच स्त्री की स्थिति स्पष्ट करते हैं : "क्या तुम्हें ऐसा नहीं लगता कि इस बाजार ने औरत को माल बेचने का साधन बना दिया है। फिर ठहरकर सोचो तो औरत इस दौर में खुद भी एक 'माल' बना दी गई है—बेचने-खरीदने की चीज।"[90] नामवर सिंह की दृष्टि में सबसे बड़ी विडम्बना यही है : "औरत अब सिर्फ 'गृहलक्ष्मी' नहीं रही, विश्वलक्ष्मी हो गई है।...औरत की माँग दिन-पर दिन अब बढ़ रही है।"[91] नामवर सिंह इस स्थिति को मुक्ति के खतरे के साथ जोड़कर देखते हैं। जहाँ तक स्त्री-विमर्श की बात है, एक समय वे इसका समर्थन नहीं करते थे पर अब वे विमर्श को स्वीकारते हैं। फिर भी उसे ठूँठ बौद्धिक स्त्री-विमर्श कहते हैं, जबकि सचाई है कि हिन्दी का स्त्री-विमर्श और विकसित है। उसने अपनी सैद्धान्तिकी भी विकसित कर ली है।

नामवर सिंह की प्रगतिशील दृष्टि में विमर्श की पूर्णता वाद-विवाद और संवाद के जरिये ही हो सकती है, जिसे मार्क्सवाद में Thesis, Antithesis और Synthesis कहा जाता है। उनकी दृष्टि में : "विवाद का मतलब बखेड़ा खड़ा करना नहीं है बल्कि साहित्य में संवाद करना है। मेरी दृष्टि में हर विवाद की परिणति संवाद में होनी चाहिए।"[92] परन्तु समकालीन परिदृश्य की सचाई यह है कि "विवाद शुरू होते हैं मुद्दों पर, पर जल्दी ही व्यक्तिगत धरातल पर आकर सिमट जाते हैं। मेरा मानना है कि विवाद को एक परिणति तक पहुँचाए बिना उसे छोड़ा नहीं जाना चाहिए।"[93] अत: नामवर सिंह विमर्श के लिए विवाद को बेहद जरूरी मानते हैं। इसलिए वे कहते हैं : "सिर्फ विमर्श से काम नहीं चलेगा। इसके लिए वाद-विवाद और संवाद की जरूरत है। बिना संवाद के आप किसी भी आन्दोलन को सार्थक परिणति नहीं दे सकते।"[94] इस संवाद की प्रयोजनीयता मानवता एवं जनतंत्र, दोनों के लिए बेहद जरूरी है। प्रगतिशील चेतना किसी भी स्तर पर साहित्यिक अलगाव व गुटबन्दी को प्रश्रय नहीं देती।

इसलिए नामवर सिंह यह कहते हैं : "चूँकि हमारे सामाजिक जीवन में ऐसे दोनों तत्त्व मौजूद हैं, एक ओर हिन्दुत्ववादी, सवर्णवादी, पुरुषप्रधान मनोवृत्ति वाले लोग हैं, जिनका एक अपना समाजशास्त्र और सौन्दर्यशास्त्र है और एक अलग साहित्यशास्त्र भी। उधर जो जनोन्मुख धारा है, वह बुनियादी रूप से परिवर्तनकामी, संघर्षशील और साधारण मनुष्य के जीवन व्यापार को महत्त्व देनेवाली है। इस दूसरी धारा का भी अपना एक समाजशास्त्र, सौन्दर्यशास्त्र और साहित्यशास्त्र है। इस धारा की अपनी एक तेजस्वी आलोचना परम्परा है। जाहिर है, इन दोनों के बीच एक चौड़ी खाई है। मैं चाहता हूँ कि साहित्य के स्वास्थ्य के लिए यह जरूरी है कि इन पर खुलकर बहस हो। तब शायद दोनों अपने पूर्वग्रहों से मुक्त होकर ऐसा रास्ता निकालें, जहाँ दोनों की ग्राह्य बातें आमने-सामने आ सकें। यह जब सम्भव होगा तभी अच्छा साहित्य विकसित हो सकता है।"[95] जाहिर है, नामवर सिंह सिर्फ

समस्याएँ ही नहीं गिनाते, समाधान के रास्ते की तलाश भी करते हैं, ताकि साहित्य की गतिशीलता एवं जीवन्तता बची रहे। एक प्रगतिशील आलोचक की जिम्मेवारी का निर्वाह करते हुए नामवर सिंह वामपंथी लेखन की बाधाओं की ओर भी संकेत करते हैं : "वामपंथी लेखन के मार्ग में सबसे बड़ी बाधा है नकारात्मक रुख की प्रधानता। व्यवस्था-विरोध पर विशेष बल देने के कारण यह लेखन वस्तुत: एक विरोधी लेखन होने की नियति को स्वीकार कर लेता है, जबकि उसका ऐतिहासिक दायित्व शासक-वर्ग के साहित्य के विकल्प में एक उच्चतर साहित्य का प्रतिमान प्रस्तुत करता है।"[96]

इस प्रकार नामवर सिंह प्रगतिशील लेखन के प्रति प्रतिबद्ध दिखाई देते हैं क्योंकि वे वामपंथी विरोधी शक्तियों को परखते हैं और वामपंथी आलोचकों और लेखकों को 'अंध लोकवादी रुझान' से मुक्त रहने की सलाह देते हैं, जो लेखन के लिए खतरा तो है ही, संगठन के लिए भी है : "यदि आज के वामपंथी लेखकों के सम्मुख साहित्य का यह व्यापक ऐतिहासिक लक्ष्य नहीं है तो वे एक संकीर्ण दायरे में सिमटकर रह जाएँगे और यह संकीर्णता साहित्य-सृजन को तो सीमित करेगी ही, साहित्यिक संगठन को भी एक विघटनशील गुट या गिरोह बनाकर छोड़ देगी।"[97]

अत: नामवर सिंह की आलोचना-दृष्टि मार्क्सवाद से प्रेरित है, जिसे प्रगतिशील आलोचना की अभिन्न कड़ी के रूप में देख सकते हैं। नामवर सिंह की प्रगतिशील आलोचना विभिन्न वादों, सिद्धान्तों और विचारधाराओं से होड़ लेकर प्रगतिशीलता की रक्षा करती है। युगीन परिस्थितियों में भी मार्क्सवाद को जीवन्त बनाए रखते हुए, उसकी जड़ता पर लगातार प्रहार करती है; प्रतिमान निर्धारण करती है; परम्परा की खोज करती है; आधुनिक प्रवृत्तियों की तलाश करती है; और वाद-विवाद के साथ संवाद भी करती है। नामवर सिंह की प्रगतिशील आलोचना जितनी भारतीय सन्दर्भ से जुड़ी है, उतनी पाश्चात्य सन्दर्भ से भी। अत: विश्वनाथ त्रिपाठी की उक्ति ध्यातव्य है : "यदि प्रगतिशील आलोचना को जातीय और हिन्दी पाठकों की दृष्टि में विश्वसनीय बनाने का कार्य रामविलास शर्मा ने किया तो उसे सक्रिय आन्दोलन के रूप में जीवित रखने और हिन्दी भाषी बुद्धिजीवी युवकों में तत्सम्बन्धी रुचि जाग्रत करने का कार्य नामवर सिंह कर रहे हैं।"[98] यह कहना ही होगा कि नामवर सिंह की प्रगतिशील आलोचना मार्क्सवाद को आधार तो बनाती है, पर सीमा नहीं, साथ ही दूसरे वैचारिक स्रोतों का मार्ग भी खुला रखती है।

प्रगतिशील आलोचक के रूप में नामवर सिंह प्रयोगवादी शिल्प के खतरे से प्रगतिवादी कवियों को सचेत करते हैं। वे विदेशी ह्रासोन्मुख भावनाओं, युद्ध पीड़ित अनास्था, वैयक्तिक असन्तोष तथा कुंठाओं के खतरे से रचनाकारों को सतर्क करते हैं। वे भ्रम से सावधान करते हुए वास्तविकता को महत्त्व देते हैं। वे आलोचना

के अन्तर्गत परम्परा के स्वाभाविक विकास के साथ-साथ द्वंद्वात्मक विकास को महत्त्व देते हैं। वे स्थापित करते हैं कि विकास विरोध से निर्मित होता है, परिपाटी पालन से नहीं। उनके अनुसार प्रगतिशीलता अपने युग की प्रगतिशील शक्तियों के पहचान पर निर्भर करती है। नामवर सिंह मार्क्सवाद के नाम पर छद्म क्रान्तिकारिता का विरोध करते हैं। वे परम्परा-पूजा के प्रति लोगों को सावधान करते हैं और सांस्कृतिक विरासत को आलोचनात्मक ढंग से देखने की अपील करते हैं। नामवर सिंह लेखकों को सामाजिक यथार्थ के प्रति प्रतिबद्ध होने की माँग करते हैं। नामवर सिंह किसी भी तरह से किसी भी प्रकार की सैद्धान्तिक जड़ता को महत्त्व नहीं देते। वे मार्क्सवाद को विश्व-दृष्टि के रूप में स्वीकार करते हैं, और इसे ही बुनियादी मानते हैं। वे इस बात पर बल देते हैं कि प्रगतिशील आलोचना वाद-विवाद और संवाद के जरिये ही समृद्ध हो सकती है।

उनकी सीमा है कि वे विमर्श को नकारात्मक ढंग से देखते हैं। वे लेखकीय प्रतिबद्धता और उसके आचरण में फर्क नहीं कर पाते। यही वजह है कि वे प्रगतिशीलता की अवधारणा को विकसित करने के बावजूद कहीं-न-कहीं चूक जाते हैं।

सन्दर्भ

1. अवस्थी, रेखा, प्रगतिवाद और समानान्तर साहित्य, स्वराज प्रकाशन, नई दिल्ली, 2000, पृ. 2
2. वही, पृ. 4
3. प्रेमचन्द, विविध प्रसंग, 'हंस' प्रकाशन, इलाहाबाद, प्रथम संस्करण, 1962, पृ. 541
4. अवस्थी, रेखा, प्रगतिवाद और समानान्तर साहित्य, स्वराज प्रकाशन, नई दिल्ली, 2000, पृ. 7
5. शर्मा, रामविलास, मार्क्सवाद और प्रगतिशील साहित्य (1994), वाणी प्रकाशन, नई दिल्ली, 2002, पृ. 376
6. जहीर, सज्जाद, 'रोशनाई' से उद्धृत, हंसराज रहबर, प्रगतिवाद : पुनर्मूल्यांकन, नवयुग प्रकाशन, दिल्ली, 1996, पृ. 25
7. अवस्थी, रेखा, प्रगतिवाद और समानान्तर साहित्य, स्वराज प्रकाशन, नई दिल्ली, 2000, पृ. 14
8. प्रेमचन्द, साहित्य का उद्देश्य, हंस प्रकाशन, इलाहाबाद, 1998, पृ. 16-17
9. वही, पृ. 10
10. अवस्थी, रेखा, प्रगतिवाद और समानान्तर साहित्य, स्वराज प्रकाशन, नई दिल्ली, 2000, पृ. 15
11. वही, पृ. 16
12. सिंह, नामवर, आलोचना, अंक-43, अक्टूबर-दिसम्बर, 1977, पृ. 77
13. अवस्थी, रेखा, प्रगतिवाद और समानान्तर साहित्य, स्वराज प्रकाशन, नई दिल्ली, 2000, पृ. 15

14. सिंह, नामवर, आधुनिक साहित्य की प्रवृत्तियाँ, लोकभारती प्रकाशन, इलाहाबाद, 2001, पृ. 67
15. अवस्थी, रेखा, प्रगतिवाद और समानान्तर साहित्य, स्वराज प्रकाशन, दिल्ली, 2000, पृ. 62
16. शर्मा, रामविलास, मार्क्सवाद और प्रगतिशील साहित्य, वाणी प्रकाशन, नई दिल्ली, 2002, पृ. 431
17. वही, पृ. 432
18. वही
19. वही, पृ. 433
20. वही, पृ. 434
21. वही, पृ. 435
22. वही
23. वही
24. वही, पृ. 436
25. वही
26. वही
27. वही, पृ. 437
28. वही
29. वही, पृ. 437-438
30. वही, पृ. 439
31. वही
32. वही, पृ. 440
33. वही, पृ. 429
34. सिंह, नामवर, आधुनिक साहित्य की प्रवृत्तियाँ, लोकभारती प्रकाशन, इलाहाबाद, 2001, पृ. 59
35. वही
36. वही
37. वही, पृ. 62
38. वही
39. वही, पृ. 61
40. शर्मा, रामविलास, मार्क्सवाद और प्रगतिशील साहित्य, वाणी प्रकाशन, नई दिल्ली, 2002, पृ. 394
41. शीतांशु, पांडेय शशिभूषण, मार्क्सवादी समाजशास्त्रीय और ऐतिहासिक आलोचना, राधाकृष्ण प्रकाशन, नई दिल्ली, 1992, पृ. 12-13
42. वही, पृ. 13
43. वही, पृ. 14
44. अवस्थी, रेखा, प्रगतिवाद और सामानान्तर साहित्य, 1978, स्वराज प्रकाशन, दिल्ली, 2000, पृ. 277-78
45. वही, पृ. 275

46. वही, पृ. 276
47. त्रिपाठी, विश्वनाथ, हिन्दी आलोचना, राजकमल प्रकाशन, नई दिल्ली, संस्करण 1982, पृ. 178-79
48. वही, पृ. 180
49. अवस्थी, रेखा, प्रगतिवाद और समानान्तर साहित्य, स्वराज प्रकाशन, दिल्ली, 2000, पृ. 278
50. वही
51. नवल, नन्दकिशोर, हिन्दी आलोचना का विकास, राजकमल प्रकाशन, नई दिल्ली, 2003, पृ. 276
52. शर्मा, रामविलास, परम्परा का मूल्यांकन, राजकमल प्रकाशन, 'नई दिल्ली, 1981, पृ. 9
53. मधुरेश, हिन्दी आलोचना का विकास, सुमित प्रकाशन, इलाहाबाद, 2004, पृ. 151
54. वही, पृ. 160
55. वही, पृ. 164
56. पालीवाल, कृष्णदत्त, हिन्दी आलोचना के नये वैचारिक सरोकार, वाणी प्रकाशन, नई दिल्ली, 2002, पृ. 224
57. सिंह, नामवर, इतिहास और आलोचना, राजकमल प्रकाशन, नई दिल्ली, 2002,पृ. 57
58. कार्ल मार्क्स, इकोनॉमिक एंड फिलासोफिक मैन स्क्रिप्टस, नामवर सिंह (सम्पादक), कार्ल मार्क्स : कला और साहित्य-चिन्तन राजकमल प्रकाशन, नई दिल्ली 1996, पृ. 146
59. सिंह, नामवर, इतिहास और आलोचना, राजकमल प्रकाशन, नई दिल्ली, 2002, पृ. 57
60. वही
61. वही, पृ. 64
62. कॉडवेल, किस्ट्रोफर, विभ्रम और यथार्थ, भगवान सिंह (अनुवादक), राजकमल प्रकाशन, नई दिल्ली, 1990, पृ. 158
63. सिंह, नामवर, छायावाद, राजकमल प्रकाशन, नई दिल्ली 2001, पृ. 150
64. फिशर, अंर्स्ट, कला की जरूरत, रमेश उपाध्याय (अनुवादक), राजकमल प्रकाशन, नई दिल्ली, 1990, पृ. 122-23
65. वही, पृ. 123
66. सिंह, नामवर, छायावाद (1955), राजकमल प्रकाशन, नई दिल्ली, 2001, पृ. 155
67. लुकाच, जॉर्ज, 'सौन्दर्यशास्त्र के बारे में मार्क्स और एंगेल्स के विचार', गोरख पांडेय (अनुवादक), नामवर सिंह (सम्पादक), कार्ल मार्क्स : कला और साहित्य-चिन्तन, राजकमल प्रकाशन, नई दिल्ली, 2006, पृ. 47
68. सिंह, नामवर, वाद विवाद संवाद, राजकमल प्रकाशन, नई दिल्ली, 2003, पृ. 99
69. वही, पृ. 106
70. विलियम्स, रेमंड, मार्क्सवाद और संस्कृति (अनूदित), इतिहास-बोध, जनवरी-जून, 2009, पृ. 19
71. वही, पृ. 98
72. लुकाच, जॉर्ज, 'सौन्दर्यशास्त्र के बारे में मार्क्स और एंगेल्स के विचार', गोरख पांडेय (अनुवादक), नामवर सिंह (सम्पादक), राजकमल प्रकाशन, नई दिल्ली, 2006, पृ. 42
73. विलियम्स, रेमंड, 'लेखक : प्रतिबद्धता और सम्बद्धता', मैनेजर पांडेय (चयन, सम्पादन

एवं अनुवाद), वाणी प्रकाशन, नई दिल्ली, 1998, पृ. 154

74. सिंह, नामवर, वाद विवाद संवाद, राजकमल प्रकाशन, नई दिल्ली, 2003, पृ. 98
75. विलियम्स, रेमंड, 'लेखक : प्रतिबद्धता और सम्बद्धता', मैनेजर पांडेय (चयन, सम्पादन एवं अनुवाद), संकट के बावजूद, वाणी प्रकाशन, नई दिल्ली, 1998, पृ. 154
76. सिंह, नामवर, वाद विवाद संवाद, राजकमल प्रकाशन, नई दिल्ली, 2003, पृ. 98
77. वही, पृ. 96
78. वही
79. लुकाच, जॉर्ज, 'सौन्दर्यशास्त्र के बारे में मार्क्स और एंगेल्स के विचार', गोरख पांडेय (अनुवादक), नामवर सिंह (सम्पादक), कार्ल मार्क्स : कला और साहित्य-चिन्तन, राजकमल प्रकाशन, नई दिल्ली, 2006, पृ. 51
80. वही
81. सिंह, नामवर, कविता के नये प्रतिमान, राजकमल प्रकाशन, नई दिल्ली, 2003, पृ. 188
82. प्रावर, एस.एस., 'कार्ल मार्क्स और विश्व साहित्य', गोरख पांडेय (अनुवादक), नामवर सिंह (सम्पादक), कार्ल मार्क्स : कला और साहित्य-चिन्तन, 2006, पृ. 206
83. शर्मा, रामविलास, मार्क्सवाद और प्रगतिशील साहित्य, वाणी प्रकाशन, नई दिल्ली, 2002, पृ. 279
84. सिंह, नामवर, कहना न होगा, समीक्षा ठाकुर (सम्पादक), वाणी प्रकाशन, नई दिल्ली, 1994, पृ. 216
85. वही, पृ. 63
86. वही
87. सिंह, नामवर, वाद विवाद संवाद, राजकमल प्रकाशन, नई दिल्ली, 2003, पृ. 83
88. वही, पृ. 83
89. पांडेय, मैनेजर, साहित्य के समाजशास्त्र की भूमिका, हरियाणा साहित्य अकादमी, पंचकूला, 2006, पृ. 149
90. सिंह, नामवर, बात बात में बात, समीक्षा ठाकुर (सम्पादक), वाणी प्रकाशन, नई दिल्ली, 2006, पृ. 345
91. वही, पृ. 345
92. वही, पृ. 320
93. वही, पृ. 321
94. वही, पृ. 322
95. वही, पृ. 323
96. सिंह, नामवर, वाद विवाद संवाद, राजकमल प्रकाशन, नई दिल्ली, 2003, पृ. 85
97. वही, पृ. 86
98. त्रिपाठी, विश्वनाथ, हिन्दी आलोचना, राजकमल प्रकाशन, नई दिल्ली, 1982, पृ. 198

हिन्दी साहित्येतिहासकारों की इतिहास-दृष्टि और नामवर सिंह

वर्तमान समय में 'इतिहास' का अर्थ न तो सिर्फ बीती हुई घटनाओं से है; न सूचना और तथ्य संग्रह से है; न विज्ञान और कला की बहस से है और न मात्र प्रवृत्ति विश्लेषण से है। इतिहास वर्तमान और भविष्य की आँख है, मनुष्य संघर्ष-स्रोत है, इतिहास मनुष्य की जड़ता मुक्ति का प्रेरणास्रोत है। इतिहास मनुष्य की सभ्यता समीक्षा का मानदंड है। इतिहास मनुष्यता की यात्रा का द्वंद्वात्मक दस्तावेज है। इतिहास युगबोध का सबसे सशक्त माध्यम है; अर्थात् समकालीन जटिल चुनौतियों ने इतिहास को एक बड़ा दायित्व सौंपा है। वैसे इस दायित्व पालन में निस्सन्देह हिरोदोतस, विको, कान्त, हीगल आदि की एक महत्त्वपूर्ण भूमिका रही है, जिन्होंने इतिहास को समय-समय पर उसकी जड़ता से मुक्त किया और परवर्ती इतिहास लेखन के लिए उर्वर जमीन तैयार की; अर्थात् पूर्ववर्ती इतिहासकारों ने इतिहास को वैज्ञानिक विधा, आलोचनात्मक पद्धति, तर्कसंगत विद्या, आन्तरिक सक्रिय शक्ति, वाद (Thesis), प्रतिवाद (Anthesis) और समवाद (Synthesis) की द्वंद्वात्मक प्रक्रिया से सम्पृक्त करते हुए इतिहास को अतिरंजनात्मक दृष्टिकोण, अतीत के अंध मोह एवं जाति के मिथ्याभिमान से मुक्त करते हुए सावधान किया।

रोमिला थापर कहती हैं : "यह बात अक्सर भुला दी जाती है कि ऐतिहासिक व्याख्या समसामयिक विचारधारा की उपज हो सकती है।"[1] परन्तु समसामयिकता के साथ-साथ आत्मनिष्ठता का नियंत्रण भी बेहद जरूरी है क्योंकि "इतिहासकार अपने स्रोतों को जिस तरह प्राथमिकता देता है और इन स्रोतों के प्रति जिस हद तक आलोचनात्मक और विश्लेषणात्मक रुख अपनाने को तैयार होता है, उससे भी उसकी व्याख्या प्रभावित होती है।"[2] अत: भारत जैसे बहुधर्मी एवं बहुजातीय समाज में इतिहास का बड़ी तेजी से मिथकीकरण किया जा रहा है और इसमें राजनीति निरन्तर हस्तक्षेप करने की कोशिश कर रही है, अतएव इतिहास की व्याख्या के प्रति सजगता नितान्त आवश्यक है।

बहरहाल 'इतिहास' के सम्बन्ध में मुरली मनोहर प्रसाद सिंह की यह टिप्पणी ध्यातव्य है : "इतिहास क्या है? एक जीवन प्रवाह है। इस जीवन प्रवाह में ही यथार्थ

है, उसका द्वंद्व है। यथार्थ के भिन्न-भिन्न पक्ष और उनके परस्परिक रिश्ते संगति और असंगति का सिलसिला बनाते हैं।"[3]

सामान्य अर्थ में दृष्टि का अर्थ है समझ। विशेषत: इतिहास-दृष्टि का अभिप्राय इतिहास के मूल्यांकन एवं विश्लेषण की समझ है। इतिहास-दृष्टि वास्तव में वर्तमान मनुष्य की व्यावहारिक एवं वैज्ञानिक दृष्टि है जहाँ कल्पना, अनुमान, पूर्वग्रह के लिए कोई जगह नहीं होती। दृष्टि वही, ठीक हो, जो धुँधलके, धुन्ध और कोहरे के प्रभाव में न हो। दृष्टि समझ की सबसे व्यापक एवं विस्तृत परिणति है। परन्तु इतिहास के साथ रिश्ता जोड़ना इतना आसान काम नहीं है। इसकी जटिलताओं की ओर संकेत करती हुई सुमन राजे कहती हैं : "इतिहास के परिप्रेक्ष्य में जब हम स्वयं को देखते हैं, तो हमारा स्वयं अत्यन्त लघु हो जाता है। विराट् इतिहास में हमारा अस्तित्व ठीक-ठीक एक बिन्दु के बराबर भी तो नहीं।"[4]

फिर भी साहित्येतिहासकार इन चुनौतियों के द्वंद्व से जूझता रहता है। जहाँ तक साहित्य के इतिहास-दृष्टि की बात है, इससे साहित्य और इतिहास के प्रयोजन सम्बन्धी दृष्टिकोण अभिन्न रूप से जुड़े हुए हैं। इस जुड़ाव में रचना इतिहास, पाठक और पाठक के अनुभव की महत्त्वपूर्ण भूमिका होती है जिसे लक्ष्य कर प्रो. मैनेजर पांडेय ने कहा है : "साहित्यिक रचनाएँ इतिहास से निर्मित होती हैं और इतिहास का निर्माण भी करती हैं। रचना का अस्तित्व इतिहास के भीतर होता है, इतिहास के बाहर नहीं। कृतियों की उत्पत्ति में इतिहास की सक्रिय भूमिका होती है और पाठकों द्वारा उनके अनुभव तथा मूल्यांकन का इतिहास उनके जीवन का इतिहास होता है।"[5]

साहित्येतिहास दृष्टि का निर्माण अतीत, वर्तमान और भविष्य के प्रश्नों और जटिलताओं के अध्ययन से होता है। वैसे साहित्य न तो इतिहास के बाहर की चीज है और न ही इतिहास साहित्य के बाहर की। इतिहास स्वयं को समृद्ध करते हुए साहित्य को उसकी जड़ता से मुक्त करने के लिए समय-समय पर आगाह करता है और साहित्य इतिहास को संवेदनात्मक दृष्टि प्रदान करता है ताकि इतिहास उपेक्षितों की नोटिस लेते हुए अपनी सीमा को लाँघ सके। इस प्रक्रिया में शामिल होकर : "मनुष्य अपने इतिहास का ही नहीं, इतिहास विधायक दृष्टिकोण का भी निर्माण करता है।"[6] इतिहास विधायक दृष्टिकोण से अभिप्राय एक ऐसे दृष्टिकोण का निर्माण, जो इतिहास की भूमिका के प्रति हममें दिलचस्पी पैदा करता है, मनुष्य की विकासात्मक यात्रा में इतिहास की भूमिका की पहचान करता है और इस प्रकार मनुष्य को ऐतिहासिक अध्ययन के लिए प्रेरित करता है।

पर इस दृष्टिकोण के प्रति सजगता भी अनिवार्य है अर्थात् : "जहाँ दृष्टि अतीतोन्मुखी हो, वहाँ इतिहास नहीं है और इतिहास की चिन्ता का केन्द्र बिन्दु ठेठ समसामयिक होता है।"[7]

अर्थात् इतिहास के लिए महत्त्वपूर्ण है—समसामयिकता-बोध, अर्थात् जिस समय इतिहास लेखन का कार्य हो रहा है, उस समय की चुनौतियों की समझ। यही समझ उस इतिहास लेखन को महत्त्वपूर्ण बनाती है। साथ ही अतीत का अध्ययन करते हुए वर्तमान के साथ उसके सम्बन्धों की तलाश करना एवं अतीत को ऐतिहासिक भूलों से सजग करना इतिहासकार का दायित्व है। अत: साहित्येतिहास दृष्टि के निर्माण की चुनौतियाँ व्यापक होती हैं जिसके अन्तर्गत साहित्यिकता और ऐतिहासिकता, तथ्यों और कल्पनाओं, कृतियों और कृतिकारों, व्यक्तिगत आग्रह एवं आलोचनात्मक मूल्यों, उद्‌गमों और प्रभावों, रचना स्रोतों तथा रचनाओं के 'उपजीव्यों' आदि का ठीक-ठीक विश्लेषण करना होता है। साहित्येतिहास दृष्टि के अन्तर्गत समाज और साहित्य के अन्त:सम्बन्धों की समझ भी अपेक्षित है। साहित्य के अस्तित्व का निर्माण समाज में होता है और हर समाज का कोई न कोई साहित्य होता है। ऐसे साहित्य के इतिहास का समाज के इतिहास से सम्बन्ध अनिवार्य है।

अत: 'साहित्येतिहास की सामाजिक सार्थकता' दृष्टि निर्माण में काफी सहायक होती है। प्रो. मैनेजर पांडेय के शब्दों में : "साहित्य सामाजिक रचना है। साहित्यकार की रचनाशील चेतना उसके सामाजिक अस्तित्व से निर्मित होती है। साहित्यिक कर्म की पूरी प्रक्रिया सामाजिक व्यवहार का ही एक विशिष्ट रूप है, इसलिए साहित्य का इतिहास व्यापक सामाजिक इतिहास का अंग है। इसी रूप में साहित्य के इतिहास को समझने-समझाने के दृष्टिकोण, प्रयोजन और पद्धति की सहायता से साहित्य के इतिहास लेखन की सामाजिक सार्थकता का विकास हो सकता है।"[8] निस्सन्देह साहित्येतिहास लेखन एवं इतिहास लेखन सामाजिक लेखन से भिन्न नहीं है। और कोई भी सामाजिक लेखन इतिहास के बाहर नहीं है। अत: इतिहास लेखन की महत्त्वपूर्ण कसौटी उसकी सामाजिकता है।

मूलत: साहित्य, संस्कृति, समाज, धर्म आदि के प्रवाह को स्वयं में समेटे हुए अपने लक्ष्य तक पहुँचता है। इस प्रकार वह सृजनशीलता के प्रवाह को बनाए रखने की कोशिश करता है। डॉ. सुमन राजे ने ठीक ही कहा है कि "साहित्येतिहास का विधान इतिहास-विज्ञान का है और जन्म तथा पल्लवन समाजविज्ञान का।"

समाजविज्ञान का उपयोग जीवन और संस्कृति के परीक्षण में होता है। इस परीक्षण में साहित्येतिहासकार जितना सफल होगा, उसकी आलोचनात्मक चेतना उतनी ही प्रखर होगी।

जहाँ तक साहित्येतिहास के स्वरूप एवं लक्ष्य की बात है, द्विवेदी जी के अनुसार : "साहित्य का इतिहास ग्रंथों और ग्रंथकारों के उद्‌भव और विलय की कहानी नहीं, वह कालस्रोत में बहे आते हुए जीवन्त समाज की विकास-कथा है। ग्रंथकार और ग्रंथ सिर्फ उस प्राणधारा की ओर इशारा करते हैं। वे ही मुख्य नहीं हैं। मुख्य है वह प्राणधारा, जो नाना परिस्थितियों से गुजरती हुई आज हमारे भीतर

अपने आपको प्रकाशित कर रही है। साहित्य के इतिहास में हम अपने-आपको पढ़ने का सूत्र पाते हैं।" द्विवेदी जी ने इतिहास की जिस विशिष्टता को उद्घाटित किया है, वह है 'जीवन्त समाज की विकास कथा', अर्थात् इतिहासकार का ध्यान जीवन्त समाज की ओर हो। अभिप्राय है कि वह जिन मूल्यों की पक्षधरता करता है, जिन विचारों को स्थापित करता है, वे समाज को जीवन्त तथा गतिशील बनाती हों, और नई चुनौतियों से जूझने में मदद करती हों।

इस प्रकार साहित्येतिहास साहित्य की प्रगति, परम्परा, निरन्तरता और विकास को पहचानते हुए साहित्य के परिवर्तन और द्वंद्व को व्याख्यायित करता है। इस क्रम में वह नये और पुराने संघर्ष को भी रेखांकित करता है। साथ ही यह वर्तमान परिप्रेक्ष्य में अतीत का मूल्यांकन भी करता है जो उसे वर्तमान के लिए उपयोगी और प्रासंगिक बनाता है। इसके लिए वर्तमान की सही समझ भी आवश्यक है। यही नहीं, साहित्येतिहास में कृति के विचार पक्ष एवं कला पक्ष का मूल्यांकन भी होता है।

जो भी हो, साहित्येतिहास में विचार प्रक्रिया सैद्धान्तिक परिप्रेक्ष्य और सुसंगत दृष्टिकोण का विशेष महत्त्व है। "बिना किसी सिद्धान्त और दृष्टिकोण के कोई इतिहास हो ही नहीं सकता, और जो लोग यह दावा करते हैं, उन्हें किसी सैद्धान्तिक परिप्रेक्ष्य से कुछ नहीं लेना-देना है। वे या तो अनभिज्ञ हैं या बेईमान हैं।"[9] अत: इतिहास सिद्धान्तविहीन नहीं हो सकता। हर इतिहास किसी-न-किसी सिद्धान्त का निर्माण करता है। सिद्धान्त इतिहास की रूपरेखा निर्धारित करता है और सिद्धान्त ही इतिहास में बहस की सम्भावनाएँ पैदा करता है। सिद्धान्तविहीनता इतिहासकार की सस्ती सुविधा है पर सिद्धान्त निर्माण इतिहासकार के लिए एक चुनौती है। अत: साहित्येतिहासकार से यह उम्मीद की जाती है कि वह साहित्येतिहास को समग्रता में प्रस्तुत करते हुए प्रत्येक परिवर्तन की व्याख्या करे, जनता की चित्तवृत्ति, नये-पुराने संघर्ष परम्पराओं का मूल्यांकन करे तथा रचनाकार की सृजनात्मक क्षमता को वर्तमान की कसौटी पर परखे।

मूलत: साहित्येतिहास एक मिली-जुली विधा है जिसमें शोध, इतिहास, समीक्षा—सबके तत्त्व सम्मिलित होते हैं।

साहित्येतिहासकार को साहित्य का इतिहास लिखते समय कई चरणों से गुजरना पड़ता है। पहले वह स्रोत सामग्री का संकलन करता है। इस क्रम में वह विशिष्ट रचनाओं और रचनाकारों की पहचान करता है। परम्परा का वैज्ञानिक अनुशीलन करते हुए वह काल-विभाजन और नामकरण की समस्या पर विचार करते हुए विभिन्न प्रवृत्तियों की खोज और विश्लेषण करता है। यह विश्लेषण साहित्येतिहासकार युग-विशेष और प्रवृत्ति के अन्त:सम्बन्धों को परखते हुए वर्तमान परिप्रेक्ष्य में करता है। यह प्रयास ही उसके दृष्टि निर्माण में सहायक होता है।

कभी-कभी साहित्येतिहासकार इतिहास लेखन में विभिन्न पद्धतियों को अपनाते हैं जो इतिहास-दृष्टि के अनुसार निर्धारित होती हैं। कुछ वर्णानुक्रमी पद्धति, तो कुछ विधेयवादी पद्धति, तो कुछ समाजशास्त्रीय पद्धति को अपनाते हैं। अत: कुल मिलाकर इतिहासकार की अन्तर्दृष्टि, विवेक और उसका इतिहास-बोध सबसे जरूरी चीज है, क्योंकि साहित्येतिहास दृष्टि का कोई फार्मूला निश्चित नहीं किया जा सकता।

इतिहास लेखन के आरम्भिक प्रयास

हिन्दी साहित्येतिहास लेखन का आरम्भ 19वीं शताब्दी से माना जाता है। यद्यपि 19वीं सदी से पहले ऐसे ग्रंथों की रचना हो चुकी थी, जिसमें हिन्दी के विभिन्न रचनाकारों के जीवनवृत्त और कृतित्व का परिचय दिया गया था, पर इन्हें इतिहास की संज्ञा नहीं दी जा सकती, जैसे 'चौरासी वैष्णवन की वार्ता', 'दो सौ बावन वैष्णवन की वार्ता', 'भक्तमाल', 'कवितमाला', 'कालिदास हजारा' आदि। "...इनमें काल-क्रम, सन्-संवत् आदि का अभाव होने के कारण इन्हें इतिहास की संज्ञा नहीं दी जा सकती।"[10]

कारण यह भी है कि ये ग्रंथ मूलत: इतिवृत्तात्मक हैं तथा इनमें तथ्यपरकता का अभाव है। अत: उपलब्ध तथ्यों के आधार पर यही कहा जा सकता है कि हिन्दी साहित्य के इतिहास लेखन का पहला प्रयास फ्रेंच विद्वान गार्सा द तॉसी द्वारा हुआ।

गार्सा द तॉसी की इतिहास-दृष्टि

हिन्दी साहित्येतिहास लेखन का प्रथम प्रयास करते हुए फ्रेंच विद्वान गार्सा द तॉसी ने फ्रांसीसी भाषा में 'इस्तवार द ला लितरेत्युर ऐन्दुई ऐन्दुस्तानी' (Histoire de la littérature hindoue e hindoustani) नामक ग्रंथ लिखा। यह भी तथ्य है कि जब तक यह पुस्तक अनूदित होकर हिन्दी जगत के समक्ष नहीं आई थी, तब तक ग्रियर्सन के इतिहास ग्रंथ को ही प्रथम इतिहास ग्रंथ कहा जाता था। "19वीं सदी के समकालीन प्रकाशनों के बारे में जितनी सामग्री इस इतिहास से मिलती है, उतनी अन्य किसी पुस्तक से नहीं। इसकी सामग्री को एकत्रित करने के लिए लेखक ने अनेक समकालीन यूरोपीय 'संग्रहों' तथा बड़े 'पुस्तकालयों' में उपलब्ध पुस्तकों तथा पुस्तक विवरण का उपयोग किया।"[11]

तॉसी की यह पुस्तक दो भागों में—प्रथम भाग 1839 ई. एवं द्वितीय भाग 1847 ई. में प्रकाशित हुई। पुन: इस पुस्तक का संशोधित एवं परिवर्द्धित संस्करण तीन भागों में 1971 ई. में प्रकाशित हुआ। तॉसी की पुस्तक 'इस्तवार द ला लितरेत्युर ऐन्दुई

ऐन्दुस्तानी' का हिन्दी अनुवाद 'हिन्दुई साहित्य का इतिहास' शीर्षक से लक्ष्मीसागर वार्ष्णेय ने प्रस्तुत किया जो 1953 ई. में हिन्दुस्तानी एकेडमी, इलाहाबाद से प्रकाशित हुआ। तॉसी के अनुसार, इस ग्रंथ में 3000 भारतीय लेखक हैं, जिनमें 2200 मुसलमान हैं और 800 हिन्दू, इनमें भी 250 हिन्दुई के लेखक हैं और शेष उर्दू के। इनमें भी लगभग 350 नाम विवादास्पद हैं। तॉसी ने इतिहास लेखन में वर्णक्रम पद्धति को आधार बनाया है, कालक्रम को नहीं। तॉसी के इतिहास की कमी यह है कि इन्होंने काल-विभाजन, युगीन प्रवृत्तियों और परम्परा के विवेचन का प्रयास नहीं किया है। हिन्दी के कवियों को दूसरी भाषाओं के कवियों के साथ घुला-मिला दिया है।

जहाँ तक तॉसी के दृष्टिकोण का प्रश्न है, उनकी दृष्टि साम्राज्यवादी प्रतीत होती है, जिसकी स्पष्ट झलक ग्रंथ समर्पण के वक्तव्य से मिलती है : "यह नितान्त स्वाभाविक है कि एक सम्राज्ञी से एक ऐसा ग्रंथ समर्पित करने का सम्मान प्राप्त करने की प्रार्थना करूँ, जिसका सम्बन्ध भारतवर्ष, आपके राजदंड के अन्तर्गत आए हुए इस विस्तृत और सुन्दर देश और जो इतना खुशहाल कभी नहीं था जितना कि वह इंग्लैंड के आश्रित होने पर है, और इसके अतिरिक्त आधुनिक हिन्दोस्तानी लेखक इसका प्रमाण देते हैं कि जिस ब्रिटेन शासन के अन्तर्गत न तो लूट का भय है और न देशी सरकारों का अत्याचार है, उसका उसकी रचनाओं में यशगान हुआ है।"[12]

अत: तॉसी के निवेदन से ही राजभक्ति और चापलूसी की बू आती है। साथ ही वे अंग्रेजों की लूट-खसोट से आँखें मूँद भारतीयों की खुशहाली दिखा रहे थे। ऐसी संकीर्ण दृष्टि से प्रेरित इतिहास कितना सफल हो सकता है, यह सहज ही अनुमान लगाया जा सकता है। ऐसे में अतीत का ठीक-ठीक मूल्यांकन कैसे हो सकता है? यही नहीं, 'तॉसी' ने भूमिका में जो विचार प्रस्तुत किए हैं, इससे उनकी भाषिक एवं धार्मिक संकीर्णता का स्पष्ट भान होता है : "हिन्दुओं को फारसी अक्षर के सम्बन्ध में आपत्ति है और वे नागरी पसन्द करते हैं। किन्तु बात बिलकुल उलटी है और वह पक्षपातपूर्ण दृष्टिकोण से स्पष्ट हो जानी चाहिए। इसलिए मैं सुन्दर देवनागरी अक्षर नहीं कहता, किन्तु फारसी अक्षरों के साथ सिक्तता के मुकाबले में भद्दी घसीट नागरी पढ़ना अधिक कठिन है। मुसलमानों ने साहसपूर्वक यह आक्रमण सहन किया है और मेरा विचार है, अपने विरोधियों को सफलतापूर्वक सख्त उत्तर दिया है। स्पष्टत: यह जातिगत और धर्मगत विरोध है, यद्यपि दोनों में से कोई यह बात स्वीकार करने के लिए राजी नहीं है। यह बहुदेववाद का एकेश्वरवाद के विरुद्ध, वेदों का बाइबिल, जिसके अन्तर्गत मुसलमान आ जाते हैं, के विरुद्ध संघर्ष है। मैं नहीं जानता कि अंग्रेज सरकार हिन्दुओं के सामने झुक जाएगी अथवा जिन मुसलमानों के शासन की वह उत्तराधिकारिणी है, उनकी बोली को सुरक्षित रखेगी।"[13]

इस प्रकार तॉसी का भाषा-सम्बन्धी दृष्टिकोण असन्तुलित एवं वैमनस्यपूर्ण है। भाषा के साथ धर्म को संकीर्ण ढंग से प्रस्तुत करते हुए वे हिन्दुओं और

मुसलमानों के बीच विभाजक रेखा खींचते हैं। साथ ही मुसलमानों की पक्षधरता के लिए अंग्रेज सरकार से अपील करते हैं। इस प्रकार तॉसी भारतीय समाज की मूल धारा को छिन्न-भिन्न करते हुए अंग्रेजों की औपनिवेशिक नीति का पक्ष लेते हैं। निजी संकीर्णता से मुक्त हुए बिना इतिहास-दृष्टि भला कैसे सम्पन्न हो सकती है? यही वजह है कि तॉसी इतिहास लेखक का समुचित सम्मान हासिल नहीं कर पाए।

तॉसी ने भक्तमाल से अनूदित कवियों का उल्लेख किया है जिनमें कबीर, मीराबाई, तुलसीदास आदि का उल्लेख किया है तथा 'प्रेमसागर' के महत्त्वपूर्ण अंशों का भी अनुवाद किया है, जिनसे भारतीय संस्कृति तथा रीति-रिवाजों का परिचय मिलता है। 'प्रेमसागर' को महत्त्व देते हुए तुलसीदास के 'सुन्दरकांड' तथा 'सिंहासन बत्तीसी' के प्रारम्भिक अंश का अनुवाद भी तॉसी करते हैं। वैसे उन्होंने अपनी पुस्तक में अधिकांशत: मुस्लिम रचनाकारों का ही उल्लेख किया है।

जो भी हो, तॉसी का महत्त्व इसलिए है कि उन्होंने हिन्दी काव्य का इतिहास प्रस्तुत करने की कोशिश की। साथ ही कवियों के रचनाकाल का भी निर्देश किया। अत: यह निष्कर्ष है : "उनके ग्रंथ में अनेक त्रुटियों व न्यूनताओं के होते हुए भी हम उन्हें हिन्दी साहित्येतिहास लेखन की परम्परा में, उसके प्रवर्तक के रूप में, गौरवपूर्ण स्थान देना उचित समझते हैं।"[14]

अत: तॉसी की इतिहास-दृष्टि ब्रिटिश साम्राज्यवाद और साम्प्रदायिकतावाद से ग्रसित होने के कारण विशेष महत्त्व नहीं प्राप्त कर सकी। फिर भी, उन्होंने साहित्येतिहास लेखन की परम्परा की नींव रखकर निस्सन्देह महत्त्वपूर्ण कार्य किया। "तॉसी पेरिस में रहकर हिन्दुई और हिन्दुस्तानी की अद्यतन प्रगति से परिचित थे, यह बड़े गौरव की बात है।"[15]

ठाकुर शिवसिंह सेंगर की इतिहास-दृष्टि

ठाकुर शिवसिंह सेंगर ने गार्सा द तॉसी की परम्परा को विकसित किया। उनके द्वारा रचित 'शिवसिंह सरोज' 1878 ई. में प्रकाशित हुआ जो सामग्री संकलन की दृष्टि से महत्त्वपूर्ण है। मूलत: 'शिवसिंह सरोज' काव्य-संग्रह है। लेखक ने वर्णानुक्रम पद्धति अपनाते हुए लगभग 838 कवियों की कविताओं का उल्लेख किया है। साथ ही कवियों के जीवन-चरित का भी वर्णन किया है। इस ग्रंथ से लगभग 1003 कवियों के जीवन की जानकारी मिलती है। इस ग्रंथ के बारे में डॉ. नगेन्द्र की टिप्पणी है : "इतिहास के रूप में इस ग्रंथ का भी महत्त्व अधिक नहीं है, किन्तु फिर भी इसमें उस समय तक उपलब्ध हिन्दी कविता सम्बन्धी ज्ञान को संकलित कर दिया गया है जिससे परवर्ती इतिहासकार लाभ उठा सकते हैं।"[16]

सेंगर ने भूमिका के अन्तर्गत संस्कृत साहित्यशास्त्र एवं भाषा-काव्य के निर्णय की बात स्वीकार की है। डॉ. किशोरीलाल गुप्त के अनुसार, 'शिवसिंह सरोज' हिन्दी साहित्य के इतिहासों की आधारशिला है। यह ग्रंथ आज से प्राय: 80 वर्ष पूर्व लिखा गया था। जब आज के समान सुविधाएँ सुलभ नहीं थीं, न तो विशाल पुस्तकालय थे और न प्रकाशित ग्रंथों की प्रचुर संख्या थी, हस्तलिखित ग्रंथ दुर्लभ थे, इतिहास-सम्बन्धी ग्रंथ भी सुलभ नहीं थे—ऐसी स्थिति में जो काम शिवसिंह ने अकेले किया, वह आज बड़ी-बड़ी संस्थाएँ मिलकर नहीं कर पा रही हैं।

शिवसिंह सेंगर ने 'शिवसिंह सरोज' की रचना महेशदत्त शुक्ल द्वारा रचित 'भाषा-काव्य संग्रह' से प्रेरित होकर की। कारण यह था कि इस ग्रंथ में मतिराम आदि ब्राह्मणों की जाति 'महापात्र भाट आसनी' के रूप में बताई गई है। अत: इसकी प्रतिक्रिया में शिवसिंह सेंगर ने 'शिवसिंह सरोज' की रचना की। सेंगर ने लिखा है : "हमने सोचा, अब कोई ग्रंथ ऐसा बनाना चाहिए जिसमें प्राचीन और नवीन कवि लोगों के जीवन-चरित्र सहित सन् संवत् औ जाति औ निवास औ कविताई के ग्रंथों समेत विस्तारपूर्वक होवैं।"[17]

अत: सेंगर का मुख्य ध्येय परम्परा से जुड़कर नये कवियों को उपस्थित करने की थी और साथ ही उनके जीवन-चरित्र को काव्य के साथ उद्‌घाटित करने की भी थी; अर्थात् मुख्य ध्येय साहित्य का इतिहास प्रस्तुत करना नहीं बल्कि साहित्यकारों की क्रमबद्ध सूची तैयार करना था। सेंगर ने इस कार्य को सम्पन्न करने के लिए काफी परिश्रम किया। उन्होंने संस्कृत, फारसी, अरबी, अंग्रेजी पुस्तकालयों का छह महीने तक निरन्तर अवलोकन किया। अत: उन्होंने यह नहीं सोचा था कि यह ग्रंथ इतना विस्तृत बन पड़ेगा। उन्होंने लिखा है :

"पहले हम सोचे हुए थे कि एक छोटा-सा संग्रह बनावेंगे पर धीरे-धीरे ऐसा भी ग्रंथ हुआ कि 1000 कवि लोगों के नाम सहित जीवन-चरित्र इकट्ठा हो गए, जिनमें 836 की कविता हमने इस ग्रंथ में लिखी और विस्तार के भय से केवल इतने ही कवि लोगों की कविता लिखने पर ग्रंथ को समाप्त कर दिया।"[18]

इस प्रकार शिवसिंह सेंगर का संग्रह इतना महत्त्वपूर्ण हो गया कि परवर्ती साहित्येतिहासकारों के लिए इसने बुनियादी आधार प्रस्तुत किए।

शिवसिंह सेंगर जब यह ग्रंथ लिख रहे थे, तो उनका मुख्य ध्यान भाषा पर था। अत: काव्य-भाषा की परम्परा को ध्यान में रखते हुए उन्होंने सामग्री एकत्रित की और रासो की परम्परा को राजा भोज से जोड़ने की कोशिश की। उनके शब्दों में : "महाराज विक्रमादित्य के समय तक भाषा-काव्य का प्रचार किसी प्रबन्ध औ तवारीख से पाया नहीं जाता।...जब पृथीराज रायसा के पत्र उलटे तो विदित हुआ कि चन्द कवि से आगे बहुतेरे अच्छे-अच्छे कवीश्वर हो गुजरे हैं। तब हमने राय साहेब की किताब राजिस्तान और राजतरंगिणी इत्यादि राजों के प्राचीन इतिहासों को

देखना-भालना प्रारम्भ किया। किताब राजिस्तान में हमको अवंतीपुरी के प्राचीन एक इतिहास में लिखा मिला कि संवत् 770 में राजा मान अवंतीपुरी के राजा भोज के पिता काव्यशास्त्र में महानिपुण थे। उन्होंने संस्कृत अलंकार विद्या को पूष्यनामे में एक को पढ़ाया। पूष्य कवि ने संस्कृत अलंकार को भाषा-दोहरों में वर्णन किया। उसी समय से भाषा-काव्य की जड़ पड़ी और कुछ आश्चर्य नहीं है कि उन्हीं दिनों किसी-किसी कवि लोगों ने नायिका भेद इत्यादि में भाषा ग्रंथ बनाए हों। परन्तु राजा भोज के समय में संस्कृत विद्या के अधिक प्रचार होने के कारण भाषा यथावत उन्नत को प्राप्त न हुई हो।"[19] अत: सेंगर काव्य-भाषा हिन्दी का आरम्भ राजा भोज के समय से मानते हैं।

'शिवसिंह सरोज' के सम्पादक किशोरीलाल गुप्त इसे हिन्दी साहित्य के इतिहास का प्रमुखतम सूत्र मानते हैं और यह भी मानते हैं कि ग्रियर्सन ने इसी ग्रंथ को आधार बनाकर 'द मॉडर्न वर्नाक्युलर लिटरेचर ऑफ हिन्दुस्तान' की रचना की। इसके महत्त्व पर प्रकाश डालते हुए डॉ. किशोरीलाल गुप्त कहते हैं : "आज भी जब किसी पुराने कवि पर कुछ लिखना होता है, तब सबसे पहले यह देखने की आवश्यकता होती है कि सरोज में इस कवि के सम्बन्ध में क्या लिखा गया है। ग्रंथ की महत्ता आज तक अक्षुण्ण बनी हुई है।"[20]

यह ग्रंथ इतिहास ग्रंथ नहीं बन पाया। क्योंकि इसमें कई तरह की त्रुटियाँ भी हैं। डॉ. गुप्त लिखते हैं : "मैंने यह भी सिद्ध किया है कि सरोज के संवतों में से अनेक ईसवी-सन् हैं। मैं उन्हें ईसवी-सन् क्यों मानता हूँ, इसका कारण भी मैंने दिया है। मैंने यह भी सिद्ध किया कि सरोज में कई-कई कवि एक ही हैं और एक ही कवि कई-कई हैं। साथ ही मैंने यह भी सिद्ध किया कि सरोज के अनेक कवि सरोजकार की मिथ्या सृष्टि हैं, जिनका कभी भी अस्तित्व नहीं रहा।"[21] निस्सन्देह ऐसी त्रुटियाँ साहित्येतिहास लेखन में बाधक हैं। इसके बावजूद शिवसिंह सेंगर का योगदान काफी महत्त्वपूर्ण है। ग्रियर्सन और मिश्रबन्धुओं ने इस ग्रंथ का भरपूर उपयोग किया। ग्रियर्सन ने कहा है : "एक देशी ग्रंथ जिस पर मैं अधिकांश निर्भर रहा हूँ और प्राय: सभी छोटे कवियों और अनेक प्रसिद्ध कवियों के सम्बन्ध में प्राप्त सूचनाओं के लिए, जिसका मैं ऋणी हूँ।"[22]

जहाँ तक इतिहास-दृष्टि का प्रश्न है। इस ग्रंथ में किसी ऐतिहासिक पद्धति का अनुसरण नहीं किया गया है बल्कि यह ग्रंथ सूचनात्मक और विवरणात्मक अधिक है। ऐसा लगता है कि लेखक ऐतिहासिक पद्धति से अनभिज्ञ था। अत: लेखक ने भाषा-सम्बन्धी खोज पर विशेष ध्यान दिया है। पुस्तक में काल-विभाग का प्रयास तो है परन्तु काल विभाग साहित्यिक प्रवृत्तियों के अनुसार नहीं है। असल में शिवसिंह का मुख्य लक्ष्य प्राचीन और नवीन कवियों का जीवन-परिचय विस्तार से प्रस्तुत करना था, साथ ही भाषा-काव्य के मूल की परख भी करनी थी। शिवसिंह ने लिखा है : "संवत् 1500 में भाषा-काव्य सारे हिन्दुस्तान में ऐसी फैली कि गाँव-गाँव,

घर-घर कवि हो गए। इधर ब्रजभूमि में वल्लभाचार्य, विट्ठलस्वामी और हरिदास जी महात्माओं के शिष्य ऐसे कविता में निपुण हुए, जैसा न हुए थे, न कभी होंगे।"[23]

अत: शिवसिंह ने वल्लभाचार्य, विट्ठलस्वामी और हरिदास के महत्त्व को पहचाना परन्तु वे अतिसम्भावनाओं के शिकार भी हुए। फलस्वरूप वे 'विनय-पत्रिका' के महत्त्व पर गद्गद दिखते हैं। अत: शिवसिंह के मूल्यांकन में अतिरेक दिखाई देता है। इतिहास-दृष्टि की कसौटी पर तथ्य एवं सूचनाओं की अप्रामाणिकता के कारण उनकी पुस्तक खरी नहीं उतर पाती। फिर भी कवियों की सूची ने इतिहास लेखन में बुनियादी सहयोग दिया।

डॉ. ग्रियर्सन की इतिहास-दृष्टि

ग्रियर्सन द्वारा लिखित पुस्तक 'द मॉडर्न वर्नाक्युलर लिटरेचर ऑफ हिन्दुस्तान' (1888) 'एशियाटिक सोसाइटी ऑफ बंगाल' की पत्रिका के रूप में प्रकाशित हुई। सन् 1957 में किशोरीलाल गुप्त ने इस अंग्रेजी पुस्तक का हिन्दी अनुवाद किया, जो इसी वर्ष प्रकाशित हुई। ग्रियर्सन की इस पुस्तक को कुछ विद्वान हिन्दी साहित्य का पहला इतिहास ग्रंथ मानते हैं। डॉ. नगेन्द्र ने इसे 'सच्चे अर्थों में हिन्दी साहित्य का पहला इतिहास' कहा है।

यह तथ्य है कि ग्रियर्सन की यह पुस्तक 'शिवसिंह सरोज' पर आधारित है। जो भी हो, ग्रियर्सन ने कालक्रमानुसार कवियों और लेखकों का वर्गीकरण किया है—उनकी प्रवृत्तियों को उद्घाटित करने का प्रयास किया है। विभिन्न युगों की काव्य-प्रवृत्तियों की व्याख्या की है, सांस्कृतिक परिस्थितियों और प्रेरणास्रोतों के उद्घाटन का प्रयास किया है तथा हिन्दी भाषा और साहित्य के स्वरूप एवं विकास के सम्बन्ध में भी एक दृष्टिकोण प्रस्तुत किया है।

ग्रियर्सन की इतिहास-दृष्टि को उनके कुछ विचारों के आलोक में समझा जा सकता है। एक तो यह कि यह पूर्णतया महारानी का भारत, आन्तरिक अशान्तियों से मुक्त है, ज्ञान-प्रसार और ज्ञान-प्राप्ति के लिए जिसमें हर प्रकार का प्रोत्साहन दिया गया है। ग्रियर्सन के विचारों में राजभक्ति का स्वर विद्यमान है जहाँ वे भारतीय जनमानस की पीड़ा का अनुभव नहीं कर पाते क्योंकि औपनिवेशिक दृष्टि ही उनकी इतिहास-दृष्टि का नेतृत्व करने लगती है। यह सही है कि ज्ञान प्रसार और विशेषत: वैज्ञानिक दृष्टि को विकसित करने में अंग्रेजी शासन की एक भूमिका थी, परन्तु ग्रियर्सन द्वारा आन्तरिक अशान्तियों से मुक्ति की घोषणा करना वास्तविकता से आँखें मूँद लेना है।

ग्रियर्सन ने भक्तिकाल की उपलब्धियों की पहचान की। अत: ग्रियर्सन चारणकाल (आदिकाल) की अपेक्षा भक्तिकाल को महत्त्व देते हैं तथा भक्तिकाल के युगबोध की भी सही समझ रखते हैं। इस प्रकार वे इसे 'महान पुनरुत्थान युग' मानते हैं।

निष्कर्षत: यह कहा जा सकता है कि ग्रियर्सन की इतिहास-दृष्टि में युगबोध की परख विद्यमान है।

ग्रियर्सन ने साहित्यिक पतन को मुगलों और मराठों के पतन को सांस्कृतिक संकट से जोड़कर देखा है। वे कहते हैं कि यह युग भारतीय इतिहास की दो महत्त्वपूर्ण घटनावलियों को घेरे हुए है—मुगल साम्राज्य का ह्रास और पतन तथा मराठा शक्ति का उत्थान और पतन। ऐसा समय न तो नये सम्प्रदायों की स्थापना के लिए उपयोगी था, न कला-सृष्टि के लिए।

इस प्रकार ग्रियर्सन साहित्य और कला-उन्नति के मूल में राजनीतिक परिस्थितियों की विडम्बनाओं को स्वीकार करते हैं। उनकी यह धारणा सही है कि पुराने सम्प्रदाय ही आपसी कलह में लिप्त थे और साथ ही केन्द्रीय शासन की दुर्बलता ने भारतीय समाज को छिन्न-भिन्न कर डाला।

ग्रियर्सन ने अपने लेखन की चुनौतियों और कमजोरियों को मुक्त कंठ से स्वीकार किया है जिससे उनकी लेखकीय ईमानदारी का भी परिचय मिलता है। यद्यपि एक जिला कलक्टर के रूप में उनकी सीमाएँ थीं। वे मानते हैं कि विषय अत्यन्त विस्तृत है और हमारा ज्ञान सीमित है, अत: ऐसे कार्य का प्रयत्न भी नहीं किया जा सकता। अत: उन्होंने इसको एक सामग्री-संग्रह के रूप में भेंट किया। उन्होंने यह भी कहा कि जिनके पास बंगाल के एक जिला कलक्टर की अपेक्षा अधिक अवकाश है, वे इस ग्रंथ का निर्माण करें।

अत: ग्रियर्सन ने अपने पद की सीमाओं को स्वीकार करते हुए इतिहास लेखन की चुनौतियों को भावी पीढ़ी को सौंपने की कोशिश की। उन्होंने इसे इतिहास ग्रंथ नहीं कहा बल्कि 'सामग्री-संग्रह' के रूप में इस पुस्तक को स्वीकार किया।

अत: ग्रियर्सन की इतिहास-दृष्टि की कमी यह है कि वे उपनिवेशवाद के प्रभाव से मुक्त नहीं हो पाते। प्रशासकीय सोच की संकीर्णताएँ उनके इतिहास लेखन में किसी-न-किसी रूप में उपस्थित होती हैं। वे संस्कृत, प्राकृत के साथ-साथ अरबी-फारसी मिश्रित भाषा को महत्त्व नहीं देते। तुलसी की किंवदन्तियों में उलझ जाते हैं।

यद्यपि वे केशव और चिन्तामणि के काव्यशास्त्रीय योगदान को स्वीकार करते हैं। तुलनात्मक विवेचन की दृष्टि से वे तुलसी को सूर से श्रेष्ठ ठहराते हैं, युग परिवर्तन के कारणों की खोज करते हैं और काव्य-प्रवृत्तियों के मूल्यांकन में क्रम का निर्वाह भी करते हैं। इस प्रकार ग्रियर्सन मुख्य तौर पर कालक्रमानुसार पद्धति का उपयोग करते हैं पर आंशिक तौर पर विधेयवादी एवं तुलनात्मक पद्धति का भी उपयोग करते हैं। यह उनके इतिहास लेखन की उपलब्धि है।

अत: अपनी समय और सीमा तथा कुछ संकीर्णताओं के बावजूद ग्रियर्सन के योगदान को नकारा नहीं जा सकता; बल्कि यह कहा जा सकता है कि परवर्ती इतिहासकारों के लिए वे नींव की ईंटें जोड़ रहे थे।

मिश्रबन्धुओं की इतिहास-दृष्टि

मिश्रबन्धु चार सगे भाई थे, जिनमें से तीन भाइयों—गणेश बिहारी मिश्र, श्याम बिहारी मिश्र और शुकदेव बिहारी मिश्र ने 'मिश्रबन्धु-विनोद' ग्रंथ लिखने का कार्य सम्पन्न किया। इनमें भी श्याम बिहारी एवं शुकदेव बिहारी ने ही इस ग्रंथ को पूरा करने में मुख्य भूमिका निभाई। 'मिश्रबन्धु-विनोद' चार भागों में है। इसके तीन भाग 1913 ई. में एवं अन्तिम तथा चतुर्थ भाग 1934 ई. में प्रकाशित हुआ। मिश्रबन्धुओं ने सिर्फ समीक्षा एवं इतिहास लेखन ही नहीं किया है बल्कि सर्जनात्मक साहित्य भी लिखा है। परन्तु उनका महत्त्व विशेष रूप से साहित्येतिहास लेखन के कारण है। वैसे मिश्रबन्धुओं के अध्ययन का विषय इतिहास भी रहा है, जो उनके ऐतिहासिक उपन्यास लेखन से प्रमाणित होता है। मिश्रबन्धुओं का प्रथम आलोचनात्मक ग्रंथ 'हिन्दी नवरत्न' है, जो 1910-11 ई. में प्रकाशित हुआ।

मिश्रबन्धुओं द्वारा रचित 'मिश्रबन्धु-विनोद' आदिकाल से लेकर आधुनिक काल तक के कवियों का वृत्त संग्रह है, जिसमें लगभग 5000 कवियों के जीवन का वृत्त एवं काव्य का परिचय दिया गया है। इन्होंने हिन्दी साहित्य को पूर्व, मध्य और उत्तर, तीन युगों में बाँटा है, साथ ही इनके दो-दो भाग किए हैं। विभाजन के साथ उन्होंने कृतियों की साहित्यिक आलोचना भी की है।

विशेषत: उन्होंने कवियों के विवरण के साथ साहित्य के विविध अंगों पर भी विचार किया है एवं अज्ञात कवियों को भी ग्रंथ में शामिल किया है। मिश्रबन्धुओं ने काव्य समीक्षा में परम्परागत सिद्धान्त एवं पद्धति को अपनाया है। उनका इतिहास लेखन निर्वाचन एवं परीक्षण प्रणाली पर आधारित है। हालाँकि इसमें काफी दोष है, क्योंकि सामाजिक पृष्ठभूमि और तटस्थता के बगैर इन पद्धतियों का उपयोग ठीक-ठीक नहीं किया जा सकता। वैसे उनके इतिहास लेखन में प्रभाववादी एवं तुलनात्मक समीक्षा-पद्धति का असर दिखाई देता है। विशेषत: जब वे तुलसी और शेक्सपियर की तुलना करते हैं। परन्तु जहाँ तक काव्य निर्णय का प्रश्न है, वे भारतीय साहित्य शास्त्र को आधार बनाते हैं। भगवत स्वरूप मिश्र के शब्दों में : "मिश्रबन्धुओं की आलोचना, विशुद्ध शास्त्रीय समीक्षा का प्रौढ़तर उदाहरण मानी जा सकती है।"[24]

मिश्रबन्धुओं ने भाषा-सम्बन्धी अशुद्धियों की ओर ध्यान न देकर भाषा-सम्बन्धी उपलब्धियों की ओर अधिक ध्यान दिया है। उन्होंने भाषा के साहित्यिक सामर्थ्य और गुण को उद्घाटित किया है।

ध्यातव्य है कि मिश्रबन्धुओं ने अपने ग्रंथ को कभी भी 'इतिहास' नहीं कहा; बल्कि परवर्ती आलोचकों ने ही इसे इतिहास की संज्ञा दी। इतना अवश्य था कि वे इतिहास लिखना चाहते थे। नलिन विलोचन शर्मा के शब्दों में : "विनोद साहित्यिक इतिहास क्यों नहीं है? यह वे समझ पा सके हैं।"[25]

जो भी हो, "...उन्होंने 'मिश्रबन्धु-विनोद' कहकर ही सन्तोष कर लिया। यदि वे विनोद को हिन्दी साहित्य का इतिहास कहते तो, हिन्दी के साहित्यिक इतिहास का अभाव देखते हुए वह क्षम्य ही माना जाता। उन्होंने ऐसा नहीं किया। यह उनके विवेक, अन्तर्दृष्टि और अपनी सीमाएँ समझने की शक्ति का परिचायक है।"[26] 'मिश्रबन्धु-विनोद' भले ही इतिहास ग्रंथ न हो परन्तु इसके भीतर इतिहास निर्माण के बीज विद्यमान हैं। अत: उन्होंने प्रारम्भ में हिन्दी साहित्य के इतिहासों की चर्चा करते हुए सामाजिक पृष्ठभूमि एवं परिस्थितियों का विवेचन भी किया है। मिश्रबन्धुओं ने अपनी विवशता प्रकट करते हुए कहा : "हमारे यहाँ अभी कुछ दिन तक ऐसे उन्नत इतिहास ग्रंथों का बनना कठिन है। एक तो वहाँ के भारी गद्य लेखकों की बराबरी हम लोग नहीं कर सकते और दूसरे, उनको मसाला बहुत अच्छा मिलता है।"[27]

मिश्रबन्धुओं ने अपने लेखन में बड़ी ईमानदारी से त्रुटियों की सम्भावनाओं को स्वीकार किया है। फिर भी, उन्होंने इन चुनौतियों को स्वीकार करते हुए अनेक कवियों को शामिल किया, जिनके काल निरूपण में भूल होने की सम्भावना थी। उन्होंने कवियों के वर्गीकरण के साथ काव्य प्रौढ़ता के आधार पर श्रेणियाँ भी निर्धारित की हैं : "सरोजकार एवं भाषाओं के अन्य इतिहासकारों ने श्रेणी विभाग स्थिर किए बिना ही कवियों की प्रशंसा की है। इन प्रशंसाओं से अधिकांश दशाओं में कवियों की अपेक्षाकृत गरिमाभेद ज्ञात नहीं होता, इन्हीं कारणों से हमने किसी प्राचीन प्रमाण के अभाव में भी श्रेणी विभाग चलाने का साहस किया है...। श्रेणियों में रखने के विचार में हमने केवल काव्य प्रौढ़ता पर ध्यान दिया है।"[28]

फिर भी आलोचकों ने 'मिश्रबन्धु-विनोद' को काफी महत्त्व दिया है, भले ही इसमें विधेयवादी दृष्टि का अभाव रहा हो। यद्यपि किशोरीलाल गुप्त इस ग्रंथ के उपनाम (साहित्य का इतिहास अथवा कवि कीर्तन) को आधार मानकर इसे साहित्येतिहास मानते हैं। वास्तव में यह ग्रंथ पूर्ववर्ती इतिहास ग्रंथों का विकास है। हालाँकि शुक्ल जी ने इस ग्रंथ पर कटु व्यंग्य भी किया है, फिर भी वे इसे प्रकांड कविवृत्त मानते हुए इसका ऋण स्वीकारते हैं : "कवियों के परिचयात्मक विवरण मैंने प्राय: 'मिश्रबन्धु-विनोद' से ही लिये हैं।"[29]

आचार्य द्विवेदी ने भी 'आदिकाल' नामकरण में 'मिश्रबन्धु-विनोद' को आधार बनाया है।

आंशिक तौर पर विधेयवादी इतिहास लेखन की परम्परा के रूप में ग्रियर्सन के उपरान्त मिश्रबन्धुओं का ही नाम लिया जा सकता है। सम्पूर्ण रूप में इतिहास ग्रंथ न होते हुए भी साहित्येतिहास की परम्परा को पूर्ण करने का आधार इसमें विद्यमान है, अत: इस ग्रंथ का महत्त्व अक्षुण्ण है।

आचार्य शुक्ल की इतिहास-दृष्टि

आचार्य रामचन्द्र शुक्ल ने ही पहली बार समुचित एवं वैज्ञानिक ढंग से साहित्येतिहास लेखन का कार्य सम्पन्न किया। उनकी इतिहास-दृष्टि को प्रो. मैनेजर पांडेय ने 'वस्तुवादी साहित्य दृष्टि' कहा है। आचार्य शुक्ल के लेखन में अतीत, वर्तमान और भविष्य के प्रति सजग दृष्टि उपस्थित है जो मूलत: सामाजिक चेतना से ओत-प्रोत है, जिसमें राष्ट्रीयता का बोध एवं संस्कृति की चिन्ता गहरे रूप में विद्यमान है। आचार्य शुक्ल सिर्फ साहित्य के ही नहीं, विविध विषयों के अध्येता एवं ज्ञाता थे। इतिहास, दर्शन, समाजशास्त्र, भाषाविज्ञान का उन्हें विशेष ज्ञान था। प्रो. मैनेजर पांडेय के शब्दों में : "राबर्ट वाइमन की धारणा के सहारे यह कहा जा सकता है कि आलोचक की ऐतिहासिक चेतना और इतिहासकार की आलोचनात्मक चेतना की विकासशील एकता से निर्मित साहित्य विवेक आचार्य शुक्ल के इतिहास और आलोचना सम्बन्धी लेखन की मुख्य विशेषता है।"[30]

आचार्य शुक्ल की ऐतिहासिक चेतना स्वाधीनता-आन्दोलन से गहरे रूप में प्रभावित है; अर्थात् आचार्य शुक्ल जब साहित्येतिहास लिख रहे थे तब भारत ब्रिटिश शासन के अन्तर्गत था। साहित्यकारों द्वारा ब्रिटिश सरकार की साम्राज्यवादी नीतियों का जमकर विरोध किया जा रहा था। उनकी इन साम्राज्यवादी नीतियों का पोषक भारतीय सामन्त वर्ग भी था। अत: शुक्ल जी की इतिहास-दृष्टि सामन्तवादी दृष्टिकोण का विरोधी है। अतएव लोकमत की प्रधानता या लोकाभिमुखता आचार्य शुक्ल की इतिहास-दृष्टि में शामिल है।

प्रसिद्ध दार्शनिक हीगल ने माना है कि इतिहास तीन प्रक्रियाओं से होकर गुजरता है—वाद, प्रतिवाद और समवाद। आचार्य शुक्ल ने इन तीनों प्रक्रियाओं का ध्यान रखा है। सिद्ध साहित्य का मूल्यांकन करते समय वे उसकी भाषागत उपलब्धियों को स्वीकार करते हैं और साथ ही उसकी विकृतियों पर भी नजर रखते हैं : "सिद्धों और योगियों का इतना वर्णन करके इस बात की ओर ध्यान दिलाना आवश्यक समझते हैं कि उनकी रचनाएँ तांत्रिक विधान, योगसाधना, आत्मनिग्रह, श्वास निरोध, भीतरी चक्रों और नाड़ियों की स्थिति, अन्तर्मुख साधना के महत्त्व इत्यादि की साम्प्रदायिक शिक्षा मात्र है। जीवन की स्वाभाविक अनुभूतियों और दशाओं से उनका कोई सम्बन्ध नहीं। अत: वह शुद्ध साहित्य के अन्तर्गत नहीं आ सकती। उनको उसी रूप में ग्रहण करना चाहिए जिस रूप में ज्योतिष, आयुर्वेद के ग्रंथ।"[31]

शुक्ल जी सिद्धों की रचनाओं को इतिहास में शामिल तो करते हैं परन्तु साहित्य में नहीं। क्योंकि उनकी इतिहास-दृष्टि में साम्प्रदायिकता का घोर विरोध है। शुक्ल जी की दृष्टि में जो साहित्य 'जीवन की स्वाभाविक अनुभूतियों और दशाओं से' सम्बन्ध नहीं रखता, वह साम्प्रदायिक रचना है। शुक्ल जी यह भलीभाँति समझते थे कि

सिद्धों और नाथों की ये प्रवृत्तियाँ तांत्रिक विधान, योगसाधना, आत्मनिग्रह, श्वास निरोध, चक्र और नाड़ियों की स्थिति आदि भारतीय समाज को दिशाहीन करनेवाली हैं। असल में शुक्ल जी की दृष्टि वैज्ञानिक थी। अत: ऐसी प्रवृत्तियों के लिए उनके हृदय में कोई स्थान नहीं था। परन्तु शुक्ल जी भक्तिकाल के अन्य कवियों विशेषत: तुलसीदास की गैर-वैज्ञानिक मान्यताओं पर सवाल नहीं उठाते, अत: उनकी वैज्ञानिक सोच सीमित दिखाई देती है। आचार्य शुक्ल की दृष्टि में स्थूल भौगोलिक घटनाओं का महत्त्व नहीं बल्कि मानव सभ्यता के विकास की सूक्ष्म प्रवृत्तियों का महत्त्व है। ध्यातव्य है कि शुक्ल जी के पूर्व डार्विन के विकासवाद ने इतिहास, दर्शन, साहित्य, कला आदि को प्रभावित कर डाला था और मार्क्सवादी भौतिक विकासवाद का सिद्धान्त प्रचलित हो चुका था। वैसे यह तथ्य है कि शुक्ल जी ने मार्क्सवाद को कहीं स्वीकार नहीं किया है।

आचार्य शुक्ल ने खड़ी बोली के उद्‍भव और विकास को मुगल साम्राज्य की दरबारी शिष्टता और पतन से सम्बद्ध माना है : "देश के भिन्न-भिन्न भागों में मुसलमानों के फैलने तथा दिल्ली की दरबारी शिष्टता के प्रचार के साथ ही दिल्ली की खड़ी बोली शिष्ट समुदाय के परस्पर व्यवहार की भाषा हो चली थी।

...मुगल साम्राज्य के ध्वंस से भी खड़ी बोली के फैलने में सहायता पहुँची।"[32] शुक्ल जी की इतिहास-दृष्टि में राजनीतिक परिवर्तन के साथ-साथ सामाजिक एवं सांस्कृतिक परिवर्तन की परख शामिल है। शुक्ल जी के अनुसार खड़ी बोली हिन्दी का विकास पूरबी शहरों में व्यापार आदि के माध्यम से हुआ। क्योंकि पश्चिम के व्यापारी जब पूरबी व्यापारियों से मिले तो बाजार की भाषा के रूप में खड़ी बोली पनपी। अत: शुक्ल जी प्रत्यक्ष रूप से खड़ी बोली को मुसलमानों का योगदान नहीं मानते : "यह खड़ी बोली असली और स्वाभाविक भाषा थी, मौलवियों और मुंशियों की उर्दू मुअल्ला नहीं। यह अपने ठेठ रूप में बराबर पछाँह से आई जातियों के घरों में बोली जाती है। अत: कुछ लोगों का यह कहना या समझना कि मुसलमानों के द्वारा ही खड़ी बोली अस्तित्व में आई और उसका मूल रूप उर्दू है जिससे आधुनिक हिन्दी गद्य की भाषा अरबी-फारसी शब्दों को निकालकर गढ़ ली गई, शुद्ध भ्रम या अज्ञान है।"[33]

आचार्य शुक्ल ने 'हिन्दी साहित्य का इतिहास' 44 वर्ष की उम्र में लिखा। उन्होंने इतिहास दर्शन पर विचार करते हुए यह इतिहास नहीं लिखा था, फिर भी उनकी इस पुस्तक में साहित्य का इतिहास और दर्शन, दोनों मौजूद हैं। वजह यह है कि उन्होंने साहित्येतिहास लेखन से पहले महत्त्वपूर्ण इतिहास सम्बन्धी लेख भी लिखे—'मेगस्थनीज का भारतवर्षीय विवरण', 'पारसीकों का इतिहास', 'प्राचीन भारतवासियों का पहिरावा' आदि। उन्होंने कुछ ऐतिहासिक उपन्यासों का अनुवाद भी किया था। अत: शुक्ल जी की रुचि अपने देश, जाति और जनता के इतिहास

में थी। अत: साहित्येतिहास लेखन में रुचि होना शुक्ल जी के लिए स्वाभाविक ही था। इतिहास लेखन से पहले आचार्य शुक्ल ने इतिहास-दृष्टि स्पष्ट की है। 'हिन्दी साहित्य का इतिहास' में शुक्ल जी 'काल विभाग' अध्याय के अन्तर्गत कहते हैं : "जबकि प्रत्येक देश का साहित्य वहाँ की जनता की चित्तवृत्ति का संचित प्रतिबिम्ब होता है, तब यह निश्चित है कि जनता की चित्तवृत्ति के परिवर्तन के साथ-साथ साहित्य के स्वरूप में भी परिवर्तन होता चला जाता है। आदि से अन्त तक इन्हीं चित्तवृत्तियों की परम्परा को परखते हुए साहित्य परम्परा के साथ उनका सामंजस्य दिखाना ही साहित्य का इतिहास कहलाता है।"[34] उन्होंने इतिहास को परिभाषित करते हुए सिद्धान्त भी निश्चित किए—वे सिद्धान्त, जो जनता की चित्तवृत्तियों को प्रभावित करते हैं और उनका प्रतिबिम्बन साहित्य में होता है। आचार्य शुक्ल के शब्दों में : "जनता की चित्तवृत्ति बहुत कुछ राजनीतिक, सामाजिक, साम्प्रदायिक तथा धार्मिक परिस्थिति के अनुसार होती है। अत: कारणस्वरूप इन परिस्थितियों का किंचित् दिग्दर्शन भी साथ-साथ आवश्यक होता है।"[35]

अत: चित्तवृत्ति का कार्य परिस्थितियों के कारण सम्पन्न होता है। चित्तवृत्तियाँ और परिस्थितियाँ, दोनों एक-दूसरे की पूरक हैं। साथ ही दोनों ही परिवर्तन के कारक के रूप में एक दूसरे को प्रभावित करती हैं। शुक्ल जी के बारे में डॉ. नामवर सिंह ने कहा है : "प्रतिबिम्बवाद भी दिखाया है उन्होंने, कार्यकारण सम्बन्ध भी दिखाया है।"[36]

आचार्य शुक्ल के इतिहास लेखन की एक विशिष्टता यह भी है कि विशेषताओं को ठीक-ठीक लक्षित करना। परन्तु इन विशेषताओं की पुनरावृत्ति वे नहीं करते बल्कि परिवर्तन को लक्षित करते हुए संवेदनाओं को अभिव्यजंना की विभिन्न शैलियों में व्यक्त करते हैं। हर युग के परिवर्तन एवं संवेदना का सामंजस्य उनके लेखन में है : "ऐतिहासिक परिवर्तन और नैरन्तर्य का जिस हद तक और जिस तरह निरूपण शुक्ल जी ने किया है, वह वस्तुत: बेजोड़ है।"[37]

आचार्य शुक्ल की इतिहास-दृष्टि में अध्यात्मवाद का प्रखर विरोध है जिसका सम्बन्ध रहस्यवाद से है। आचार्य शुक्ल इस रहस्यवृत्ति का विरोध सिद्धों की रचनाओं से लेकर छायावाद तक करते हैं। सिद्धों और नाथों पर टिप्पणी करते हुए कहते हैं : "उनकी बानी तो गुह्य, रहस्य और सिद्धि लेकर उठी थी। अपनी रहस्यदर्शिता की धाक जमाने के लिए बाह्य जगत की बातें छोड़ घट के भीतर कोठों की बातें बताया करते थे।"[38] रहस्यदर्शिता की धाक जमाने का चलन तो आजकल के बाबाओं और साधुओं में भी है, जिन्होंने साधारण जनता के बड़े हिस्से को गुमराह किया है। स्वाभाविक था कि शुक्ल जी ऐसे गुमराह करनेवाले योगियों से घृणा करते।

परन्तु आचार्य शुक्ल ने सूफियों के भावनात्मक रहस्यवाद को महत्त्व दिया है, जो उन्हें हृदयग्राही भी लगता है। परन्तु शुक्ल जी ने साधनात्मक रहस्यवाद की उपेक्षा की है, जो योगियों, रासायनिकों और तांत्रिकों में थी। डॉ. नामवर सिंह ने

अध्यात्मवाद को उपनिवेशवाद के बड़े अस्त्र के रूप में देखा है। एडवर्ड सईद के हवाले से उन्होंने यह कहा है कि पश्चिम के साम्राज्यवादी देश कहते थे, पश्चिम भौतिकवादी है और पूर्व अध्यात्मवादी और इस तरह ओरियंटलिज्म के जरिये हमें भौतिक स्तर पर गुलाम बनाकर अध्यात्म चिन्तन में ही रत देखना चाहते थे। अत: नामवर सिंह के शब्दों में : "आचार्य रामचन्द्र शुक्ल पहले क्रान्तिदर्शियों में हैं, जिन्होंने इस अध्यात्मवाद को पहचाना था।...सबसे जबर्दस्त, निरन्तर, लगातार प्रहार आचार्य रामचन्द्र शुक्ल ने उस अध्यात्मवाद के विरुद्ध किया है।"[39]

आचार्य शुक्ल ने 'छायावाद' की रहस्यात्मक प्रवृत्ति पर भी अफसोस और चिन्ता जाहिर की है : "रहस्य-भावना और अभिव्यंजना पद्धति पर ही प्रधान लक्ष्य हो जाने और काव्य को केवल कल्पना की सृष्टि कहने का चलन हो जाने से सहानुभूति तक कल्पित होने लगी।...काव्य की प्रकृत पद्धति तो यह है कि वस्तु योजना चाहे लोकोत्तर हो पर भावानुभूति का स्वरूप सच्चा अर्थात् स्वाभाविक वासनाजन्य हो। भावानुभूति का स्वरूप भी यदि कल्पित होगा तो हृदय से उसका सम्बन्ध क्या रहेगा? भावानुभूति यदि ऐसी होगी, जैसी नहीं हुआ करती तो सचाई (सिंसियारिटी) कहाँ रहेगी?"[40]

इस प्रकार आचार्य शुक्ल ने रहस्यवाद के कारण जो काव्य-भाषा में कृत्रिमता पैदा हो रही थी, उसका विरोध किया। क्योंकि रहस्यवाद रचना की अन्तर्वस्तु पर हावी हो रहा था।

प्रोफेसर मैनेजर पांडेय ने आचार्य शुक्ल की इतिहास-दृष्टि पर राष्ट्रीय नवजागरण और राष्ट्रीय स्वाधीनता-आन्दोलन का असर मानते हुए उनकी इतिहास-दृष्टि को साम्राज्यवाद और सामन्तवाद विरोधी माना है। 1854 के बाद जब अंग्रेजी राज्य की जड़ें जमने लगीं तब आचार्य शुक्ल ने बंग देश के नाटकों और उपन्यासों की सराहना करते हुए कहा : "पर हिन्दी साहित्य अपने पुराने रास्ते पर ही पड़ा था।"[41]

आचार्य शुक्ल की इतिहास-दृष्टि में राष्ट्रीय चेतना का प्रभाव इस रूप में देखा जा सकता है जब उन्होंने 1907 ई. में 'व्हाट हैज इंडिया टु डू' नामक लेख अंग्रेजी में लिखा था, जिसका जिक्र नामवर सिंह ने 'आचार्य शुक्ल और हिन्दी नवजागरण' में किया है : "We need social reformers, political agitators, poets and educationalists all at one end and at the same time"[42]

यहाँ तक कि शुक्ल जी इस निबन्ध में राजनीतिक शिक्षा को महत्त्व देते हैं, जिसका हिन्दी अनुवाद नामवर सिंह ने किया है : "प्रत्येक ग्रामवासी को यह जानना चाहिए कि वह इतनी ज्यादा मेहनत करने पर भी इतना क्यों कमाता है...। और सचमुच प्रत्येक भारतवासी को यह साफ दिखाई पड़ना चाहिए कि उसका देश दिन-पर-दिन क्यों गरीब होता जा रहा है। आप चाहें तो इसे राजनीतिक शिक्षा कह सकते हैं।"[43]

आचार्य शुक्ल ने साफ शब्दों में साम्राज्यवाद को ब्रिटिश राज की प्रेरकशक्ति कहा है। डॉ. नामवर सिंह ने आचार्य शुक्ल पर मिलिटेंट नेशनलिज्म का आंशिक प्रभाव स्वीकार करते हुए उन्हें लोकमान्य तिलक के अनुयायी के रूप में स्वीकार किया है। आचार्य शुक्ल द्वारा किया गया भारतेन्दु और प्रेमचन्द के मूल्यांकन में भी साम्राज्यवाद विरोधी दृष्टि दिखती है।

शुक्ल जी ने 'असहयोग आन्दोलन' के बारे में टिप्पणी करते हुए वर्ग भेद को ध्यान में रखते हुए उसके द्वंद्वात्मक सम्बन्धों की भी पहचान की है। डॉ. नामवर सिंह ने भी इस ओर ध्यान दिलाया है : "...सम्पूर्ण असहयोग का विश्लेषण कदाचित् पहली बार 1921 ई. में उन्होंने वर्ग दृष्टि से किया, जब वर्ग की चर्चा नहीं होती थी। मार्क्सवाद का प्रचार उतनी दूर तक नहीं हुआ था, लोग 'सोशल क्लासेज' की बात नहीं करते थे।...उन्होंने कहा कि इस आन्दोलन में एक ओर व्यापारिक वर्ग शामिल है और दूसरी ओर अव्यापारिक वर्ग अर्थात् कृषि और भूमि से जुड़े हुए लोग हैं; जिनमें जमींदार भी हैं; छोटे काश्तकार भी हैं; खेतों पर काम करनेवाले मजदूर भी हैं। ये दो स्पष्ट वर्ग हैं। उन्होंने कहा कि भारत में आरम्भ से ही ये दो वर्ग रहे हैं—व्यापारिक वर्ग और दूसरा नन-मर्केन्टाइल, भूमि से जुड़ा हुआ वर्ग।"[44]

अत: शुक्ल जी की यह साम्राज्यवाद विरोधी दृष्टि ही थी कि उन्होंने पूँजीपति वर्ग की बजाय कृषक वर्ग के प्रति सहानुभूति प्रकट की। तभी उनके लिए प्रेमचन्द का महत्त्व है और निराला का भी महत्त्व है। इस प्रकार शुक्ल जी ने सम्प्रदायवाद, उपनिवेशवाद, रहस्यवाद, सामन्तवाद का विरोध करते हुए तथा राष्ट्रीयता, वैज्ञानिकता, सामाजिकता का समर्थन करते हुए साहित्येतिहास लेखन के लिए गम्भीर एवं विस्तृत दृष्टिकोण प्रस्तुत किया, जो परवर्ती इतिहास लेखन के लिए मील का पत्थर साबित हुआ।

आचार्य हजारीप्रसाद द्विवेदी की इतिहास-दृष्टि

हिन्दी साहित्येतिहास लेखन की परम्परा में आचार्य शुक्ल के उपरान्त आचार्य हजारीप्रसाद द्विवेदी की भूमिका अत्यन्त महत्त्वपूर्ण एवं अद्वितीय है। वैसे उन्होंने आचार्य शुक्ल की तरह हिन्दी साहित्य का इतिहास सुव्यवस्थित ढंग से तो नहीं लिखा है परन्तु इतिहास लेखन की परम्परा के विकास में उन्होंने जो भी स्वतंत्र लेख एवं निष्कर्ष प्रस्तुत किए हैं, वे हिन्दी साहित्य के इतिहास लेखन के विकास में अविस्मरणीय हैं।

आचार्य द्विवेदी ने साहित्येतिहास लेखन की परम्परा में जो पहली पुस्तक लिखी, वह 'हिन्दी साहित्य की भूमिका' शीर्षक से 1940 ई. में प्रकाशित हुई। इसके उपरान्त

उन्होंने 'हिन्दी साहित्य : उद्‌भव और विकास' (1952) तथा 'हिन्दी साहित्य का आदिकाल' (1952) नामक पुस्तक लिखी।

आचार्य द्विवेदी के इतिहास लेखन की विशिष्टता यह है कि उन्होंने परिस्थितियों के बदले परम्परा को विशेष महत्त्व दिया। परम्पराओं को इतिहास लेखन का आधार बनाने के बावजूद उन्होंने परम्परा के रूढ़िवादी दृष्टिकोण की उपेक्षा की। इतिहास लेखन में उन्होंने अपना व्यापक और सन्तुलित दृष्टिकोण प्रस्तुत करते हुए इतिहास दर्शन की भूमिका तैयार की।

आचार्य द्विवेदी ने हिन्दी साहित्य के 1000 वर्षों के इतिहास का विभाजन किया। साथ ही काव्य स्त्रोतों और पूर्व परम्पराओं के अनुसन्धान की सहानुभूतिपूर्ण और यथातथ्य व्याख्या प्रस्तुत की। डॉ. नगेन्द्र के शब्दों में : "जहाँ तक ऐतिहासिक चेतना व पूर्व परम्परा के बोध की बात है, निश्चय ही आचार्य द्विवेदी हिन्दी के सबसे अधिक सशक्त इतिहासकार हैं।"[45]

आचार्य द्विवेदी ने साहित्येतिहास लेखन में आचार्य शुक्ल को आधार बनाया तथा उनकी मान्यताओं को चुनौती देते हुए इतिहास लेखन का नया दृष्टिकोण भी प्रस्तुत किया। अगर ध्यान दें तो आचार्य द्विवेदी द्वारा किया गया हिन्दी साहित्य का काल-विभाजन बुनियादी तौर पर आचार्य शुक्ल के काल-विभाजन के समानान्तर है। उन्होंने आचार्य शुक्ल की मान्यताओं को पूरी तरह खारिज नहीं किया है। उदाहरणस्वरूप काल-विभाजन को लिया जा सकता है। आचार्य शुक्ल ने हिन्दी साहित्य के प्रथम काल को 'वीरगाथाकाल' कहा है जबकि आचार्य द्विवेदी इसे आदिकाल कहते हैं। ध्यातव्य है कि 'आदिकाल' नाम आचार्य शुक्ल की पुस्तक में उल्लिखित है। इसी तरह आचार्य शुक्ल ने भक्तिकाल को पूर्व मध्यकाल एवं रीतिकाल को उत्तर मध्यकाल कहा है। परन्तु आचार्य द्विवेदी ने इसे क्रमश: भक्ति साहित्य एवं रीतिकाल कहा है, आचार्य शुक्ल जिसे गद्यकाल कहते हैं। अत: आचार्य द्विवेदी द्वारा स्वीकृत प्राय: नाम आचार्य शुक्ल की पुस्तक में उल्लिखित हैं। आचार्य द्विवेदी के साहित्येतिहास लेखन की एक और विशेषता है—जिसे डॉ. नगेन्द्र ने लक्षित करते हुए कहा है : "शायद यह उनकी अहिंसक दृष्टि का परिणाम है कि वे पूर्व-व्यवस्था के सारे दोषों व अवगुणों का उद्‌घाटन करने के बाद भी अपनी ओर से उसमें परिवर्तन का कोई प्रयास नहीं करते हैं।"[46]

हालाँकि यह पूरा सच नहीं है। उन्होंने परिवर्तन का प्रयास भले ही न किया हो परन्तु परिवर्तन के संकेत अवश्य किये हैं। आचार्य द्विवेदी की इतिहास-दृष्टि में केन्द्रीय तत्त्व है—भारतीय विचारधारा का प्रतिनिधित्व। अत: उन्होंने हिन्दी साहित्य को भारतीय चिन्ता के विकास के साथ संलग्न करते हुए मूल्यांकन की कोशिश की है। उन्होंने पूर्ववर्ती साहित्येतिहासकारों पर यह आरोप भी लगाया है कि प्राय: ऐसे प्रयास की उपेक्षा भी हुई है। उनके शब्दों में : "कम-से-कम

भारतवर्ष के आधे हिस्से की सहस्रवर्ष-व्यापी, आशा-आकांक्षाओं का मूर्तिमान प्रतीक यह हिन्दी साहित्य अपने-आपमें एक ऐसी शक्तिशाली वस्तु है कि इसकी उपेक्षा भारतीय विचारधारा को समझने में घातक सिद्ध होगी। पर नाना कारणों से सचमुच ही यह उपेक्षा होती चली आई है।"[47] द्विवेदी जी ने इतिहास लेखन के साथ भारतीय विचारधारा के सच्चे प्रतिनिधित्व का सवाल उठाया क्योंकि वे इसका अभाव आचार्य शुक्ल में देख रहे थे। वास्तव में कबीर की उपेक्षा सिर्फ एक कवि की उपेक्षा नहीं थी बल्कि भारतीय समाज के एक महान क्रान्तिकारी और विद्रोही विचारधारा की उपेक्षा थी।

आचार्य द्विवेदी के इतिहास लेखन में मानवतावादी दृष्टिकोण का विशेष महत्त्व है, जिसके मूल में उपेक्षितों और पीड़ितों के प्रति गहरी सहानुभूति भी विद्यमान है। इस मानवतावादी दृष्टि का साहित्येतिहास अध्ययन की आवश्यकता से घनिष्ठ सम्बन्ध है। आचार्य द्विवेदी ने कहा भी है : "इस साहित्य का अध्ययन करना नितान्त आवश्यक है। क्योंकि दस सौ वर्षों तक दस करोड़ कुचले हुए मनुष्यों की बात भी मानवता की प्रगति के अनुसन्धान के लिए केवल अनुपेक्षणीय ही नहीं, बल्कि अवश्य ज्ञातव्य वस्तु है।"[48]

वास्तव में द्विवेदी जी के लिए मनुष्य ही सर्वोपरि है। इतिहास हो, संस्कृतियाँ हों, या साहित्य हो, ये मनुष्य के लिए ही होते हैं, मनुष्य इनके लिए नहीं होता। अत: मनुष्य की उपेक्षा करते हुए इन पर विचार करना एक तरह की व्यर्थता होगी। ऐसी स्थिति में सिर्फ कोरे ग्रंथ ही लिखे जा सकेंगे। इसलिए द्विवेदी जी बड़ी सजगता के साथ साहित्येतिहास के मूल में मनुष्य को ही रखते हैं। 'अशोक के फूल' निबन्ध में उन्होंने कहा भी है : "वास्तव में हमारे अध्ययन की सामग्री प्रत्यक्ष मनुष्य है।"[49]

अत: आचार्य द्विवेदी के इतिहास लेखन में मनुष्य का संघर्ष सर्वोपरि है और इसी संघर्ष का प्रतिफलन मानवतावादी दृष्टि के निर्माण में सहायक भी है। द्विवेदी जी ने यह भी कहा है कि "क्या साहित्य और क्या राजनीति सबका एकमात्र लक्ष्य इसी मनुष्यता की सर्वांगीण उन्नति है?"

प्रो. मैनेजर पांडेय के शब्दों में : "द्विवेदी जी साहित्य के इतिहास को मानवता की प्रगति के अनुसन्धान और मनुष्य की पहचान विकसित करने का साधन मानते हैं।"[50] महत्त्वपूर्ण यह है कि द्विवेदी जी साहित्य के इतिहास को साहित्य या इतिहास की प्रगति के रूप में न देखकर पहले मनुष्य की प्रगति के रूप में देखते हैं।

इस प्रकार आचार्य द्विवेदी संस्कृति को एक प्रवाह के रूप में देखते हैं, इसलिए उनकी इतिहास-दृष्टि में सांस्कृतिक धारा अबाध गति से प्रवाहित है।

आचार्य द्विवेदी के इतिहास लेखन में आधुनिकता और परम्परा के द्वंद्व की सन्तुलित अभिव्यक्ति है, जहाँ परम्परा न तो पूरी तरह खारिज है और न ही आधुनिकता

की कोई संकीर्ण धारणा है। आचार्य द्विवेदी के साहित्येतिहास में आधुनिकता परिवर्तन के लिए है : "आधुनिक युग में यह विश्वास किया जाने लगा है कि साहित्यकार जब लिखता है तब उसके द्वारा कुछ बदलना चाहता है।"[51]

द्विवेदी जी आधुनिकता का ऐतिहासिकता के साथ अनिवार्य सम्बन्ध मानते हैं, अत: वे आधुनिकता का सम्बन्ध मानव चेतना से भी जोड़कर देखते हैं। वास्तव में इतिहास लेखन की जो मूलभत विशेषताएँ हैं, उनके निर्माण में सहायक तत्त्व, आधुनिक दृष्टि के ही परिणाम हैं, जिसे लक्षित करते हुए प्रो. मैनेजर पांडेय ने कहा है : "द्विवेदी जी परिवेश के प्रति सजगता, वस्तुनिष्ठ दृष्टि, बौद्धिकता, यथार्थवाद और सामूहिक मुक्ति की भावना को आधुनिकता की विशेषताएँ मानते हैं।"[52]

आधुनिकता की इसी विशिष्टता के फलस्वरूप वे यूरोप की मध्ययुगीनता और भारतीय मध्ययुगीनता का अन्तर स्पष्ट कर पाते हैं। आचार्य द्विवेदी के अनुसार यूरोप की मध्ययुगीनता 'पतनोन्मुख और जबदी हुई मनोवृत्ति' है जबकि भारतीय मध्ययुगीनता जनसंस्कृति के जागरण एवं जन-आन्दोलन से उपजी है, जिसका सम्बन्ध मुख्य रूप से भक्ति साहित्य से है। अत: आचार्य द्विवेदी की आधुनिकता कुंठाग्रस्त नहीं है, तभी वे भक्ति साहित्य को अपने पौरुष की हताशा का काव्य नहीं मानते और आचार्य शुक्ल के मत का खंडन करते हैं।

प्रो. मैनेजर पांडेय के शब्दों में : "साहित्य का इतिहास साहित्यबोध का भी इतिहास होता है।"[53] अत: आचार्य द्विवेदी की इतिहास-दृष्टि में साहित्य-बोध गहरे रूप में शामिल है। द्विवेदी जी सिर्फ रचना और रचनाकारों का लेखा-जोखा प्रस्तुत ही नहीं करते बल्कि उस समय के लोक-साहित्य से जुड़ी हुई भाषा, संस्कृति आदि पर भी विचार करते हैं।

आचार्य हजारीप्रसाद द्विवेदी की इतिहास-दृष्टि के निर्माण में भारत के विभिन्न सामाजिक, राजनीतिक एवं सांस्कृतिक आन्दोलन की प्रमुख भूमिका रही है। द्विवेदी जी का इतिहास लेखन नवजागरण काल से सम्बन्धित है जिसकी मुख्य विशेषता है स्वतंत्र चिन्तन की प्रधानता, आडम्बरों और रूढ़ियों का विरोध तथा परम्परा का मूल्यांकन। अत: द्विवेदी जी के इतिहास लेखन पर भी इस परम्परा का प्रभाव लक्षित होता है। यह काल राष्ट्रीय स्वाधीनता-आन्दोलन का भी काल है जिसका मुख्य उद्देश्य ब्रिटिश सरकार की साम्राज्यवादी एवं औपनिवेशिक नीतियों का विरोध करना था। साथ ही साथ सामन्तवाद का भी विरोध करना था, जो ब्रिटिश सरकार की नीतियों का पोषक था। ऐसे समय में प्रगतिशील आन्दोलन की भी शुरुआत हो चुकी थी जो शोषितों और उपेक्षितों के स्वर को महत्त्व देते हुए व्यापक स्तर पर जन-आन्दोलन से जुड़ रहा था। अत: उनके साहित्यिक मूल्यांकन पर इन आन्दोलनों का गहरा प्रभाव है। इसलिए द्विवेदी जी का साहित्य-विवेक प्रगतिशीलता से संचालित होता है। यही वजह है कि वे परम्परा को ढोने की कोशिश नहीं करते,

उसके गतिशील कारकों की खोज करते हैं। तभी वे सिद्धों, नाथों के मूल्यांकन में अपने प्रगतिशील साहित्यिक विवेक का परिचय देते हैं : "जिस साहित्य में केवल धार्मिक उपदेश हों, उससे वह साहित्य निश्चित रूप से भिन्न है; जिसमें धर्मभावना प्रेरक शक्ति के रूप में काम कर रही हो।"[54]

अत: आचार्य द्विवेदी सिद्धों और नाथों की रचनाओं का विश्लेषण करते हुए यह मानते हैं कि न तो ये साम्प्रदायिक हैं और न ही प्रतिक्रियावादी बल्कि ये प्रेरक शक्ति के रूप में हैं। वास्तविकता यह भी थी कि द्विवेदी जी के समय सिद्धों, नाथों और जैनों का साहित्य बहुत कम उपलब्ध था, जिसकी 'चिनगारी' को वह जलाए रखना अपना कर्तव्य मानते थे और इस बात के लिए भी सतर्क थे कि शुद्ध साहित्य के नाम पर यदि इस साहित्य को निकाला गया तो हमारा साहित्येतिहास अपूर्ण होगा। द्विवेदी जी ने सिद्ध-नाथ साहित्य का सन्त साहित्य से अभिन्न सम्बन्ध दिखाया है। अत: नाथ साहित्य एवं सन्त साहित्य का मूल्यांकन द्विवेजी जी नये और मौलिक दृष्टिकोण के साथ करते हैं। आदिकालीन सामन्ती परिवेश से सम्बन्धित साहित्य की परख द्विवेदी जी बखूबी करते हैं और मानते हैं कि इनका सम्बन्ध संस्कृत की कथा आख्यायिका की परम्परा के साथ रहा है : "भारतीय कवियों ने ऐतिहासिक नाम भर लिया, शैली उनकी वही, पुरानी रही जिसमें काव्य निर्माण की ओर अधिक ध्यान था।"[55]

रासो ग्रंथों के मूल्यांकन में द्विवेदी जी ने इतिहास की प्रामाणिकता की अपेक्षा साहित्यिकता को महत्त्व दिया। द्विवेदी जी की दृष्टि में साहित्येतिहास सिर्फ तथ्यात्मक नहीं हो सकता, साहित्यिकता भी उसका अनिवार्य तत्त्व है। अतएव उन्होंने 'पृथ्वीराज रासो' एवं 'कीर्तिलता' का साहित्यिक मूल्यांकन किया है।

आचार्य द्विवेदी ने मुख्य रूप से भक्ति-आन्दोलन का मूल्यांकन किया तथा सूर और कबीर की भूमिका पर नये दृष्टिकोण से विचार किया। उन्होंने कबीर को रहस्यवादी एवं सधुक्कड़ी रूप के आवरण से मुक्त करते हुए उन्हें मानवतावादी, सामाजिक, क्रान्तिकारी, प्रगतिशील, सच्चा भक्त आदि के रूप में सिद्ध किया। यहाँ तक कि कबीर की प्रभावपूर्ण व्यंग्यात्मक भाषा-शक्ति के स्वरूप को भी प्रस्तुत किया। "कबीर जैसा उन्मुक्त विचार का आदमी किसी प्रकार की रूढ़ियों का कायल नहीं हो सकता था। वस्तुत: कबीर प्रेमभक्ति के प्रचारक हैं।"[56]

भक्तिकाल के सम्बन्ध में आचार्य द्विवेदी की मुख्य खोज यह है : "वैष्णव धर्म शास्त्रीय धर्म की अपेक्षा लोकधर्म अधिक है। हिन्दी साहित्य के लोकगीतों में इसका प्रवेश वल्लभाचार्य से बहुत पहले हो चुका था। इन्हीं गीतों का विकसित और सुसंस्कृत रूप 'सूरसागर' के अन्तर्गत विद्यमान है।"[57]

अत: भक्तिकाल के कवि सूरदास के मूल्यांकन में आचार्य द्विवेदी ने शास्त्रीयता की बजाय लोकाभिमुखता को उद्‌घाटित किया तथा लोकगीतों की परम्परा की पहचान

की। साथ ही जयदेव, विद्यापति, सूरदास, चंडीदास के राधा की तुलना करते हुए शक्ति साहित्य के माधुर्य भाव की पहचान की। उन्होंने भक्तिकाल के मूल्यांकन में सामाजिक परिस्थिति के आलोक में 'विलासिता' की भर्त्सना की।

जहाँ तक रीतिकाल का सवाल है आचार्य शुक्ल इसे प्राकृत, अपभ्रंश, संस्कृत साहित्य तथा कामशास्त्र की परम्परा से जोड़कर देखते हैं। अत: इस काल को शास्त्रीयता की पुनरावृत्ति का काल भी कहा जा सकता है। वास्तव में यह परम्परा द्विवेदी जी के अनुसार संस्कृत काव्य और काव्यशास्त्र की पतनशील परम्परा थी। क्योंकि इस काल का जो विषय प्रमुख था—वह था नारी का कामिनी रूप, जो विलासपूर्ण दरबारी संस्कृति की उपज थी; जिसके मूल में आर्थिक एवं सामाजिक ढाँचे पर आधारित वर्ग यथार्थ था : "इन दो वर्गों के मध्य में कवियों, चित्रकारों, संगीतज्ञों आदि कलावंतों का वर्ग था, जो उत्पादक वर्ग से उत्पन्न होता था, किन्तु भोक्ता वर्ग की स्तुति और मनोविनोद करके जीविका निर्वाह करता था, इसलिए उन्हें पुस्तकीय विद्या की आवश्यकता थी।"[58] अत: द्विवेदी जी किसी भी साहित्यिक अभिरुचि का मूल्यांकन करते समय उसकी पृष्ठभूमि में मौजूद ऐतिहासिक और सामाजिक परिस्थितियों पर विचार करते हुए किसी निष्कर्ष पर पहुँचते हैं। द्विवेदी जी पुस्तकीय ज्ञान की परम्परा को सतही तौर पर नहीं, बल्कि परम्परा की जटिलताओं को परखने की कोशिश करते हैं।

अत: इस पुस्तकीय ज्ञान की लालसा ने उन्हें जीवन के वास्तविक ज्ञान से दूर कर दिया। प्रो. मैनेजर पांडेय ने ठीक ही कहा है : "रीतिकालीन काव्य का मूल्यांकन करते समय द्विवेदी जी का दृष्टिकोण मुख्य रूप से सामन्तवाद विरोधी और जनसंस्कृति से सहानुभूति रखनेवाला है।"[59]

आचार्य हजारीप्रसाद द्विवेदी ने आधुनिक काल की चर्चा करते हुए छायावाद की क्रान्तिकारिता की भी पहचान की तथा प्रगतिशील आन्दोलन की उपलब्धियों की भी पहचान की। उन्होंने जीवन के यथार्थ अनुभव पर आधारित कविताओं की सराहना की एवं हवाई विचारों का उपहास किया। अत: आचार्य द्विवेदी का इतिहास लेखन प्रगतिशील विचारों का नेतृत्व करनेवाला है।

डॉ. रामविलास शर्मा की इतिहास-दृष्टि

हिन्दी साहित्येतिहास लेखन की परम्परा में डॉ. रामविलास शर्मा की भूमिका को स्वातंत्र्योत्तर इतिहास लेखन व मूल्यांकन के साथ जोड़कर देखा जा सकता है। वैसे, उन्होंने परम्परागत ढंग से इतिहास लेखन का कार्य नहीं किया है फिर भी इतिहास दर्शन पर विचार करते हुए आधुनिक काल के कवियों और उनकी परम्पराओं का मूल्यांकन जिस रूप में प्रस्तुत किया है, उसे साहित्यिक इतिहास लेखन की परम्परा

की महत्त्वपूर्ण कड़ी के रूप में देखा जाता रहा है। डॉ. शर्मा का इतिहास चिन्तन 'इतिहास दर्शन' में विशिष्ट दृष्टिकोण के साथ प्रस्तुत होता है।

डॉ. रामविलास शर्मा की साहित्येतिहास दृष्टि में भारत के प्राचीन इतिहास से लेकर अद्यतन इतिहास केन्द्र में है। डॉ. रामविलास शर्मा ने प्राचीन भारतीय इतिहास के समृद्ध रूप को व्याख्यायित करते हुए इतिहास की धारणा विकसित की है तथा अंग्रेजों की उस औपनिवेशिक दृष्टि का भी विरोध किया है, जो भारतीय इतिहास की भ्रामक व्याख्याओं में संलग्न रहे हैं। 'इतिहास दर्शन' नामक पुस्तक में डॉ. शर्मा ने राहुल सांकृत्यायन की इतिहास-दृष्टि की समालोचना की है। परवर्ती पुस्तकों में भारतेन्दु-युग से लेकर छायावाद-युग की रचनाओं का मूल्यांकन है। उन्होंने भक्तिकालीन साहित्य का मूल्यांकन करते हुए उसे सांस्कृतिक आन्दोलन के रूप में प्रस्तुत किया है। सांस्कृतिक आन्दोलन में साहित्य की जितनी भूमिका होती है, उससे कम भाषा की नहीं। भाषा सामाजिक व्यवहार का अविभाज्य अंग है। अत: डॉ. शर्मा ने हिन्दी भाषा के साथ हिन्दी एवं हिन्दी साहित्य का प्रश्न भी अपने लेखन में उठाया है। यह प्रश्न उन्होंने तीस वर्षों के निरन्तर अध्ययन के उपरान्त प्रस्तुत किया है जो उनकी असाधारण कर्तव्य-क्षमता का परिचायक है। 'इतिहास दर्शन' की भूमिका में डॉ. रामविलास शर्मा भाषायी साम्प्रदायिकता का खंडन करते हुए; राहुल सांकृत्यायन की धारणा का खंडन करते हुए; अंग्रेजी सरकार की औपनिवेशिक नीतियों की चालाकियों का पर्दाफाश करते हैं : "राहुल जी की इतिहास-दृष्टि से यह इतिहास ओझल रहता है। उर्दू और हिन्दी दो भाषाएँ नहीं हैं, उनमें क्रियापदों, सर्वनामों आदि की बुनियादी एकता है, काफी परिमाण में राष्ट्रीय और जनवादी साहित्य उर्दू में भी लिखा गया है, हिन्दी के अनेक लेखक उर्दू के लेखक भी थे—इन तथ्यों पर ध्यान देना आवश्यक है।"[60] रामविलास शर्मा की इतिहास-दृष्टि का अनिवार्य तत्त्व है औपनिवेशिक-संकीर्णतावादी षड्यंत्रों का विरोध। इतिहास को संकीर्णतावादी दृष्टि से मुक्त करने का निरन्तर प्रयास उन्होंने किया है। इतिहास के सहयोग से साम्प्रदायिक तथा औपनिवेशिक शक्तियों को वे बराबर चुनौती देते हैं।

अत: डॉ. शर्मा हिन्दी और उर्दू की बुनियादी एकता को महत्त्व देते हैं और हिन्दी-उर्दू के इतिहास और व्याकरण को आधार बनाते हुए इनकी भिन्नता का खंडन करते हैं। उनकी दृष्टि में राष्ट्रीय और जनवादी साहित्य हिन्दी और उर्दू, दोनों में लिखा गया है। अत: भारतीयता की व्यापक अवधारणा इन दोनों भाषाओं के साहित्य में विद्यमान है, जो उनके समन्वयवादी भाषायी दृष्टिकोण का परिचायक है। डॉ. रामविलास शर्मा की इतिहास-दृष्टि में प्रगतिशीलता एक मुख्य तत्त्व के रूप में विद्यमान है। यही वजह है कि आधुनिककालीन हिन्दी साहित्य के मूल्यांकन में उन्होंने जनवादी दृष्टिकोण का परिचय दिया है। उनकी प्रमुख पुस्तकों में : "प्रेमचन्द (1941), भारतेन्दु-युग (1943), निराला (1946), प्रेमचन्द और उनका

युग (1952), भारतेन्दु हरिश्चन्द्र (1953), प्रगतिशील साहित्य की समस्याएँ (1954), आचार्य रामचन्द्र शुक्ल और हिन्दी आलोचना (1955), लोकजीवन और साहित्य (1955), स्वाधीनता और राष्ट्रीय साहित्य (1956), निराला की साहित्य-साधना (प्रथम खंड-1969), निराला की साहित्य-साधना (द्वितीय खंड-1972), भारतेन्दु-युग और हिन्दी साहित्य की विकास-परम्परा (1975), निराला की साहित्य-साधना (तृतीय खंड 1976), महावीर प्रसाद द्विवेदी और हिन्दी नवजागरण (1977), नई कविता और अस्तित्ववाद (1978), परम्परा का मूल्यांकन (1981), भाषा, युगबोध और कविता (1981), कथा विवेचना और गद्य शिल्प (1982), लोक जागरण और हिन्दी साहित्य (1985), हिन्दी जाति का साहित्य (1986), भारतीय साहित्य के इतिहास की समस्याएँ (1986) आदि हैं।"

इन पुस्तकों के आलोक में डॉ. रामविलास शर्मा की इतिहास-दृष्टि मार्क्सवादी ठहरती है। अत: वे इतिहास की भौतिकवादी व्याख्या प्रस्तुत करते हैं, द्वंद्व को महत्त्व देते हैं तथा सामाजिक यथार्थ को भी। अपनी इतिहास-दृष्टि में डॉ. शर्मा प्रगतिशील और प्रतिक्रियावादी तत्त्वों को पहचानने से नहीं चूकते : "वे प्रत्येक युग में जनता के स्वर को पहचानने की कोशिश करते हैं। सामन्ती और पूँजीवादी व्यवस्था में लिखे गए साहित्य की मूल प्रवृत्तियों का विश्लेषण करते हुए वे प्रगतिशील और प्रतिक्रियावादी तत्त्वों की अलग-अलग पहचान बताते हैं। प्रत्येक युग के अन्तर्विरोधों की व्याख्या करते हुए क्रान्तिकारी तत्त्वों को महत्त्व देते हैं। विचारों का मूल स्रोत वे सामाजिक जीवन में खोजते हैं। वे समाज और साहित्य, दोनों को गतिमूलक मानते हैं। इसलिए वे साहित्य के मूल्यांकन के लिए विवेकपूर्ण ऐतिहासिक दृष्टि का होना आवश्यक समझते हैं।"[61]

दरअसल, डॉ. रामविलास शर्मा की पूरी आस्था मार्क्सवाद में थी, इसलिए उन्होंने कबीर, तुलसी, मीरा, भारतेन्दु, महावीर प्रसाद द्विवेदी, रामचन्द्र शुक्ल, प्रेमचन्द, वृन्दावनलाल वर्मा, निराला, प्रसाद, नरेन्द्र शर्मा, केदार, शमशेर, मुक्तिबोध, नागार्जुन आदि का मूल्यांकन मार्क्सवादी दृष्टिकोण के आधार पर किया है। प्रो. मैनेजर पांडेय ने डॉ. शर्मा की इतिहास-दृष्टि पर टिप्पणी की है : "इतिहास लेखन में डॉ. रामविलास शर्मा हिन्दी साहित्य की जातीय, राष्ट्रीय, यथार्थवादी, वस्तुवादी और क्रान्तिकारी प्रवृत्तियों के प्रबल पक्षधर दिखाई देते हैं। वे विजातीय, जनविरोधी, प्रतिक्रियावादी, रीतिवादी, व्यक्तिवादी और भाववादी प्रवृत्तियों का जमकर विरोध करते हैं।"[62]

डॉ. शर्मा के लेखन की महत्त्वपूर्ण उपलब्धि है—हिन्दी साहित्य के सन्दर्भ में नये सवालों और आरोपों को उद्धृत करना एवं इनके माध्यम से इतिहास-दृष्टि का विस्तार करना। डॉ. शर्मा के शब्दों में : "सही प्रश्न प्रस्तुत करना स्वयं में एक उपलब्धि है। ऐसे प्रश्न प्रस्तुत करने का अर्थ है पुराने इतिहास लेखन की आलोचना

करना। इस आलोचना का अर्थ है—नये इतिहास लेखन की जमीन तैयार करना।"[63] डॉ. शर्मा के लिए इतिहास दोहराव नहीं, निर्माण है। इतिहास नवीन व्याख्याओं का, नये विचारों का तथा नये प्रश्नों का भी निर्माण है जो उनके लेखन में निरन्तर उद्‌भाषित होता रहा है।

डॉ. रामविलास शर्मा के इस कथन से यह स्पष्ट है कि वे साहित्येतिहास की रूढ़ मान्यताओं पर टिके रहनेवाले नहीं हैं, वरन् वे सही प्रश्नों के माध्यम से इतिहास को समृद्ध करने के लिए प्रयत्नशील रहते हैं। डॉ. शर्मा की इतिहास-दृष्टि में नवीनता का आग्रह है और यही आग्रह उन्हें पुराने और परम्परागत इतिहास लेखन की आलोचना की शक्ति प्रदान करता है तथा साथ ही इतिहास लेखन की नई सम्भावनाओं को जन्म देता है।

इतिहास लेखन की नई सम्भावनाओं को ध्यान में रखते हुए डॉ. शर्मा ने 'भाषा और समाज' नामक पुस्तक के माध्यम से हिन्दी भाषा और साहित्य के जातीय रूप पर मौलिक ढंग से विचार किया है। "उनसे पहले भारतेन्दु हरिश्चन्द्र, महावीर प्रसाद द्विवेदी और रामचन्द्र शुक्ल ने हिन्दी भाषा और साहित्य के जातीय रूप को पहचाना था, लेकिन इस तथ्य को हिन्दी साहित्य के इतिहास लेखन से एक व्यापक सत्य के रूप में प्रतिष्ठित करनेवाले रामविलास शर्मा पहले व्यक्ति हैं। उन्होंने भारतेन्दु हरिश्चन्द्र, महावीर प्रसाद द्विवेदी और रामचन्द्र शुक्ल के संकेतों तथा सूत्रों को विकसित करते हुए हिन्दी जाति और हिन्दी भाषा के गठन, निर्माण और विकास का प्रामाणिक विवेचन किया है।"[64]

जहाँ तक हिन्दी जाति के गठन और निर्माण का प्रश्न है, वे मानते हैं कि हिन्दी जाति के निर्माण में मुगल सल्तनत की महत्त्वपूर्ण भूमिका है। 'भाषा और समाज' नामक पुस्तक में उनकी यह मान्यता है : "किसी महाजाति के गठन और उसकी भाषा के विकास में सामन्ती राजसत्ता का भी योग हो सकता है। विभिन्न प्रदेशों को एक राजनीतिक प्रभुत्व में लाने से व्यापार के विकास में सुविधा होती है। जाति के गठन में व्यापारियों द्वारा पूँजीवादी सम्बन्धों के प्रसार की नियामक भूमिका होती है। इस भूमिका को पूरा करने में एक सुव्यवस्थित सामन्ती राज्य व्यापारी वर्ग की सहायता कर सकता है।"[65] डॉ. रामविलास शर्मा की यह धारणा लेनिन और स्तालिन से प्रभावित है। "लेनिन से अधिक स्तालिन के विचारों का असर है जातीय निर्माण की प्रक्रिया के बारे में। लेनिन ने लिखा है कि जातियों का विकास पूँजीवाद के विकास के साथ-साथ होता है। स्तालिन का मत है कि जाति का विकास एक निश्चित ऐतिहासिक काल में होता है, यह काल पूँजीवाद के उदय का काल है।"[66]

डॉ. शर्मा ने पूँजीवाद के कई रूपों की विवरण एवं व्याख्या की है। 'भारत में अंग्रेजी राज और मार्क्सवाद' नामक पुस्तक का पहला अध्याय, 'विश्व-बाजार और भारत' में पूँजीवाद की व्याख्या भारत और इंग्लैंड के औपनिवेशिक सम्बन्धों

के आधार पर की है। उनकी मान्यता है कि "16वीं सदी से 20वीं सदी के उत्तरार्द्ध के अन्तिम चरण तक इंग्लैंड और यूरोप के सामाजिक विकास की मंजिल पूँजीवाद की है।" वे मानते हैं, उद्योग, व्यापार और महाजनी व्यवस्था—ये तीनों पूँजीवाद के लिए जरूरी हैं। इनमें बाजार की भी भूमिका महत्त्वपूर्ण होती है, अत: उनके शब्दों में बाजार के निर्माण के बिना पूँजीवादी उत्पादन का विकास असम्भव है। डॉ. शर्मा जातीय गठन में बाजार की निर्णायक भूमिका को स्वीकार करते हैं। इस मत की पुष्टि वे इंग्लैंड, इटली, स्पेन, पुर्तगाल आदि की स्थितियों से करते हैं। डॉ. शर्मा के अनुसार 'व्यापारिक पूँजीवाद' ने देश में जातीय बाजार कायम किया। देश-विदेश मिलाकर उसने अन्तर्जातीय अथवा विश्व-बाजार कायम किया। डॉ. शर्मा इतिहास को परिवर्तित करनेवाली शक्तियों पर पैनी दृष्टि रखते हैं, क्योंकि इतिहास परिवर्तित शक्तियों के संघर्ष का भी इतिहास होता है। उत्पादन सम्बन्धों का परिवर्तन भी इतिहास की नियामक शक्ति है।

डॉ. रामविलास शर्मा की इतिहास-दृष्टि की अन्यतम विशेषता—हिन्दी साहित्य की प्रगतिशील परम्परा का मूल्यांकन है। वे हिन्दी साहित्य की जातीय परम्परा का अनुसन्धान वैदिक युग से करते हैं। भक्तिकालीन काव्य की उपलब्धियों और सीमाओं की खोज करते हैं।

रीतिकालीन कवियों की दरबारी संकीर्णता का विरोध करते हैं और आधुनिक काल के जनवादी और राष्ट्रीय प्रवृत्तियों की परख करते हुए उसका महत्त्व स्थापित करते हैं। यही वजह है, वे प्रगतिशील परम्परा में तुलसीदास, प्रेमचन्द, निराला, भारतेन्दु, महावीर प्रसाद द्विवेदी, आचार्य शुक्ल आदि को विशेष महत्त्व देते हैं। प्रगतिशील साहित्य की जो बुनियादी पहचान, यथार्थवाद और क्रान्तिकारिता के रूप में है, डॉ. शर्मा के लेखन में उसका पूरा उभार है। अत: स्वातंत्र्योत्तर साहित्य के मूल्यांकन में उनका क्रान्तिकारी तेवर साफ दिखता है जिसका मूल कारण है : "उनका मुख्य ध्यान प्रगतिशील और प्रगति-विरोधी प्रवृत्तियों के अन्तर्विरोध रहा है। लेकिन प्रगतिशील परम्परा के भीतरी अन्तर्विरोधों पर भी उनकी नजर रही है।"[67]

अत: डॉ. शर्मा भक्तिकाल की अन्तर्मुखी साधना, रहस्यवादिता, मायावाद, रीतिकाल की कलावादिता, आधुनिक काल की राजभक्ति और व्यक्तिवादिता को प्रगति-विरोधी मानते हैं और उसकी भर्त्सना करते हैं।

यही वजह है कि डॉ. शर्मा प्रगतिशीलता की रक्षा करते हुए प्रेमचन्द, निराला और आचार्य शुक्ल के सम्बन्ध में उठनेवाले आरोपों का मुँहतोड़ जवाब देते हैं।

अत: रामविलास शर्मा ने प्रगतिशील परम्परा के भीतर जो प्रगति-विरोधी तत्त्व थे, उन पर गहरा प्रहार किया; प्रगतिशीलता की रक्षा की और ऐतिहासिक बोध को महत्त्व दिया। उन्होंने मानववादी तथा अन्धपरम्परावादी शक्तियों का विरोध करते हुए परम्परा को विवेक की कसौटी पर परखने का सफल प्रयास किया। उन्होंने

परम्परा और वर्तमान के विकासात्मक सम्बन्धों की ओर ध्यान आकृष्ट करते हुए कहा : "जो जाति प्रगतिशील होती है, वह विकास करना चाहती है, अज्ञान और अपमान का जीवन न बिताकर संगठित रूप में आगे बढ़ना चाहती है, वही, अपनी परम्परा के सही मूल्यांकन की ओर ध्यान देती है।"[68]

प्रो. मैनेजर पांडेय ने भी परम्परा के महत्त्व के बारे में कहा है : "परम्परा-बोध से वर्तमान के अन्तर्विरोध को समझने में मदद मिलती है और अन्तर्विरोधों को हल करके आगे बढ़ने में भी परम्परा का बोध सहायक होता है।"[69]

परन्तु परम्परा के प्रति विशेष मोह परम्परावाद को जन्म देता है, अत: डॉ. शर्मा ने कलावाद का जिस प्रकार विरोध किया, उसी प्रकार परम्परावाद का भी।

अत: परम्परा और वर्तमान की सही समझ ही साहित्येतिहास लेखन के मार्ग का सही निर्देश कर सकती है। डॉ. रामविलास शर्मा के शब्दों में : "इतिहास का ज्ञान अपने देश का इतिहास बनानेवालों के काम आता है।"[70] डॉ. शर्मा का लेखन आशावादी है, अपने देश के प्रति और समाज के प्रति भी। कर्मेन्दु शिशिर को लिखे पत्र में वे कहते हैं : "हम मनुष्य हैं, परिस्थितियों को बदल भी सकते हैं। पहले यह देखना चाहिए कि हमारा उनके अनुकूल बनना कहाँ तक उचित है, फिर यह कि उनमें किन परिस्थितियों को बदलना पहले जरूरी है, उसके लिए हम क्या कर सकते हैं। लेखक की मुख्य समस्या है—दूसरों तक अपनी बात पहुँचाना।"[71] अपनी बात को सजगता से पहुँचाते हुए "अपनी जातीय संस्कृति पर उचित गर्व करते हुए, उस गर्व को अहंकार और दम्भ में परिवर्तित होने से बचाते हुए, भारत की सभी जातियों में सद्भावना और मैत्री को बढ़ाते हुए एक उदार दृष्टिकोण के आधार पर हम अपने देश के साथ समग्र देश की प्रगति में सहायक हो सकते हैं।"[72]

डॉ. रामविलास शर्मा के लिए इतिहास जातीय संस्कृति की रक्षा का माध्यम है। इतिहास एक सांस्कृतिक मूल्य भी है। डॉ. शर्मा इस सांस्कृतिक मूल्य को इतिहास के माध्यम से सभी जातियों के साथ जोड़ते हैं। इस प्रकार इतिहास के अर्थ को वे प्रगतिशील विस्तार देते हैं।

निष्कर्षत: डॉ. रामविलास शर्मा की इतिहास-दृष्टि में परम्परा के प्रति विशेष लगाव होने के बावजूद उपनिवेशवाद, भाववाद, व्यक्तिवाद, कलावाद, पूँजीवादी वर्चस्ववाद का विरोध एवं मार्क्सवादी, क्रान्तिकारी एवं राष्ट्रीय मूल्यों तथा भाषायी एकता का महत्त्व शामिल है, जो उन्हें गम्भीर चिन्तन एवं श्रेष्ठ आलोचक के रूप में भी उपस्थित करता है।

रामविलास शर्मा की इतिहास-दृष्टि संस्कृति, परम्परा तथा जातीयता बोध से समन्वित है। उन्होंने इतिहास को द्वंद्वात्मक नजरिये से विश्लेषित करते हुए पूँजीवादी अपसंस्कृति का विरोध एवं मनुष्य के प्रति सहानुभूति व्यक्त की है। उनकी इतिहास-दृष्टि में श्रमजीवी संस्कृति की भूमिका भी विशेष महत्त्व रखती है।

नामवर सिंह की इतिहास-दृष्टि

डॉ. नामवर सिंह के अनुसार रचनात्मक लेखन भी इतिहास का एक हिस्सा है। इस दृष्टि से नामवर सिंह का आलोचना-कर्म भी इतिहास का अनिवार्य हिस्सा है—भले ही उन्होंने सुनियोजित ढंग से साहित्येतिहास लेखन न किया हो, परन्तु 'आधुनिक साहित्य की प्रवृत्तियाँ', 'छायावाद', 'इतिहास और आलोचना', 'कहानी : नई कहानी', 'कविता ने नये प्रतिमान', 'दूसरी परम्परा की खोज', 'वाद विवाद संवाद' आदि कृतियों के जरिये इतिहास-दृष्टि से परिचित हुआ जा सकता है। यद्यपि उनमें 'इतिहास और आलोचना' उनके इतिहास-सम्बन्धी चिन्तन एवं दृष्टिकोण के लिए विशेष रूप से चर्चित है। यही नहीं, 'इतिहास और आलोचना' सामाजिक-साहित्यिक शत्रुओं के विरुद्ध आलोचक नामवर सिंह के संघर्ष का ऐतिहासिक दस्तावेज है।"[73]

'इतिहास और आलोचना' के कुल सत्रह निबन्धों में पन्द्रह निबन्ध 1952-56 के हैं, और अन्तिम दो निबन्ध 1961 के हैं। इन निबन्धों की पृष्ठभूमि में उनकी इतिहास-दृष्टि का परिवर्तन भी मौजूद है। विशेषत: 1956 का एक ऐतिहासिक महत्त्व है क्योंकि इसी वर्ष सोवियत संघ की 20वीं कांग्रेस में स्तालिनवाद का विरोध आरम्भ हो गया था। साथ ही इसी वर्ष हंगरी में सोवियत संघ की सेना ने भी हस्तक्षेप किया था। फलस्वरूप अन्तरराष्ट्रीय स्तर पर बुद्धिजीवियों का मार्क्सवाद से मोहभंग हुआ; अर्थात् यांत्रिक दृष्टिकोण का अन्त हुआ, मार्क्सवाद के बारे में एक नई समझ उभरी और खुलापन आया। अत: नामवर सिंह 1956-57 के समय को 'अपना प्रस्थान बिन्दु' मानते हैं। वे कहते हैं : "1956 के बाद साहित्य और समाज, साहित्य और राजनीति के सम्बन्धों की जटिलता का एहसास हुआ और उसकी गहराई में जाने की कोशिश शुरू हुई। मेरी आलोचना दृष्टि को इसी परिवर्तित सन्दर्भ में देखा जाना चाहिए।"[74]

उन्होंने यह भी स्वीकारा है कि इसी वजह से 1956 के पहले के लेखों में मार्क्स, एंगेल्स, लेनिन, स्तालिन के उद्धरण भरे हैं परन्तु उसके बाद 'नामों का हवाला' और 'प्रमाणवाद' कम हो गया। वैसे नामवर जी के लेखन में प्राय: उद्धरण कम और व्याख्याएँ अधिक हैं, अत: 1953 के निबन्ध में सोवियत संघ की उपलब्धियों का हवाला अधिक है जबकि '56 के बाद के लेखों में कम। अर्थात् नामवर जी के लेख जो '56 के बाद लिखे गए, उनमें मार्क्सवाद की सीमाओं का अतिक्रमण है।

जो भी हो, नामवर सिंह ने आलोचना के विभिन्न सिद्धान्तों, वादों और पद्धतियों से सरोकार करते हुए अपनी इतिहास-दृष्टि निर्मित की। इस प्रक्रिया में उन्होंने प्रमुख वादों, सिद्धान्तों, पद्धतियों की कमियों की ओर ध्यान दिया और उपलब्धियों को आत्मसात् भी किया। यदि उन्होंने साहित्य के सामाजिक संकट को ध्यान में रखते हुए अपनी इतिहास-दृष्टि के अन्तर्गत सामाजिकता को महत्त्व दिया तो इसके अतिरेक के प्रति सावधान भी किया : "सामाजिक पृष्ठभूमि का अनुसन्धान साहित्य

के अध्ययन का साधन मात्र है, साध्य नहीं। साहित्यिक विवेचना को समाजशास्त्रीय विवेचन बना देना अवैज्ञानिक है।"[75]

अवैज्ञानिकता इतिहास-विरोधी शक्ति है, अत: ऐसी शक्तियों का विरोध करते हुए नामवर सिंह ने इतिहास की चुनौतियों को स्वीकार किया, जो उनकी इतिहास-दृष्टि में मौजूद है।

डॉ. नामवर सिंह की इतिहास-दृष्टि की अन्यतम विशेषता है कि वे इतिहास निर्माण से पहले इतिहास विधायक दृष्टिकोण के निर्माण पर बल देते हैं ताकि पुनरावृत्ति और अनुकरण से बचा जा सके। क्योंकि आचार्य शुक्ल से जो इतिहास लेखन की परम्परा चली, उसमें प्राय: आचार्य शुक्ल के लेखन की पुनरावृत्ति ही होती रही और मौलिकता का प्राय: अभाव ही रहा, इससे इतिहास लेखन की अर्थवत्ता को काफी नुकसान हुआ। अत: नामवर जी ने इतिहास लेखन के इस संकट को ध्यान में रखते हुए इतिहास विधायक दृष्टिकोण पर विचार किया है। वे कहते हैं : "मनुष्य अपने इतिहास का ही नहीं, इतिहास विधायक दृष्टिकोण का भी निर्माण करता है।"[76]

नामवर सिंह इतिहास विधायक दृष्टिकोण के निर्माण के लिए ऐतिहासिक भौतिकवाद को अनिवार्य मानते हैं, साथ ही इसे सर्वव्यापी दृष्टिकोण के रूप में स्वीकारते हैं। यह ऐतिहासिक भौतिकवाद ही नामवर जी के शब्दों में इतिहास का नया दृष्टिकोण है। 'इतिहास का नया दृष्टिकोण' निबन्ध नामवर जी ने 1952 में लिखा जिस समय हिन्दी साहित्य में प्रयोगवाद का आविर्भाव हो चुका था और ऐतिहासिक भौतिकवाद को नकारा भी जा रहा था। ऐसे समय में नामवर सिंह ने इतिहास विरोधी शक्तियों की पहचान की तथा खंडन, संशोधन और परम्परा के बहाने इतिहास-विरोध के रवैये पर प्रहार किया। इतिहास-विरोध की यह स्थिति साहित्य ही नहीं, साहित्येतर विषयों में भी थी। अत: उन्होंने इतिहास लेखन का दृष्टिकोण स्पष्ट करते हुए कहा : "इतिहास का वह दृष्टिकोण लोगों के लिए अब अपरिचित नहीं रहा कि उसके मौलिक सिद्धान्तों को दुहराया जाए, प्रत्येक आवश्यकता के सम्मुख उसे प्रस्तुत करना ही प्रयत्न की नवीनता है। आज ऐसे ही प्रयत्न की आवश्यकता है।"[77]

अर्थात् नामवर जी की इतिहास-दृष्टि में मुख्य बल आवश्यकतानुसार इतिहास को प्रस्तुत करने पर है और यही नवीनता है। दुहराव नवीनता में बाधक है। नामवर सिंह नवीनता के प्रति आग्रह तो रखते हैं पर नवीनता के आतंक से वे भली-भाँति परिचित हैं। नवीनता परम्परा का खंडन नहीं है; बल्कि परम्परा को अपनी परिस्थितियों के अनुरूप विश्लेषित करना भी एक प्रकार की नवीनता है। उनके शब्दों में : "परन्तु इतिहास लेखन का कार्य एकदम नये सिरे से शुरू नहीं करना है। ऐतिहासिक अध्ययन की हमारी अपनी परम्परा है।"[78]

इस प्रकार नामवर सिंह अपनी परम्परा को महत्त्व देते हैं और परम्परा के इतिहास का उपयोग करने एवं पूर्ववर्ती इतिहासकारों के प्रयत्नों का परिस्थिति के अनुसार लाभ उठाने पर बल देते हैं। 19वीं शती के लेखन के सम्बन्ध में उनकी धारणा है कि उस समय इतिहास का अर्थ व्यक्तियों की सूची का उपयोग तथा काव्य के उदाहरणों का रसास्वादन था। परन्तु आज ऐसे ऐतिहासिक दृष्टिकोण का प्रयोजन नहीं है। सांस्कृतिक पुनरुत्थानवाद और अंग्रेजी साम्राज्यवाद ने इतिहास लेखन के लिए नई चुनौतियाँ तैयार की हैं। साथ ही राष्ट्रीयता की चुनौती भी इतिहास लेखन के साथ जुड़ी है। अत: ऐसे समय में नामवर सिंह 'हिन्दी जाति की विचार सरणी' और भाव परम्परा का दर्शन आवश्यक मानते हैं। उनके शब्दों में : "साहित्यिक इतिहास के माध्यम से युग-युगान्तर से आती हुई अबाध हिन्दी जाति की विचार सरणी और भाव परम्परा का दर्शन कराया।"[79] इस प्रयास में नामवर जी ने आचार्य द्विवेदी के इतिहास लेखन की भूमिका की सराहना करते हुए भाववादी दृष्टिकोण को इतिहास लेखन का बाधक माना है और द्वंद्वात्मक भौतिकवाद को महत्त्व दिया है।

नामवर जी की इतिहास-दृष्टि में इतिहास का अर्थ मात्र घटनाओं की खोज नहीं है, विचारों और तथ्यों का सामंजस्य है, और यह भी नहीं है कि हर तरह की तथ्यपरकता को वैज्ञानिकता के रूप में स्वीकारा जाए अर्थात् वे मानते हैं कि तथ्यों और विचारों को अलग नहीं किया जा सकता और ऐतिहासिक तथ्यों के उपयोग में सामाजिक प्रयोजन की अनदेखी नहीं की जा सकती। अत: उनके अनुसार : "आँकड़ों और घटनाओं को ठोस ऐतिहासिक परिस्थितियों तथा सामाजिक शक्तियों के प्रयत्नों के रूप में व्याख्या न कर सकना असमर्थता भी हो सकती है लेकिन व्याख्या करने से इनकार करना शरारत है अथवा अपनी कमजोरी छिपाने का स्वाँग।"[80]

अत: सामाजिकता की खोज उनकी इतिहास-दृष्टि का अनिवार्य हिस्सा है। आँकड़ों और घटनाओं में सामाजिकता की अनदेखी एक प्रकार की तटस्थता है : "मानव-इतिहास की प्रवहमान धारा में धारा और किनारा सब कुछ मनुष्य ही है, तटस्थ कोई नहीं।"[81] अत: तटस्थता इतिहास-विरोधी गतिविधि है, इस प्रकार वह मानव-विरोधी भी है।

नामवर सिंह की इतिहास-दृष्टि में जहाँ तक विचारधारा और सिद्धान्त का सम्बन्ध है, वह मार्क्सवादी है। इस दृष्टिकोण के निर्माण में मार्क्स, एंगेल्स, एफ.आर. लीविस, ग्राम्शी, वाल्टर बेंजामिन आदि के विचार रहे हैं। 'मॉडर्न क्वार्टर्ली' नामक मार्क्सवादी पत्रिका, जो लन्दन से निकलती थी, उसका भी नामवर जी ने निरन्तर अध्ययन किया। इसलिए मार्क्सवाद के प्रति उनमें अंधत्व नहीं है, बल्कि प्रगतिशीलता है। अत: उनकी आलोचना और साहित्य सम्बन्धी धारणा में : "मार्क्सवादी दृष्टि केन्द्र में है लेकिन इस दृष्टि में जहाँ उन्होंने द्वंद्ववाद, वर्ग चेतना तथा राजनीति को अपने

तरीके से महत्त्व दिया है, वहीं अपनी ऐतिहासिक अवधारणा में जातीय परम्परा, लोकतत्त्व, साहित्य, रूपवाद तथा सौन्दर्य-बोध के तत्त्वों ने उनकी ऐतिहासिक दृष्टि को एक जातीय आधार दिया है, वह मात्र मार्क्सवाद का रूढ़िवादी रूप नहीं है।"[82]

नामवर सिंह ने सुधीर रंजन सिंह से साक्षात्कार में यह स्वीकारा है : "ग्राम्शी को पढ़ने के बाद एक आलोचनात्मक रुख आया मुझमें, किसी बात को आँख मूँदकर मत मानो, मार्क्स की बात को भी।"[83]

अत: उनकी समग्र लेखन में इतिहास-दृष्टि में अन्धानुकरण की प्रवृत्ति का विरोध है तथा तार्किकता और वैचारिकता को महत्त्व है।

उनकी मार्क्सवादी दृष्टि की उपज है—वैज्ञानिक जीवन के दर्शन के रूप में भौतिकवादी दृष्टिकोण और द्वंद्वात्मक प्रणाली और इस प्रणाली का विशेष महत्त्व नामवर सिंह स्वीकारते हैं। क्योंकि द्वंद्वात्मक प्रणाली सामाजिक जीवन के अध्ययन में सहायक है परन्तु : "इसका अर्थ यह नहीं है कि रेडीमेड की तरह इस्तेमाल करें।"[84] वे चाहते हैं कि ऐतिहासिक भौतिकवाद का इस्तेमाल पथ-प्रदर्शक के रूप में हो। इस प्रकार वे हिन्दी साहित्य के इतिहास के अध्ययन के लिए द्वंद्वात्मक प्रणाली का प्रयोग आवश्यक मानते हैं। वजह यह है कि वे हिन्दी साहित्य को विचारों, प्रणालियों, परिस्थितियों से सम्बद्ध इकाई मानते हैं। अत: द्वंद्वात्मक प्रणाली भी वस्तुओं, व्यक्तियों, घटनाओं, परिस्थितियों और विचारों को अविभाज्य प्रसंग के रूप में देखती है। इस प्रकार द्वंद्वात्मक प्रणाली और हिन्दी साहित्य का सम्बन्ध जीवन्त हो उठता है। इस सम्बन्ध में वे आचार्य शुक्ल की आलोचना करते हुए कहते हैं : "आचार्य शुक्ल ने हिन्दी साहित्य को पूर्ववर्ती संस्कृत-साहित्य तथा समसामयिक अन्य भारतीय भाषाओं के साहित्य से अलग करके देखने की भूल की थी।"[85] परन्तु इस भूल-सुधार का कार्य नामवर सिंह के अनुसार आचार्य द्विवेदी ने किया। उन्होंने यह माना है कि ऐसी भूलें आध्यात्मिक प्रणाली के कारण हुई हैं। अत: नामवर सिंह आध्यात्मिक प्रणाली के विरोध में द्वंद्वात्मक प्रणाली को देखते हैं। दरअसल द्वंद्वात्मक प्रणाली व्यक्तियों, वस्तुओं, घटनाओं और विचारों को अविभाज्य, गतिशील, परिवर्तनशील, क्रमबद्ध ऊर्ध्वोन्मुख रूप में देखती हुई इनकी असंगतियों और अन्तर्विरोधों की पहचान करती है। अत: इसी विशिष्टता को ध्यान में रखते हुए नामवर सिंह कहते हैं : "द्वंद्वात्मक प्रणाली भौतिकवादी दृष्टिकोण का अनिवार्य अंग है।"[86] राहुल सांकृत्यायन ने भी द्वंद्वात्मक भौतिकवाद की महत्ता स्वीकार की है : "वैज्ञानिक भौतिकवाद का वह दर्शन हमारी भाषा में प्रचलित शब्द के अनुसार है, जो कि बतलाता है—दुनिया में परिवर्तन होता है और कैसे वह परिवर्तन होता है। यही नहीं, उस परिवर्तन में मनुष्य होने के नाते हमें हिस्सा भी लेना चाहिए।"[87]

अत: परिवर्तन की भावी सम्भावनाओं को ध्यान में रखते हुए नामवर सिंह

ने द्वंद्वात्मक भौतिकवाद के बारे में कहा है : "द्वंद्ववाद वह प्रक्रिया है, जिसमें दो परस्पर विरोधी मतों के संघर्ष के बाद हम सत्य तक पहुँचते हैं।"[88]

नामवर सिंह की आलोचना पद्धति में इस द्वंद्ववाद की विशेष भूमिका है, जो उनकी इतिहास-दृष्टि का अभिन्न हिस्सा भी है।

नामवर सिंह की इतिहास-दृष्टि की अन्यतम विशेषता है—साहित्य के इतिहास को सामाजिक विकास की सहायता से समझने का प्रयास करना। वे कहते हैं : "साहित्य तथा उसके नियमों की जड़ें स्वयं साहित्य में ही नहीं हैं, बल्कि उसके बाहर हैं। बाहर का अर्थ है वातावरण, परिस्थिति और समाज।"[89]

इस प्रकार वे साहित्यिकता की खोज सामाजिक वातावरण में करने पर बल देते हैं। वे भाववादियों की तरह साहित्य की जड़ें साहित्यकार के मन में नहीं ढूँढ़ते। वैसे, साहित्यकार का मन भी कोई वायवीय दुनिया की चीज नहीं है वह भी सामाजिक परिस्थितियों की उपज होता है। जो भी हो, साहित्य और समाज के अन्त:सम्बन्धों की ओर ध्यान दिलाते हुए नामवर सिंह कहते हैं : "समाज ने साहित्य को उत्पन्न किया है, साहित्य ने समाज को नहीं। इसलिए साहित्य का इतिहास समझने के लिए समाज के विकास का ज्ञान आवश्यक है।"[90]

सामाजिकता के महत्त्व को स्वीकार करते हुए नामवर सिंह सजग हैं कि सामाजिकता के विशेष आग्रह से साहित्यिकता खतरे में न पड़े। अत: वे मानते हैं कि सामाजिक पृष्ठभूमि का अनुसन्धान साहित्य के अध्ययन का साधन मात्र है, साध्य नहीं। अत: इससे अधिक महत्त्व देने से साहित्यिकता की उपेक्षा होगी।

नामवर सिंह की साहित्येतिहास दृष्टि में वर्तमान के प्रति अतिरिक्त मोह का निषेध है। क्योंकि इस अतिरिक्त मोह का दुष्परिणाम यह हुआ कि छायावाद के कुछ कवियों और तुलसीदास के साथ कुछ आलोचक न्याय नहीं कर पाए। अत: नामवर जी ऐसी भूलों के प्रति सजग हैं और अन्य प्रगतिशील लेखकों की भूलों को पहचानते भी हैं। वे कहते हैं : "अपने वर्तमान से अत्यधिक ग्रस्त होने पर अतीत भी उसके रंग में रँगा दिखता है और काल-विवेक मिट जाता है।"[91]

अत: वर्तमान बोध के साथ काल विवेक की समझ साहित्येतिहास दृष्टि के लिए अनिवार्य है। नामवर जी ने इतिहास लेखन की पद्धति पर 'हिन्दी साहित्य के इतिहास पर पुनर्विचार' शीर्षक लेख के अन्तर्गत बड़े मौलिक ढंग से विचार किया है। इसे वे पुनर्विचार कहते हैं, जिससे 'वास्तव बोध' को जटिल बनाया जा सकता है। अत: इतिहास लेखन को वे 'सामान्यीकरण' की प्रक्रिया से जोड़कर नहीं देखते। इतिहास लेखन की पद्धति के अन्तर्गत वे काल-विभाजन, समय सीमा, प्रवृत्ति निरूपण, शैली-बोध, परम्परा-बोध, रचना-प्रक्रिया, आलोचनात्मक बोध तथा पुनर्मूल्यांकन पर गम्भीरता से विचार करते हैं। इस प्रकार पद्धति पर विचार करते हुए वे ऑक्सफोर्ड एवं कैम्ब्रिज में सम्पन्न हुए ऐसे ही प्रयासों

को आधार बनाते हैं। इसी क्रम में वे बताते हैं कि इन प्रयासों की समस्याओं का सम्बन्ध पाठालोचन, काल निर्णय, तथ्य संग्रह, तथ्य चयन, सामग्रियों के वर्गीकरण आदि से है।"[92]

इस क्रम में वे काल-विभाजन की परम्परागत अवधारणा को खारिज करते हैं। वे कहते हैं : "इन युग-विभाजनों से इतिहास के वास्तविक स्वरूप को समझने में बाधा ही पहुँची है। इन प्रस्तावित कालों के कारण हमारा साहित्यिक इतिहास खंडित हुआ है, इन युगों के द्वारा हमें इतिहास के खंडित चित्र प्राप्त होते हैं, इतिहास का अखंड प्रवाह नहीं मिलता। जिस संक्रमण बिन्दु अथवा सन्धिरेखा पर इतिहास दो युगों में तोड़ा जाता है, वहाँ इतिहास की चिन्ताधारा ही नहीं टूटती, बल्कि इस टूटने की क्रिया में बहुत कुछ छूट भी जाता है और छूटा ही रह जाता है।"[93]

नामवर सिंह साहित्येतिहास के काल-विभाजन का आधार 'उत्पादन सम्बन्ध' के आधार पर तय करना चाहते हैं। साथ ही वे कहते हैं कि यह जरूरी नहीं है कि काल-विभाजन और उनके नामकरण उत्पादन सम्बन्धों के आधार पर हों बल्कि वे प्रवृत्ति के अनुसार हों। वे काल-विभाजन को अध्ययन की सुविधा-मात्र मानते हैं और विभाजन के प्रति सचेत करते हुए कहते हैं कि इससे "साहित्य की अखंड धारा बाधित हो सकती है।" उनकी इतिहास-दृष्टि में, विशेषत: काल-विभाजन में नैरन्तर्य का विशिष्ट स्थान है। उनके शब्दों में : "नैरन्तर्य में कालान्तर और कालान्तर में नैरन्तर्य देखना तथा उसका निर्वाह करना इतिहासकार का कर्तव्य होना चाहिए।"[94] नामवर जी 'नैरन्तर्य' को सतही अर्थ में ग्रहण नहीं करते बल्कि नैरन्तर्य की गम्भीरता का ध्यान रखते हुए उसे मूल मानववादी धारा के साथ जोड़कर देखने का प्रयास करते हैं। इस प्रयास में हिन्दी जनता के संघर्ष की स्रोतस्विनी प्रवहमान है। वे यह ध्यान दिलाते हैं कि इतिहास का नैरन्तर्य आवृत्तिमूलक नहीं है। कालान्तर बोध के साथ भी नैरन्तर्य की रक्षा की जा सकती है। इस नैरन्तर्य की रक्षा के लिए ही वे काल-विभाजन को आवश्यक मानते हैं। उनके शब्दों में : "भावी इतिहास के निर्माता को साहित्यिक इतिहास के इस जीवन्त नैरन्तर्य पर काफी जोर देने की जरूरत है, साथ ही यह भी बताने की जरूरत है कि यह अनन्त और निरुद्देश्य नहीं है।"[95]

नामवर सिंह ऐतिहासिक भौतिकवाद को साहित्येतिहास दृष्टि के लिए अनिवार्य मानते हैं तो उसका सम्बन्ध सिर्फ विषयवस्तु तक ही सीमित नहीं मानते, बल्कि उसे रूपतत्त्व के विकास से सम्बन्धित भी मानते हैं, जिसके अन्तर्गत भाषा, अलंकार विधान, शैली शिल्प, छन्द आदि आते हैं परन्तु उनकी यह मान्यता है कि विषयवस्तु के साथ रूपतत्त्व नहीं बदलता। इस सन्दर्भ में उन्होंने भारतेन्दु, प्रेमचन्द, प्रसाद की भाषा पर टिप्पणी करते हुए कहा है कि इनकी भाषा तत्त्वत: एक है, भले ही विषयवस्तु भिन्न-भिन्न हों। छायावाद और नई कविता के बारे

में वे कहते हैं कि अलंकारों का सम्बन्ध सौन्दर्यभावना से है जो परिस्थितियों के अनुसार बदलती रहती हैं। अत: छायावादी सौन्दर्य-बोध को अलंकार परम्परा के चौखटे में फिट करना अनुचित है। इसी तरह छन्दों के भी रूप बदले हैं; अर्थात् दोहा, छप्पय, घनाक्षरी तथा सवैया का ही विकसित रूप प्रगीत है और वह मुक्त छन्दों की रूढ़ियों के विरोध में उत्पन्न गति का द्योतक है। इस प्रकार वे प्रत्येक साहित्य के रूपतत्त्व की परम्परा के महत्त्व को इतिहास-दृष्टि के साथ जोड़कर देखते हैं। रूपतत्त्व के महत्त्व के बारे में उनकी टिप्पणी है : "इस प्रकार ऐतिहासिक भौतिकवाद साहित्यिक इतिहास में रूप-विधान सम्बन्धी मौलिक उद्भावनाओं तथा परम्परा-पालन को समझने के लिए ठोस आधार प्रदान करता है जो इतिहास-लेखक के लिए बहुत आवश्यक है।"[96]

नामवर सिंह के साहित्येतिहास सम्बन्धी दृष्टिकोण में सरलीकरण का विरोध है। वे कहते हैं : "इतिहास लेखक के सामने कदम-कदम पर जो अनेक बारीक सवाल उठते हैं, उनका आकलन यहाँ नहीं हो सकता। निस्सन्देह साहित्य-सृष्टि अनेक जटिल प्रभावों तथा तत्त्वों का घात-प्रतिघात है और उसका कतिपय नियमों द्वारा अति सरलीकरण करना गलत है।"[97]

अत: साहित्येतिहास लेखन के कार्य में जो जटिलताएँ उत्पन्न होती हैं, वे अत्यन्त ही व्यावहारिक और मौलिक होती हैं जिनके सरलीकरण से इतिहास लेखन की गति मन्द हो सकती है। सावधानी यही होनी चाहिए कि हम उन जटिलताओं को पहचानते हुए इतिहास लेखन में प्रवृत्त हों ताकि तथ्यों के प्रति न्याय कर सकें। क्योंकि यह न्याय मानवता के हित में है। नामवर सिंह के शब्दों में : "ऐतिहासिक तथ्यों को विकृत न करते हुए साहित्य के इतिहास को समझना ही हमारा ध्येय होना चाहिए।...अतीत का अविकृत और सत्यपूर्ण उद्‌घाटन ही वर्तमान में सक्रिय हो सकता है।"[98]

नामवर सिंह साहित्य के इतिहास पर पुनर्विचार को विशेष महत्त्व देते हैं। उनके अनुसार, पुनर्विचार का साहस वही कर सकता है जो पुनर्पाठ की क्षमता रखता हो। पुनर्पाठ, पुनर्विचार और पुनर्निर्माण, ये तीनों एक-दूसरे के पूरक हैं। इसे साधे बगैर आलोचना-कर्म पूर्ण नहीं होता। साहित्येतिहास के पुनर्विचार की पृष्ठभूमि को नामवर सिंह स्वराज्य प्राप्ति के पश्चात् उपस्थित परिवेश से सम्बन्धित मानते हैं और यह भी मानते हैं कि ये स्थितियाँ इतिहास-निर्माण के बोध की सक्रियता हैं। वे कहते हैं : "इतिहास लिखने की ओर कोई जाति तभी प्रवृत्त होती है जब उसका ध्यान अपने इतिहास के निर्माण की ओर जाता है।"[99]

यही वजह है कि नामवर सिंह आचार्य शुक्ल के लेखन को राष्ट्रीय आन्दोलन से और कविता तथा कथा साहित्य को सृजनात्मक कोशिशों से जोड़कर देखते हैं। आचार्य शुक्ल के इतिहास के फलस्वरूप कामता प्रसाद गुरु का हिन्दी व्याकरण

कोई अनायास उपलब्धि नहीं है। वे इन्हें एक-दूसरे से सम्बन्धित मानते हैं। परन्तु आचार्य शुक्ल से लेकर नागरी प्रचारिणी सभा तक का हिन्दी साहित्य नामवर जी के अनुसार 'इतिहास की सामग्री' है, इतिहास नहीं। वे मानते हैं : "नवीन व्याख्याओं का उपयोग इतिहास नहीं है, इतिहास स्वयं एक नई व्याख्या है।"[100]

नामवर सिंह इतिहास की चिन्ता को ठेठ समसामयिक तथा दृष्टि को भविष्योन्मुखी मानते हैं और उस दृष्टि की भर्त्सना करते हैं जो अतीतोन्मुखी हो। 'इतिहास' को वे समसामयिक अर्थ में ग्रहण करते हुए कहते हैं : "वस्तुत: इतिहास लिखने का कार्य वही कर सकता है जो स्वयं इतिहास बनाने में योग देता है अथवा दिलचस्पी रखता है—इतिहास अर्थात् समसामयिक इतिहास, क्योंकि जो बीत चुका है, उसका अब क्या बनाया जा सकता है? साहित्य के इतिहास की मुख्य समस्या है समसामयिक साहित्य की समस्या, अन्य युगों की सारी समस्याएँ सहायक हैं अथच गौण। इस प्रकार जो समसामयिक साहित्य की समस्याओं से जूझ रहे हैं, वे इतिहास न लिखते हुए भी वस्तुत: इतिहास बनाने में योग दे रहे हैं।"[101]

इस प्रकार उनकी दृष्टि में सुव्यवस्थित इतिहास लेखन की अपेक्षा समसामयिक चुनौतियों को स्वीकार करते हुए लेखन करना सच्चा और सार्थक इतिहास लेखन है। अत: नामवर सिंह इतिहास लेखन की परम्परागत अवधारणा का खंडन करते हैं। क्योंकि वर्तमान की मुख्य चुनौती समसामयिक होती है जिसकी अनदेखी लेखक नहीं कर सकता, यदि वह अपने लेखन के प्रति ईमानदार है।

नामवर जी की इतिहास-दृष्टि की मौलिकता यह भी है कि वे इतिहास-निर्माण की भूमिका के अन्तर्गत रचनाकार को समीक्षक से अधिक महत्त्व देते हैं और उसे समसामयिक इतिहास निर्माता के रूप में स्वीकार करते हैं। परन्तु इतिहास लेखन का दायित्व निर्वाह समीक्षक को ही करना चाहिए, ऐसी उनकी राय है।

उनकी इतिहास-दृष्टि में 'समसामयिकता बोध' का प्रश्न भी काफी महत्त्वपूर्ण है हालाँकि यह प्रश्न प्राय: दुहराया जाता रहा है पर परिणाम प्राय: निराशाजनक होता है। इस सन्दर्भ में वे शुक्ल जी का उदाहरण देते हुए कहते हैं कि शुक्ल जी के प्रति शिकायतें तो बहुत हैं, उनके इतिहास की युग-सापेक्ष सीमाओं का हवाला भी बहुत हैं परन्तु प्रासंगिक प्रश्न से लोग चूक गए हैं। अत: नामवर सिंह कहते हैं : "वहाँ यह अत्यन्त प्रासंगिक प्रश्न नहीं उठाया गया कि साहित्य के सम्बन्ध में शुक्ल जी का ऐतिहासिक दृष्टिकोण अपने समकालीन साहित्य के राग बोध से किस हद तक निर्धारित हुआ था।"[102]

इस प्रकार वे युग-सापेक्षता की सतही सोच को इतिहास लेखन के लिए गहरा संकट मानते हैं।

नामवर सिंह की मान्यता है कि 'पूर्ववर्ती इतिहास' की गलतियों को गिनाना ही इतिहास लेखन नहीं है। बल्कि गलतियों का परीक्षण युगबोध के अन्तर्गत किया जाना

चाहिए, सिर्फ युगबोध ही नहीं, बल्कि वर्तमान का सम्यक् बोध भी आवश्यक है। यह बोध अतीत बोध को भी सम्पन्न करता है। उनके शब्दों में : "जो अपने युग के बोध से रिक्त है, वह किसी दूसरे युग को जान सकने में क्योंकर समर्थ होगा।"[103]

नामवर सिंह की इतिहास-दृष्टि में सबसे महत्त्वपूर्ण प्रश्न जीवित परम्परा के बोध का है, इसी बोध के अभाव में वे इतिहास लेखन की आवश्यकता स्वीकार करते हैं। वे कहते हैं : "यदि किसी युग के बहुसंख्यक समाज में परम्परा का जीवित बोध हो तो सम्भवत: साहित्य के इतिहास की कोई आवश्यकता ही न रहे।"[104] वे मानते हैं कि "कालक्रम से यह परम्परा टूटी और इतिहास ग्रंथों की आवश्यकता पड़ी।"

नामवर सिंह इतिहास-दृष्टि के निर्माण में ऐतिहासिक वास्तविकता की जटिलता के ज्ञान को महत्त्वपूर्ण मानते हुए कहते हैं : "अपनी ऐतिहासिक चेतना को जीवन्त बनाए रखने के लिए ऐतिहासिक वास्तविकता की जटिलता का एहसास होते रहना आवश्यक है।"[105] इस जटिलता के एहसास के अभाव में इतिहास-बोध का दुरुपयोग हो सकता है।

नामवर सिंह की इतिहास-दृष्टि में इतिहास और समीक्षा एक-दूसरे के पर्याय हैं तथा उनके प्रतिमान भी प्राय: एक से हैं : "इतिहास अन्तत: समीक्षा का प्रतिमान है। ऐतिहासिक बोध वस्तुत: आलोचनात्मक बोध है। ऐसा आलोचनात्मक बोध जिसे आत्मपरीक्षा के लिए हर साहित्य सतत परखता चलता है।"[106]

आगे वे यह कहते हैं : इतिहास के प्रतिमान के लिए सैद्धान्तिक प्रतिमान की तुलना में परम्परा एक व्यावहारिक प्रतिमान है। अत: वे सैद्धान्तिक प्रतिमानों को महत्त्व नहीं देते हैं।

उनकी इतिहास-दृष्टि में महत्त्वपूर्ण है—'इतिहास का पुनर्विचार' अर्थात् 'पुनर्मूल्यांकन' अर्थात् 'मूल्यांकन के प्रतिमान'। परन्तु पुनर्मूल्यांकन के नाम पर कोरी नवीनता और मौलिकता के खतरे से वे आगाह भी करते हैं—जैसे 'सूर को तुलसी से श्रेष्ठ साबित करना।'

इस प्रकार नामवर जी इतिहास लेखन को सिर्फ लेखन न मानकर इतिहास की जटिलताओं और समसामयिक युग की सही समझ से सम्बन्धित मानते हैं और एक चुनौती के रूप में स्वीकार करते हुए कहते हैं : "किन्तु इतिहास की एक शिक्षा यह भी है कि वास्तविक इतिहास स्वत: आत्मनिषेध है। जिस इतिहास के बोध से मन स्वयं उस इतिहास का अतिक्रमण कर जाए, सच्चा इतिहास वही है।"[107] नामवर सिंह ने इतिहास और आलोचना का सम्बन्ध अभिन्न तथा अन्योन्याश्रित माना है। अत: वे इस बात से भी चिन्तित दीखते हैं कि इतिहास और आलोचना को अलग मानकर उनकी समस्याओं पर विचार किया जाता है। इस अलगाव से साहित्य-चिन्तन भी बुरी तरह प्रभावित होता है अर्थात् अतीत और वर्तमान के बीच दरार पड़ने लगती है। इसलिए लोग इतिहास और आलोचना को अलग एवं उनकी समस्याओं को

अलग-अलग रूप में देखते हैं, उन पर टिप्पणी करते हुए कहते हैं : "इतनी मोटी-सी बात भी लोगों के दिमाग में नहीं आती कि सम्पूर्ण साहित्यकारों तथा साहित्यकारों का लेखा-जोखा ही इतिहास नहीं है; बल्कि किसी एक साहित्यकार अथवा एक साहित्यिक कृति का समुचित मूल्यांकन भी इतिहास हो सकता है। क्योंकि मुख्य प्रश्न ऐतिहासिक परिप्रेक्ष्य का है।"[108]

अत: आलोचक द्वारा ऐतिहासिक परिप्रेक्ष्य की समझ कृति के मूल्यांकन का अनिवार्य हिस्सा है। इस समझ के बगैर नामवर सिंह मूल्यांकन को अधूरा मानते हैं, बल्कि अराजक भी मानते हैं। आलोचना की इस अराजकता को दूर करने के लिए : "हमें इतिहास और आलोचना, दोनों दिशाओं से एक साथ परस्पर-सम्बद्ध चिन्तन-पद्धति द्वारा लक्ष्योन्मुख भाव से कार्य आरम्भ करना होगा।"[109]

नामवर सिंह की दृष्टि में इतिहास के समय का सही सन्तुलन विद्यमान है; अर्थात् किसी भी रचनाकार की तुलना करते समय वे काल या युग के अन्तर का ध्यान रखते हैं। प्रेमचन्द से जैनेन्द्र की, सूर से तुलसी की, एवं गेटे से तोल्स्तोय की तुलना करते समय वे इस सूझ-बूझ का परिचय देते हैं।

यद्यपि नामवर सिंह भारतीय समाज और स्वाधीनता-संग्राम के मध्य विखंडन की प्रकिया को भाँप रहे थे। उन्होंने यह महसूस किया कि अस्मिता निर्माण की प्रक्रिया इतिहास लेखन को प्रभावित कर रही है और तथ्यों का अतिवाद दृष्टि को ग्रस रहा है। अत: डॉ. बद्रीनारायण के शब्दों में : "नामवर जी 'इतिहास का नया दृष्टिकोण' निबन्ध में इतिहास लेखन की अतितथ्यपरकता की पद्धति के बुर्जुआ आधारों को एक्सपोज करते हैं एवं उस पर अत्यन्त पॉलिटिकल ढंग से प्रहार करते हैं। वे अतीत को मात्र एक आर्काइवल या ऑर्केलॉजिकल सत्य न मानते हुए 'जनसत्य' के रूप में प्रस्तावित करते दिखते हैं।"[110]

इसलिए नामवर सिंह इतिहास को मात्र घटनाओं की खोज नहीं मानते बल्कि तथ्य, विचार और साक्ष्य के समन्वय और सन्तुलन को इतिहास के लिए अनिवार्य मानते हैं। डॉ. नामवर सिंह की इतिहास-दृष्टि में इतिहास के प्रति आस्था और उसके दायित्वबोध की चिन्ता भी सर्वोपरि है। क्योंकि दायित्व-बोध आस्था के अन्धत्व के प्रति हमें सजग बनाता है। 'आस्था' किसी भी लेखन की प्रेरणाशक्ति होती है, अत: आस्था के टूटने से लेखक की साहित्यिकता मर जाती है। आस्था का असन्तुलन आत्मघात की ओर उन्मुख होता है। नामवर जी ने आस्था के इसी असन्तुलन का जिक्र 'अन्धा युग' नाटक के सन्दर्भ में किया है। उनके शब्दों में : "अभी कुछ दिन पहले 'अन्धा युग' नामक एक गीत-नाटक निकला है, जिसमें स्वतंत्रता, दायित्व, मर्यादा आदि मूल्यों के साथ आस्था की स्थापना की गई है। परन्तु इसके लेखक की आस्था का यह हाल है कि अन्त में सबके दायित्व की गठरी अपने सिर पर बाँधकर उसके प्रभु स्वर्ग की ओर चल देते हैं। किन्तु धरती के पामर प्राणियों को

परितोष देने के लिए कहते जाते हैं कि मैं जल्द ही उतरूँगा।"[111]

अत: 'अन्धा युग' की इस आस्था को नामवर सिंह आत्मघात की स्थिति मानते हैं जिसमें निरपेक्ष तत्त्व का रूपान्तरण हो रहा है। उन्होंने आगे लिखा है : "कोई आश्चर्य न करे। 'अन्धा युग' का लेखक भी अपने को तमाम पार्टियों से स्वतंत्र, विवेकवान अथच आस्थावान कहता है।"[112]

आस्था के साथ विवेक के प्रश्न को नामवर जी ने महत्त्व दिया है। वे मानते हैं, सिर्फ अपने विवेक पर ही निर्भर रहना आस्था के लिए खतरनाक है। वे मानते हैं, आस्था के साथ जिस विवेक का प्रश्न उठाया जाता है, वह अपूर्ण है; क्योंकि विवेक में कितनी अन्तर्दृष्टि है और कितना 'अनुभवज्ञान' है, यह कहना कठिन है। उन्होंने यह भी संकेत किया है कि आस्था का संचालन सूचनाओं के जरिये भी होता है—किसी खास संस्था अखबार, पत्रिका आदि द्वारा। अत: ऐसे में आस्था का खतरा और बढ़ जाता है। उनके शब्दों में : "समाचार-पत्रों की खुराक पर जीनेवाले की आस्था के लिए हर क्षण खतरा है।"[113]

आस्था के साथ अन्तर्विरोध का भी गहरा रिश्ता है, जिसका जिक्र नामवर जी ने किया है, अत: आस्था के अन्तर्विरोध की पहचान भी आवश्यक है और जिनमें यह पहचान की क्षमता नहीं होती, उनमें आस्था के बदले अन्धविश्वास का जन्म होता है।

'आस्था' को नामवर जी 'जीवनीशक्ति' के साथ जोड़कर देखते हैं और उसे 'भविष्य का बीज' मानते हैं, साथ ही आस्था को आशा का पर्याय भी मानते हैं। जहाँ आस्था की शक्ति का प्रश्न है, नामवर जी के शब्दों में : "आस्था की शक्ति उसके आधार से निर्मित होती है।"[114] यह आधार किसी व्यक्ति और महापुरुष से न जुड़कर यदि जनता से जुड़ता है तो ऐसी आस्था महत्त्वपूर्ण होती है और वह जनशक्ति की ओर उन्मुख होती है। अत: नामवर जी इतिहास निर्माण के सन्दर्भ में 'आस्था' के प्रश्न को महत्त्वपूर्ण मानते हैं और दायित्वबोध के साथ आस्था को स्वीकारने की बात कहते हैं : "निस्सन्देह आस्था एक प्रश्न है, लेकिन उसका उत्तर इतिहास है और इस उत्तर का दायित्व हम सब पर है।"[115]

डॉ. नामवर सिंह की इतिहास-दृष्टि की कुछ सीमाएँ भी हैं और अन्तर्विरोध भी। उन्होंने काल-विभाजन की अवधारणा को पूरी तरह खारिज किया है, जिसे वे 'इतिहास की चिन्ताधारा के खंडित' होने का खतरा मानते हैं। जबकि युग-विभाजन सिर्फ विभाजन या खंडन नहीं है युग-परिवर्तन की समझ का आधार है। निस्सन्देह इस प्रयास में सरलीकरण की स्थिति घातक है। परन्तु आचार्य शुक्ल ने हिन्दी साहित्य का जो विभाजन किया, उससे इतिहास की चिन्ताधारा का क्रमिक विकास परिलक्षित होता है। अत: इस विभाजन का कार्य वही कर सकता है, जिसे अपनी ऐतिहासिक परम्परा की सही समझ हो। जहाँ तक काल-विभाजन या संक्रमण बिन्दु पर इतिहास के छूटने की बात है, वह सजगता के अभाव में बिना विभाजन के भी छूट सकता

है। सचाई यह है कि 'काल-विभाजन' के बगैर ऐतिहासिक तथ्यों और संग्रहों का मूल्यांकन अधूरा और एकांगी हो जाता है। आज भी अनुसन्धान और शोध के क्षेत्र में समय और काल-निर्धारण की आवश्यकता पड़ती है।

डॉ. नामवर सिंह आचार्य शुक्ल की भूल को आध्यात्मिक प्रणाली का परिणाम मानते हुए कहते हैं कि उन्होंने हिन्दी साहित्य को पूर्ववर्ती संस्कृत साहित्य और अन्य भारतीय भाषाओं से अलग करके देखा है। परन्तु नामवर सिंह अपनी द्वंद्वात्मक प्रणाली के बावजूद ऐसी भूलें कर बैठते हैं। प्रो. मैनेजर पांडेय 'दूसरी परम्परा की खोज' पर टिप्पणी करते हुए कहते हैं : "इसमें उर्दू भाषा और उसके साहित्य की कोई चिन्ता नहीं है और न उर्दू साहित्य में व्यक्त समाज की वास्तविकताओं और आकांक्षाओं की पहचान की कोशिश है। हिन्दी समाज के वर्तमान और भविष्य पर कोई भी बात तब तक अधूरी होगी जब तक उसमें उर्दू भाषा और उसके साहित्य की चिन्ता शामिल नहीं होगी।"[116]

नामवर सिंह साहित्य की जड़ें वातावरण, परिस्थिति और समाज में मानते हैं परन्तु इन जड़ों को ही आधार बनाकर किसी निर्णय पर पहुँचना खतरनाक हो सकता है। 1973 ई. में प्रकाशित लेख 'स्वातंत्र्योत्तर भारतीय साहित्य' में वे मानते हैं कि आजादी के तीन-चार वर्षों के संक्रान्तिकाल के बाद देश में सांस्कृतिक नवजागरण की एक लहर आई। जबकि प्रो. मैनेजर पांडेय के अनुसार यह काल साम्प्रदायिक दंगों का; कलाकारों, साहित्यकारों, पत्रकारों, रंगकर्मियों, पत्र-पत्रिकाओं के दमन का; क्रान्तिकारियों के हत्याओं और विघटन का तथा शोषक वर्ग के ताकतवर होने का काल है। इस प्रकार वे नामवर सिंह की इस इतिहास-दृष्टि की सीमाएँ बताते हुए कहते हैं : "वास्तव में यह साहित्य से समाज की ओर आलोचक की आलोचना यात्रा का फल है।"[117]

नामवर सिंह की इतिहास-दृष्टि में फासिस्ट शक्तियों का विरोध, सामाजिक-साम्प्रदायिक शक्तियों के विरोध के साथ-साथ भूमंडलीकरण की चिन्ताएँ भी विद्यमान हैं। 20वीं सदी के अन्त तक "राजनीति भी बदली और हिन्दू फासीवाद की जो ताकतें अभी तक हाशिए पर थीं, सत्ता के केन्द्र पर काबिज हो गईं।"[118]

इस प्रकार नामवर सिंह फासीवाद की पृष्ठभूमि पर विचार करते हुए इसकी ताकतों की गहराई से जाँच-पड़ताल करते हैं। उनके अनुसार संघ परिवार का उदय अनायास नहीं है। सोवियत साम्राज्यवाद का अन्त, अंग्रेजी साम्राज्यवाद का सहयोग इन फासीवादी ताकतों के जरिये हुआ। उनका मानना है कि हिन्दुत्ववादी संघ परिवार मुसोलिनी और हिटलर से सीधे सम्पर्क में थीं। स्वतंत्रता-प्राप्ति के तीन महीने बाद सरदार पटेल द्वारा सोमनाथ मन्दिर के पुनर्निर्माण की घोषणा, 23 सितम्बर, 1949 में बाबरी मस्जिद के अन्दर अचानक रामलला की मूर्ति का प्रकट होना, 1999 में आडवाणी द्वारा सोमनाथ से अयोध्या तक की रथयात्रा और रामभक्तों द्वारा

मस्जिद का गिराया जाना तथा मई, 2000 में सोमनाथ मन्दिर को सरकारी खजाने द्वारा 5 करोड़ रुपये का अनुदान—ये आकस्मिक घटनाएँ नहीं हैं। "स्पष्ट है कि संस्कृति का क्षेत्र उन लोगों के धर्म और संस्कृति के लिए धर्म क्षेत्र है। वह बिना कहे फासीवादी संस्कृति का विरोध ही कुरुक्षेत्र होने के लिए अभिशप्त है।" इस प्रकार नामवर सिंह यह स्पष्ट करना चाहते हैं कि शिक्षा और संस्कृति में हिन्दुत्ववादियों का वर्चस्व बढ़ता रहा, जिसकी परिणति क्रूरता में हुई।

नामवर सिंह यह भी मानते हैं : "यह तो देशव्यापी राष्ट्रीय मुक्ति आन्दोलन की ताकत थी कि ये भारतीय फासिस्ट उस समय हाशिए पर आ पड़े रहे।"[119]

नामवर सिंह के अनुसार : "विडम्बना यह है कि इस अदृश्य क्रूरता की संस्कृति से सबसे ज्यादा बेखबर वही है जो अपने-आपको सबसे ज्यादा सुसंस्कृत और सभ्य समझते हैं। दरअसल ऐसे भद्र लोगों में संस्कृति की धारणा भी अति विशिष्ट है।"[120]

"हम वामपंथी लोग यह सोचते थे कि धर्म सम्प्रदायवाद, जबकि पाया यह जाता है कि गहरा धार्मिक आदमी उतना साम्प्रदायिक नहीं होता, बल्कि बिलकुल नहीं होता। साम्प्रदायिक वे होते हैं जिनमें धार्मिक आस्था नहीं होती। शाखा में जानेवाले लोग उन्मादी होते हैं। उनमें धार्मिक आस्था नहीं होती। भजन-पूजन में लगे रहनेवाले लोगों, पाँचों वक्त की नमाज पढ़नेवाले लोगों को प्राय: मैंने दंगों में एक-दूसरे की मदद करते देखा है। खून-खराबा करनेवाले ज्यादातर लोगों का कोई मजहब नहीं होता।"[121]

नामवर सिंह धर्म की भूमिका को भी आर्थिक परिवर्तन और औद्योगिकीकरण के तराजू पर तौलते हैं : "आधुनिकीकरण, आधुनिकता, वैज्ञानिकता, धर्मनिरपेक्षता—इन तमाम चीजों पर, यहाँ तक कि खास तौर से मैं कहना चाहूँगा, धर्म और मजहब की सामाजिक भूमिका के बारे में फिर से विचार करना होगा। एक जमाने में प्रगतिशील लोगों की यह धारणा थी कि धर्म एक सामन्ती चीज है। साम्प्रदायिकता पंडों, पुरोहितों, शेखों और मुल्लाओं की चीज है। सचाई तो यह है कि इस दौर में मैं अपने सामने देखता हूँ कि जो लोग जितने ही आधुनिक हैं, वे उतने ही साम्प्रदायिक होते दिखाई दे रहे हैं।"[122]

उनका निष्कर्ष है कि पूँजीवाद और भूमंडलीकरण ने पुरोहिती तंत्र को मजबूत बनाया है। उनके द्वारा की गई सम्प्रदायवाद की व्याख्या मौलिक है।

नामवर सिंह गांधी और रवीन्द्रनाथ की असहयोगी आन्दोलन सम्बन्धी बहस को शामिल करते हुए रवीन्द्रनाथ के विचार को सही ठहराते हैं : "असहयोग आन्दोलन के दौरान जब विदेशी चीजें जलाई जा रही थीं तो उस दौर में रवीन्द्रनाथ में इतना नैतिक बल था कि वे गांधी जी का विरोध कर सकें। गांधी जी का विरोध करते हुए उन्होंने लिखा था कि इसमें वह खतरा छिपा हुआ है जो आगे चलकर फासिज्म को जन्म दिया करता है।"[123]

इस प्रकार नामवर सिंह असहयोग आन्दोलन की एक नई और तार्किक व्याख्या करते हैं। गांधी के सवाल पर वे उनकी मृत्यु को साम्प्रदायिक ताकतों के वर्चस्व से जोड़ते हैं। वे गांधी की नीयत पर शक तो नहीं करते पर इतना जरूर मानते हैं कि राष्ट्रवाद साम्प्रदायिकता को बढ़ावा देने में सफल हो गया—भले ही राष्ट्रवादी लोग साम्प्रदायिक न रहे हों। उनकी यह टिप्पणी भी महत्त्वपूर्ण है : "असफल हो जाने से ही कोई विचारधारा गलत साबित नहीं हो जाती।"[124]

नामवर सिंह सेकुलरिज्म के संकटों की भी गहराई से जाँच-पड़ताल करते हैं और यह भी बताते हैं कि 1975 के बाद इस शब्द पर काफी जोर दिया गया; पर उसकी वास्तविकता कुछ और ही रही है। उनके शब्दों में : "यानी सम्प्रदायवाद से लड़ने के लिए राष्ट्रवाद नाकाफी है। राष्ट्रवाद यानी राष्ट्रवाद सेकुलरिज्म का इस्तेमाल उसी तरह करता रहा है, जैसे सम्प्रदायवाद धर्म का इस्तेमाल कर रहा है।"[125]

नामवर सिंह सम्प्रदायवाद और राष्ट्रवाद, दोनों का आविर्भाव एक साथ मानते हैं और इस धारणा को गलत ठहराते हैं कि अंग्रेजी साम्राज्यवाद के विरुद्ध संघर्ष में राष्ट्रवाद का जन्म हुआ। उनकी धारणा है : "1947 से पहले राष्ट्रवाद जिस व्यापक भारतीय चेतना की अभिव्यक्ति करता था, आज उसका सर्वथा अभाव है। इस बीच जब-जब शासक वर्ग की सत्ता खतरे में पड़ी है, वह जब-जब अधिक विकास के जनतांत्रिक अधिकार प्रदान करने में जनता की आम जरूरतों को हल करने में राष्ट्रीय निर्माण के हित में अपेक्षित कार्य करने में असफल हुआ है, तब-तब शासक वर्ग उन असफलताओं को छिपाने के लिए राष्ट्रवाद को विचारधारा की तरह इस्तेमाल करता है।"[126]

"कारगिल युद्ध का भव्य प्रदर्शन ताजा मिसाल है जिसमें शहीदों की शवयात्रा भी शोक से अधिक प्रदर्शन की वस्तु बन गई। दरअसल यह सब फासीवाद का नया सौन्दर्यशात्र है।"[127]

उनकी मान्यता यह है कि राष्ट्रवाद प्रदर्शन की चीज नहीं है। वह एक सामूहिक चेतना है। और जहाँ इस चेतना का अभाव है, वहीं फासीवाद सिर उठाता है।

"चूँकि दुनिया में साम्राज्यवाद अभी भी पूरी तरह खत्म नहीं हुआ है, वह नव-उपनिवेशवाद के रूप में आज भी मौजूद है। इसलिए उस राष्ट्रीय चेतना और विचारधारा की आवश्यकता हमें आज भी है।"[128] मुख्य बात यह है कि वे राष्ट्रवाद को भारतीय सामूहिक चेतना के रूप में देखना चाहते हैं।

"राष्ट्रवाद के उदय के साथ ही हिन्दू और मुस्लिम कौम की धारणा का जन्म ले लेना साम्प्रदायिक दंगे, कलह और हिन्दू-मुस्लिम संघर्ष की शुरुआत का कारण, जिनकी अन्तिम परिणति 1947 में हुई है।"[129]

नामवर सिंह इस स्थापना के साथ हिन्दू आइडेंटिटी और मुस्लिम आइडेंटिटी का भी सवाल उठाते हैं और इससे नवजागरण को जोड़ते हैं—हिन्दू और मुस्लिम

नवजागरण। रोमिला थापर के हवाले से इसे 19वीं शताब्दी के वेदों की खोज से लेकर 'गर्व से कहो हम हिन्दू हैं' की धारणा तक ले आते हैं।

इस प्रकार नामवर सिंह हैं, सिर्फ इतिहास में ही दिलचस्पी नहीं लेते, इतिहास ने जो चुनौतियाँ हमें सौंपी है। उससे संघर्ष के लिए भी हमें प्रेरित करते हैं।

इसमें सन्देह नहीं कि "जो वैचारिक संघर्ष की राह पर चलते हैं, वे विवाद के विषय बनते ही हैं।"[130] फिर भी, तमाम विवादों के बावजूद उनकी इतिहास-दृष्टि प्रगतिशील रही है, जिसके तहत उन्होंने भाववाद का विरोध, द्वंद्वात्मक भौतिकवाद का महत्त्व, परम्परा और नवीनता का सहसम्बन्ध, आस्था के अन्धत्व का विरोध, ऐतिहासिक तथा सामाजिक विकास के अध्ययन की अनिवार्यता, इतिहास और आलोचना का समन्वय, वर्तमान के प्रति अतिरिक्त मोह का निषेध आदि शामिल हैं। इस प्रकार उन्होंने साहित्येतिहास को वस्तुनिष्ठ नजरिये से देखने का प्रयास किया है। उनकी इतिहास-दृष्टि की समग्रता में विश्व-दृष्टि एवं कला-दृष्टि की एकता मौजूद है और साथ ही समकालीन साहित्य के मूल्यांकन की दृष्टि भी।

नामवर सिंह की इतिहास-दृष्टि का प्रमुख आधार है अवैज्ञानिकता, जिसे वे इतिहास-विरोधी शक्ति के रूप में देखते हैं।

इतिहास निर्माण से महत्त्वपूर्ण मानते हैं इतिहास विधायक दृष्टिकोण का निर्माण, जिसका सबसे सहायक आधार ऐतिहासिक भौतिकवाद है। इतिहास विधायक दृष्टिकोण बिना किसी ऐतिहासिक परम्परा के निर्मित नहीं हो सकता।

नामवर सिंह इतिहास लेखन में भाववादी दृष्टिकोण को महत्त्व नहीं देते और तटस्थता को इतिहास विरोधी रवैया मानते हैं। "इसी वजह से वे असहयोग आन्दोलन में विदेशी चीजों के बहिष्कार को फासिज्म से जोड़कर देखते हैं।"

नामवर सिंह ऐतिहासिक दृष्टिकोण के तहत किसी भी वाद के अन्धानुकरण को बाधक मानते हैं, यहाँ तक कि मार्क्सवाद को भी।

उनकी इतिहास-दृष्टि में भौतिकवादी तथा द्वंद्ववादी प्रणाली का विशेष महत्त्व है पर उसको रेडीमेड की तरह इस्तेमाल नहीं करना चाहते अर्थात् बनी-बनाई लीक की तरह नहीं। अत: धर्म की द्वंद्ववादी पद्धति से परखते हैं।

उनकी इतिहास-दृष्टि में महत्त्वपूर्ण है समाज के विकास का ज्ञान जिसके माध्यम से साहित्य तक पहुँचा जा सकता है। इतिहास-दृष्टि में महत्त्वपूर्ण है काल-विवेक जो न तो वर्तमान से ग्रस्त हो सकता है और न ही अतीत से। इसलिए वे काल-विभाजन की परम्परागत अवधारणा को खारिज कर देते हैं। उनकी इतिहास-दृष्टि में महत्त्वपूर्ण है कालान्तर में नैरन्तर्य और नैरन्तर्य में कालान्तर अर्थात् कालान्तर काल का विखंडन नहीं है।

ऐतिहासिक भौतिकवाद जितना विषयवस्तु से सम्बन्धित है, उतना ही रूपतत्त्व से भी। इतिहास लेखन में महत्त्वपूर्ण घात-प्रतिघात पर बल। इस प्रकार

वे इतिहासकार को किसी भी प्रकार के सरलीकरण से बचने की सलाह देते हैं।

उनकी दृष्टि में नवीन व्याख्याओं का उपयोग इतिहास नहीं बल्कि इतिहास स्वयं में नई व्याख्या है। इसलिए वे राष्ट्रवाद की नई व्याख्या करते हैं। उसका सम्बन्ध हिन्दू-मुस्लिम सम्प्रदायिकता से स्थापित कर पाते हैं।

इतिहास-दृष्टि में महत्त्वपूर्ण है ठेठ समसामयिक चुनौतियों से सरोकार न कि अतीत का दुहराव। इतिहासकार का दायित्व है कि युग परीक्षण कर गलतियों की सूची तैयार करना नहीं, इतिहास लेखन के लिए आवश्यक है जीवित परम्परा का बोध। ऐतिहासिक परम्परा के लिए आवश्यक है—वास्तविकता की जटिलता का एहसास, साम्प्रदायिकता की जटिलताओं की पहचान। इतिहास की कोरी नवीनता और कोरी भौतिकता इतिहास के लिए खतरा है। अत: इससे उनका विरोध है।

इतिहास अतीतपरकता नहीं है और न ही वह आस्था का अन्धत्व है, अर्थात् आस्था के अन्तर्विरोधों की पहचान इतिहास के लिए आवश्यक है। इसी वजह से वे यूरोपीय और भारतीय फासिस्म का साम्य ढूँढ़ पाते हैं। महत्त्वपूर्ण बात है, वास्तविक इतिहास लेखन आत्मनिषेध है।

सीमाएँ : नामवर सिंह अवैज्ञानिकता के विरोधी हैं पर वे साम्प्रदायिकता को जिस प्रकार आधार बनाते हैं, उतना वास्तविक को नहीं।

1. नामवर सिंह आस्था के अन्तर्विरोधों की बात करते हैं पर राष्ट्रवाद और फासीवाद के सन्दर्भ में अम्बेडकर की भूमिका को नजरअन्दाज करते हैं। इस प्रकार सामाजिक फासीवाद की व्याख्या से स्वयं को अलग कर लेते हैं।
2. नामवर सिंह साहित्य के ज्ञान के लिए समाज के विकास का ज्ञान जरूरी मानते हैं पर वे अपनी वर्ग-दृष्टि की सीमाओं का अतिक्रमण नहीं कर पाते, फलत: आदिवासी, दलित और स्त्री-सन्दर्भ के लिए स्पेस कम पड़ जाता है।

सन्दर्भ

1. थापर, रोमिला, 'साम्प्रदायिकता और प्राचीन भारतीय इतिहास लेखन', रोमिला थापर एवं अन्य (सम्पादक), बद्रीनाथ तिवारी (अनुवाद), इतिहास की पुनर्व्याख्या (1991), राजकमल प्रकाशन, नई दिल्ली, 2004, पृ. 87
2. वही, पृ. 87-88
3. सिंह, मुरली मनोहर प्रसाद, 'इतिहास-दृष्टि और मौलिक उद्भावनाएँ', कृष्णदत्त शर्मा एवं हरिमोहन शर्मा (सम्पादक), साहित्य इतिहास और आधुनिक बोध, स्वराज प्रकाशन, नई दिल्ली, 2004, पृ. 405

4. राजे सुमन, भूमिका, हिन्दी साहित्य का आधा इतिहास, भारतीय ज्ञानपीठ, नई दिल्ली, 2004, पृ. 7
5. पांडेय, मैनेजर, भूमिका, साहित्य और इतिहास-दृष्टि (1981), वाणी प्रकाशन, नई दिल्ली, 2001
6. सिंह, नामवर, इतिहास और आलोचना, राजकमल प्रकाशन, नई दिल्ली, 1978, पृ. 134
7. वही, पृ. 155
8. पांडेय, मैनेजर, भूमिका, साहित्य और इतिहास-दृष्टि, 2001, पृ. 7
9. थापर रोमिला, 'समस्या की रूपरेखा', रोमिला थापर तथा अन्य (सम्पादक), नरेश नदीम (अनुवाद), इतिहास की पुनर्व्याख्या (1991), राजकमल प्रकाशन, नई दिल्ली, 2004, पृ. 11
10. नगेन्द्र, हिन्दी साहित्य का इतिहास, नेशनल पब्लिशिंग हाउस, नई दिल्ली, 1985, पृ. 44
11. आस्टिन, जोंस, हिन्दी के विकास में विदेशी विद्वानों का योगदान, अनुराग प्रकाशन, नई दिल्ली, 1988, पृ. 85
12. तॉसी, गार्सा द, हिन्दुई साहित्य का इतिहास (इस्तवार द ल लितरेत्यूर ऐंदूई ऐ ऐंदूस्तानी) लक्ष्मी सागर वार्ष्णेय (अनुवाद) हिन्दुस्तानी अकादमी, इलाहाबाद, 1953, पृ. 1
13. वही, पृ. 50
14. गुप्त, गणपतिचन्द्र, हिन्दी साहित्य का इतिहास, नगेन्द्र (सम्पादक), नेशनल पब्लिशिंग हाउस, नई दिल्ली, 1985, पृ. 44
15. आस्टिन, जोंस, हिन्दी के विकास में विदेशी विद्वानों का योगदान, अनुराग प्रकाशन, नई दिल्ली, 1988, पृ. 85
16. नगेन्द्र, हिन्दी साहित्य का इतिहास, नेशनल पब्लिशिंग हाउस, नई दिल्ली, 1985, पृ. 45
17. गुप्त, किशोरीलाल (सम्पादक), शिवसिंह सरोज, हिन्दी साहित्य सम्मेलन, प्रयाग, 1970, पृ. 31
18. वही
19. सेंगर, शिवसिंह, शिवसिंह सरोज, किशोरीलाल गुप्त (सम्पादक), हिन्दी साहित्य सम्मेलन, प्रयाग 1970, भूमिका
20. गुप्त, किशोरीलाल (सम्पादक), शिवसिंह सरोज, 1970, भूमिका
21. वही, भूमिका
22. ग्रियर्सन, किशोरीलाल गुप्त (सम्पादक), शिवसिंह सरोज, हिन्दी साहित्य सम्मेलन, प्रयाग, 1970, पृ. 1-2
23. वही सेंगर शिवसिंह, पृ. 2
24. मिश्र, भगवत स्वरूप, हिन्दी आलोचना : उद्‌भव और विकास, साहित्य, सदन, देहरादून, 1953, पृ. 286
25. शर्मा, नलिन विलोचन, साहित्य का इतिहास दर्शन, बिहार राष्ट्रभाषा परिषद्, पटना, 1960, पृ. 86
26. वही
27. मिश्रबन्धु, भूमिका, 'मिश्रबन्धु-विनोद', नागरी प्रचारिणी सभा, हिन्दी प्रचारक मंडली, प्रयाग, 1934, पृ. 45
28. वही, पृ. 18

29. शुक्ल, रामचन्द्र, भूमिका, हिन्दी साहित्य का इतिहास, नागरी प्रचारिणी सभा, वाराणसी, 2000
30. पांडेय, मैनेजर, साहित्य और इतिहास-दृष्टि, वाणी प्रकाशन, नई दिल्ली, 2000, पृ. 91
31. शुक्ल, रामचन्द्र, हिन्दी साहित्य का इतिहास (1929), नागरी प्रचारिणी सभा, वाराणसी, 2001, पृ. 11
32. वही, पृ. 224
33. शुक्ल, रामचन्द्र, हिन्दी साहित्य का इतिहास, नागरी प्रचारिणी सभा, वाराणसी, 2001, पृ. 224
34. वही, पृ. 1
35. शुक्ल, रामचन्द्र, काल विभाग, हिन्दी साहित्य का इतिहास, नागरी प्रचारिणी सभा, वाराणसी, 2001, पृ. 1
36. सिंह, नामवर, आलोचक के मुख से (1989), राजकमल प्रकाशन, नई दिल्ली, 2003, पृ. 81
37. वही, पृ. 82
38. शुक्ल, रामचन्द्र, हिन्दी साहित्य का इतिहास, नागरी प्रचारिणी सभा, वाराणसी, 2001, पृ. 34
39. सिंह, नामवर, आलोचक के मुख से, राजकमल प्रकाशन, नई दिल्ली, 2003 पृ. 61
40. शुक्ल, रामचन्द्र, हिन्दी साहित्य का इतिहास, नागरी प्रचारिणी सभा, वाराणसी, 2001, पृ. 361-62
41. वही, पृ. 306
42. सिंह, नामवर, आलोचक के मुख से, राजकमल प्रकाशन, नई दिल्ली, 2003, पृ. 66
43. वही, पृ. 66
44. वही, पृ. 69-70
45. डॉ. नगेन्द्र, हिन्दी साहित्य का इतिहास, नेशनल पब्लिशिंग हाउस, नई दिल्ली, संस्करण, 1985, पृ. 51
46. वही
47. द्विवेदी, हजारीप्रसाद, हिन्दी साहित्य की भूमिका (1940), राजकमल प्रकाशन, नई दिल्ली, 1979, पृ. 15
48. वही
49. द्विवेदी, हजारीप्रसाद, अशोक के फूल, लोकभारती प्रकाशन, इलाहाबाद, 1990 पृ. 180
50. पांडेय, मैनेजर, साहित्य और इतिहास-दृष्टि, वाणी प्रकाशन, नई दिल्ली, 2001, पृ. 140
51. द्विवेदी, हजारीप्रसाद, मध्यकालीन बोध का स्वरूप, राजकमल प्रकाशन, नई दिल्ली, संस्करण, 1992, पृ. 18
52. पांडेय, मैनेजर, साहित्य और इतिहास-दृष्टि, वाणी प्रकाशन, नई दिल्ली, 2001 पृ. 145
53. वही, पृ. 143
54. द्विवेदी, हजारीप्रसाद, हिन्दी साहित्य का आदिकाल, वाणी प्रकाशन, नई दिल्ली, संस्करण, 1999, पृ. 11
55. वही, पृ. 76

56. द्विवेदी, हजारीप्रसाद, हिन्दी साहित्य की भूमिका, राजकमल प्रकाशन, नई दिल्ली, 1979, पृ. 70
57. द्विवेदी, हजारीप्रसाद, सूर साहित्य, राजकमल प्रकाशन, नई दिल्ली, 1989, पृ. 91
58. द्विवेदी, हजारीप्रसाद, हिन्दी साहित्य की भूमिका, राजकमल प्रकाशन, नई दिल्ली, 1979, पृ. 181-82
59. पांडेय, मैनेजर, साहित्य और इतिहास-दृष्टि, वाणी प्रकाशन, नई दिल्ली, 2001, पृ. 159
60. शर्मा, रामविलास, इतिहास दर्शन, वाणी प्रकाशन, नई दिल्ली, संस्करण, 1989, पृ. 10
61. तिवारी, रामचन्द्र, हिन्दी आलोचना शिखरों का साक्षात्कार, लोकभारती प्रकाशन इलाहाबाद, 2000, पृ. 109
62. पांडेय, मैनेजर, साहित्य और इतिहास-दृष्टि, 2001, पृ. 166
63. शर्मा, रामविलास, महावीर प्रसाद द्विवेदी और हिन्दी नवजागरण, राजकमल प्रकाशन, नई दिल्ली, संस्करण, 1977, पृ. 161
64. पांडेय, मैनेजर साहित्य और इतिहास-दृष्टि, वाणी प्रकाशन, नई दिल्ली, 2001, पृ. 167
65. शर्मा, रामविलास, भाषा और समाज, राजकमल प्रकाशन, नई दिल्ली, संस्करण : 2000, पृ. 252
66. पांडेय, मैनेजर, साहित्य और इतिहास-दृष्टि, वाणी प्रकाशन, नई दिल्ली, 2001, पृ. 168
67. वही, पृ. 193
68. शर्मा, रामविलास, महावीर प्रसाद द्विवेदी और हिन्दी नवजागरण, राजकमल प्रकाशन, नई दिल्ली, 1986, पृ. 196
69. पांडेय, मैनेजर, साहित्य और इतिहास-दृष्टि, वाणी प्रकाशन, नई दिल्ली, 2001, पृ. 197
70. शर्मा, रामविलास, महावीर प्रसाद और हिन्दी नवजागरण, 1986, पृ. 385
71. शर्मा, रामविलास, 'दूसरों तक अपनी बात पहुँचाना जरूरी है' (पत्र से उद्धृत), आजकल (पत्रिका), मई, 2002, पृ. 47
72. शर्मा, रामविलास, सम्पादकीय, समालोचक, अंक-6, जुलाई, 1959, पृ. 5
73. पांडेय, मैनेजर, आलोचना की सामाजिकता (2005), वाणी प्रकाशन, नई दिल्ली, 2008, पृ. 68
74. ठाकुर, समीक्षा (सम्पादक), कहना न होगा, वाणी प्रकाशन, नई दिल्ली, 1994, पृ. 21
75. सिंह, नामवर, इतिहास और आलोचना, 1957, राजकमल प्रकाशन, नई दिल्ली, 2002, पृ. 143
76. वही, पृ. 134
77. वही
78. वही
79. वही, पृ. 138
80. वही, पृ. 139
81. वही, पृ. 140
82. सिंह, वीरेन्द्र, 'आलोचना दृष्टि का अन्त : अनुशासनीय परिप्रेक्ष्य', भारत यायावर (सम्पादक), आलोचना के रचना-पुरुष : नामवर सिंह, वाणी प्रकाशन, नई दिल्ली, 2003, पृ. 164
83. ठाकुर, समीक्षा (सम्पादक), बात बात में बात, वाणी प्रकाशन, नई दिल्ली, 2006, पृ. 181
84. सिंह, नामवर, इतिहास और आलोचना, राजकमल प्रकाशन, नई दिल्ली, 2002, पृ. 140

85. वही, पृ. 141
86. वही, पृ. 142
87. सांकृत्यायन, राहुल, वैज्ञानिक भौतिकवाद, लोकभारती प्रकाशन, इलाहाबाद, 1993, पृ. 156
88. सिंह, नामवर, इतिहास और आलोचना, राजकमल प्रकाशन, नई दिल्ली, 2002, पृ. 143
89. वही
90. वही
91. वही, पृ. 144
92. नारायण, बद्री, 'इतिहास और आलोचना का पुनर्पाठ', कमला प्रसाद तथा अन्य (सम्पादक), नामवर सिंह : आलोचना की दूसरी परम्परा, वाणी प्रकाशन, नई दिल्ली, 2002, पृ. 248
93. सिंह, नामवर, इतिहास और आलोचना, राजकमल प्रकाशन, नई दिल्ली, 2002, पृ. 165
94. वही, पृ. 148-49
95. वही, पृ. 149
96. वही, पृ. 151
97. वही, पृ. 152
98. वही
99. वही, पृ. 153
100. वही, पृ. 154
101. वही, पृ. 155
102. वही, पृ. 157
103. वही, पृ. 160
104. वही, पृ. 161
105. वही, पृ. 162-63
106. वही, पृ. 170
107. वही, पृ. 172
108. वही, पृ. 177
109. वही, पृ. 178
110. सिंह, बद्रीनारायण, 'इतिहास और आलोचना का पुनर्पाठ', कमला प्रसाद तथा अन्य (सम्पादक), नामवर सिंह : आलोचना की दूसरी परम्परा, वाणी प्रकाशन, नई दिल्ली, 2002, पृ. 244
111. सिंह, नामवर, इतिहास और आलोचना, राजकमल प्रकाशन, नई दिल्ली, 2002, पृ. 69
112. वही
113. वही, पृ. 70
114. वही, पृ. 71
115. वही, पृ. 73
116. पांडेय, मैनेजर, आलोचना की सामाजिकता (2005), वाणी प्रकाशन, नई दिल्ली, 2008, पृ. 70-71
117. सिंह, नामवर, जमाने से दो दो हाथ, राजकमल प्रकाशन, नई दिल्ली, प्रथम संस्करण, 2010, पृ. 29

118. वही, पृ. 13
119. वही, पृ. 14
120. वही, पृ. 17
121. वही, पृ. 29
122. वही, पृ. 27
123. वही, पृ. 24
124. वही, पृ. 23
125. वही, पृ. 27
126. वही, पृ. 23-24
127. वही, पृ. 18
128. वही, पृ. 21
129. वही, पृ. 22-23
130. पांडेय, मैनेजर, आलोचना की सामाजिकता, वाणी प्रकाशन, नई दिल्ली, 2008, पृ. 68

परम्परा का मूल्यांकन और दूसरी परम्परा की खोज

सामान्य अर्थ में परम्परा का अभिप्राय है 'प्रथा, प्रणाली'[1] जो बहुत दिनों से चली आ रही हो; अर्थात् जिसमें गति का अविच्छिन्न क्रम हो। अंग्रेजी में इसे Tradition कहा जाता है : "A custom, opinion or belief headed down to posterity esporally or by practice."[2]

इस सम्बन्ध में एडीसन का कहना है : "परम्परा इतिहास को विशेष सहयोग प्रदान करती है, लेकिन उसकी बातों का सूक्ष्म रूप से निरीक्षण करें तभी हमें उस पर विश्वास करना चाहिए।"[3]

अत: इस कथन में मुख्य रूप से परम्परा की भूमिका को इतिहास का सहयोगी माना गया है। साथ ही सूक्ष्म निरीक्षण को भी महत्त्व दिया गया है। वास्तव में सूक्ष्म निरीक्षण की स्थिति में ही हम जीवित और मृत परम्परा का अन्तर समझ सकते हैं और यही समझ हमारी इतिहास-दृष्टि में भी सहायक होती है। जहाँ तक जीवित परम्परा का प्रश्न है, इस सम्बन्ध में जैनेन्द्र कुमार की यह उक्ति ध्यातव्य है : "जीवित परम्परा आत्महीन नहीं होती, वह समाप्त नहीं होती। उसमें नाना रूपों और प्रारूपों में खिलते जाने की शक्ति प्रवाहित रहती है।"[4]

वास्तव में परम्परा का महत्त्व यदि है, तो उसके जीवित होने के कारण अर्थात् गतिशील और प्रवहमान होने के कारण। अत: गतिशील परम्परा के मूल्यांकन की जरूरत साहित्य को होती है क्योंकि समाज विरोध या द्वंद्व की स्थिति में कभी 'रूढ़ि' के साथ होता है तो कभी परम्परा के साथ। प्रो. मैनेजर पांडेय ने परम्परा के सन्दर्भ में प्रगति और प्रयोग को विशेष महत्त्व दिया है। उनके शब्दों में : "जो परम्परा प्रयोग और प्रगति को प्रश्रय नहीं देती, वह आत्मघात कर लेती है। उसका अस्तित्व खतरे में पड़ जाता है।"[5] प्रो. पांडेय ने परम्परा के साथ प्रतिभा के सम्बन्ध को स्वीकार किया है और यह माना है : "प्रत्येक प्रयोग, जो प्रतिभा की देन है, कालान्तर में परम्परा बन जाता है इसलिए प्रयोग की प्रेरणा देने में असमर्थ परम्परा और नवीन परम्परा को स्थापित करने में असमर्थ प्रयोग दोनों ही निरर्थक हैं।"[6]

इस प्रकार परम्परा का प्रयोग प्रतिभा के बल पर ही किया जा सकता है, अन्यथा प्रयोग सार्थक नहीं होते। परम्परा के सार्थक प्रयोग ही प्रेरक होते हैं। और

वे हमारे मन में श्रद्धा और समर्पण का संचार करते हैं। कृतिकार की साधना की पूर्णता परम्परा के प्रति श्रद्धा और समर्पण से ही पूर्ण होती है। प्रो. मैनेजर पांडेय के शब्दों में : "निश्चय ही अपनी भाषा और साहित्य की परम्परा के प्रति श्रद्धा से असम्पृक्त समर्पण से ही सच्चा साहित्य उत्पन्न होता है।"[7]

जहाँ तक परम्परा की पृष्ठभूमि का सवाल है, प्रो. मैनेजर पांडेय के शब्दों में : "परम्परा का सम्बन्ध केवल अतीत से नहीं है बल्कि इसकी रेखा अतीत से चलकर वर्तमान में समाई हुई है। समृद्ध, स्वस्थ विकासोन्मुख परम्परा के क्रोड़ में अतीत और वर्तमान समाए होते हैं। अतीत परम्परा की पृष्ठभूमि है और वर्तमान उसका प्रस्तुत चित्र।"[8]

इस प्रकार अतीत परम्परा की पृष्ठभूमि तो है परन्तु वह सूक्ष्म रूप में गतिमान होती हुई वर्तमान में समाहित होती है। समाहित और गतिमान होने की शक्ति सिर्फ स्वस्थ और समृद्ध परम्परा में होती है, जिसका महत्त्व वर्तमान के लिए होता है और वर्तमान उसे प्रस्तुत करने के लिए प्रयासरत होता है। अत: अतीत की परम्परा का वर्तमान परम्परा के साथ एक गहरा रिश्ता होता है जो सांस्कृतिक उपलब्धियों की दृष्टि से भी काफी महत्त्वपूर्ण है। इस अर्थ में परम्परा प्रो. मैनेजर पांडेय के शब्दों में : "परम्परा एक ऐतिहासिक बोध है, जो अतीत के व्यतीत का नहीं, उसकी वर्तमानता का दर्शन है। बहुधा समसामयिक रचनाकार अतीत में एक प्रकार के परम्परा-बोध के लिए प्रत्यावर्तित होते हैं।"[9]

अत: परम्परा ऐतिहासिक बोध के साथ वर्तमान का मूल्यांकन करती है।

इस प्रकार परम्परा नई रचना को जन्म देने में अपनी महत्त्वपूर्ण भूमिका निभाती है। वह सर्जक को युगबोध से परिचित कराती है साथ ही नई परम्परा का मार्ग भी प्रशस्त करती है। प्रो. मैनेजर पांडेय के शब्दों में : "परम्परा की चेतना से साहित्य के विकास में नई दृष्टियों का समाहार होता है और जीवन की विवेचना अनेक दिशाओं से आती हुई किरणों की भाँति संवेदन-बिन्दुओं पर केन्द्रीभूत होकर जीवनगत सत्य को अनुप्राणित करती है।"[10]

इस प्रकार परम्परा की भूमिका नई दृष्टियों को प्रस्तुत करती हुई संवेदनाओं के कई मार्ग प्रशस्त करती है, अत: : "परम्परा के तत्त्व किसी समाज की संवेदनशीलता और अनुभव परम्परा में सुरक्षित रहते हैं।"[11]

अनुभव परम्परा का अतीत और वर्तमान, दोनों से सम्बन्ध होता है और इस सम्बन्ध का विकास किसी-न-किसी रूप में द्वंद्व पर आधारित होता है; जिसे हम नये और पुराने संस्कार के द्वंद्व के रूप में भी देख सकते हैं। और यह द्वंद्व कलाकार में तो अवश्य ही होता है। अत: कलाकार के लिए परम्परा के महत्त्व को युग और इलियट जैसे महान आलोचक भी स्वीकार करते हैं क्योंकि यह जीवन-दृष्टि का विस्तार करता है। इस प्रकार परम्परा सर्जक का प्रेरणास्रोत होती है जिसे जीवन्त

संस्कृति के मूल तत्त्व के रूप में भी देखा जा सकता है। अत: वे उपयोगी और गतिशील होती हैं। यही वजह है कि परम्पराओं का अनुसरण किया जाता है और वह नये रूप में उपस्थित भी की जाती है। संस्कृति की परख में भी परम्पराओं की अहम् भूमिका होती है इसलिए संस्कृतियाँ पुन:परिभाषित होती हैं। यदि परम्पराएँ अपनी इस भूमिका से चूक जाती हैं, तो संस्कृति अपनी जीवनीशक्ति खो देती है। यद्यपि परम्परा संस्कृतियों की परख में आधुनिकता के साथ एक गहरा सामंजस्य रखती है। इस अर्थ में एक प्रगतिशील समाज में परम्परा और आधुनिकता का सह-सामंजस्य होता है। परम्परा सदैव सुदृढ़ ही नहीं होती क्योंकि उसका अतीत वैविध्यपूर्ण होता है। यह कहना भी कठिन है कि परम्पराएँ हमेशा आधुनिक होने की प्रक्रिया में सहायक होती हैं। इस अर्थ में दीर्घ परम्परा की समस्याओं से जूझे बगैर परिवर्तन की स्थितियाँ पैदा नहीं होतीं और उसका सामंजस्य भी आधुनिकता से नहीं हो पाता। जहाँ तक भारतीय परम्परा का प्रश्न है, यहाँ अनेक परम्पराओं का सम्मिलन है। इस सम्बन्ध में कुँवर नारायण का कहना है : "मैं यह महसूस करता हूँ कि भारतीय परम्परा का सार और नमनशीलता उसकी निरन्तरता में उतनी नहीं जितनी कि उसकी स्वाभाविक शान्तिप्रियता और विचार-मिश्रण की प्रवृत्तियों में निहित है, जो आधुनिकता के चमचमाते पक्षों की उपेक्षा उसके सर्वाधिक सजीव पक्षों को आत्मसात् करने की ओर अग्रसर रही है।"[12]

इस प्रकार कुँवर नारायण ने निरन्तरता को उतना महत्त्व नहीं दिया है जितना परम्परा के स्वाभाविक विचार मिश्रण को, ऐसा विचार मिश्रण, जो आकर्षण-मुक्त हो। साथ ही साथ वे परम्परा पर विशेष बल भी नहीं देना चाहते, जिससे वर्तमान सिमटने लगे। वे कहते हैं : "परम्परा या इतिहास पर अतिरिक्त बल देना विरुद्ध फलदायक हो सकता है और वर्तमान पर ऋणात्मक दबाव डाल सकता है।"[13]

परम्परा के सन्दर्भ में एक प्रश्न स्थापित परम्परा का भी है क्योंकि सभी परम्पराएँ स्थापित नहीं होतीं। अत: स्थापित परम्परा प्रभावशाली और महत्त्वपूर्ण हो जाती है और वह व्यक्ति पर अधिक दबाव भी बनाती है। इस चिन्ता की ओर संकेत करते हुए कुँवर नारायण कहते हैं : "किसी स्थापित परम्परा के दबाव पुरानी आदतों और चिन्तन की प्रचलित विधियों के रूप में लोगों पर ज्यादा प्रभाव रखते हैं बनिस्बत लेखक के, जिस पर नये विचारों और आधुनिक जीवन की जरूरतों का अधिक खिंचाव रहता है।"[14]

इसके आगे का संकट है : "यदि यह खिंचाव अधिक हो गया तो दोनों के बीच के क्षीण सूत्र टूट भी सकते हैं..."[15]

अत: परम्परा और आधुनिकता के सन्तुलन के सम्बन्ध में लेखक या आलोचक को बहुत सतर्क और सचेत रहने की आवश्यकता है—विशेषत: इस पूँजीवादी दौर में, जहाँ सुविधावाद का दानव मुँह बाये खड़ा है।

जहाँ तक परम्परा की जीवन्तता का प्रश्न है, वह पुराने विश्वासों और संरक्षण की जिद से नहीं जुड़ी होती। कुँवर नारायण के शब्दों में : "किसी परम्परा की जीवन्तता पुराने विश्वासों को आगे बढ़ाने और उनका संरक्षण करने की जिद पर नहीं, नई चुनौतियों का मुकाबला करने की क्षमता पर निर्भर करती है।"[16]

अत: परम्परा की जीवन्तता नई चुनौतियों और प्रश्नों से मुठभेड़ में है, पलायन कर अतीत की ओर लौटने में नहीं। फिर भी भारतीय परम्परा अपनी कुछ विशिष्टताएँ लिये होती हैं, जो स्वभावत: प्रगतिशील है : "भारतीय परम्परा, जिस प्रकार मैं समझता हूँ, चिन्तकों में और विश्वास करनेवालों में भेद करती है—ऐसा भेद, जिसे नये विचारों के सन्दर्भ में भी निगाह से ओझल नहीं करना चाहिए। उदार वाद-विवाद, खंडन-मंडन, विश्लेषण, आलोचनाएँ और हैं। ज्ञान अर्जित करने की और परिष्कृत करने की ये विधियाँ आज भी प्रामाणिक हैं।"[17]

इस प्रकार कुँवर नारायण भारतीय परम्परा के अन्तर्गत दो भिन्न वर्गों की ओर संकेत करते हैं और चिन्तक वर्ग को प्रगतिशील परम्परा की कड़ी मानते हुए इसे भारतीय परम्परा की विशिष्टता के रूप में स्वीकारते हैं। एक अर्थ में जो परम्परा प्रगतिशील होती है, वही आधुनिकता में समाहित होने की क्षमता भी रखती है। इस तरह वह 'आधुनिकता' की काया में प्रवेश करती है। आधुनिकता को परिभाषित करते हुए कुँवर नारायण कहते हैं : "आधुनिकता एक मूल्य नहीं है। मूल्य के प्रति एक दृष्टि है। मूल्य समकालीन भी हो सकते हैं, पारम्परिक भी और अतीत के भी।"[18] इस अर्थ में परम्परा और आधुनिकता का अभिन्न सम्बन्ध है।

जहाँ तक मूल्यांकन का प्रश्न है, इसमें मुख्यत: दो शब्द हैं : मूल्य और अंकन, 'मूल्य' का लगभग अर्थ प्राय: सभी भाषाओं में एक-सा है। मूल्य का सम्बन्ध हमारी सामाजिक, राजनीतिक, आर्थिक, सांस्कृतिक स्थितियों से जुड़ा है, जिसके केन्द्र में मनुष्य है। कुल मिलाकर देखें तो समग्र विश्व में 'मनुष्यता' से बड़ा कोई मूल्य नहीं है। अत: मूल्य वह स्थिति है जिसका निर्धारण मनुष्य अपने विवेक के आधार पर देशकाल और सामाजिक वातावरण के सन्दर्भ में करता है। मूल्य के लिए अंग्रेजी शब्द 'वैल्यू' है जिसका अर्थ है 'महत्त्व, योग्यता और उपयोगिता'। वैसे, इसके कई अर्थ हिन्दी-अंग्रेजी तथा अन्य भाषाओं में मिलते हैं। फिर भी, साहित्य के सन्दर्भ में उपरोक्त अर्थ ही व्यवहृत है। वैसे 'मूल्य' की सर्वमान्य परिभाषा नहीं दी जा सकती।

जहाँ तक मूल्य निर्धारण का प्रश्न है, डॉ. रमेश कुन्तल मेघ ने इसके दो पक्ष स्वीकार किये हैं : "(1) मूल्य की विशिष्टता तथा (2) उन वस्तुओं का परिचय, जिनमें मूल्य की स्थिति है। मूल्य की गुणात्मकता अन्तर्मुखी है।"[19]

डॉ. मेघ की इस उक्ति में 'मूल्य' का महत्त्व उसके वैशिष्ट्य में है तथा जिनके साथ वह संलग्न होता है, उससे भी है।

मूल्य से ही सम्बन्धित शब्द 'मूल्यांकन' है जिसे डॉ. मेघ 'एक सांस्कृतिक अनिवार्यता' के रूप में स्वीकार करते हैं। डॉ. मेघ ने 'मूल्य' के तीन महत्त्वपूर्ण तत्त्वों की ओर संकेत किया है : "तीन महत्त्वपूर्ण तत्त्वों में—प्रथम तो विषय ऑब्जेक्ट है, चाहे वह काल्पनिक हो अथवा वास्तविक, दूसरा—मूल्यांकनकर्ता है, जिसकी श्रेणी व्यक्ति से समूह, राष्ट्र और मानवता तक विस्तृत हो जाती है और तीसरा तत्त्व—मूल्यांकनकर्ता पर विषय या वस्तु की प्रतिक्रिया।"[20]

इस प्रकार मूल्यांकन की प्रक्रिया में विषय, मूल्यांकनकर्ता तथा वस्तु की प्रतिक्रिया—तीनों शामिल होते हैं, साथ ही 'मूल्य अनुभव' भी इस प्रक्रिया का एक अभिन्न हिस्सा है। एक ही विषय के सम्बन्ध में विभिन्न व्यक्तियों के मूल्य अनुभव एक से नहीं होते बल्कि भिन्न-भिन्न होते हैं। अत: मूल्यांकनकर्ता अपने प्रयास से उन अनुभवों को जब विशिष्ट बना देता है तो वह मूल्यांकन भी महत्त्वपूर्ण हो जाता है। मूल्यांकन की कुछ सीमाएँ भी हैं अर्थात् मूल्यांकन विरोधाभास की स्थितियाँ भी पैदा करता है। फिर भी डॉ. मेघ के शब्दों में : "यदि व्यक्ति किसी वस्तु को महत्त्व देता है तो भी वह मूल्य की उद्‌भावना करता है अर्थात् मूल्य के प्रति सजग होना भी मूल्य स्थापना करना होता है।"[21]

यद्यपि मूल्यांकनकर्ता के इस प्रयास में कोई चूक होती है, तो मूल्यांकनकर्ता का महत्त्व कम हो जाता है। फिर भी मूल्यांकन की जिम्मेवारी वे उठाते ही हैं, जिनमें सामाजिक एवं सांस्कृतिक दायित्व का बोध होता है। मूल्यांकन की प्रक्रिया अभिव्यक्ति के खतरे उठाने से ही महत्त्वपूर्ण होती है। कुल मिलाकर मूल्यांकन प्रयत्नसाध्य स्थिति है जो व्यक्तिगत चेतना के परिपक्वता की माँग करती है। यह परिपक्वता ही मूल्य निर्माण में सहायक होती है।

मूल्य-निर्माण का आधार दृष्टिकोण है, जिनका निर्माण सामाजिक वातावरण, सामाजिक संस्थाओं के माध्यम से होता है, जिसे स्पष्ट करते हुए डॉ. रमेश कुन्तल मेघ कहते हैं : "सामाजिक आवश्यकता, युग की प्रगतिशील परम्पराएँ, सामूहिक रुचियाँ हमारे मूल्यांकनों को निर्धारित करती हैं। वस्तुत: वस्तुओं में निहित उन्हीं मूल्यों का पुनर्जागरण करके युग प्रवर्तन करती हैं जो तत्कालीन समाज के लिए प्रेषणीय हैं।"[22]

डॉ. मेघ ने मूल्यांकन की स्थिति को युग-प्रवर्तन के रूप में देखा है। अत: मूल्यांकनकर्ता ही अपने मूल्यांकन के जरिये युग-प्रवर्तन की स्थितियाँ पैदा कर सकता है और युग-प्रवर्तन की सम्भावनाओं के संकेत भी दे सकता है।

'दूसरी परम्परा की खोज' : नामवर सिंह

'दूसरी परम्परा की खोज' (1982) नामवर सिंह द्वारा लिखित ऐसी कृति है, जो आलोचनात्मक होने के साथ-साथ सर्जनात्मक भी है। आचार्य हजारीप्रसाद द्विवेदी,

जो उनके निकटतम गुरु रहे हैं, उनके व्यक्तित्व तथा कृतित्व को ही इस पुस्तक के केन्द्र में उपस्थित किया गया है। परम्परा की यह खोज अनायास उपस्थित नहीं होती, बल्कि आचार्य द्विवेदी के देहावसान की टीस से उपस्थित होती है। इस तरह यह टीस परम्परा की गतिशीलता का एक पड़ाव तैयार करती है। नामवर सिंह ने इस पुस्तक की भूमिका में कहा है : "यह छोटी-सी पुस्तक उस पड़ाव का अनुचिन्तन है।"[23]

वैसे इस पुस्तक को नामवर सिंह 'नागार्जुन' को समर्पित करते हैं, जिसे पढ़ते हुए ऐसा लगता है कि कबीर की परम्परा की कड़ी में आचार्य द्विवेदी हैं और उनकी अनुपस्थिति में परम्परा की यह कड़ी कवि नागार्जुन से जुड़ती है : "हजारीप्रसाद द्विवेदी के नामराशि और समानधर्मा फक्कड़ आधुनिक कबीर नागार्जुन को सत्तर पार करने पर।"[24] इस पुस्तक में कुल आठ अध्याय हैं : 1. 'दूसरी परम्परा की खोज', 2. 'ब्राह्मण समाज में ज्यों अछूत', 3. 'अस्वीकार का साहस', 4. 'प्रेमा पुमर्थो महान', 5. 'भारतीय साहित्य की प्राणधारा और लोकधर्म', 6. 'संस्कृति और सौन्दर्य', 7. 'त्वं खलु कृती', 8. 'व्योमकेश शास्त्री उर्फ हजारीप्रसाद द्विवेदी'।

वैसे इस पुस्तक की भूमिका में नामवर जी ने कहा है : "इसमें न पंडित जी की कृतियों की आलोचना है, न मूल्यांकन का प्रयास। अगर कुछ है तो बदल देनेवाली उस दृष्टि के उन्मेष की खोज, जिसमें एक तेजस्वी परम्परा बिजली की तरह कौंध गई थी।"[25]

यह आलोचक नामवर जी की उदारता है कि वे न तो इसे आलोचना मानते हैं और न ही मूल्यांकन। परन्तु वास्तविकता है कि इस पुस्तक में द्विवेदी जी के व्यक्तित्व और कृतित्व के मूल्यांकन का पूरा प्रयास है, जहाँ तक तुलनात्मक मूल्यांकन का प्रश्न है, एक छोर पर आचार्य द्विवेदी हैं तथा दूसरे छोर पर आचार्य शुक्ल उपस्थित हैं। यह सही है कि आचार्य द्विवेदी की सीमाओं की चर्चा आंशिक ही है। नामवर जी द्विवेदी जी की परम्परा को 'तेजस्वी परम्परा' से सम्बोधित करते हैं, जो परिवर्तन की दृष्टि प्रदान करती है। अभिप्राय यह है कि वही परम्परा तेजस्वी हो सकती है जो परम्परा का अनुकरण नहीं, अतिक्रमण करती है।

वैसे इस 'कौंध' को पकड़ने की कोशिश में उनकी अपनी खोज भी शामिल है।

जाति-धर्मनिरपेक्ष परम्परा

'दूसरी परम्परा की खोज' के प्रथम अध्याय का आरम्भ एक रोचक घटना से होता है, जिसके मूल में अन्तर्विरोध की समस्या उपस्थित है। यह अन्तर्विरोध उत्पन्न होता है जब शान्तिनिकेतन की एक विधवा अपनी कन्या का विवाह हिन्दू विधि से करना चाहती है और कुछ लोग इसका निषेध करते हैं। फलस्वरूप गुरुदेव रवीन्द्रनाथ

टैगोर आचार्य द्विवेदी को स्मृति ग्रंथों की छानबीन कर समाधान ढूँढ़ने का दायित्व देते हैं। निष्कर्षत: आचार्य द्विवेदी गुरुदेव को यह बताते हैं कि पूर्वपक्ष में विधवा के इस अधिकार को स्वीकारा गया है परन्तु उत्तरपक्ष में इसे अस्वीकारा गया है। इस समस्या का समाधान ही आचार्य द्विवेदी को एक नई दृष्टि प्रदान करता है। गुरुदेव रवीन्द्रनाथ का यह उत्तर है : "क्या पूर्वपक्ष के ऋषि कुछ कम पूज्य हैं, जिनका खंडन उत्तरपक्ष में किया गया है?"[26]

इस प्रकार इस रोचक घटना से नामवर जी ने परम्परा-बोध और इतिहास-बोध के द्वंद्व को उपस्थित करते हुए यह निष्कर्ष प्रस्तुत किया है कि परम्परा अखंड नहीं बल्कि भिन्न और विरोधी भी होती है और यही उसकी गतिशीलता और महत्त्व का आधार भी है।

नन्दकिशोर नवल के शब्दों में : "'कविता के नये प्रतिमान' के बाद यह नामवर जी की दूसरी शानदार आलोचना कृति है, जो अपनी सर्जनात्मकता में लासानी है।"[27]

पुस्तक के प्रथम अध्याय में ही नामवर सिंह आचार्य द्विवेदी की उपलब्धियों को स्थापित करने में अपनी पूरी ऊर्जा लगा देते हैं। वे स्थापित करते हैं कि आचार्य द्विवेदी भारतीय संस्कृति और साहित्य की लोकोन्मुखी क्रान्तिकारी परम्परा के प्रतिनिधि हैं। इस स्थापना के साथ-साथ वे आचार्य शुक्ल की दुर्बलताओं को भी प्रस्तुत करते हुए चलते हैं।

डॉ. नामवर सिंह की यह स्थापना है कि द्विवेदी जी के पास अखिल भारतीय दृष्टि थी और उनका लक्ष्य था जातीय परम्परा का निरूपण। अत: वे परम्परा के विरोधी पक्ष पर दृष्टि रखते हुए शुक्ल जी की परम्परा और आचार्य द्विवेदी की परम्परा की भिन्नता को रेखांकित करते हुए कहते हैं कि भिन्न परम्पराएँ विपन्नता नहीं, समृद्धि हैं। उनके शब्दों में : "क्या यह नहीं हो सकता कि दो लेखक भिन्न परम्पराओं से आकर प्रगतिशील परम्परा के विभिन्न अंगों को समृद्ध करें?"[28]

डॉ. नामवर सिंह इस प्रकार यह स्पष्ट करते हैं कि वे "परम्परा की खोज का प्रयास कर रहे हैं, सम्प्रदाय निर्माण का नहीं।" इस खोज में आचार्य द्विवेदी का महत्त्व इस कारण है कि पीढ़ियों की परम्परा द्विवेदी जी के प्रयास से कटी-छँटी और परिवर्तित हुई। परन्तु इस परिवर्तन की शक्ति उन्हें शान्तिनिकेतन से प्राप्त हुई।

नामवर जी यह मानते हैं : "द्विवेदी जी को भारतीय संस्कृति और साहित्य की परम्परा रवीन्द्रनाथ के माध्यम से मिली।"[29] इस प्रकार दूसरी परम्परा के निर्माण की नींव रवीन्द्रनाथ ने डाली। द्विवेदी जी की इतिहास-दृष्टि के निर्माण में भी रवीन्द्रनाथ की सहायक भूमिका थी। उन्होंने रवीन्द्रनाथ के प्रसिद्ध निबन्ध 'भारतवर्ष में इतिहास की धारा' (1912) का हवाला देते हुए द्विवेदी जी की स्थापना पर इस निबन्ध का प्रभाव दिखाया है, यानी कि द्विवेदी जी ने जो अनार्यों अर्थात् द्रविड़ों के जिस योगदान की बात स्वीकार की है, वह दृष्टि रवीन्द्रनाथ द्वारा प्रदत्त है।

नामवर जी ने यह स्पष्ट मन्तव्य किया है : "इसी प्रकार कबीर की ओर ध्यान आकृष्ट करनेवाले भी रवीन्द्रनाथ ही हैं।"[30]

इसी प्रकार वे कालिदास के लालित्य में रुचि जाग्रत करने का श्रेय भी रवीन्द्रनाथ को देते हैं परन्तु वे प्रेरणा और प्रभाव की विभाजक रेखा भी खींचते हैं। वे कहते हैं : "वैसे, इस शताब्दी का कौन उल्लेखनीय भारतीय लेखक है जो रवीन्द्रनाथ से कुछ-न-कुछ प्रेरित और प्रभावित नहीं है? किन्तु इसके साथ यह भी सच है कि इस प्रेरणा और प्रभाव के रूप एक-से नहीं हैं। द्विवेदी जी ने कम-से-कम हिन्दी को रवीन्द्रनाथ की प्रेरणा से वह दिया जो उनसे पहले किसी ने न दिया था। मिसाल के लिए कबीर का क्रान्तिकारी रूप।"[31] नामवर सिंह की दृष्टि में दूसरी परम्परा आचार्य हजारीप्रसाद द्विवेदी की वह परम्परा है, जो जाति-धर्मनिरपेक्ष मानव की स्थापना की परम्परा है। इस परम्परा की अखिल भारतीय दृष्टि शान्तिनिकेतन की देन है। परन्तु वे यह भी मानते हैं कि इस दृष्टि का गहरा और ठोस सम्बन्ध भक्ति-आन्दोलन से रहा है, जो प्रान्तीय सीमाओं का अतिक्रमण करके उपस्थित होती है। इसे स्पष्ट करते हुए नामवर जी ने 'कल्पलता' से द्विवेदी जी का उद्धरण प्रस्तुत किया है और कहा है कि "हमारे देश के सांस्कृतिक इतिहास को प्रान्तीय सीमाओं में बाँधकर सोचा नहीं जा सकता।"

अत: नामवर सिंह के शब्दों में : "विश्व-दृष्टि स्वयं शान्तिनिकेतन के वातावरण में थी।"[32]

नामवर सिंह दूसरा प्रभाव रवीन्द्रनाथ की पुस्तक 'रूस की चिट्ठी' को मानते हैं, जिसने आचार्य द्विवेदी का ही नहीं, प्राय: बुद्धिजीवियों को समाजवादी सोच से प्रेरित किया था।

शान्तिनिकेतन की वैज्ञानिक दृष्टि का प्रभाव भी द्विवेदी जी ने ग्रहण किया था : "आधुनिक युग की वैज्ञानिक प्रगति द्विवेदी जी के लिए एक सूचना-मात्र नहीं, बल्कि भावबोध को निर्मित करनेवाली सचाई है।"[33]

नामवर जी ने द्विवेदी जी की तुलना सूर्यकान्त त्रिपाठी निराला से की है। वे मानते हैं कि जैसे निराला अपनी जनपदीय संस्कृति से गहरे रूप में प्रभावित थे, वैसे ही आचार्य हजारीप्रसाद द्विवेदी भी; अर्थात् बलिया की लोक-संस्कृति का गहरा प्रभाव उनके जीवन और साहित्य पर पड़ा। अत: नामवर जी के शब्दों में : "असल पूँजी यही है, शान्तिनिकेतन ने उसे सिर्फ संस्कार दिया।"[34] इस सन्दर्भ में उन्होंने 'बाणभट्ट की आत्मकथा' के दो स्त्री पात्रों का हवाला दिया है। नामवर जी मानते हैं कि भट्टिनी के चरित्र पर यदि शान्तिनिकेतन का प्रभाव है तो निउनिया के चरित्र पर ठेठ बलिया का।

परन्तु वे द्विवेदी जी की भावुकता और तेजस्विता के बारे में कहते हैं : "कहने को तो यहाँ तक कहा जा सकता है कि द्विवेदी जी की कृतियों में जहाँ उच्छल

भावुकता है, उसे बंगाल की देन समझना चाहिए और जहाँ तेजस्विता है, वह उनके अपने जनपद की विभूति है।"[35]

उन्होंने यह भी स्पष्ट किया है कि द्विवेदी जी की दूसरी परम्परा प्रेमचन्द की हिन्दी जाति के भावबोध से प्रभावित है। यह प्रभाव द्विवेदी जी में गुण, भाव और विचार के सन्तुलन के रूप में दिखाई देता है।

नामवर जी यह मानते हैं कि द्विवेदी जी संस्कृत के पंडित थे, कालिदास और बाणभट्ट से प्रेम रखते थे, फिर भी हिन्दी के लेखक हुए—ठीक तुलसीदास की तरह।

द्विवेदी जी की आलोचना-दृष्टि के विरोधाभास का संकेत देते हुए वे कहते हैं : "हिन्दी आलोचना की तात्कालिक परम्परा से द्विवेदी जी का सीधा सम्बन्ध नहीं है।"[36]

यद्यपि आचार्य द्विवेदी और आचार्य शुक्ल की चर्चा में प्रायः प्रतिपक्ष को ही प्रस्तुत किया जाता है। परन्तु नामवर जी ने आचार्य शुक्ल के प्रति द्विवेदी जी की असहमतियों के साथ सहमतियों की ओर भी ध्यान आकृष्ट किया है; अर्थात् यदि शुक्ल जी की भक्ति-सम्बन्धी अवधारणा के विपरीत द्विवेदी जी अपने विचार रखे हैं तो शुक्ल जी की सूर और जायसी सम्बन्धी मान्यताओं से अपनी सहमति भी व्यक्त की है और उनके महत्त्व को भी स्वीकार किया है।

फिर भी, नामवर सिंह की यह स्थापना है कि द्विवेदी जी मूलतः शुक्ल जी की परम्परा के आलोचक नहीं हैं, क्योंकि द्विवेदी जी : "आलोचना में शुक्ल जी की परम्परा को विकसित नहीं कर सके हैं। यदि द्विवेदी जी शुक्ल जी की परम्परा के आलोचक हैं तो नन्ददुलारे वाजपेयी, विश्वनाथ प्रसाद मिश्र आदि किस परम्परा के हैं? जबकि वे स्वयं अपने-आपको शुक्ल-पक्ष का ही मानते हैं।"[37]

अतएव नामवर सिंह इस बहस के बहाने शुक्ल जी की दो भिन्न परम्पराओं अर्थात् अन्तर्विरोधी परम्परा का जिक्र करते हुए द्विवेदी जी का मूल्यांकन करते हैं; अर्थात् शुक्ल जी के लोकधर्म के प्रतीक हैं तुलसीदास। परन्तु तुलसीदास जिस तरह कबीर का विरोध करते हैं, उसी तरह आचार्य शुक्ल भी कबीर का विरोध करते हैं।

यद्यपि आचार्य द्विवेदी शुक्ल जी से असहमति और विरोध प्रकट करते हैं। इस प्रकार नामवर जी विरोध की परम्परा का जिक्र करते हैं। इस विरोध की परम्परा की अगली कड़ी है गोपियों का प्रसंग, जिसके बारे में नामवर जी ध्यान दिलाते हुए कहते हैं : "शुक्ल जी की दृष्टि में सूर की गोपियों का प्रेम ऐकान्तिक है अथवा लोक-विरोधी। द्विवेदी जी की दृष्टि में सूर की गोपियों का प्रेम कुल-जाति की मर्यादा को तोड़ता है, इसलिए लोकवादी है।"[38] इस प्रकार द्विवेदी जी पुनः विरोध की परम्परा में शामिल होते हैं। यहाँ तक कि कबीर की भाषा और कला के मसले पर भी द्विवेदी जी शुक्ल जी के विरोध में उपस्थित हैं। नामवर जी कहते हैं : "शुक्ल जी की दृष्टि में कबीर की वाणी असाहित्यिक और ऊटपटाँग है। द्विवेदी जी की दृष्टि में कबीर वाणी के डिक्टेटर हैं और व्यंग्य के बादशाह।"[39]

इस प्रकार नामवर सिंह शुक्ल जी के विचारों के विरोध की परम्परा में द्विवेदी जी को रखते हुए इस परम्परा के विकास एवं ह्रास का सवाल भी पाठकों के समक्ष प्रस्तुत करते हैं। परन्तु इशारा यही है कि विरोध की परम्परा भी विकास का सूचक है। साथ ही प्रगतिशील परम्परा इसी विरोधी रवैये से ही विकसित होती है जहाँ दो भिन्न परम्परा के आलोचक इस धारा में मिल जाते हैं।

द्विवेदी जी के सम्बन्ध में आरोप है कि द्विवेदी जी अपनी समन्वयवादी प्रवृत्ति के कारण शुक्ल जी की परम्परा का विकास नहीं कर पाए। इस आरोप का खंडन करते नामवर जी ने द्विवेदी जी का उद्धरण प्रस्तुत करते हुए कहा है कि "सन्तुलित दृष्टि सत्यान्वेषी दृष्टि है जो सत्य की समग्र मूर्ति को देखने का प्रयास करती है एवं सदा अपने को सुधारने और शुद्ध करने को प्रस्तुत रहती है, साथ ही वह सभी प्रकार के दुराग्रह और पूर्वग्रह से मुक्त रहने और सब तरह के सही विचारों को ग्रहण करने की दृष्टि भी प्रदान करती है।

इस प्रकार वे द्विवेदी जी की आलोचना-दृष्टि का पूरा परिचय प्रस्तुत करते हैं। द्विवेदी जी ने यह भी स्वीकारा है कि सन्तुलित दृष्टि अतिवादिता का शिकार नहीं होती और न ही किसी पूर्वग्रह और दुराग्रह का। इस प्रकार नामवर सिंह यह प्रमाणित करते हैं कि यदि हजारीप्रसाद द्विवेदी की परम्परा शुक्ल जी की विरोधी परम्परा है, तो भी यह गतिशील परम्परा है अर्थात् विकासशील परम्परा है। कुल मिलाकर यह प्रगतिशील परम्परा भी है। अपनी सन्तुलित दृष्टि के कारण ही द्विवेदी जी सत्य को समग्र रूप में देखते हैं, भले ही उनमें पक्षधरता हो अथवा क्रान्तिकारिता। द्विवेदी जी के अनुसार : "सन्तुलन समन्वय नहीं है क्योंकि यह मध्यम मार्ग नहीं है। असन्तुलित होकर भी कोई पक्षधर हो सकता है, यह बात वही पक्षधर समझ सकता है, जिसमें आत्मविश्वास हो और सत्यनिष्ठा।" अत: "द्विवेदी जी ने अपने क्रान्तिकारी कबीर की प्रशंसा भी उनके अद्‌भुत सन्तुलन (बैलेंस) के लिए की है।...अपनी इस सन्तुलित दृष्टि के द्वारा ही उन्होंने हिन्दी साहित्य की लोकोन्मुख प्रगतिशील परम्परा का विकास किया है।"[40]

मधुरेश ने नामवर सिंह को रणनीतिक आलोचक माना है और यह भी कहा है : "उनकी इस शत्रुवादी रणनीतिक आलोचना का सबसे विडम्बनापूर्ण उदाहरण 'दूसरी परम्परा की खोज' (1982) है जिसके केन्द्र में हजारीप्रसाद द्विवेदी हैं और प्रतिपक्ष में आचार्य रामचन्द्र शुक्ल।"[41]

परन्तु यह पूर्णत: सही नहीं है। नामवर जी ने आचार्य शुक्ल और आचार्य द्विवेदी के प्रतिपक्ष वाले प्रसंग को काशी के हिन्दी विभाग से जोड़ते हुए उद्‌घाटित किया है। जब द्विवेदी जी पाठ्यक्रम परिवर्तन कर रहे थे और यह प्रचारित किया जा रहा था कि वे आचार्य शुक्ल के विरोधी हैं और हिन्दी विभाग से शुक्ल जी के विचारों की परम्परा को उखाड़ फेंकना चाहते हैं, तो इसके जवाब में नामवर जी ने द्विवेदी जी की

1940 की घोषणा को उद्धृत किया है, जो 'हिन्दी साहित्य की भूमिका' के अन्तर्गत है और इससे यह भी प्रमाणित है कि द्विवेदी जी तमाम विरोधों के बावजूद शुक्ल जी की विद्वत्ता की कितनी कद्र करते थे और गहरी श्रद्धा भी रखते थे। आचार्य द्विवेदी के शब्दों में : "भारतीय काव्यालोचन शास्त्र का इतना गम्भीर और स्वतंत्र विचारक हिन्दी में तो दूसरा हुआ ही नहीं, अन्यान्य भारतीय भाषाओं में भी हुआ है या नहीं, ठीक नहीं कह सकते। शायद नहीं हुआ।"[42]

'कर्मठ और संघर्षशील परम्परा' पुस्तक के दूसरे अध्याय का शीर्षक है : 'ब्राह्मण समाज में ज्यों अछूत'। शीर्षक से ही स्पष्ट है कि नामवर जी ने द्विवेदी जी के जीवन के उन प्रसंगों को उपस्थित किया है, जिसमें उपेक्षा, अपमान और तिरस्कार भरा है, ठीक तुलसीदास के जीवन की तरह। नामवर जी के अनुसार : "महाकवि का जीवन-संघर्ष उन्हें अपने ही जीवन-संघर्ष जैसा लगता था।"

यदि गौर करें तो आचार्य द्विवेदी के व्यक्तित्व निर्माण में तुलसीदास के व्यक्तित्व का गहरा असर है, नामवर जी ने दोनों विभूतियों के व्यक्तित्व का साम्य दिखाया है और इस साम्य में कटु सामाजिक यथार्थ को पृष्ठभूमि के रूप में भी प्रस्तुत किया गया है। औसत आर्थिक स्थिति, निजी समाज का तिरस्कार तथा इस तिरस्कार से उत्पन्न मानसिक ग्लानि तुलसीदास और आचार्य द्विवेदी में समान रूप से उपस्थित है। परम्परा का एक अद्भुत संयोग है। जिस प्रकार तुलसी को दरिद्रता का दंश झेलना पड़ा और ठोकरें खानी पड़ीं, उसी प्रकार हजारीप्रसाद द्विवेदी को भी। विश्वविद्यालय में दाखिले के लिए यह भी सुनना पड़ा : "यूनिवर्सिटी गरीबों के लिए नहीं है—जाओ, ईंटा ढोओ।"[43]

स्थिति यह आई कि परीक्षा फीस भरने के लिए कथावाचन भी करना पड़ा। अन्ततः शान्तिनिकेतन के लिए द्विवेदी जी लाचारी में ही रवाना हुए। फिर जीवन का दूसरा अध्याय तुलसीदास की तरह, काशी के पंडितों द्वारा अपमान, गाली-गलौज, लांछन, फटकार द्विवेदी जी को भी झेलना पड़ा, जिसे नामवर जी ने 18.8.48 के सुमन जी के पत्र से उद्घाटित किया है : "केवल निरुत्साहित करना, धमकी देना, अखबारी कतरनें भेजना, गाली-गलौज करना, यही क्या साहित्यिकता है?"[44]

यह सिर्फ द्विवेदी जी की पीड़ा नहीं है, नामवर जी की अपनी पीड़ा भी है। इस काशी ने नामवर जी को उपेक्षित किया, पर उससे भी बड़ी पीड़ा है साहित्य जगत में इन घृणास्पद व्यवहारों का फलना-फूलना। अतः द्विवेदी जी पत्र में यही सन्देश देते हैं : "मनुष्य बनना ही मनुष्य का कर्तव्य है।"[45] इस प्रकार दूसरी परम्परा ऐसे ही स्थापित नहीं होती, उसे विभिन्न झंझावातों से गुजरते हुए स्थापित होना होता है।

इस अध्याय का यह पहलू भी महत्त्वपूर्ण है कि द्विवेदी जी का अर्थाभाव तुलसीदास की तरह दुर्बलता नहीं है, बल्कि शक्ति है। ऐसी शक्ति है जो प्रलोभन

से मुक्त करती है। तुलसीदास ने जिस तरह दरबार की परवाह नहीं की, वैसे ही आचार्य द्विवेदी ने भी काशी की : "काशी के आकर्षण में पैसे के प्रलोभन की भी मिलावट थी।"[46] अत: द्विवेदी जी ने संयम और सन्तुलन का परिचय देते हुए यह निर्णय लिया : "मेरे लिए दोनों ही संस्थाएँ आराध्य हैं।...काशी विश्वविद्यालय की सेवा तो मैं करूँगा ही—चाहे जैसे हो, पर शान्तिनिकेतन छोड़ूँगा नहीं।"[47] इस तरह द्विवेदी जी ने अपने द्वंद्व पर विजय पाई और दरिद्रता को वरदान के रूप में स्वीकार किया। द्विवेदी जी के अनुसार : "दरिद्रता का अभिशाप यह है कि पैसे की चिन्ता करनी पड़ती है, पर दरिद्रता का एक वरदान भी है, पैसा हमें ज्यादा प्रलुब्ध नहीं कर सकता।"[48]

अत: नामवर सिंह ने द्विवेदी जी के पत्रों के माध्यम से उनके संघर्षशील व्यक्तित्व को उद्घाटित किया है। काशी के प्रति द्विवेदी जी के मन में यदि आकर्षण या मोह था तो इसलिए कि हिन्दी-भाषी क्षेत्र में काम करने के अधिक अवसर थे। अर्थात् द्विवेदी जी विशुद्ध रूप से साहित्य-प्रेमी थे और मनुष्य-प्रेमी भी, पर पद-प्रेमी नहीं। एक ईमानदार अध्यापक की भाँति द्विवेदी जी यह लिखते हैं : "मैं चाहता हूँ कि मेरा सम्बन्ध केवल विद्या, विद्वानों और विद्यार्थियों से मित्रता का ही रहे, प्रतिद्वंद्विता का नहीं।"[49]

द्विवेदी जी के व्यक्तित्व का एक पहलू यह भी है कि वे अपव्ययी न थे, संयमी थे और स्वाभिमानी भी। निर्धनता जैसे तुलसीदास के चरणों में लोटती रही, सिर पर सवार होने का साहस नहीं जुटाया, वैसा ही द्विवेदी जी के साथ था। यह संघर्ष आसान नहीं होता। अत: द्विवेदी जी यह अनुभव व्यक्त करते हुए कहते हैं : "पर गरीब का सबसे भयंकर शत्रु उसका पेट होता है। गरीब का दूसरा दुश्मन उसका सिर है जो झुकना नहीं चाहता। जो झुकाना चाहता है, वह भी शत्रु ही है।"[50]

पुन: काशी लौट आने पर द्विवेदी जी आशावान तो होते हैं पर अन्तत: उनका दु:ख फूट पड़ता है : "परन्तु भीतर की मार बर्दाश्त नहीं कर पा रहा हूँ। मुझे ऐसा लगता है कि मेरा पतन हो गया है।...जो मनुष्य अपनी ही आँखों में गिर जाए, उससे बढ़कर दयनीय कौन हो सकता है?"[51]

ये प्रसंग विश्वविद्यालय के दूषित परिवेश की ओर संकेत करते हैं, जो शिक्षा जगत के लिए गहरी चिन्ता का विषय है। फिर द्विवेदी जी के विरोध का अगला सिलसिला शुरू होता है, जब वे काशी विश्वविद्यालय के हिन्दी विभाग के पाठ्यक्रम का परिवर्तन करते हैं। निराला को शामिल करते हैं। बी.ए. के पाठ्यक्रम में प्रेमचन्द को स्थान देते हैं। नतीजन पाठ्यक्रम की अखंड परम्परा टूटते ही द्विवेदी जी निशाने पर आ जाते हैं। नामवर जी के शब्दों में : "इसलिए आवाज यह उठाई गई कि द्विवेदी जी तो आचार्य शुक्ल के विरोधी हैं और हिन्दी विभाग से शुक्ल जी के विचारों की परम्परा को उखाड़ फेंकना चाहते हैं।"[52]

जबकि आचार्य द्विवेदी; शुक्ल जी जैसा विचारक हिन्दी में ही नहीं बल्कि अन्य भारतीय भाषाओं में भी दुर्लभ मानते हैं। फिर भी द्विवेदी जी को शुक्ल जी के विरोध में ही प्रचारित किया गया। जिसे नामवर सिंह मिथ्या-विरोध कहते हैं और डॉ. रामविलास शर्मा की पुस्तक 'आचार्य रामचन्द्र शुक्ल और हिन्दी आलोचना' (1955) का हवाला देते हुए पुस्तक की भूमिका के बारे में कहते हैं : "निष्कर्ष यह निकलता है कि आचार्य शुक्ल तो अपने विचारों में मूलत: प्रगतिशील हैं और द्विवेदी जी प्रगति-विरोधी।"[53]

बात यहीं तक नहीं थमी। नामवर जी के अनुसार डॉ. धर्मवीर भारती भी इस विरोध में शामिल हुए और यह विरोध चौतरफा हुआ अर्थात् रूढ़िवादी, प्रगतिवादी, प्रगतिशील—सभी इसमें शामिल थे, जिसकी परिणति 1960 में हुई, जब आचार्य द्विवेदी काशी विश्वविद्यालय से निकाले गए और फिर चंडीगढ़ रवाना हुए। इस बार की पीड़ा ऐसी थी कि किसी के सामने व्यक्त नहीं की जा सकती थी। यह पीड़ा नहीं थी, यह अपमान था। न किसी को पत्र लिखा, न किसी पत्र में इसका जिक्र किया।"[54] नामवर जी के मतानुसार यह पीड़ा 'कुटज' और 'देवदारु' जैसे निबन्धों में व्यक्त होती है।

पुन: आचार्य द्विवेदी जब अक्टूबर, 1967 में काशी लौटते हैं तो उन्हें फिर वही हिन्दी विभाग का विषाक्त परिवेश घेरता है। फिर भी 'हिन्दी का ऐतिहासिक व्याकरण' योजना के निदेशक का पदभार ग्रहण करते हैं।

अन्तत: नामवर जी ने 1979 का जिक्र किया है, जब पक्षाघात से उनकी मृत्यु होती है। काशी नहीं बल्कि दिल्ली में ही उनकी अन्त्येष्टि-क्रिया होती है : "पंडित तो यही कहेंगे कि काशी उनके भाग्य में था ही नहीं। लेकिन थे वे काशी के ही भाग्य में।"[55]

इस प्रकार काशी की परम्परा में नामवर जी ने कबीर, तुलसी, प्रेमचन्द के साथ द्विवेदी जी को शामिल किया है और काशी को संघर्ष की भूमि के रूप में चित्रित किया है : "लेकिन मनुष्य की पहचान संघर्ष-भूमि में होती है, पूजा की वेदी पर नहीं। विरोधों से वह ज्यादा जाना जाता है।"[56]

जो भी हो, इस संघर्ष-भूमि पर द्विवेदी जी इतिहास विधाता के प्रति आस्था व्यक्त करते हैं जो उनके भाग्यवाद की ओर झुकाव का परिचायक है। हालाँकि नामवर सिंह उन्हें न तो भाग्यवादी मानते हैं और न ही नियतिवादी, पर वे उन्हें ज्योतिष के पंडित जरूर मानते हैं। परन्तु यह भी एक विचित्र विरोधाभास है कि कोई ज्योतिष का पंडित भी हो और भाग्यवादी या नियतिवादी भी न हो। इतना सही है कि द्विवेदी जी का भाग्यवाद कर्मठता के तले दबा रहता है, वह कर्मठता को नहीं दबाता।

इस अध्याय में द्विवेदी जी की आस्तिकता के प्रसंग को भी नामवर जी ने उद्धृत किया है अर्थात् स्वयं द्विवेदी जी यह मानते हैं कि न तो वे 'अच्छे आस्तिक' हैं

और न ही 'बुरे नास्तिक'। मतलब उनका यह है कि बुरा नास्तिक अहंकारी होता है। अत: द्विवेदी जी अपने में दम्भ की तुलना में अहंकार कम पाते हैं। वैसे इस बात के लिए उन्हें थोड़ा अफसोस भी है। जो भी हो, नामवर जी के शब्दों में भले ही द्विवेदी जी ज्योतिष जानते हों, परन्तु : "वस्तुत: वे यथार्थवादी थे।"[57]

जहाँ तक ब्राह्मण और शूद्र प्रसंगों की स्थिति है, इसे नामवर सिंह ने 1978 के 'कादम्बिनी' के एक लेख से उद्धृत किया है और यह स्पष्ट किया है कि वे "शूद्र जाति के ब्राह्मण थे, अर्थात् दूसरों की मर्जी से लिखनेवाले। असल में द्विवेदी जी ने लेखकों की चार कोटियाँ निर्धारित की हैं : शूद्र जाति के ब्राह्मण, वैश्य जाति के ब्राह्मण, क्षत्रिय जाति के ब्राह्मण और ब्राह्मण-ब्राह्मण—जिनमें वे अपने को निकृष्ट मानते हैं। यह द्विवेदी जी की बड़ी उदारता एवं सहजता है कि गहन विद्वत्ता के बावजूद वे अपने को कितना साधारण समझते थे।

द्विवेदी जी सिर्फ साहित्यकार ही नहीं थे, समाज-चिन्तक और देश-प्रेमी भी थे जिसका परिचय द्विवेदी जी के एक लेख 'भीष्म को क्षमा नहीं किया गया', जो 19 जनवरी, 1978 के 'साप्ताहिक हिन्दुस्तान' में छपा था, से मिलता है। नामवर सिंह इस लेख का हवाला देते हुए कहते हैं कि 'भीष्म' कहकर द्विवेदी जी उन साहित्यकारों को सम्बोधित किया है जो देश की दुर्दशा पर भी मौन और तटस्थ हैं। इस भर्त्सना में द्विवेदी जी ने स्वयं को भी शामिल किया है। भीष्म की विशेषता द्विवेदी जी के अनुसार यह थी कि वे 'कर्तव्य-अकर्तव्य' का निर्णय नहीं ले पाते थे और अनुचित पर उचित निर्णय भी करने में असमर्थ थे। इन स्थितियों को वे समकालीन परिवेश और प्रसंग से जोड़ते हुए कहते हैं : "आजकल भी ऐसे विद्वान मिल जाएँगे जो जानते बहुत कुछ हैं पर करते कुछ भी नहीं। करनेवाला इतिहास निर्माता होता है। सिर्फ सोचते रहनेवाला इतिहास के भयंकर रथचक्र के नीचे पिस जाता है। इतिहास का रथ वह हाँकता है, जो सोचता है और सोचे हुए को करता है।"[58]

द्विवेदी जी के व्यक्तित्व की अन्यतम विशेषता है—तमाम निराशाओं के बीच घिरे रहकर भी आशावान बने रहना; बल्कि निराशाओं का हिसाब उनके खाते में नहीं है। ऐसा भी नहीं है कि वे धोखों और ठगी से अनभिज्ञ थे। नामवर सिंह के अनुसार, द्विवेदी जी को यह विश्वास था कि स्वाधीन भारत की जनता देश की विकृतियों को बहुत दिन तक नहीं सहेगी और : "यह विश्वास उन्हें अपने देश की जनता से भी प्राप्त होता था और अपनी परम्परा से भी। समाज के एक छोटे-से तबके से मिलनेवाला तिरस्कार उनकी इस आस्था को न डिगा सका।"[59]

अत: द्विवेदी जी अपने जीवन-संघर्ष में तुलसीदास की तरह जीवन में विपन्नता, विरोध, संघर्ष आदि को देखते हैं और प्रेरित भी होते हैं। अन्तत: नामवर सिंह ने द्विवेदी जी के लिए यही कहा है : "हजारीप्रसाद द्विवेदी मनुष्य थे। तुलसीदास के समान ही काशी के ब्राह्मण समाज में ज्यों अछूत लेकिन मनुष्य।"[60]

इस प्रकार यह भी एक विरोधाभास ही है कि अक्सर आचार्य द्विवेदी के साथ कबीर का नाम लिया जाता है, तुलसी का नहीं। परन्तु द्विवेदी जी का व्यक्तित्व तुलसीदास से कितने गहरे रूप में प्रभावित था, यह 'दूसरी परम्परा की खोज' से प्रमाणित होता है। यदि आचार्य द्विवेदी कबीर की उपेक्षा से तिलमिलाते हैं, तो तुलसीदास की उपेक्षा और तिरस्कार से कम नहीं तिलमिलाते हैं। आचार्य हजारीप्रसाद द्विवेदी के व्यक्तित्व का यह सन्तुलन 'दूसरी परम्परा की खोज' के इस निबन्ध में प्रमाणित है।

वैसे नामवर सिंह ने द्विवेदी जी के जिन प्रसंगों को उठाया है, उनमें उनकी दुर्बलताओं की ओर वे विशेष ध्यान नहीं देते। भाग्यवाद और नियतिवाद के साथ यथार्थवाद की संगति और नियतिवाद के साथ यथार्थवाद की संगति बिठाने का प्रयास उचित नहीं जान पड़ता।

अस्वीकार की क्रान्तिकारी परम्परा

'दूसरी परम्परा की खोज' का तीसरा अध्याय है : 'अस्वीकार का साहस'। यह अस्वीकार हजारीप्रसाद द्विवेदी द्वारा आचार्य शुक्ल की कुछ मान्यताओं के प्रति भी है, जिसे नामवर सिंह ने वाद-विवाद के अन्दाज में प्रस्तुत किया है।

अस्वीकार की इस परम्परा की शुरुआत कबीर से होती है। कबीर के अस्वीकार का साहस तुलसीदास करते हैं। वैसे ही शुक्ल जी जब कबीर को अस्वीकार करते हैं, तो उनके अस्वीकार का साहस आचार्य द्विवेदी दिखाते हैं : "यदि हजारीप्रसाद द्विवेदी के 'कबीरदास बहुत कुछ को अस्वीकार करने का अपार साहस लेकर अवतीर्ण हुए थे' तो 'कबीर' के हजारीप्रसाद में भी यह साहस कम नहीं है।"[61]

सचाई यह है : "कबीर के प्रकाशन-काल 1942 तक हिन्दी में न तो कबीर की साहित्यिक प्रतिष्ठा थी और न कोई स्वतंत्र आलोचना पुस्तक ही।"[62]

नामवर जी के अनुसार, हरिऔध की 'कबीर वचनावली' (1916), बाबू श्यामसुन्दर दास की 'कबीर ग्रंथावली' (1928) के योगदान को विस्मृत नहीं किया जा सकता, फिर भी कबीर प्रतिष्ठित न हो पाए। बल्कि श्यामसुन्दर दास को कबीर दास का अनपढ़ होना, अटपटा बोलना खलता ही था और कवित्व की कमी भी खलती थी।

आचार्य शुक्ल को कबीर के सन्दर्भ में उद्धृत करते हुए नामवर सिंह कहते हैं कि उन्होंने कबीर को तुलसी, सूर और जायसी की तुलना में योग्य नहीं समझा, भले ही इतिहास में शामिल कर लिया हो। शुक्ल जी ने कबीर की उक्तियों में विलक्षण प्रभाव और चमत्कार को स्वीकार किया है, भाषा को पंचमेल तथा सधुक्कड़ी भी कहा : "लेकिन कवित्व भी है—यह शुक्ल जी ने कहीं नहीं कहा।"[63]

शुक्ल जी ने कबीर आदि के बारे में निम्न श्रेणी की जनता में आत्मगौरव जगाने की भूमिका स्वीकारी है, जिसका जिक्र नामवर जी ने भी किया है। पर मुख्य आपत्ति इस बात पर है शुक्ल जी ने निर्गुण सन्तों को लोक-विरोधी कहा है। शुक्ल जी ने कहा है : "निर्गुण धारा के सन्तों की बानी में किस प्रकार लोकधर्म की अवहेलना छिपी हुई थी। सगुण धारा की भारतीय पद्धति के भक्तों में कबीर, दादू आदि के लोकधर्म-विरोधी स्वरूप को यदि किसी ने पहचाना तो गोस्वामी जी ने।"[64]

अत: नामवर जी यह प्रमाणित करते हैं कि शुक्ल जी ने कबीर को लोक-विरोधी कहकर उपेक्षित किया। अत: हिन्दी साहित्य में कबीर को स्थापित करना एक चुनौतीपूर्ण कार्य था, जिसे द्विवेदी जी ने रवीन्द्रनाथ ठाकुर की 'वन हंड्रेड पोएम्स ऑफ कबीर'(1914) तथा क्षितिमोहन सेन के 'कबीर के वचनों का संग्रह'(1910) की प्रेरणा से स्थापित किया। नामवर जी के अनुसार, कबीर सम्बन्धी मान्यताओं का जिक्र 'हिन्दी साहित्य की भूमिका'(1940) में हो चुका था पर उसका विकसित रूप 'कबीर' नामक पुस्तक में उपस्थित हुआ।

अत: द्विवेदी जी ने स्थापित किया कि सन्त कबीर को 'कवित्व की ऊँची से ऊँची चीज प्राप्य हैं। उन्होंने भाषा को 'संस्कृत के कूपजल' से मुक्त कर 'बहता नीर बनाया'। अनजाने में ही सही, उन्होंने भाषा की सृष्टि की, भाषा को व्यंग्यात्मक रूप प्रदान किया और वाणी के 'डिक्टेटर' के रूप में उपस्थित हुए। साथ ही उनके 'काव्य की कटोरी में रस' भी कम नहीं है।

नामवर जी के अनुसार, आचार्य द्विवेदी ने बाबू श्यामसुन्दर दास के कबीर को अक्खड़ता से मुक्त किया। आचार्य द्विवेदी ने कबीर की अक्खड़ता को नाथ पंथियों और सिद्धों से अलग किया तथा यह कहा : "कबीर के पूर्ववर्ती सिद्ध और योगी लोगों की आक्रमणात्मक उक्तियों में एक प्रकार की हीन भावना ग्रंथि या इनफीरियारिटी कॉम्प्लेक्स पाया जाता है, जबकि करबीरदास के आक्रमणों में भी एक रस है, एक जीवन है।"[65] आचार्य द्विवेदी ने कबीर के बारे में यह भी कहा कि भले ही उन्होंने अक्खड़ता योगियों से विरासत में पाई परन्तु वे अक्खड़ आदत से, स्वभाव से नहीं थे और फक्कड़ वे स्वभाव से तो थे, पर आदत से नहीं थे। अन्तत: आचार्य द्विवेदी ने उन्हें महान भक्त के रूप में स्वीकार किया, योगी के रूप में नहीं और इस प्रकार कबीर को सिद्धों और नाथों से अलगाया।

नामवर जी के अनुसार द्विवेदी जी ने हिन्दी साहित्य में फक्कड़ साहित्यकारों की एक परम्परा भी ढूँढ़ निकाली, जिसके अन्तर्गत बालकृष्ण शर्मा नवीन, भगवती चरण वर्मा, रामधारी सिंह दिनकर, हरिवंश राय बच्चन, मुंशी प्रेमचन्द आदि को शामिल करते हुए उनके साहित्यिक महत्त्व का मूल्यांकन किया। अत: कबीर के फक्कड़पन का असर आचार्य द्विवेदी के ललित निबन्धों से लेकर उपन्यास तक में व्याप्त है।

डॉ. नामवर सिंह ने यह भी लक्षित किया है कि आचार्य द्विवेदी ने आचार्य शुक्ल की कबीर सम्बन्धी दूसरी धारणा—कबीर के 'समाज-सुधारक' रूप को भी अस्वीकार किया है। आचार्य द्विवेदी ने कबीर को बाह्याचारों और जंजालों से मुक्त करनेवाला क्रान्तिकारी कहा है। नामवर सिंह द्विवेदी जी की इस मान्यता को गांधीवाद से भी जोड़कर देखते हैं, और कहते हैं : "स्पष्टत: यह क्रान्तिकारी दृष्टिकोण है, जिसमें गांधीवादी 'सार-संग्रह' और समन्वय के सुधारवादी कार्यक्रम का विरोध निहित है। भारतीय साहित्य की वह दूसरी परम्परा है, जो काल प्रवाल में भले ही गौण हो गई हो, किन्तु क्रान्तिकारी परम्परा यही है, और द्विवेदी जी ने 'कबीर' के माध्यम से उस क्रान्तिकारी परम्परा को पुन: उद्भासित करके ऐतिहासिक कार्य किया है।"[66]

नामवर सिंह इस क्रान्तिकारी परम्परा को राजसत्ता से जोड़कर मूल्यांकित करते हैं। यह राजसत्ता स्थानीय प्रतिनिधियों से सम्बन्धित होती थी अर्थात् गाँवों के प्रतिनिधि समाज का नियमन जातिधर्म के परम्परागत नियमों से संचालित करते थे, जिनका आधार धार्मिक विधि-विधान होते थे : "इसलिए दलित जातियों का असन्तोष और आक्रोश भी प्राय: धर्म के ही रूप में प्रकट होता रहा है।"[67]

निष्कर्षत: नामवर सिंह यह मानते हैं कि कबीर जैसे सन्त ने यदि इस सामन्ती-पुरोहिती दमन चक्र का विरोध किया तो यह जायज था क्योंकि इसमें जनसाधारण हिन्दू और मुसलमान, दोनों पिस रहे थे। यह 'अमानुषिक' और कठोर अत्याचार वर्तमान भारत में भी है। इस प्रकार नामवर जी के शब्दों में : "इसलिए यदि कबीर ने अपने जमाने के किसी सुल्तान को छोड़कर सामन्ती पुरोहिती शक्तियों के खिलाफ आवाज उठाई तो सिर्फ इसी कारण उनकी क्रान्तिकारिता कम नहीं हो जाती, इसलिए द्विवेदी जी के कबीर पर उँगली उठाने से पहले आज के क्रान्तिकारियों को अपने गिरेबाँ में हाथ डालकर देखना चाहिए।"[68]

इस प्रकार नामवर सिंह ने कबीर की क्रान्तिकारी परम्परा में आचार्य द्विवेदी को शामिल करते हुए, दूसरी परम्परा को स्थापित किया है जिसके अन्तर्गत वे आचार्य शुक्ल के साथ-साथ बाबू श्यामसुन्दर दास की मान्यताओं का खंडन करते हैं। ध्यान देनेवाली बात यह है कि कबीर की क्रान्तिकारी परम्परा के मूल्यांकन को वे समाजशास्त्रीय सन्दर्भ से जोड़कर प्रासंगिक बनाते हैं।

नामवर सिंह आचार्य शुक्ल द्वारा कबीर को 'लोक-विरोधी के रूप में' स्थापित करते हुए आचार्य द्विवेदी को प्रतिपक्ष में उपस्थित करते हैं एवं उसकी सार्थकता भी सिद्ध करते हैं। नामवर जी के अनुसार, यह सही है कि आचार्य शुक्ल ने खुलकर या मुक्त कंठ से कबीर के कवित्व की प्रशंसा नहीं की है, परन्तु उनके कवित्व को नकारा भी नहीं है। 'हिन्दी साहित्य का इतिहास' में जब शुक्ल जी कबीर की चर्चा करते हैं तो यह मानते हैं कि कबीर 'अद्भुत रूपक' बाँधते हैं, 'बड़ी चुटीली और व्यंग्य चमत्कारपूर्ण' बातें कहते हैं, 'विरोध और असम्भव का चमत्कार' प्रस्तुत

करते हैं, 'वाग्वैचित्र्य' से लोगों को चकित करते हैं और यह भी कहते हैं : "भाषा बहुत परिष्कृत और परिमार्जित न होने पर भी कबीर की उक्तियों में कहीं-कहीं विलक्षण प्रभाव और चमत्कार है। प्रतिभा उनमें बड़ी प्रखर थी, इसमें सन्देह नहीं।"[69]

यदि ध्यान दें तो आचार्य शुक्ल जिस प्रतिभा को स्वीकारते हैं, वह मूलत: कवित्व की ही प्रतिभा है, भले ही भाषा को वे परिष्कृत न मानते हों।

दूसरा प्रसंग इस निबन्ध में कबीर के समाज-सुधारक रूप बनाम क्रान्तिकारी रूप का भी है। अत: नामवर सिंह ने आचार्य द्विवेदी के मतानुसार कबीर के क्रान्तिकारी रूप को महत्त्व दिया है। वास्तविकता यह भी है कि समाज-सुधार का काम भी कम जोखिम भरा नहीं है—भले ही क्रान्तिकारिता का जोखिम उससे अधिक हो। सुधारक को भी विरोधों का सामना करना पड़ता है और कभी-कभी इसकी कीमत भी चुकानी पड़ती है। इतिहास गवाह है कि सुधारकों का जीवन बहुत सुखद नहीं रहा। गांधी की हत्या भी उनमें से एक है। मूल बात यह है कि क्रान्तिकारी हो या सुधारक, वह किस ध्येय को लेकर चलता है और उसमें कितनी जीवनीशक्ति है।

सामन्ती दमन के विरुद्ध प्रेम की लोकानुमोदित परम्परा

दूसरी परम्परा की खोज का चौथा अध्याय है—'प्रेमा पुमर्थो महान्' अर्थात् 'प्रेम' सबसे बड़ा पुरुषार्थ है। इस सूत्र के माध्यम से आलोचक नामवर सिंह ने द्विवेदी जी के सूर-सम्बन्धी मूल्यांकन का प्रश्न उठाया है। आचार्य हजारीप्रसाद द्विवेदी की 'सूर साहित्य' पुस्तक 1936 ई. में प्रकाशित हुई। इस पुस्तक में उन्होंने सूर के व्यक्तित्व का विस्तार से वर्णन किया है और उनके कृतित्व की मौलिकता को भी प्रस्तुत किया है। डॉ. नामवर सिंह के अनुसार, द्विवेदी जी के सूर के जीवन की पीड़ा में उनके जीवन का सन्दर्भ भी जुड़ा है : "जिस अनुभूति के साथ सूरदास के भरमने और भटकने की पीड़ा का वर्णन किया गया है, वह केवल सूरदास तक सीमित नहीं लगती।"[70]

नामवर जी ने इस पीड़ा को 'बाणभट्ट की आत्मकथा' के कुछ प्रसंगों से जोड़ते हुए द्विवेदी जी के 'पाप-बोध' के प्रश्न का विवेचन किया है। द्विवेदी जी ने 'सूरदास' के मूल्यांकन के माध्यम से यह दिखाया है कि मध्यकाल में जिन ग्रंथों और टीका-ग्रंथों की रचना हुई, उसका प्रयोजन मनुष्य की दुर्बलताओं को दबाने के लिए कठोर विधानों का आयोजन करना था। अर्थात् नरकमय दंड, अभिशाप आदि के बल पर शास्त्रकारों ने मनुष्य की दुर्बलताओं को बाँधने की कोशिश की। जैसे प्रकृति बाँधने पर दूसरी ओर निकल पड़ती है, वैसे मनुष्य की दुर्बलताएँ भी। अर्थात् शास्त्रकारों ने जिन आदर्शों को मानव समाज पर लादकर मानव प्रकृति का दमन करना चाहा, सूरदास जैसे भक्तों ने इसका विरोध करते हुए—ईश्वर भक्ति की ओर

मोड़ दिया। यह आचार्य द्विवेदी की खोज है। इसे नामवर सिंह ऐतिहासिक सन्दर्भों की कसौटी पर परखते हुए आचार्य द्विवेदी के मूल्यांकन को प्रासंगिक ठहराते हैं। उनका विचार है : "मानवीय प्रवृत्तियों का दमन, सामन्ती दमन का ही एक अंग है। अमानवीयकरण की यह प्रकिया शासक वर्गों के दमन का एक प्रमुख अस्त्र रही है। सामन्ती युग में इस दमन-कार्य के लिए शासक वर्ग धर्म का सहारा लेता था और आधुनिक पूँजीवादी युग में धर्म के अतिरिक्त वैज्ञानिक-तार्किक-व्यावहारिक नीतिशास्त्र का भी।...कहने की आवश्यकता नहीं कि हिन्दी में सूरदास आदि का भक्तिकाव्य इस सामन्ती दमन के विरुद्ध मानवीय विद्रोह था।"[71]

इस प्रकार नामवर जी यह प्रमाणित करते हैं कि द्विवेदी जी ने जिस प्रवृत्ति दमन का विरोध किया है, वह वास्तव में सामन्ती दमन का विरोध है।

इस प्रसंग में नामवर जी ने जॉर्ज ग्रियर्सन की मान्यताओं के विरोध में आचार्य द्विवेदी को प्रस्तुत किया है; अर्थात् ग्रियर्सन भक्तिकाव्य पर यदि ईसाइयत का प्रभाव मानते हैं तो द्विवेदी जी यह दिखाते हैं कि "हिन्दू भक्तों का पाप-बोध ईसाई भक्तों से भिन्न है अर्थात् हिन्दू भक्त-कवियों का पाप-बोध बाह्य है पर ईसाई भक्तों का आन्तरिक है।" नामवर जी के शब्दों में : "प्रेम पाप नहीं है, बल्कि मनुष्य का स्वभाव है और इस स्वभाव को स्वीकार करके ही चरम लक्ष्य को प्राप्त किया जा सकता है।" नामवर जी ने यह भी कहा है कि द्विवेदी जी की यह स्थापना 'अनामदास का पोथा' उपन्यास में अभिव्यक्त हुई है।

इस प्रसंग में महत्त्वपूर्ण प्रश्न आचार्य शुक्ल का उपस्थित होता है, जिसे नामवर सिंह इस प्रकार कहते हैं कि भक्तों ने पाप-बोध के पोषक पुरोहित वर्ग से निपटने के लिए प्रेम-रूपी अस्त्र का सहारा लिया था। इसलिए पुरोहितों ने भी सबसे अधिक कोप प्रेम पर प्रकट किया। आगे नामवर सिंह यह भी कहते हैं : "विचित्र विडम्बना है कि हिन्दी भक्तिकाव्य के अनेक लोकवादी मूल्यों के प्रशंसक आचार्य शुक्ल ने भी भक्तिकाव्य के प्राण 'प्रेम' को अभारतीय कहा। भक्ति सम्प्रदाय में प्रेम का ही दूसरा नाम माधुर्य है।"[72]

इस प्रसंग को आगे बढ़ाते हुए तथा शुक्ल जी को उद्धृत करते हुए नामवर सिंह यह स्पष्ट करते हैं कि शुक्ल जी माधुर्य भाव को अभारतीय कहकर फारसी परम्परा से जोड़ते हैं, इसके अन्तर्गत मीरा पर भी व्यंग्य करते हैं और इस परम्परा में चैतन्य, कबीर, दादू, दारिया साहब आदि को भी शामिल करते हैं। निष्कर्ष स्वरूप नामवर सिंह कहते हैं : "शुक्ल जी की दृष्टि में एक तुलसीदास को छोड़कर प्राय: सभी भक्त-कवियों का प्रेम 'ऐकान्तिक' है।"[73]

नामवर सिंह इस ऐकान्तिक प्रेम की व्याख्या करते हुए शुक्ल जी की सीमाओं तथा अन्तर्विरोधों को स्पष्ट करते हैं। द्विवेदी के अनुसार : "इस ऐकान्तिक प्रेम में लोकमर्यादा का अतिक्रम दोष नहीं, गुण समझा जाता है।" अत: "जिस प्रेम को

शुक्ल जी लोक-बाह्य कहते हैं, वह दरअसल एक निश्चित सीमा में जकड़े हुए लोक से बाहर है—निष्प्राण नियमों और रीति-रिवाजों में बँधे हुए समाज से बाहर निकलने का प्रयास है। उस प्रेम की ऐकान्तिकता ही उसकी लोकोन्मुखता है और वैयक्तिकता ही सामाजिकता; जैसाकि हर रोमांटिक विद्रोह में होता है। इसलिए शुक्ल जी की दृष्टि में जो 'दोष' है, वह वस्तुत: गुण है।"[74]

इसके उपरान्त नामवर सिंह ने शुक्ल जी के अन्तर्विरोधों की ओर ध्यान आकृष्ट किया है; अर्थात् शुक्ल जी गोपियों के प्रेम को 'जीवनोत्सव' के रूप में देखते हैं और कहते हैं कि सूर के कृष्ण और गोपियाँ स्वच्छन्द हैं, वे लोकबन्धनों से जकड़े हुए नहीं हैं अर्थात् जिस प्रकार स्वच्छन्द समाज का स्वप्न अंग्रेज कवि शेली देखा करते थे, उसी प्रकार का समाज सूर ने चित्रित किया है।

यही नहीं, नामवर सिंह ने शुक्ल जी द्वारा पुष्टिमार्गीय भक्ति के मूल्यांकन को भी उद्धृत किया है। आचार्य शुक्ल यह मानते हैं कि पुष्टिमार्ग लोक और वेद के प्रलोभन से मुक्त था। पर : "जो प्रेम लोक और वेद, दोनों के प्रलोभनों से दूर है, उसे लोक-विरोधी अथवा लोक-निरपेक्ष कैसे कहा जा सकता है?"[75]

इस प्रकार शुक्ल जी के 'लोक-विरोध' की परिभाषा को नामवर सिंह ठोस तर्कों द्वारा खारिज करते हैं और उन पर महावीर प्रसाद द्विवेदी के 'सामाजिक रूढ़िवाद' और 'सशंक नैतिकता' का आरोप लगाते हैं।

अत: नामवर सिंह यह स्थापित करते हैं कि द्विवेदी जी के यहाँ जो 'प्रेम की उन्मुक्त स्वीकृति है', वह शुक्ल जी की परम्परा की 'अगली कड़ी' है, साथ ही वह 'प्रगतिशील' परम्परा भी है।

नामवर सिंह ने इस निबन्ध में आचार्य द्विवेदी की सीमाओं की ओर भी संकेत किया है, परन्तु उस तरह नहीं, जिस तरह वह शुक्ल जी पर टूट पड़ते हैं। आचार्य द्विवेदी की आलोचना वे शिष्य-भाव से करते हैं। दरअसल द्विवेदी जी ने भक्ति-आन्दोलन की विशेषताओं को उद्धृत करते हुए यह कहा है : "संक्षेप में कहा जा सकता है कि यह मत ब्राह्मण धर्म का विरोधी तो नहीं था, परन्तु उसका सम्पूर्ण अनुगामी भी नहीं था।"[76]

द्विवेदी जी ने सूरदास के बारे में यह भी लिखा है, सूरदास योग, यज्ञ, अनुष्ठान आदि को व्यर्थ समझते थे जबकि यह जनता में खूब प्रचलित था। पर नामवर जी कहते हैं : "पर इस बात का मतलब यह नहीं कि सूरदास स्मार्त पंथ के विरोधी हैं। वे भक्ति को सर्वोपरि समझते हैं। अगर भक्ति नहीं है तो तीर्थ-व्रत से किसी चीज की प्राप्ति नहीं होगी। भगवान की दृष्टि में जाति-पाँति, कुल-शील आदि कोई चीज नहीं है। केवल प्रेम चाहिए, प्रेम से ही वे मिलते हैं।"[77]

अत: इन दो उद्धरणों के माध्यम से नामवर सिंह ने द्विवेदी जी की सीमाओं की ओर संकेत किया है : "प्रेम की पुरोहितवादी विरोधी और सामन्तवाद विरोधी

शक्ति का समर्थन करते हुए भी वे जैसे व्यवस्था को आमूल चुनौती देने से हिचकते प्रतीत होते हैं।"[78]

परन्तु नामवर जी द्विवेदी जी की जिस हिचक का जिक्र करते हैं, ऐसा लगता है कि उसके शिकार वे स्वयं हो जाते हैं। अत: द्विवेदी जी को लगभग बचाते हुए वे कहते हैं : "हो सकता है, यह मध्ययुगीन भक्ति के ऐतिहासिक सन्दर्भ का भी अनुरोध हो। क्योंकि सर्जनात्मक कृतियों में जहाँ किसी धार्मिक प्रसंग का बन्धन नहीं है, वे लोकजीवन के उन्मुक्त प्रेम के सम्मुख शास्त्र को झुकाने का आग्रह खुलकर करते हैं।"[79]

अत: द्विवेदी जी प्रेम को शास्त्र अनुमोदित नहीं, लोक अनुमोदित रूप में देखने के अभ्यस्त हैं। निष्कर्षत: नामवर सिंह कहते हैं : "सूर साहित्य से चलकर ही द्विवेदी जी कबीर तक पहुँचे थे, यह तथ्य है।"[80] वे इस यात्रा में कोई विरोध नहीं देखते बल्कि प्रेम पंथ की एकता देखते हैं। उनके शब्दों में : "सूर से कबीर तक की यात्रा प्रेम के पंथ की ही भाव-यात्रा है। सामाजिक विद्रोह का एक रूप वह भी है जो प्रेम की भाषा में अभिव्यक्ति पाता है।"[81]

नामवर सिंह की यह भी धारणा है कि "द्विवेदी जी के कबीर पर सूर की प्रेम-भक्ति का गहरा रंग है परन्तु द्विवेदी जी के कबीर में सूर की तुलना में क्रान्तिकारिता अधिक मुखर है।

ध्यातव्य है कि द्विवेदी जी 'हिन्दी साहित्य की भूमिका' में सूरदास का मूल्यांकन उनके समाज के आधार पर करते हुए निष्कर्ष प्रस्तुत करते हैं कि समाज द्वारा लांछित, अपमानित न होने के कारण उनमें कटुता नहीं है। इशारा कबीर की ओर ही है। गृहस्थ जीवन विलासी होने के कारण सूर में वैराग्य है, श्रद्धा है। आचार्य द्विवेदी की इन मान्यताओं का उल्लेख करते हुए नामवर जी ने यह भी कहा है : "वैसे किसी भी लेखक के दृष्टिकोण को उसे पैदा करनेवाले, जाति, वर्ग या समाज के आधार पर निर्धारित करने का प्रयास 'फूहड़ समाजशास्त्र' है।"[82]

अत: नामवर सिंह की यह उक्ति द्विवेदी जी के विरोध में खड़ी होती है परन्तु वास्तविकता यह है कि सूर के मूल्यांकन में द्विवेदी जी का अपना स्वभाव शामिल हो जाता है। परन्तु द्विवेदी जी की इस बात को भी नजरअन्दाज नहीं किया जा सकता कि घरेलू और सामाजिक वातावरण भी लेखक के व्यक्तित्व को प्रभावित करते हैं। अत: कृतित्व व्यक्तित्व से किसी भी अर्थ में विच्छिन्न नहीं हो सकता।

शास्त्रीय परम्परा के विरुद्ध लोकवादी परम्परा

'दूसरी परम्परा की खोज' का पाँचवाँ निबन्ध है : 'भारतीय साहित्य की प्राणधारा और लोकधर्म'। इस निबन्ध का मुख्य विषय आचार्य शुक्ल एवं आचार्य द्विवेदी

की भक्तिकाल सम्बन्धी अवधारणा से जुड़ा है, जहाँ शुक्ल जी के मत को अंग्रेज इतिहासकार हेवेल के हवाले से सम्प्रदायवादी कहा गया है।

अर्थात् आचार्य शुक्ल जब भक्तिकाल की पृष्ठभूमि की चर्चा करते हैं तो भक्तिकाव्य को मुस्लिम आक्रमण की प्रतिक्रिया मानते हैं। इस मत का खंडन आचार्य द्विवेदी ने किया और कहा : "ये सभी बातें भ्रममूलक हैं। पर सूरदास और तुलसीदास आदि वैष्णव कवियों की समूची कविता में किसी प्रकार की प्रतिक्रिया का भाव नहीं है। परन्तु इन सबका यह अर्थ नहीं है कि मुसलमानी धर्म का कोई प्रभाव इस साहित्य पर नहीं पड़ा है। यह कहना अनुचित है। एक जीवित जाति के स्पर्श में आने पर दूसरी पर उसका प्रभाव पड़ना स्वाभाविक है। परन्तु जिस प्रकार कालिदास की कविताओं में यावनी या ग्रीक प्रभाव देखकर यह नहीं कहा जाता कि वह दुर्बल जाति की प्रतिक्रियात्मक मनोवृत्ति का निदर्शक है, उसी प्रकार हिन्दी साहित्य में भी यह प्रभाव 'प्रभाव' के रूप में ही स्वीकार किया जाना चाहिए, प्रतिक्रिया के रूप में नहीं।"[83]

नामवर जी ने द्विवेदी जी की इस धारणा के सम्बन्ध में एक नये तथ्य की ओर ध्यान आकृष्ट किया है और वह है अंग्रेज इतिहासकार हेवेल की सम्प्रदायवादी व्याख्या अर्थात् वे यह मानते हैं कि "प्रतिवाद के लक्ष्य के रूप में द्विवेदी जी ने शुक्ल जी को नहीं, बल्कि अंग्रेज इतिहासकार हेवेल को चुना है।"[84]

अर्थात् उन्होंने हेवेल की रचना 'हिस्ट्री ऑफ आर्यन रूल' के हवाले से यह स्पष्ट किया है कि मुसलमानी राज्य प्रतिष्ठित होते ही हिन्दू जब राज-काज से अलग कर दिये गए तो उनमें धर्म के प्रति स्वाभाविक आकर्षण पैदा हो गया, जिसे द्विवेदी जी गलत व्याख्या कहते हैं। अत: नामवर सिंह इस निष्कर्ष पर पहुँचते हैं कि "भक्ति-आन्दोलन को मुसलमानों के विरुद्ध हिन्दुओं की प्रतिक्रिया बताने की जिम्मेदारी मूलत: साम्राज्यवादी अंग्रेज इतिहासकारों पर है; इसलिए यदि कोई भारतीय इतिहासकार उसी बात को दुहराता है तो वह अनजाने ही अंग्रेज साम्राज्यवाद द्वारा प्रचारित भ्रम का शिकार है और इस प्रकार वह अन्तत: उस साम्राज्यवादी हित का ही समर्थन करता है।"[85]

इस प्रकार नामवर सिंह एक तीर से दो शिकार करते हैं। आचार्य शुक्ल को न रखते हुए भी हेवेल के बहाने उनकी धारणा को गलत ठहराते हैं।

द्विवेदी जी के महत्त्व पर वे टिप्पणी करते हैं : "निस्सन्देह इस सम्प्रदायवादी इतिहास-दृष्टि के विरोध का श्रेय हजारीप्रसाद द्विवेदी को है जिन्होंने हिन्दी में पहले-पहल साम्राज्यवादी इतिहासकार द्वारा फैलाए गए एक भ्रम को तोड़ने का प्रयास किया।"[86]

जो भी हो, परन्तु आचार्य शुक्ल की इतिहास-दृष्टि को सम्प्रदायवादी नहीं कहा जा सकता। क्योंकि आचार्य शुक्ल की इतिहास-दृष्टि में साम्प्रदायिकता की परिभाषा

दूसरी है। सिद्धों और योगियों का मूल्यांकन करते हुए शुक्ल जी उन रचनाओं को साम्प्रदायिक मानते हैं, जिनका सम्बन्ध जीवन की स्वाभाविक अनुभूतियों से नहीं होता। यह भी सही है कि सिद्धों और नाथों का यह मूल्यांकन परवर्ती समय में नहीं टिक पाया। आचार्य शुक्ल की दृष्टि का परिचय हमें 'जायसी' के मूल्यांकन में भी दिखाई देता है : "हिन्दू हृदय और मुसलमान हृदय आमने-सामने करके अजनबीपन मिटानेवालों में इन्हीं का नाम लेना पड़ेगा।"[87]

पुनः नामवर सिंह आचार्य शुक्ल के 'वल्लभाचार्य' वाले प्रसंग पर टिप्पणी करते हैं और शुक्ल जी द्वारा 'म्लेच्छ' शब्द को मुसलमानों का पर्याय मानने से इनकार करते हैं। नामवर जी की दृष्टि में भ्रष्टता, पाप, अज्ञानता आदि के लिए पुरोहित वर्ग जिम्मेदार था, सिर्फ म्लेच्छ नहीं। इसके उपरान्त वे द्विवेदी जी का यह मत रखते हैं कि मुसलमानों के अत्याचार से यदि भक्ति उमड़ी होती तो वह पहले उत्तर भारत या सिन्ध प्रदेश में होती, दक्षिण में नहीं। परन्तु नामवर जी ने एक और सवाल उठाया है : "यदि भगवद्भक्ति के लिए आक्रान्ता मुसलमान ही जिम्मेदार थे तो स्वयं मुसलमान भक्त कृष्ण की शरण में क्यों आए और जो मुसलमान कृष्ण की शरण में नहीं आए, वे निर्गुण भगवान और सूफी मार्ग की ओर क्यों गए?"[88]

द्विवेदी जी के मत को और पुख्ता बनाने के लिए नामवर सिंह ने डॉ. रामविलास शर्मा और इतिहासकार इरफान हबीब के मत को भी रखा है। डॉ. शर्मा के मत को रखते हुए नामवर सिंह आचार्य शुक्ल की सीमाओं का ध्यान दिलाते हैं : "शुक्ल जी का विचार था कि यह निराशा और उदासी मुस्लिम शासन के कारण आई थी। देश में विदेशी जातियों का आक्रमण और उनका शासन भी एक कारण था। लेकिन वास्तविकता यह है कि सत्ता में सहायक और भाग लेनेवाले देशी सामन्त भी थे, उन सामन्तों के देशी सहायक पंडे और पुरोहित थे।"[89] डॉ. शर्मा भी यह मानते हैं कि आचार्य शुक्ल ने दरबारी कवियों को अर्थात् देशी सामन्तों और उनके ठेकेदारों को भी खरी-खोटी सुनाई है पर उनकी सीमा यह है : "फिर भी उनके विवेचन में देशी सामन्तों की भूमिका हर जगह स्पष्ट नहीं है। इसलिए उन्होंने निराशा का कारण मुस्लिम शासन बताया है।"[90]

इस प्रकार शुक्ल जी धारणा को नामवर सिंह डॉ. रामविलास शर्मा द्वारा ही खारिज करवा देते हैं : "इससे परिणाम यह निकलता है कि जो लोग इस्लाम और हिन्दू धर्म की टक्कर में मध्यकालीन समाज की आशा-निराशा का स्रोत ढूँढ़ते हैं, वे उस समय के साहित्यिक आन्दोलनों के सामाजिक आधार का सही-सही पता नहीं लगा सकते।"[91]

अतः इस तर्क के जरिये नामवर सिंह द्विवेदी जी के मत को स्थापित करते हैं।

ध्यातव्य है कि नामवर सिंह ने आचार्य द्विवेदी की भाँति भक्तिकाल को स्वाभाविक विकास के रूप में देखा है, विदेशी प्रभाव के रूप में नहीं, परन्तु उन्होंने

एक नया प्रश्न भी उपस्थित किया है : "तुर्कों और मुगलों को शासन का भारतीय समाज तथा साहित्यिक-सांस्कृतिक जीवन पर प्रभाव।" इसके उत्तर में वे सबसे पहले डॉ. शर्मा के मत को रखते हैं; अर्थात् डॉ. शर्मा ने हिन्दुत्व प्रेमी इतिहासकारों की भर्त्सना करते हुए कहा है कि तुर्कों को युग-प्रवर्तक के रूप में स्वीकार नहीं किया जा सकता; बल्कि तुर्क "यहाँ के सामाजिक ढाँचे में खप गए।" यह परिर्वतन तो तब माना जाता जब उन्होंने भारत में सामन्ती व्यवस्था के बदले गणव्यवस्था या पूँजीवादी व्यवस्था कायम की होती। इस प्रकार डॉ. शर्मा तुर्कों द्वारा युग परिवर्तन की मान्यता को नकारते हैं। परन्तु नामवर सिंह 'तकनीकी और प्रौद्योगिकी' परिवर्तन का जिक्र करते हुए डॉ. रामविलास शर्मा की सीमाओं की ओर ध्यान आकृष्ट करते हैं। इरफान हबीब के हवाले से वे कहते हैं : "तुर्कों के शासन के समय भारत में वस्त्र उद्योग, सिंचाई, कागज, चुम्बकीय कुतुबनुमा, समयसूचक उपकरण तथा घुड़सवार सेना, प्रौद्योगिकी आदि के क्षेत्रों में उल्लेखनीय विकास हुआ।"[92]

इस विकास ने सामाजिक ढाँचे को गहरे रूप में प्रभावित किया। अत: इरफान हबीब के अनुसार 13वीं-14वीं सदी के प्रौद्योगिक परिवर्तन काफी महत्त्वपूर्ण थे जिसने शिल्प और कृषि उत्पादन को बढ़ाया, व्यापारिक गतिविधि को तीव्र किया; इससे वर्ग सम्बन्धों में कुछ परिवर्तन आया; कागज के प्रचलन से अखिल भारतीय बाजार के विकास में मदद मिली।

इरफान हबीब के इस निष्कर्ष के आधार पर नामवर सिंह द्विवेदी जी की मान्यताओं को पुख्ता ठहराते हैं। निष्कर्षत: वे कहते हैं : "इन तकनीकी परिवर्तनों की गैरजानकारी के बावजूद, जैसाकि द्विवेदी जी ने 'कबीर' नामक पुस्तक में दिखलाया है, जुलाहे जैसे अनेक दस्तकारों और कारीगरों ने उस बीच सामूहिक रूप से धर्म परिवर्तन किया था। इसलिए भारतीय समाज पर तुर्कों और उनके बाद मुगलों के प्रभाव को एकदम नकारना सही नहीं है।"[93]

इसके उपरान्त नामवर सिंह द्विवेदी जी की 'बारह आना' वाली बात का स्पष्टीकरण करते हैं; अर्थात् द्विवेदी जी ने बारह आना कहकर इस्लाम के प्रभाव को पूरी तरह खारिज नहीं किया अर्थात् वे भक्तिकाव्य पर इस्लाम का 'चार आना' प्रभाव स्वीकार करते हैं।

नामवर सिंह तुर्कों के बारे में यह स्वीकारते हैं : "उनके पास एक व्यवस्थित विचारधारा भी थी और वे अपने राजनीतिक प्रभुत्व के साथ उस विचारधारा के प्रभुत्व की स्थापना के लिए भी प्रयत्नशील थे।"[94]

इस प्रकार नामवर सिंह यह मानते हैं कि भारतीय समाज पर इस 'विचारधारात्मक' अथवा 'सांस्कृतिक प्रभुत्व स्थापना' का प्रभाव पड़ा। इसकी व्याख्या करते हुए नामवर जी द्विवेदी जी का मत प्रस्तुत करते हैं; अर्थात् द्विवेदी जी के मतानुसार इस्लाम के आने के बाद ही 'हिन्दू' नाम आया, जिसे भारतीय अर्थात् 'गैर-इस्लामी'

रूप में तुर्कों द्वारा ग्रहण किया गया। दूसरी स्थिति हिन्दू समाज की वर्जनशीलता के कारण उत्पन्न हुई यानी इस वर्जनशीलता के कारण हिन्दू समाज में 'वैरागियों', 'आश्रम भ्रष्ट गृहस्थों' की संख्या बढ़ने लगी। पर उनकी स्थिति और भी शोचनीय थी, जो न हिन्दू थे, न मुसलमान थे, परिणामत: ये सामूहिक रूप से मुसलमान बन गए। द्विवेदी जी के इस मत को स्थापित करते हुए नामवर सिंह यह कहते हैं : "...इस्लाम के आने पर 'सांस्कृतिक' सम्पर्क तथा टकराव के फलस्वरूप एक हद तक सामाजिक सम्बन्धों में भी परिवर्तन आया। निस्सन्देह सामाजिक ढाँचा मूलत: सामन्ती ही रहा, किन्तु ढाँचे पर खड़ी इमारत की अधिरचना में कुछ-न-कुछ परिवर्तन अवश्य हुआ। एक और जाति व्यवस्था में जगह-जगह विशृंखलता के लक्षण दिखाई पड़े तो दूसरी ओर उसे और ज्यादा कठोर बनाने के भी प्रयत्न हुए।"[95]

नामवर सिंह के शब्दों में : "सम्भवत: यही वह चौथाई अंश है, जिसके विश्लेषण की प्रक्रिया में द्विवेदी जी को इस्लाम के प्रभाव अस्पष्ट परम्परागत तीन-चौथाई अंश का एहसास हुआ।"[96]

इस प्रकार द्विवेदी जी का यह मत नामवर जी ने स्थापित किया कि भक्तिकाव्य इस्लाम और हिन्दू धर्म की टकराहट से उपजे अन्तर्विरोधों का परिणाम नहीं है।

इसी से जुड़े दूसरे प्रश्न पर नामवर सिंह द्विवेदी जी के मत को आधार बनाते हुए कहते हैं। इस्लाम के आने के पूर्व भारतीय समाज की भीतरी शक्ति, नामवर सिंह के शब्दों में, 'लोकशक्ति' का आगमन हो चुका था, जो शास्त्र को अपनी ओर झुकाते हुए भारतीय इतिहास के स्वाभाविक विकास पर निरन्तर दबाव बना रहा था। इस दबाव का असली रूप है—'शास्त्र और लोक के बीच का द्वंद्व'। इस द्वंद्व की असलियत की चर्चा करते हुए नामवर सिंह जॉन इर्विन के लेख 'द क्लास स्ट्रगल इन इंडियन हिस्ट्री एंड कल्चर' का हवाला देते हैं; अर्थात् जॉन इर्विन स्थापना की है कि आर्यों के 'आत्मसातीकरण' की प्रवृत्ति खोने के फलस्वरूप 'ब्राह्मणवादी निरंकुशता' बढ़ी और दलित आर्थिक रूप से उत्पीड़ित किए जाने लगे। फलस्वरूप दलित शक्तियाँ संगठित होकर खुले विद्रोह की भूमिका में उपस्थित होने लगीं। यह स्थिति बौद्धधर्म के प्रारम्भिक इतिहास से भी जुड़ी है।

मुख्य बात यह है कि जॉन इर्विन की उपरोक्त स्थापना को नामवर जी ने बासी ठहराया है अर्थात् वे यह मानते हैं कि इर्विन से छह वर्ष पहले द्विवेदी जी 'हिन्दी साहित्य की भूमिका' में ऐसी स्थापनाएँ कर चुके थे; अर्थात् इन स्थापनाओं से ही द्विवेदी जी लोकधर्म का महत्त्व स्थापित करते हैं। नामवर सिंह कहते हैं : "लोक के दबाव में शास्त्र ने कभी-कभी अपने आपको लचीला बनाकर लोक की बहुत-सी विशेषताओं को अन्तर्भुक्त कर लिया।"[97]

परन्तु द्विवेदी इससे ही सन्तुष्ट नहीं होते। वे दुहरी प्रक्रिया के रूप में लोक और शास्त्र का द्वंद्व देखते हैं। द्विवेदी जी के इस विश्लेषण को नामवर सिंह काफी

महत्त्वपूर्ण मानते हैं : "किन्तु यदि एक ओर शास्त्र ने झुककर लोक की विशेषताओं को अन्तर्भुक्त किया तो दूसरी ओर शास्त्रवंचित लोक भी अपने अनुभव-संचित विचारखंडों को सुसंगत और समृद्ध बनाने के लिए 'शास्त्र' का सहारा लेता रहा है। इस दुहरी प्रक्रिया में कभी-कभी एक ऐसे लोकधर्म का निर्माण हुआ है जो व्यापक जन-विद्रोह के लिए वैचारिक आधार का काम करता रहा है।"[98]

इसके उपरान्त नामवर सिंह शुक्ल जी के 'लोकधर्म' बनाम द्विवेदी जी के 'लोकधर्म' की तुलना करते हुए कहते हैं : "शुक्ल जी का लोकधर्म बहुत कुछ वर्णाश्रम धर्म ही है।"[99] और साथ ही : "नीच जातियों के निर्गुणपंथी भक्तों की जैसी भर्त्सना शुक्ल जी ने की है, उससे स्पष्ट है कि शुक्ल जी का 'लोकधर्म' वस्तुत: "आर्य शास्त्रानुमोदित सनातन धर्म ही है।"[100]

इसके विपरीत नामवर जी ने द्विवेदी जी के लोकधर्म को रखा है अर्थात् द्विवेदी जी के लोकधर्म के अन्तर्गत सामान्य जन में प्रचलित विश्वास टोना, टोटका, तंत्र-मंत्र, मिथक आदि हैं। इस प्रकार नामवर जी के शब्दों में : "किन्तु इस पूर्वग्रह से भी अधिक महत्त्वपूर्ण है 'लोकधर्म' की शक्ति का स्वीकार।"[101]

नामवर सिंह के अनुसार लोकधर्म की शक्ति ने जनता के असन्तोष एवं विद्रोह को वैचारिक एवं भावनात्मक शक्ति प्रदान की, जिसे द्विवेदी जी भक्ति-आन्दोलन की जन्मभूमि कहते हैं। नामवर सिंह के शब्दों में द्विवेदी जी का : " 'लोकधर्म' साधारण जनों के विद्रोह की विचारधारा है।"[102]

लोकधर्म के महत्त्व की व्याख्या करते हुए वे कहते हैं कि शास्त्र वंचना तथा उपेक्षा के कारण लोगों को यह हीनतर प्रतीत हो सकता है किन्तु इससे उसका महत्त्व कम नहीं हो जाता। अत: वे द्विवेदी जी को उद्धृत करते हैं : "सच पूछा जाए तो शास्त्रज्ञान, तत्त्वज्ञान के मार्ग में सब समय सहायक ही नहीं होता और कभी-कभी तो उस युग की तथोक्त नीच जातियों से आए हुए महापुरुषों का तर्कजाल से मुक्त होना श्रेयस्कर जान पड़ता है।"[103]

नामवर सिंह यह स्पष्ट करते हैं कि "लोकधर्म का प्राण उसका विद्रोह है।"[104] और लोकधर्म का अध्ययन प्रत्येक जन-आन्दोलन की शक्ति और सीमा को समझने के लिए किया जाना चाहिए। इस मत को वे अन्तीनियो ग्राम्शी के मत के साथ जोड़ते हुए मार्क्सवाद की सीमाओं की ओर भी ध्यान दिलाते हैं। वे कहते हैं : "ग्राम्शी ने किसानों और कारीगरों जैसे पारम्परिक वर्गों की वैचारिक आवश्यकताओं की ओर ध्यान देने का आग्रह किया। इस दृष्टि से उन्होंने बतलाया कि सामान्यजनों के प्रचलित विचार अपेक्षाकृत सरल और अल्प संघटित होते हैं। अक्सर वे परस्पर विरोधी और उलझे हुए भी होते हैं, फिर भी उन विचारों का बहुत महत्त्व है क्योंकि व्यापक जन-आन्दोलन के लिए यही कारगर होते हैं। इस सन्दर्भ में ग्राम्शी ने यह भी कहने का साहस दिखलाया कि मार्क्स द्वारा निरूपित आइडियोलॉजी की

क्लासिकी अवधारणा इन जन-आन्दोलनों की लोकप्रिय विचारधारा को समझने में बहुत काम की साबित नहीं हो सकती।"[105] इस 'लोकधर्म' के साथ-साथ नामवर सिंह तुलसीदास के अद्वैतवादी तथा विशिष्टाद्वैतवादी प्रसंगों को उभारते हुए आचार्य शुक्ल को आड़े हाथों लेते हैं। वे कहते हैं कि शुक्ल जी का यह मूल्यांकन तात्त्विक समीक्षा है। यह तात्त्विक समीक्षा प्रिय कवि के विचारों में संगति बैठाने के ध्येय से की गई है, परन्तु शुक्ल जी कबीर के विचारों को खिचड़ी कहते हुए असंगतियाँ ढूँढ़ने लगते हैं। इस अन्याय का उदाहरण कबीर और जायसी के रहस्यवाद का मूल्यांकन है; अर्थात् शुक्ल जी जहाँ कबीर के रहस्यवाद की आलोचना करते हैं, वहीं जायसी के रहस्यवाद की प्रशंसा। पुन: ग्राम्शी को आधार बनाते हुए नामवर सिंह कहते हैं : " ...प्रश्न इस तथाकथित रहस्यवाद की तात्त्विक समीक्षा का उतना नहीं, जितना ऐतिहासिक समीक्षा का है। रहस्यवाद तात्त्विक दृष्टि से लोक-विरोधी और बुद्धि-विरोधी होने के कारण एक गलत विचारधारा हो सकती है। किन्तु उसकी वही लोक-विरोधी भूमिका हो।...इसलिए हिन्दी के योगियों और सन्तों के रहस्यवाद का मूल्यांकन भी इसी ऐतिहासिक दृष्टि से समीचीन है।"[106]

अत: जिस रहस्यवाद को आधार बनाकर शुक्ल जी कबीर आदि को खारिज करते हैं, नामवर सिंह ऐतिहासिक दृष्टि से उस रहस्यवाद का महत्त्व स्थापित करते हैं। यही नहीं, इस रहस्यवाद में वे अनुभव सम्मत जीवन-दृष्टि पाते हैं जो एक तरह से 'कागद लेखी' के बदले 'आँखिन देखी' की परम्परा है। इस आधार पर नामवर सिंह द्विवेदी जी के 'लोकधर्म' का स्वभाव स्पष्ट करते हैं : "इसी अनुभववाद और विवेकवाद के अस्त्र से उन्होंने जाति-पाँति, छुआछूत और ऊँच-नीच के भेदभाव पर चोट की। कहने की आवश्यकता नहीं कि यह अनुभव सम्मत विवेकवाद लोकधर्म का सहज स्वभाव है।"[107]

अत: द्विवेदी जी उपरोक्त कारणों से ही भक्तिकाल को जन-आन्दोलन मानते हैं और यहीं से भक्तिकाल का वास्तविक आरम्भ भी मानते हैं। पुन: शुक्ल जी पर आक्षेप करते हुए नामवर सिंह यह कहते हैं कि वे वीरगाथा काल से हिन्दी साहित्य का आरम्भ मानते हैं और विद्यापति को फुटकल खाते में डाल देते हैं, परन्तु द्विवेदी जी के अनुसार विद्यापति की 'कीर्तिलता' आदिकाल में है, तो 'पदावली' भक्तिकाल में, इस प्रकार विद्यापति हिन्दी साहित्य की प्राणधारा में हैं।

भारतीय साहित्य की प्राणधारा के विवेचन में नामवर सिंह यह प्रश्न उपस्थित करते हैं कि "प्राणधारा के साथ अनेक अन्तर्धाराओं का मूल्यांकन कैसे हो?" इस सन्दर्भ में नामवर सिंह मुख्यत: "अन्तर्धाराओं के पारस्परिक सम्बन्धों के निर्धारण और सापेक्षिक मूल्यांकन को महत्त्व देते हैं जहाँ शुक्ल जी चूक जाते हैं।" इसलिए शुक्ल जी की दृष्टि में निर्गुण भक्त लोग विरोधी हैं एवं सूरदास जैसे कवि 'लोकरंजन' के कारण कम महत्त्वपूर्ण हैं। पर द्विवेदी जी साफ तौर पर स्वीकारते

हैं कि "निर्गुण भक्त-कवियों के सामाजिक विचार अधिक प्रगतिशील थे।" नामवर सिंह भक्ति-आन्दोलन के 'अन्तर्विरोधों' का सवाल उपस्थित करते हुए मुक्तिबोध का निबन्ध 'मध्ययुगीन भक्ति-आन्दोलन का एक पहलू' का हवाला देते हैं। इस निबन्ध के अन्तर्गत मुक्तिबोध की मुख्य स्थापना यह है कि निचली जातियों के सन्तों द्वारा क्रान्तिकारी आन्दोलनों के दाँत ऊँची जाति वालों ने, राम और कृष्ण की सगुण भक्ति के माध्यम से उखाड़ लिए। "क्या यह एक महत्त्वपूर्ण तथ्य नहीं है कि रामभक्ति शाखा के अन्तर्गत, एक भी प्रभावशाली और महत्त्वपूर्ण कवि निम्नजातीय शूद्र वर्गों से नहीं आया? क्या यह एक महत्त्वपूर्ण तथ्य नहीं है कि कृष्णभक्ति शाखा के अन्तर्गत रसखान और रहीम जैसे हृदयवान मुसलमान कवि बराबर रहे आए; किन्तु रामभक्ति शाखा के अन्तर्गत एक भी मुसलमान और एक भी शूद्र कवि, प्रभावशाली और महत्त्वपूर्ण रूप से अपनी काव्यात्मक प्रतिभा विशुद्ध रूप से विकसित नहीं कर सका?...क्या कारण है कि तुलसीदास भक्ति-आन्दोलन के प्रधान हिन्दी क्षेत्र में अन्तिम कवि थे?"[108]

इन प्रश्नों का उत्तर देते हुए नामवर सिंह कहते हैं : "इन सबके लिए भक्ति-आन्दोलन पर उच्च जातीय वर्गों का प्रभुत्व जिम्मेदार है और अन्ततः भक्ति-आन्दोलन की शिथिलता एवं समाप्ति के लिए भी वही दोषी हैं।"[109] इस प्रकार भक्ति-आन्दोलन के मूल में सामाजिक कारणों की खोज करते हुए नामवर सिंह यह प्रमाणित करते हैं कि रीतिकाव्य के आगमन के लिए भी यह पृष्ठभूमि जिम्मेवार है। इस प्रकार भारतीय साहित्य की प्राणधारा के वेग में "शास्त्र का सहारा लेनेवाली कृतियाँ साहित्यिक दृष्टि से श्रेष्ठतर होती चली गईं।"

इस निबन्ध के अन्त में नामवर जी अफसोस करते हैं कि इस प्रश्न पर न तो द्विवेदी जी ने विचार किया है और न ही मुक्तिबोध ने। "शास्त्र संवलित होकर साहित्य जिस मात्रा में सामाजिक दृष्टि से लोक विमुख तथा लोक-विरोधी विचारों की ओर विचलित होता गया, काव्य-भाषा तथा काव्यकला की दृष्टि से उसी मात्रा में समृद्धतर होता गया।"[110]

इस प्रकार नामवर सिंह इन टिप्पणियों से हजारीप्रसाद द्विवेदी और मुक्तिबोध की आलोचना दृष्टि की सीमाएँ बताते हैं और अपनी सूक्ष्म आलोचना दृष्टि का परिचय भी देते हैं।

वे कहना चाहते हैं कि लोकधर्म के स्वरूप पर काव्य-रूप तथा काव्यशिल्प की दृष्टि से भी विचार किया जाना चाहिए अन्यथा यह मूल्यांकन एकांगी हो सकता है। अविशुद्ध संस्कृति तथा सौन्दर्य-दृष्टि की क्रान्तिकारी परम्परा—'दूसरी परम्परा की खोज' का छठा निबन्ध है : 'संस्कृति और सौन्दर्य', जिसके अन्तर्गत स्मृति परम्परा से इस निबन्ध की शुरुआत होती है। यह स्मृति परम्परा अशोक, आम, बकुल और चम्पे की है; अर्थात् आचार्य द्विवेदी के निबन्ध 'अशोक के फूल' के माध्यम से

'विशुद्ध संस्कृति' की आवधारणा को खारिज किया गया है। नामवर जी ने कहा है : "और सच कहा जाए तो आर्य संस्कृति की शुद्धता के अहंकार पर चोट करने के लिए ही 'अशोक के फूल' लिखा गया है, प्रकृति वर्णन करने के लिए नहीं।"[111]

इस प्रकार द्विवेदी जी की परम्परा आर्य संस्कृति की विशुद्धता का विरोध करती है। इस सन्दर्भ में नामवर सिंह दिनकर की 'सामासिक' संस्कृति' की परख करते हुए कहते हैं कि दिनकर 'संस्कृति की मिश्रता' की बात तो करते हैं लेकिन 'संग्राहकता' की नहीं। नामवर जी की दृष्टि में संग्राहकता ही संस्कृति का मूल ध्येय है : "संस्कृति का चिन्तन करनेवाले किसी भी विद्वान के सामने यह बात स्पष्ट होनी चाहिए कि संस्कृतियाँ प्रभाव ग्रहण करती हैं, अपने अनुभव को समृद्धतर बनाती हैं। लेकिन यह प्रक्रिया मिश्रण की नहीं है। संस्कार नाम ही इस बात को स्पष्ट कर देता है।"[112] अत: नामवर सिंह दिनकर की संस्कृति-सम्बन्धी अवधारणा को खारिज कर व्यंग्यपूर्वक कहते हैं : "यह मानना कठिन है कि संस्कृति की यह परिभाषा दिनकर की जानी हुई नहीं थी।"[113]

वास्तव में यह बताना चाहते हैं कि द्विवेदी जी मिश्र संस्कृति की राजनीति से अलग थे। तभी राष्ट्रीय स्तर पर अनुमोदित इस विषय पर द्विवेदी जी ने स्वाधीनता-प्राप्ति के बाद भी कभी नहीं लिखा।

विषय को और स्पष्ट करते हुए नामवर जी अज्ञेय और द्विवेदी जी की तुलना करते हैं अर्थात् अज्ञेय यदि 'संग्राहकता' को महत्त्व देते हैं या 'उसकी हिमायत करते हैं' तो द्विवेदी जी 'त्याग' को महत्त्व देते हैं। द्विवेदी जी के शब्दों में : "हमारे सामने समाज का आज जो रूप है, वह न जाने कितने ग्रहण और त्याग का रूप है।...सब कुछ में मिलावट है। सब कुछ अविशुद्ध है।"[114]

नामवर सिंह ने इस अध्याय में यह प्रमाणित किया है कि द्विवेदी जी अविशुद्ध संस्कृति के कायल हैं और संस्कृति की शुद्धतावादी धारणा का पूरी तरह खंडन किया। सिर्फ यही नहीं, नामवर जी यह भी मानते हैं : "द्विवेदी जी की दृष्टि में संस्कृति का यह आग्रह भी एक प्रकार का मोह है जो बाधा उपस्थित करता है।"[115] द्विवेदी जी के उद्धरण से यह स्पष्ट है संस्कार शब्द अच्छे अर्थ में प्रयुक्त तो होता है परन्तु प्राचीन के प्रति श्रद्धापरायणता के कारण संस्कारों की उपयोगिता प्राय: घिस गई और वे रूढ़ि मात्र रह गईं। अत: ऐसे संस्कार मनुष्य के लिए खरे रूप में नहीं उतर पाते। नामवर जी के शब्दों में : "संस्कार के उल्लेख मात्र से संस्कृति के क्षेत्र में दृष्टिगत होनेवाली संकीर्णता का परिहार नहीं हो जाता।"[116] साथ ही नामवर जी यह भी लक्षित करते हैं कि संस्कार के प्रति शुद्धतावादी अवधारणा वर्जनशीलता की ओर उन्मुख होती है, जिसके द्विवेदी जी घोर विरोधी हैं। "यह वही वर्जनशीलता है जिस पर भारतीय संस्कृति के बहुत-से हिमायतियों को अभिमान है। हमारे यहाँ वाला बाह्यास्त्र इस वर्जनशील अहंकार की उपज है, जिसका मुकाबला अक्सर द्विवेदी

जी को करना पड़ता था।"[117] द्विवेदी जी भारतीय आलोचकों की इकहरी समझ पर व्यंग्य करते हुए कहते हैं : "आए-दिन श्रद्धापरायण आलोचक यूरोपियन मतवादों को धकिया देने के लिए भारतीय आचार्य का मत उद्धृत करते हैं और आत्मगौरव के उल्लास से घोषित कर देते हैं कि हमारे यहाँ यह बात इस रूप में मानी या कही गई है।...मानो हजारों वर्षों की सुदीर्घ इतिहास में नाम लेने योग्य एक ही कोई आचार्य हुआ है, और दूसरे या तो हैं ही नहीं; या हैं भी तो एक ही बात मान बैठे हैं। यह रास्ता गलत है।"[118]

अत: द्विवेदी जी भारतीय संस्कृति की विविधता में, 'जटिलता' में, 'विरोध' की जीवन्तता में तथा समृद्धि में आस्था रखते हैं, जो निस्सन्देह एक स्वस्थ और भिन्न परम्परा है। नामवर सिंह के शब्दों में : "वस्तुत: यह दूसरी परम्परा की खोज का प्रयास है जिसका प्रयोजन मुख्यत: पंडितों की इकहरी परम्परा की संकीर्णता का निदर्शन है।"[119]

परन्तु नामवर सिंह इस परम्परा की शुरुआत का श्रेय 'जयशंकर प्रसाद' को 'काव्य और कला' तथा 'रहस्यवाद' आदि निबन्धों के माध्यम से देते हैं, जिसके अन्तर्गत प्रसाद जी भारतीयता एवं अभारतीयता का प्रश्न उपस्थित करते हुए इसे 'विचारों की संकीर्णता' तथा 'विस्मृति' मानते हैं। नामवर सिंह के शब्दों में : "यह संकीर्णता और स्वरूप विस्मृति अपनी परम्परा के ऐतिहासिक और वैज्ञानिक विवेचन से ही दूर हो सकती है।"[120]

नामवर सिंह ने यह भी स्पष्ट करने की कोशिश की है कि सुन्दर की अवधारणा को लेकर आचार्य हजारीप्रसाद द्विवेदी एवं जयशंकर प्रसाद में समानता है। यदि भिन्नता है तो सुन्दर के अवदान को लेकर। अर्थात् जयशंकर प्रसाद जहाँ 'सुन्दर के अवदान' को आर्यों के समुदाय विशेष से सम्बन्धित मानते हैं, वहीं हजारीप्रसाद द्विवेदी आर्येतर जातियों का अवदान स्वीकार करते हैं। नामवर सिंह के अनुसार : "...नैतिकतावादियों को प्रत्युत्तर देने के लिए प्रसाद ने यदि 'सुन्दर' की परम्परा को अपनी ही परम्परा के रूप में निरूपित करने का प्रयास किया तो हजारीप्रसाद द्विवेदी ने उसे अपनी ही परम्परा के अन्दर आर्येतर तत्त्वों के अभिन्न मिश्रण के रूप में विवेचित किया। एक की परम्परा और दूसरे की प्रति-परम्परा दो दिशाओं से चलकर एक ही बिन्दु पर मिलती हैं—थोथे नैतिकतावाद के विरुद्ध 'सुन्दर' की प्रतिष्ठा!"[121]

नैतिकता का प्रश्न उठाते हुए नामवर सिंह शुक्ल जी की लोकमंगल की अवधारणा पर टिप्पणी करते हैं कि उसमें प्रकृति सौन्दर्य के लिए पूरी जगह है परन्तु भक्त-कवियों का 'नारी सौन्दर्य' ग्राह्य नहीं है।

नामवर सिंह सौन्दर्य के साथ कला का भी प्रश्न उपस्थित करते हैं। वे द्विवेदी जी की पुस्तक 'प्राचीन भारत का कला विकास' (1940) के माध्यम से यह स्पष्ट करने की कोशिश करते हैं कि द्विवेदी जी 'विलासिता तथा कलात्मक विलास' को एक नहीं

मानते। उनकी स्थापना है कि "थोथी विलासिता केवल भूख होती है जबकि कलात्मक विलासिता 'शालीनता' और 'विवेक' की माँग करती है, साथ ही कलात्मक विलासिता की सभी जातियाँ रक्षा नहीं कर पातीं। कुल मिलाकर कलात्मक विलासिता सुन्दर की रक्षा और सम्मान करना जानती है।...कहने की आवश्यकता नहीं कि द्विवेदी जी के इस सौन्दर्य-बोध में सर्वथा शास्त्रीय प्रत्यभिज्ञान ही नहीं है, बल्कि उसमें एक सजग ऐन्द्रिय संवेदन की प्रत्यग्रता भी है। रूप, शोभा, सुषमा, सौभाग्य, चारुता, लालित्य, लावण्य आदि का ऐसा सूक्ष्म परिज्ञान और संवेदन हिन्दी में दुर्लभ है।"[122]

इस सौन्दर्य-बोध की अगली कड़ी है श्रमजीविता का महत्त्व जिसे द्विवेदी जी 'मेघदूत : एक पुरानी कहानी' (1957) में उपस्थित करते हैं। उनकी यह धारणा है कि जो 'सम्पत्ति' बिना श्रम के अर्जित की जाती है, वह कुत्सित रुचि को बढ़ावा देती है। इस सम्बन्ध में द्विवेदी जी ने पुष्पलावियों (पुष्प चुननेवाली) के सीकरयुक्त मुखमंडल का वर्णन किया है। इस सम्बन्ध में नामवर सिंह की यह टिप्पणी है : "पुष्पलावियों का यह श्रम-जल-स्नात सौन्दर्य 'कालिदास' का सौन्दर्य है—क्लासिकी परम्परा से फूटती हुई आधुनिकता। संस्कृति को भी संस्कार देनेवाली यह एक और परम्परा है जो अनजाने ही निराला की 'श्याम तन भर बँधा यौवन' वाली 'तोड़ती पत्थर' से जुड़ जाती है।"[123]

इस प्रकार नामवर सिंह द्विवेदी जी की परम्परा में संस्कृति को संस्कारित करने की परम्परा के महत्त्वपूर्ण योगदान को स्वीकारते हैं और ठीक अर्थों में उसे निराला के श्रमजीवी सौन्दर्य की परम्परा से जोड़ते हैं। यद्यपि नामवर सिंह द्विवेदी जी के सौन्दर्य-बोध को रवीन्द्रनाथ की संगति एवं शान्तिनिकेतन के संगीत और कला के परिवेश से जोड़कर देखते हैं। परन्तु उनके सौन्दर्य-बोध का बड़ा हिस्सा वे लोक संस्कार के अन्तर्गत पाते हैं। 'जनता का अन्त:स्पन्दन' शीर्षक लेख के हवाले से नामवर जी यह प्रमाणित करना चाहते हैं कि द्विवेदी जी की यह धारणा कि "भूखी जनता सौन्दर्य का सम्मान नहीं कर सकती" एवं "जो जाति सुन्दर का सम्मान नहीं कर सकती, वह बड़े उद्‌देश्य के लिए प्राण भी नहीं दे सकती; ठीक है।" इस सौन्दर्य-बोध के महत्त्व को वे समकालीन राजनीतिक परिवेश के लिए भी आवश्यक मानते हुए कहते हैं : "कहने की आवश्यकता नहीं कि आज के अनेक राजनीतिक संगठन और आन्दोलन सिर्फ इसलिए असफल हो रहे हैं कि उनके सामने जीवन का यह बड़ा उद्‌देश्य नहीं है और वे 'सुन्दर' को एक अतिरिक्त या फालतू चीज समझते हैं।"[124]

नामवर जी के मतानुसार, द्विवेदी जी सौन्दर्य को क्रियाशीलता से विच्छिन्न कर नहीं, जोड़कर देखते हैं परन्तु सुखी जीवन की तुलना में सौन्दर्यपूर्ण जीवन को महत्त्व देते हैं। नामवर सिंह के शब्दों में : "किन्तु उन संकीर्णतावादी क्रान्तिकारियों से द्विवेदी सहमत नहीं हैं, जो मनुष्य के भविष्य को सुखी बनाने के नाम पर आज उसके सौन्दर्य प्रेम को किसी-न-किसी बहाने कुचल देना चाहते हैं।"[125]

असल में द्विवेदी जी सुख का सम्बन्ध 'हाड़-मांस के यंत्र' से सम्बन्धित मानते हैं।

नामवर सिंह ने द्विवेदी जी के सौन्दर्य-बोध के अन्तर्गत लालित्य की चर्चा भी की है। उनके शब्दों में : "वे सौन्दर्य को सौन्दर्य न कहकर लालित्य कहना चाहते हैं।"[126] नामवर सिंह यह भी स्पष्ट करते हैं कि लालित्य को द्विवेदी जी मानव द्वारा लालित मानते हैं, साथ ही इस लालित्य का स्रोत भरत मुनि के 'नाट्यशास्त्र' से भी सम्बन्धित मानते हैं। द्विवेदी जी "कला सृजन में मनुष्य की महिमा का सबल विवेक भरत मुनि से प्राप्त करते हैं।"[127]

'लालित्य' के बारे में नामवर सिंह का दूसरा सूत्र यह है कि द्विवेदी जी " 'बन्धन के विरुद्ध' विद्रोह को ही कला और सौन्दर्य मानते हैं।" द्विवेदी जी की दृष्टि में कला और सौन्दर्य की सृष्टि विलास-मात्र नहीं, बल्कि बन्धनों के विरुद्ध विद्रोह है जो शास्त्र समर्थित न होते हुए भी, उनकी क्रान्तिकारी सौन्दर्य-दृष्टि का परिचायक है।"[128]

द्विवेदी जी के लालित्य का तीसरा सूत्र उपस्थित करते हुए नामवर सिंह यह मानते हैं कि वे सौन्दर्य को एक सर्जना मानते हैं और साथ ही मनुष्य की सिसृक्षा का परिणाम। अत: वे मनुष्य की सृजनशीलता पर ही अधिक बल देते हैं, जिसमें आध्यात्मिक शब्दावली भी शामिल है। नामवर सिंह के शब्दों में : "किन्तु अन्तत: इस आध्यात्मिक शब्दावली के बीच से मनुष्य की वह सर्जनात्मक शक्ति ही प्रकाशित होती है जो सौन्दर्य, कला और संस्कृति मूल में है।"[129]

द्विवेदी जी सौन्दर्य-दृष्टि के सम्बन्ध में नामवर सिंह निष्कर्षत: यही कहना चाहते हैं : "कुल मिलाकर समष्टिगत और व्यष्टिगत, दोनों ही स्तरों पर द्विवेदी जी की सौन्दर्य-दृष्टि मूलत: मानव-केन्द्रित ही है।"[130]

इस प्रकार द्विवेदी जी की संस्कृति और सौन्दर्य-सम्बन्धी अवधारणा भी एक भिन्न परम्परा है जो मूलत: मानवतावादी है, जिसके बारे में यही कहा सकता है कि नामवर सिंह द्विवेदी जी की इस सौन्दर्य और संस्कृति में मनुष्य हृदय की धड़कन सुनते हैं। निबन्ध के अन्त में वे कहते हैं : "जीवन का समग्र विकास ही सौन्दर्य है। यह सौन्दर्य वस्तुत: एक सृजन व्यापार है। इस सृजन की क्षमता मनुष्य में अन्तर्निहित है। वह इस सौन्दर्य सृजन क्षमता के कारण ही मनुष्य है। इस सृजन व्यापार का अर्थ है बन्धनों से विद्रोह। इस प्रकार सौन्दर्य विद्रोह—मानव मुक्ति का प्रयास है।"[131]

तत्त्वान्वेषण के विरुद्ध जीवनान्वेषण की परम्परा

'दूसरी परम्परा की खोज' का आठवाँ अध्याय है : 'त्वं खलु कृती'। अभिप्राय है कि वह दुष्ट भौंरा ही कृति है जो तत्त्वान्वेषण के चक्कर में नहीं पड़ता, बल्कि कानोकान रहस्य की बात ग्रहण कर आनन्द लेता है; अर्थात् द्विवेदी जी तत्त्वान्वेषण को महत्त्व न देकर चयन को महत्त्व देते हैं।

निबन्ध का आरम्भ 'पुनर्नवा' उपन्यास के एक प्रसंग से होता है। वह प्रसंग है : कविता और जीवन की चर्चा। जिस चर्चा में एक ओर शास्त्रज्ञ देवरात हैं तो दूसरी ओर सहज ज्ञानी सुमेर काका। नामवर जी सुमेर काका को उद्धृत करते हुए यह स्पष्ट करते हैं कि "सुमेर काका का कथन ही स्वयं उनका वक्तव्य है।"[132] 'पुनर्नवा' में देवरात जब मृणालमंजरी को कविता का अर्थ समझाते हैं, तो वह ठीक-ठीक नहीं समझ पाती और सुमेर काका से समझना चाहती है। इस प्रसंग में सुमेर काका यह कहते हैं : "देख रे, तेरा बाप शास्त्र का बड़ा भारी पंडित है—काव्य का, संगीत का, चित्र का, मूर्ति का सहृदय पारखी है। मगर मैं उसकी कमजोरी जान गया हूँ। वह इन सब बातों को तैयार माल की तरह देखता है। सुनार जैसे अँगूठी बनाकर ले आता है, तो ग्राहक जैसे देखता है, उसी प्रकार। मगर ज्ञान या रस तैयार माल की तरह नहीं होते। वे इतिहास से पलते हैं, और इतिहास को बनाते हैं।...उसने तुझे कविता और व्यवहार का जो भेद बताया है न, वह उसी तैयार माल का दाम आँकनेवाली बुद्धि से।"[133]

'पुनर्नवा' के इस प्रसंग को नामवर जी 'मध्यकालीन बोध का स्वरूप' से जोड़ते हुए उनकी काव्य-रचना-प्रक्रिया-सम्बन्धी मान्यताओं को उद्धृत करते हैं। द्विवेजी जी की यह मान्यता है कि अलंकार शास्त्रों में कविता के 'गतिशील पक्ष' की बजाय 'स्थितिशील कलावस्तु' के रूप में ही अधिक स्वीकार किया गया है जो कविता को 'तैयार माल' की तरह ही प्रस्तुत करती है। नामवर सिंह द्विवेदी जी से सहमत होते हुए यह मानते हैं कि मध्यकाल के अलंकारशास्त्री उत्पादक वर्ग से कट गए और उपभोक्ता वर्ग के हितों से जुड़ गए। उन्होंने द्विवेदी जी की इस मान्यता को 'हिन्दी साहित्य : उद्‌भव और विकास' से उद्धृत किया है, जिससे वे इस निष्कर्ष पर पहुँचते हैं : "...स्पष्ट है कि भोक्तावर्ग से जुड़ने के कारण ही कवियों और कलावन्तों का वर्ग काव्य और कला को उपभोग की वस्तु समझने का अभ्यस्त हो गया था।...यह एक प्रकार से काव्यकृति का री-इफीकेशन या वस्तुकरण है—जिसमें काव्यकृति अपनी गत्वरता और जीवन्तता खोकर एक जड़ और स्थिर वस्तु बन जाती है।"[134]

अत: नामवर सिंह के अनुसार : "द्विवेदी जी काव्यकृति के प्रति इस उपभोक्ता दृष्टि को अस्वीकार करके साहित्य में उत्पादक दृष्टि की हिमायत करते हैं।"[135] नामवर सिंह द्विवेदी जी की इस दृष्टि को वाल्टर बेंजामिन के समकक्ष मानते हैं। वे यह कहते हैं कि यही वजह है कि द्विवेदी जी साहित्य के रस और रसास्वादन की बजाय 'मर्म' को महत्त्व देते हैं जिसका उल्लेख 'साहित्य सहचर' के अन्तर्गत मिलता है। नामवर जी यह मानते हैं कि 'साहित्य का मर्म' 'साहित्य की आत्मा' से बचने की कोशिश है।

इस निबन्ध में नामवर सिंह 'पुनर्नवा' को पुन: उद्धृत करते हुए आचार्य शुक्ल एवं आचार्य द्विवेदी के 'मनुष्य' को आमने-सामने रखते हैं। न्यायसंगत ढंग से

नामवर जी यह स्वीकारते हैं : "यह सही है कि द्विवेदी जी से पहले आचार्य शुक्ल के सम्मुख भी साहित्य के मूल्यों की पीठिका में 'सामान्य मनुष्य' ही था, जैसाकि किसी-किसी ने संकेत किया है।"[136]

इस प्रसंग को अधूरा छोड़ते हुए नामवर सिंह दोनों आचार्यों की तुलना करते हुए द्विवेदी जी के 'मनुष्य' को श्रेष्ठ ठहराते हैं। इसे वे शुक्ल जी के 'तुलसीदास' एवं द्विवेदी जी के 'कबीर' के आधार पर समझाने की कोशिश करते हैं। उनका निष्कर्ष यह है कि "...द्विवेदी जी का मानव जिस हद तक जाति-धर्म निर्विशेष और समाजवादी समाज के मानव के निकट था, शुक्ल जी का मानव कदाचित् न था।"[137]

पुन: वे दोनों आचार्यों की सीमाएँ भी बताते हैं : "वैसे, साम्यवाद और समाजवाद के विषय में आशंकाएँ दोनों को हैं—शुक्ल जी को ज्यादा, द्विवेदी जी को कम। प्रगतिवाद का नाम शुक्ल जी नहीं लेते, पर संकेत से प्रिय कवि पंत को उससे अलग रहने की सलाह देते हैं। द्विवेदी जी प्रगतिवाद और प्रगतिशील आन्दोलन की स्पष्ट चर्चा करते हैं।"[138]

दूसरी तुलना कल्पनाशीलता को लेकर नामवर जी ने की है। वे मानते हैं कि आचार्य शुक्ल की तुलना में द्विवेदी जी कल्पनाशीलता को अधिक महत्त्व देते हैं। परन्तु वे इसे द्विवेदी जी की उपलब्धि के रूप में देखते हैं। इसी वजह से द्विवेदी जी 'रहस्य' को सामाजिक सन्दर्भ में परखते हैं, जबकि शुक्ल जी का 'बुद्धिवाद' इसे नकार देता है।

शुक्ल जी एवं द्विवेदी जी के मतभेद को नामवर सिंह 'मनुष्य की प्रतिभा' सम्बन्धी धारणा के अन्तर्गत पाते हैं। उनकी दृष्टि में यह मतभेद 'सामान्यता अथवा साधारणता' के कारण है। आचार्य शुक्ल के यहाँ मर्यादा का उल्लंघन क्षम्य नहीं है, वह तिरस्कृत है। परन्तु द्विवेदी जी के यहाँ क्षम्य तो है ही, उसे वह सहज सहानुभूति प्रदान करते हैं। अत: इस अन्तर को और स्पष्ट करते हुए नामवर सिंह कहते हैं : "कुल मिलाकर आचार्य शुक्ल के सामान्य मनुष्य की धारणा यदि उन्हें मर्यादावाद की दिशा में ले जाती है, तो द्विवेदी जी का सामान्य मनुष्य उन्हें जड़ मर्यादाओं को तोड़नेवाले विद्रोह की ओर ले जाता है।"[139]

इस प्रकार आचार्य शुक्ल का मनुष्य यदि मर्यादावादी है तो द्विवेदी जी का विद्रोही और क्रान्तिकारी। परन्तु यह भी एक अतिरेक ही है कि नामवर जी 'कविता क्या है' जैसे महत्त्वपूर्ण निबन्ध को तैयार माल की तरह देखते हैं और यह टिप्पणी करते हैं कि द्विवेदी जी ने ऐसा लेख नहीं लिखा, 'साहित्य का मर्म' लिखा, जिसे वे द्विवेदी जी ऐतिहासिक धारणा से सम्पन्न मानते हैं : "तात्पर्य यह कि साहित्य यदि इतिहास को बनाता है तो किसी प्रत्यक्ष कार्रवाई के द्वारा नहीं, बल्कि अपने सर्जन धर्म के द्वारा। सृजनशीलता ही साहित्य की इतिहासनिर्मातृ शक्ति है।"[140]

नामवर जी के मतानुसार द्विवेदी जी ने यह दिखाया है कि साहित्य की पूर्ववर्ती मान्यताओं पर शिष्टवर्ग की विचारधारा का गहरा असर है। इसीलिए पुराना भारतीय सहृदय शिष्ट परम्परा के विरोध को बर्दाश्त नहीं कर सकता। इस शिष्ट के चरित्र का पर्दाफाश करते हुए नामवर सिंह कहते हैं : "यह शिष्ट-सम्प्रदाय प्रभुत्वशाली वर्ग का वह बुद्धिजीवी भाग है, जो साहित्यिक मान्यताओं के द्वारा पूरे समाज पर उस वर्ग की विचारधारा का प्रभुत्व कायम करता है।...इन विवरणों से यह स्पष्ट हो जाता है कि साहित्य की मान्यताएँ प्रभुत्वशाली विचारधारा की ही एक अंग हैं।"[141] इससे वे एक अन्य निष्कर्ष भी निकालते हैं : "...साहित्यिक मान्यताओं और साहित्य की परिभाषाओं के विरुद्ध संघर्ष वस्तुत: एक कठिन विचारधारात्मक संघर्ष है।"[142] संकेत यह है कि आचार्य द्विवेदी ने इस कठिन विचारधारात्मक संघर्ष को अपनाते हुए सन्तों का साहित्यिक मूल्यांकन किया। पुन: नामवर जी शुक्ल जी को उद्धृत करते हुए उनकी साहित्यिक कसौटी को ऊपरी तौर पर सही बताते हैं, आन्तरिक तौर पर नहीं। अर्थात् शुक्ल जी सिद्धों और नाथों की रचनाओं को 'साम्प्रदायिक शिक्षा मात्र' कहकर उपेक्षित कर देते हैं। शुक्ल जी की दूसरी बात यह भी है कि निर्गुण सन्त 'शास्त्रज्ञान-सम्पन्न' नहीं थे एवं उनकी बुद्धि का विकास बहुत सामान्य कोटि का था। शुक्ल जी के इन विचारों पर नामवर जी की यह टिप्पणी उचित ही है : "इस प्रकार साहित्य की कसौटी का आधार सामाजिक-सांस्कृतिक है। जो सुसंस्कृत है, उसकी गाली भी साहित्यिक है, लेकिन जो असंस्कृत है, उसकी डाँट-फटकार भी असाहित्यिक है। तुलसीदास यदि अलख जगानेवालों को नीच कहें तो वह काव्य है, लेकिन कबीर का यह कथन अशिष्ट गाली है : 'पांडे कौन कुमति तोहें लागी तू राम न जपहिं अभागी।' इस मान्यता के चलते एक की दार्शनिक उक्तियाँ काव्य हैं और दूसरे की साम्प्रदायिक शिक्षा मात्र। क्या इसलिए कि एक प्रभु वर्ग की संस्कृति के पक्ष में बोलता है और दूसरा उस संस्कृति का विरोध करता है?"[143] नामवर सिंह ने शुक्ल जी के जिन उद्धरणों को रखा है, वह एक पक्ष तो है ही, परन्तु उसका एक दूसरा पक्ष भी है। वास्तव में शुक्ल जी की साम्प्रदायिकता की कसौटी दूसरी है। यानी जो शिक्षा जीवन की 'स्वाभाविक अनुभूति' और 'दशाओं' से तालमेल नहीं बिठा पाती, वह 'साम्प्रदायिक शिक्षा' है। शुक्ल जी इसे स्पष्ट करते हुए कहते हैं : "सिद्धों और योगियों का इतना वर्णन करके इस बात की ओर ध्यान दिलाना आवश्यक समझते हैं कि उनकी रचनाएँ तांत्रिक विधान, योग-साधना, आत्मनिग्रह, श्वास निरोध, भीतरी चक्रों और नाड़ियों की स्थिति, अन्तर्मुख साधना के महत्त्व इत्यादि साम्प्रदायिक शिक्षा मात्र हैं।"[144]

इसके बाद शुक्ल जी अपनी वैज्ञानिक सोच का परिचय देते हुए यह भी जोड़ देते हैं : "उनको उसी रूप में ग्रहण करना चाहिए जिस रूप में ज्योतिष, आयुर्वेद आदि के ग्रंथ।"[145]

आधुनिक समाज का वैज्ञानिक सच यह है कि आज हम तंत्र-मंत्र आदि को किसी विशेष सम्प्रदाय के लोगों से युक्त मानते हुए समाज की स्वाभाविक धारा में शामिल नहीं करते, भले ही योग का आधुनिक रूप और व्यावहारिक रूप हमारे जीवन का एक हिस्सा बन गया हो।

इस प्रकार शुक्ल जी ने जो कसौटी निर्धारित की है, वह तर्कसंगत जान पड़ती है। दूसरी बात ज्योतिष आदि की भी है, जिसे निस्सन्देह वैज्ञानिक सोच रखनेवाला व्यक्ति स्वीकार नहीं कर पाता, जो एक प्रकार से अन्धविश्वास का ही एक रूप है। हाँ, आयुर्वेद को ज्योतिष की तरह नहीं देखा जाना चाहिए, क्योंकि उसकी वैज्ञानिकता प्रमाणित है। अत: नामवर सिंह आचार्य शुक्ल के इन प्रसंगों की अनदेखी करते हैं। नामवर सिंह यही प्रमाणित करते हैं : "द्विवेदी जी की सर्जक दृष्टि शिष्ट सम्प्रदाय की इस साहित्यिक कसौटी के विरुद्ध विद्रोह है।"[146] शिष्ट सम्प्रदाय की साहित्यिक कसौटी युग के रसिक हृदय की धड़कन है, जबकि द्विवेदी जी की कसौटी अन्धकार युग को प्रकाशित करने योग्य चिनगारी है। जैसाकि उन्होंने 'हिन्दी साहित्य का आदिकाल' में कहा है।

नामवर सिंह के मत में द्विवेदी जी अलंकार शास्त्रों की सीमाओं का उल्लंघन कर सर्जनात्मक साहित्य को साहित्य सिद्धान्त की कसौटी बनाते हैं। यही वजह है कि द्विवेदी जी वाल्मीकि के क्रौंच वध की घटना पर टिप्पणी करते हुए कहते हैं : "इसे उस प्रकार की रस-व्याख्या का आधार नहीं बनाया गया, जैसा भरत के प्रसिद्ध सूत्र को।"[147] द्विवेदी जी वाल्मीकि को भी कवि से अधिक मनुष्य के रूप में ढूँढ़ते हैं। नामवर सिंह ने उनकी सर्जनात्मक ईमानदारी का परिचय देते हुए 'बाणभट्ट की आत्मकथा' एवं 'पुनर्नवा' के कुछ प्रसंगों को उद्धृत किया है। द्विवेदी जी की ईमानदारी की स्वीकारोक्ति है—'बाणभट्ट का प्रेम वर्णन' 'स्त्रीजनोचित लज्जा' के कारण बाधित हुआ है। अतएव उसकी अभिव्यक्ति भी अदृप्त रह गई है।

नामवर सिंह ने द्विवेदी जी की अन्यतम विशेषता—उनकी 'क्रीड़ाशीलता' का रहस्य भी खोला है : "उनके हाथों में शास्त्र भी साहित्य बन जाता है और समीक्षा भी सर्जना। इस प्रक्रिया में भी अक्सर उनका फक्कड़ रूप प्रकट होता है।"[148] 'मेघदूत : एक पुरानी कहानी' इसका श्रेष्ठ उदाहरण है, जिसमें 'कुबेर' देवता है, मनुष्य नहीं। इसलिए वह यज्ञ को शाप (दंड) देता है, क्षमा नहीं करता।

नामवर जी की दृष्टि में द्विवेदी जी 'उपदेशक' तो नहीं हैं पर उपदेश जरूर देते हैं, उनके शब्दों में : "दूसरे आलोचकों की तरह आदेश, निर्देश, भर्त्सना आदि का तो उनके यहाँ नितान्त अभाव है।"[149] यही नहीं, शब्दों के सार्थक उपयोग में भी वे माहिर हैं। "एक-एक शब्द की चीर-फाड़ नहीं करते, सार्थक शब्द को निकालकर ऐसी जगह रख देते हैं कि अर्थ अपने-आप जगमगा उठता है।"[150]

अत: इस अध्याय का निष्कर्ष यही है कि द्विवेदी जी की रुचि तत्त्वान्वेषण की ओर नहीं, बल्कि जीवनान्वेषण की ओर अधिक है। 'व्याख्या' से अधिक 'सन्दर्भ' महत्त्वपूर्ण हैं। "वस्तुत: द्विवेदी जी की आलोचना में व्याख्या की भूमिका प्रधान नहीं है, प्रधान भूमिका है उद्धरणों के चयन की। प्रसंग के अनुकूल वे ऐसे उद्धरण चुनकर लाते हैं कि किसी अतिरिक्त युक्ति की आवश्यकता रह नहीं जाती। इस कला के क्षेत्र में वे अप्रतिम आचार्य हैं।"[151]

अवगुंठन की परम्परा

'दूसरी परम्परा की खोज' का आठवाँ और अन्तिम अध्याय है : 'व्योमकेश शास्त्री उर्फ हजारीप्रसाद द्विवेदी।'

इस अध्याय में नामवर सिंह ने द्विवेदी जी के दो रूपों की चर्चा करते हुए यह खोजने की कोशिश की है कि आखिर द्विवेदी जी को इस छद्म नाम की आवश्यकता क्यों पड़ी और इस छद्म नाम से उनका मोह कब तक बना रहा?

नामवर जी इस प्रसंग का आरम्भ एक रोचक घटना से करते हैं, जब द्विवेदी जी के पास शास्त्रार्थ में हिस्सा लेने की नौबत आती है, एक ज्योतिष सम्बन्धी लेख के कारण। और यह आमंत्रण व्योमकेश शास्त्री के नाम आता है। फिर वे गुरुदेव रवीन्द्रनाथ की शरण में जाते हैं। महाकवि रवीन्द्रनाथ का उपदेश 'नाम छिपाना भी सत्य को छिपाना ही है'—से संकट टल तो जाता है पर व्योमकेश शास्त्री से द्विवेदी जी को मुक्ति नहीं मिलती। जिसका प्रमाण 'बाणभट्ट की आत्मकथा' एवं 'चारु चन्द्रलेख' जैसे उपन्यास हैं। नामवर जी के अनुसार, 'पुनर्नवा' से व्योमकेश शास्त्री मुक्त तो हुए पर इस उपन्यास की रचना-प्रकिया पर लिखते समय पुन: उपस्थित हो गए। अत: नामवर जी के शब्दों में : "गरज कि अभिन्न व्योमकेश शास्त्री लगभग आजीवन चिपके रहे।"[152] अत: नामवर जी कहते हैं कि इस छद्म नाम की स्थिति से स्वयं रवीन्द्रनाथ भी कभी गुजरे थे और 'भानुसिंह' के नाम से अपनी रचनाएँ छपवाई थीं। द्विवेदी जी ने यह जानते हुए भी गुरुदेव से संकोचवश कोई प्रश्न नहीं किया परन्तु परोक्ष रूप से इसकी चर्चा की। प्रसाद जी की कविताओं के बारे में द्विवेदी जी की टिप्पणी है : "परन्तु फिर वे इस प्रकार सोचते जान पड़ते हैं कि आवरण और अवगुंठन बुरा क्या है। विधाता ने तो सारे संसार में अवगुंठन का जाल बिछा रखा है। नग्न और अनावृत्त सत्य उन्हीं को इष्ट नहीं है। यह आलोक और अन्धकार की आँख मिचौनी तो उन्होंने चला रखी है। इसी रास्ते सोचता हुआ कवि अन्त में अवगुंठन के तत्त्ववाद तक पहुँचता है।"[153]

द्विवेदी जी के इस मूल्यांकन को आधार बनाकर नामवर जी एक सवाल उपस्थित करते हैं : "क्या स्वयं द्विवेदी जी इस अवगुंठन के तत्त्ववाद के कायल थे?"[154]

इस प्रश्न के उत्तर में नामवर जी 'बाणभट्ट की आत्मकथा', 'चारु चन्द्रलेख' तथा 'पुनर्नवा' उपन्यास को माध्यम बनाते हैं।

'बाणभट्ट की आत्मकथा' से मिस कैथराइन की आत्मस्वीकृति को नामवर सिंह उद्धृत करते हैं : "वे दिन लज्जा और संकोच में ही निकल गए। कथा लिखने का साहस उन्हें तब हुआ जब वे 68 वर्ष की हो गईं।"[155]

नामवर जी के मतानुसार, इस उक्ति में परोक्ष रूप से अवगुंठन ही है।

'चारु चन्द्रलेख' से नामवर सिंह मैना का प्रसंग उद्धृत करते हैं, जिसमें मैना अपने को छिपाने के लिए पुरुष वेश धारण करती है।

'पुनर्नवा' के प्रसंग में नामवर जी यह मानते हैं कि व्योमकेश शास्त्री के अतिरिक्त अन्य पात्र भी अपने को छिपाने की कोशिश करते हैं—पंडित देवरात, लोरिक, सँवरू आदि।

इस प्रकार नामवर जी यह निष्कर्ष निकालते हैं कि "द्विवेदी जी अपनी कृतियों में कम-से-कम दुहरा अवगुंठन इस्तेमाल करते हैं।"[156] एक अवगुंठन व्योमकेश शास्त्री के रूप में तो दूसरा अवगुंठन व्यक्ति चरित्र के रूप में। नामवर जी इस अवगुंठन का कारण 'लोकापवाद' को मानते हैं और इसके साथ तत्त्ववाद भी है, जिसे नामवर सिंह 'निर्वैयक्तिकता के सिद्धान्त' का कारक मानते हैं, जहाँ 'मुखौटे' की आवश्यकता पड़ती है। वे कहते हैं : "द्विवेदी जी ने इस मुखौटे का जमकर प्रयोग किया।"[157] प्रयोग का कारण 'गप्प' की रचना है, जो नीरस कामों के थकान को दूर करती है—ऐसा व्योमकेश कहते हैं। परन्तु नामवर जी यह मानने को तैयार नहीं हैं : "एक आचार्य गप्प मारने की भूमिका नहीं निभा सकता।"[158] अत: वे मानते हैं कि द्विवेदी जी के गप्प की एक सर्जनात्मक भूमिका है; अर्थात् मुखौटे का प्रयोजन अधिकाधिक उद्घाटन का है। अत: नामवर जी मुखौटे को कलाकृति मानते हैं और द्विवेदी जी के सन्दर्भ में यह कहते हैं : "इस एक मुखौटे के द्वारा सारी कुंठा हवा हो जाती है और सहज अभिव्यक्ति का द्वार खुल जाता है। यदि यह मुखौटा न होता तो शायद हिन्दी साहित्य 'बाणभट्ट की आत्मकथा', 'चारु चन्द्रलेख', 'पुनर्नवा', 'अनामदास का पोथा' की सुकुमार-संवेदना वाली साहसिक प्रेम-कहानियों से वंचित रह जाता।"[159]

स्वीकारते हैं और कहते हैं कि सारा जीवन दिखावा, अभिनय और हाय-हाय में बीत गया।

अत: नामवर जी इस मुखौटे में 'कलात्मकता एवं फक्कड़पन' देखते हैं। परन्तु इस मुखौटे को नामवर जी सबसे अधिक 'अनामदास का पोथा' में देखते हैं। 'अनामदास का पोथा' की भूमिका में द्विवेदी जी की अपनी सीमाओं, त्रुटियों और ओछाइयों को छिपाने की बात नामवर जी द्विवेदी जी के इस मुखौटे में—'आत्मवेदना', 'आत्मोपहास' और 'आत्मव्यंग्य'—पाते हैं। वे कहते हैं कि 'अनाम' के बहाने

द्विवेदी जी अपनी बात कहते हैं। भले ही 'अनामदास' के भीतर का कवि सुप्त है और आलोचक अशक्त।

नामवर जी ने यह भी लक्षित किया है कि द्विवेदी जी का गप्प पंडिताई के बोझ को हल्का करने के साथ-साथ उदासी कम करने के लिए भी था। जैसाकि 'अशोक के फूल' निबन्ध के इस उद्धरण से स्पष्ट है : "पंडिताई भी एक बोझ है—जितनी ही भारी होती है, उतनी ही तेजी से डुबाती है। जब वह जीवन का अंग बन जाती है तो सहज हो जाती है। तब वह बोझ नहीं रहती। उस अवस्था में उदास भी नहीं करती।"[160]

इस प्रकार यह 'गप्प' द्विवेदी जी की अपनी सर्जना है जिसमें नामवर जी 'भदेसपन', 'कल्पनाशीलता', 'अंगदकूद', 'ढीला-ढालापन', भाषा की सहज प्रवाहमयता और निश्छल प्रेम के दर्शन करते हैं। फिर वे द्विवेदी जी की हर रचना में 'गल्प' से 'कल्प' को उपस्थित पाते हैं—विशेषत: मानवतावाद के सन्दर्भ में। यह मानवतावाद 'फक्कड़पन' से उपजा है, जिसे नामवर जी सकारात्मक 'सन्देहवाद' से जोड़ते हैं, जहाँ से सत्य का दूसरा पहलू देखा जा सके। अत: द्विवेदी जी के 'गप्प' को वे आनन्द वृत्ति का कलात्मक विलास मानते हुए निष्कर्षत: कहते हैं : "इस प्रकार हजारीप्रसाद द्विवेदी और व्योमकेश शास्त्री में अपने आपको द्विधा विभक्त करके द्विवेदी जी ने उस सृजनशीलता की रक्षा और विकास किया, जो हिन्दी साहित्य के लिए मूल्यवान उपलब्धि है।"[161]

'दूसरी परम्परा की खोज' : निष्कर्ष

डॉ. नामवर सिंह की यह कृति द्विवेदी जी के व्यक्तित्व से लेकर कृतित्व तक की वृहद् यात्रा करती हुई यह स्थापित करती है कि मौलिक परम्परा सदैव क्रान्तिकारी होती है। परम्परा क्रान्तिकारी और अन्तर्विरोधी होते हुए भी अखंड होती है। इस प्रकार वे इसे प्रगतिशील परम्परा के अन्तर्गत द्विवेदी जी को शामिल करते हैं। द्विवेदी जी की दूसरी परम्परा कालिदास से होती हुई रवीन्द्रनाथ एवं रवीन्द्रनाथ से होती हुई कबीर तक पहुँचती है। परन्तु पहली परम्परा तुलसीदास से होती हुई आचार्य शुक्ल की है। अत: नामवर सिंह इन दो विरोधी परम्पराओं को परम्परा के विकास के रूप में देखते हैं। प्रो. मैनेजर पांडेय के शब्दों में : "नामवर सिंह की पुस्तक में दूसरी परम्परा पहली से केवल भिन्न ही नहीं, बल्कि पहली के विरुद्ध विद्रोह करनेवाली वैकल्पिक परम्परा के रूप में व्याख्यायित है।"[162]

नामवर जी की यह स्थापना है कि वैकल्पिक परम्परा अतिवादिता और पूर्वग्रह का शिकार नहीं होती। परन्तु पक्षधरता और क्रान्तिकारिता, दोनों जरूरी हैं। यह पक्षधरता स्वयं नामवर जी के मूल्यांकन में भी दिखती है, जिसके कारण वे

द्विवेदी जी के 'भारतीय फलित ज्योतिष' जैसे निबन्धों की चर्चा से बचते हैं। उसमें शुभ-अशुभ समय और तिथियों की विस्तृत चर्चा है, जो किसी भी तरह वैज्ञानिक दृष्टि का समर्थन नहीं करती। यही वजह है कि आचार्य शुक्ल जब सिद्धों और नाथों की रचनाओं को साम्प्रदायिक शिक्षा कहते हैं, तो इसके अन्तर्गत ज्योतिष को भी शामिल करते हैं। 'दूसरी परम्परा की खोज' का सबसे विवादास्पद पहलू है—कबीर बनाम तुलसी। यदि ध्यान दें तो तुलसीदास के विचारों पर टिप्पणी आचार्य द्विवेदी नहीं करते बल्कि नामवर सिंह करते दिखाई देते हैं। यह सही है कि 'कबीर' को स्थापित करते हुए द्विवेदी जी 'शुक्ल' जी के विचारों के खंडन में प्रवृत्त होते हैं। यह कृति तुलसीदास और आचार्य द्विवेदी के व्यक्तित्व का साम्य भी उपस्थित करती है।

परम्परा के बारे में प्रो. मैनेजर पांडेय की उक्ति है : "परम्परा की धारणा केवल साहित्य तक सीमित नहीं होती, उसका सम्बन्ध समाज और संस्कृति से भी होता है।"[163]

अत: नामवर सिंह आचार्य द्विवेदी की क्रान्तिकारिता में सामाजिकता की खोज करते हैं और तत्पश्चात् उसका मूल्यांकन करते हैं। यही वजह है कि सन्त साहित्य के असन्तोष और आक्रोश के मूल में वे राजसत्ता और उसके स्थानीय प्रतिनिधियों की दमन-नीतियों को देखते हैं। रेमंड विलियम्स के अनुसार : "सामाजिकता के प्रति सचेत होने के लिए सामाजिक यथार्थ से गहरे स्तर पर प्रतिबद्ध होना चाहिए।"[164]

'दूसरी परम्परा की खोज' शास्त्र और लोक के द्वंद्व के साथ प्रस्तुत होती है। इस द्वंद्व में सामन्तवाद का विरोध एवं पुरोहित वर्चस्व का भी विरोध है।

'दूसरी परम्परा की खोज' सम्प्रदायवादी इतिहास-दृष्टि का विरोध करती है जहाँ निशाने पर प्रत्यक्ष रूप से हेवेल और अप्रत्यक्ष रूप से आचार्य शुक्ल हैं परन्तु 'चार आने' तक की स्वीकारोक्ति है। इस चार आने में इरफान हबीब की मान्यताओं के जरिये डॉ. रामविलास शर्मा की मान्यताओं का खंडन किया गया है। अत: परम्परा के विवेचन में संस्कृति का विवेचन भी शामिल है कि वह किस प्रकार समाज को गहरे रूप में प्रभावित करती है। जयसिंह नीरद के शब्दों में : "नामवर जी ने दूसरी परम्परा के द्वारा विभिन्न परम्पराओं के सहअस्तित्व (कहीं-कहीं अन्तर्विरोध) को उभारकर सार्थक हस्तक्षेप किया।"[165]

'दूसरी परम्परा की खोज' यह भी प्रमाणित करती है कि अक्सर शास्त्र ने लोक के सम्मुख अपने को झुकाया और अपने अस्तित्व की रक्षा की। परन्तु समय-समय पर लोक भी शास्त्र ज्ञान का सहारा लेता रहा।

'दूसरी परम्परा की खोज' में रहस्यवाद की तात्त्विक नहीं, ऐतिहासिक व्याख्या की गई है। अत: यह व्याख्या रहस्यवाद को अनुभववाद और विवेकवाद से जोड़ती है, जो लोकधर्म की नींव को मजबूती प्रदान करती है।

'दूसरी परम्परा की खोज' का मूल्यांकन करते हुए प्रो. मैनेजर पांडेय ने यह चिन्ता जाहिर की है, जो बहुत स्वाभाविक भी है : "हिन्दी में दूसरी परम्परा पर बहस की यह एक विडम्बना रही है। वह बहस व्यापक सामाजिक-सांस्कृतिक और साहित्यिक सन्दर्भ को सामने रखने के बदले तुलसी बनाम कबीर, रामचन्द्र शुक्ल बनाम हजारीप्रसाद द्विवेदी और रामविलास शर्मा बनाम नामवर सिंह तक सीमित हो गई है। इस प्रक्रिया में परम्परा पर बहस के व्यापक प्रश्न खो गए हैं।"[166]

अत: मैनेजर पांडेय की यह चिन्ता सचमुच जायज है कि हिन्दी साहित्य की दूसरी परम्परा, यदि वह भिन्न और क्रान्तिकारी भी है तो वह सिर्फ द्विवेदी जी तक ही नहीं, और भी व्यापक हो सकती है। परन्तु नामवर सिंह आचार्य हजारीप्रसाद द्विवेदी को समर्पित करते हुए इस कृति को प्रस्तुत करते हैं, अत: उनकी मुख्य खोज द्विवेदी जी के परम्परा की ही है जो काफी विस्तृत भी है। यानी द्विवेदी जी की इस परम्परा में नामवर जी ने कालिदास, बाणभट्ट, बुद्ध दार्शनिक याज्ञवल्क्य को शामिल किया है। दूसरी ओर रवीन्द्रनाथ, कबीर, तुलसीदास, सूरदास से लेकर भारतेन्दु हरिश्चन्द्र, दिनकर, बच्चन, नवीन, भगवतीचरण वर्मा, प्रेमचन्द, प्रसाद आदि शामिल हैं। तीसरी ओर वे अप्रत्यक्ष ही सही, मार्क्सवादी इतिहासकार जॉन इर्विन, समाजशास्त्री बैरिंगटन मूर, इतिहासकार इरफान हबीब को भी द्विवेदी जी की परम्परा में शामिल करते हैं। साथ ही आलोचक के रूप में आचार्य रामचन्द्र शुक्ल, डॉ. रामविलास शर्मा तथा मुक्तिबोध को भी द्विवेदी जी परम्परा के बीच उपस्थित करते हैं। अत: अपनी सीमाओं के बावजूद नामवर जी ने कम व्यापक बहस नहीं छेड़ी है। हाँ, यह सही है कि कबीर, तुसली, सूर, आचार्य शुक्ल ही सबसे अधिक चर्चित हैं।

परम्परा की इस बहस में सामाजिक-सांस्कृतिक और साहित्यिक सन्दर्भ भी कम नहीं हैं। सन्त काव्य की पृष्ठभूमि और मूल्यांकन में तथा सूर काव्य के मूल्यांकन में भी सामाजिक सन्दर्भ उपस्थित हैं। 'ब्राह्मण समाज में ज्यों अछूत' में तुलसीदास एवं द्विवेदी जी के जीवन का व्यापक सामाजिक सन्दर्भ तुलनात्मक रूप में उपस्थित है। 'अस्वीकार का साहस' निबन्ध में सांस्कृतिक और साहित्यिक सन्दर्भ समन्वित हैं। सांस्कृतिक सन्दर्भ की दृष्टि से 'संस्कृति और सौन्दर्य' निबन्ध विशेष रूप से महत्त्वपूर्ण है। साहित्यिक एवं सामाजिक सन्दर्भों का द्वंद्व 'त्वं खलु कृती' में विशिष्ट रूप में उपस्थित है।

परन्तु राहुल जी की महत्त्वपूर्ण रचना अर्थात् हिन्दी साहित्य का श्रेष्ठ यात्रा-वृत्तान्त 'वोल्गा से गंगा' पर नामवर जी जिस तरह व्यंग्य करते हैं, वह अनुचित है। अत: मैनेजर पांडेय की यह प्रतिक्रिया जायज ही है : "नामवर जी ने राहुल जी की रचना 'वोल्गा से गंगा' का उल्लेख जरूर किया है, पर साथ ही यह भी लिखा है कि उसमें राहुल जी ने 'धक्केमार' ढंग से क्रान्ति की है। लगता है कि क्रान्ति

धीरे-धीरे आए तब तो ठीक है, प्रेम से आए तो और भी अच्छा, लेकिन अचानक जोर-जबरदस्ती से आ जाए तो ठीक नहीं है।"[167]

सिर्फ यही नहीं, नामवर जी 'निराला' की 'कुकुरमुत्ता' में भी 'बड़बोलापन' देखते हैं। नामवर जी विद्रोह की बात तो स्वीकार करते हैं, परन्तु 'कुकुरमुत्ता' के विद्रोह को नहीं पहचान पाते। वास्तव में 'कुकुरमुत्ता' में बड़बोलापन नहीं, विद्रोह का तीखा स्वर है।

'दूसरी परम्परा की खोज' की एक सीमा यह भी है कि "'दूसरी परम्परा की खोज' शास्त्र बनाम लोक के द्वंद्व की पहचान है, लेकिन लोक के अन्तर्द्वंद्व की चिन्ता और चर्चा नहीं है, जो कबीर के काव्य में मौजूद है।"[168]

अत: निस्सन्देह यह पक्ष दूसरी परम्परा में अनुपस्थित है। साथ ही सचाई यह भी है कि जितना अन्तर्विरोध तुलसीदास में है, उतना कबीर में नहीं। अन्तर्विरोध की स्थितियों में भाषा में ठेठपन नहीं आता।

'दूसरी परम्परा की खोज' की सबसे कमजोर कड़ी, प्रो. मैनेजर पांडेय के अनुसार जायसी और मीरा की बहस की अनुपस्थिति है। "इन दोनों का परम्परा पर बहस से बाहर होना केवल भक्तिकाल के दो महत्त्वपूर्ण कवियों की उपेक्षा नहीं है, बल्कि भक्ति-आन्दोलन के भीतर भारतीय स्त्री की पराधीनता के बोध और स्वाधीनता की आकांक्षा को व्यक्त करनेवाली रचनाशीलता की उपेक्षा है और साथ ही प्रेम के अमर कवि जायसी के काव्य को भी परम्परा पर विचार की प्रक्रिया से बाहर रखना है। पहली परम्परा में प्रेम मूलत: और मुख्यत: पितृसत्तात्मक दायरे के भीतर ही व्यक्त होता है, जबकि दूसरी परम्परा में प्रेम की ऐसी अभिव्यक्ति है, जो मुक्तिकारी शक्ति के रूप में दिखाई देती है।"[169]

बावजूद इसके 'दूसरी परम्परा की खोज' एक महत्त्वपूर्ण सर्जनात्मक और आलोचनात्मक कृति है, जो दूसरी परम्परा की खोज करती हुई उसका मूल्यांकन भी करती है। मूल्यांकन का यह प्रयास इतिहास-बोध और परम्परा-बोध से सम्पन्न है। वैसे डॉ. रामविलास शर्मा द्वारा परम्परा का मूल्यांकन जिस वृहद् परिप्रेक्ष्य में उपस्थित होता है, उस रूप में दूसरी परम्परा की खोज कुछ कमजोर जान पड़ती है। परन्तु द्विवेदी जी के विचारों की स्थापना का प्रयास बड़े ही वृहद् धरातल पर उपस्थित है। कुल मिलाकर 'दूसरी परम्परा की खोज' कहने के लिए खोज है। पर वास्तव में वह अपनी पूर्ववर्ती परम्परा के आचार्य शुक्ल और दूसरी परम्परा के आचार्य द्विवेदी का मूल्यांकन ही है।

नामवर सिंह के अनुसार परम्परा का मूल्यांकन परिवर्तन करनेवाली शक्तियों की खोज है।

नामवर जी यह मानते हैं कि द्विवेदी जी की यह परम्परा एक तेजस्वी परम्परा है और जो तेजस्वी परम्परा होती है, वह अनुकरण के बजाय अतिक्रमण करती है। और जो परम्परा अतिक्रमण कर सकती है, वही परम्परा प्रगतिशील हो सकती है।

नामवर जी ने द्विवेदी जी की परम्परा के बहाने यह स्थापित करने की कोशिश की है कि शुक्ल जी की परम्परा भले ही धर्मनिरपेक्ष परम्परा हो, पर वह जात-निरपेक्ष परम्परा नहीं है।

आचार्य हजारीप्रसाद द्विवेदी की हिन्दी आलोचना में सबसे बड़ी देन यह है कि वे जाति-निरपेक्ष परम्परा को भारतीय संस्कृति का हिस्सा मानते हुए स्थापित करने की कोशिश करते हैं। हालाँकि स्वयं नामवर जी का आलोचना-कर्म इससे वंचित रहा है। द्विवेदी जी जो यह परम्परा विरासत के रूप में रवीन्द्रनाथ और क्षितिमोहन सेन से मिली।

नामवर जी ने परम्परा के सन्दर्भ में भिन्न परम्पराओं और अन्तर्विरोधी परम्पराओं को परम्परा के विकास का आधार बनाया है। इसी सन्दर्भ में वे लोकधर्म के सवाल को ले आते हैं। शुक्ल जी के लिए लोकधर्म के प्रतीक हैं तुलसीदास परन्तु द्विवेदी जी के लिए लोकधर्म के प्रतीक कबीरदास हैं। यह अन्तर्विरोधी परम्परा है फिर भी ये दोनों परम्पराएँ महत्त्वपूर्ण हैं।

नामवर जी परम्परा विवेचन के सन्दर्भ में असहमति और विरोध को विशेष महत्त्व देते हैं क्योंकि एक स्वस्थ परम्परा का विकास इनके बगैर नहीं हो सकता।

नामवर जी ने परम्परा के सन्दर्भ में समन्वयवादी सन्तुलित दृष्टि को महत्त्व दिया है और द्विवेदी जी के माध्यम से यह स्थापित करने की कोशिश की है कि सन्तुलित दृष्टि की विशिष्टता यह है कि वह अतिवादिता, पूर्वग्रह और दुराग्रह का अतिक्रमण करती है।

परम्परा के सन्दर्भ में नामवर जी की स्थापना यह भी है कि हमारे व्यक्तित्व के निर्माण में भी हमारे आदर्श व्यक्ति का प्रभाव होता है और यह प्रभाव यदि जीवन-संघर्ष के आधार पर हो तो यह महत्त्वपूर्ण है।

नामवर सिंह ने द्विवेदी जी को काशी की परम्परा में कबीर, तुलसी और प्रेमचन्द के साथ शामिल किया है। द्विवेदी जी की परम्परा यह है कि उन्होंने अपने ब्राह्मणों की परम्परा में शामिल नहीं किया। वे जातिवादी परम्परा को भारतीय समाज की विकृति के रूप में देखते हैं। इसलिए तुलसीदास की वर्णाश्रम व्यवस्था को कहीं भी आधार नहीं बनाते।

नामवर जी ने परम्परा-बोध के अन्तर्गत अस्वीकार के साहस को भी महत्त्व दिया है। कबीर के अस्वीकार की प्रतिक्रिया के रूप में द्विवेदी जी अपनी परम्परा की शुरुआत करते हैं। वे स्थापित करते हैं कि लोक-विरोधी परम्परा मूलत: लोकवादी परम्परा है। नामवर जी ने द्विवेदी जी की परम्परा में कबीर के साथ-साथ नवीन, भगवती चरण वर्मा, बच्चन एवं प्रेमचन्द को भी शामिल किया जो कि फक्कड़वादी साहित्यकारों की परम्परा है। नामवर सिंह इसे क्रान्तिकारी परम्परा भी कहते हैं और उनकी दृष्टि में वही, परम्परा क्रान्तिकारी हो सकती

है जो राजसत्ता और धर्मसत्ता के विरोध में हो। यह विरोध कबीर में भी था और यह विरोध द्विवेदी जी में भी था।

प्रगतिशील परम्परा हमेशा लोक-मूल्यों को महत्त्व देती है, सामन्ती मूल्यों को नहीं। इसलिए द्विवेदी जी की दृष्टि में सूर सामन्ती विचारों को चुनौती देनेवाले कवि हैं क्योंकि सामन्तवादी परम्परा शासक वर्ग का हथियार है। इसी सन्दर्भ में सूर का महत्त्व स्थापित करते हुए द्विवेदी जी पुरोहितवादी परम्परा को भी चुनौती देते हैं। नामवर सिंह ने द्विवेदी जी की परम्परा को सूर की आलोचना के सन्दर्भ में लोकानुमोदित परम्परा कहा है—जिस परम्परा में योग, यज्ञ, अनुष्ठान, जाति-पाँति, कुल-शील आदि का कोई महत्त्व नहीं है। इस प्रकार नामवर सिंह शास्त्रीय परम्परा के बजाय लोकवादी परम्परा को स्थापित करने का प्रयास करते हैं।

नामवर सिंह के अनुसार द्विवेदी जी ने परम्परा की सम्प्रदायवादी व्याख्या का विरोध किया। शुक्ल जी द्वारा भक्तिकाल को इस्लाम की प्रतिक्रिया कहे जाने का विरोध यदि द्विवेदी जी ने किया तो वह वास्तव में अंग्रेज इतिहासकार ह्वेल की साम्प्रदायिक व्याख्या का विरोध था। द्विवेदी जी के मत को स्थापित करने के लिए नामवर सिंह रामविलास शर्मा के मत का सहारा भी लेते हैं और दूसरी तरफ इरफान हबीब के इतिहास के आधार पर शिल्प और कृषि के विकास के तर्क को आधार बनाते हैं।

नामवर सिंह परम्परा की व्याख्या में सांस्कृतिक प्रभुत्व को शामिल नहीं करते और न ही किसी राजनीतिक प्रभुत्व को महत्त्व देते हैं।

नामवर सिंह के अनुसार हर परम्परा में लोक और शास्त्र का द्वंद्व चलता रहा है और इसी द्वंद्व से परम्परा अपनी मंजिल भी तय करती है।

नामवर जी की स्थापना यह है कि किसी भी परम्परा की एक धारा नहीं होती। उसमें कई अन्तर्धाराएँ भी शामिल होती हैं इसलिए परम्परा के विवेचन में उनको समझना बहुत जरूरी है।

नामवर जी ने प्रगतिशील परम्परा को द्विवेदी जी के आलोचना-कर्म के आधार पर अविशुद्ध संस्कृति से जोड़कर देखा है क्योंकि विशुद्ध संस्कृति की परम्परा राजसत्ता की परम्परा है, सामन्तवाद की परम्परा है या फिर धर्म-सत्ता की परम्परा है। जबकि अविशुद्ध संस्कृति की परम्परा ही साधारण लोगों की परम्परा है जिसमें ग्रहण और त्याग ही महत्त्वपूर्ण है।

नामवर सिंह परम्परा के सन्दर्भ में कला और सौन्दर्य का भी सवाल लेकर आते हैं। अत: परम्परा के विवेचन के सन्दर्भ में थोथी विलासिता और कलात्मक विलासिता एक ही नहीं हो सकती। नामवर जी ने सौन्दर्य-बोध के सम्बन्ध में श्रमजीविता के महत्त्व को स्थापित करने की कोशिश की है और इसे द्विवेदी जी के आलोचना-कर्म के सन्दर्भ में समझने का प्रयास किया है क्योंकि यह परम्परा हमें

कुत्सित रुचि से मुक्त करती है। नामवर जी सौन्दर्य की परम्परा में क्रियाशीलता को भी शामिल करते हैं। वे द्विवेदी जी की परम्परा को इसलिए महत्त्व देते हैं कि उनकी दृष्टि में कला और सौन्दर्य की सृष्टि विलास नहीं विद्रोह है।

नामवर सिंह परम्परा के मूल्यांकन में तत्त्वान्वेषण के जीवनान्वेषण और इसे ही प्रगतिशील परम्परा के रूप में स्थापित करते हैं। नामवर सिंह के अनुसार यह परम्परा रसास्वादन के बजाय मर्म को महत्त्व देती है।

नामवर सिंह परम्परा के अन्तर्गत मर्यादावादी दृष्टिकोण का विरोध करते हैं और मर्यादा का अतिक्रमण करनेवाले विचारों का समर्थन करते हैं।

नामवर सिंह परम्परा के सम्बन्ध में शिष्ट सम्प्रदाय की परम्परा और अशिष्ट सम्प्रदाय की परम्परा को अलग करते हुए परखते हैं। इसलिए शिष्ट सम्प्रदाय की साहित्य कसौटी के आधार पर सारा निर्णय नहीं लिया जा सकता।

सन्दर्भ

1. प्रसाद, कालिका (सम्पादक), बृहत् हिन्दी कोश, ज्ञान मंडल लिमिटेड, वाराणसी, प्रथम संस्करण, 2002, पृ. 643
2. DK ILLUSTRATED OXFORD DICTIONARY, Dorling Kindersley Ltd. & Oxford University Press, Lonon, 2008, p. 881
3. साहित्यिक सुभाषित कोश, राजपाल एंड संस, संशोधित संस्करण, 1994, पृ. 389
4. वही
5. पांडेय, मैनेजर, शब्द और कर्म, वाणी प्रकाशन, नई दिल्ली, परिवर्द्धित संस्करण 1997, पृ. 87
6. वही
7. वही
8. वही, पृ. 86
9. वही
10. वही, पृ. 88
11. वही, पृ. 89
12. नारायण, कुँवर, आज और आज से पहले, राजकमल प्रकाशन, नई दिल्ली, 1999, पृ. 23
13. वही, पृ. 24
14. नारायण कुँवर, आज और आज से पहले, राजकमल प्रकाशन, नई दिल्ली, 1999, पृ. 24
15. वही, पृ. 25
16. वही
17. वही
18. वही, पृ. 48
19. मेघ, रमेश कुन्तल, मनखंजन किनके, वाणी प्रकाशन, नई दिल्ली, 1996, पृ. 187
20. वही, पृ. 179

21. वही, पृ. 183
22. सिंह, नामवर, दूसरी परम्परा की खोज, राजकमल प्रकाशन, नई दिल्ली, प्रथम संस्करण, 1982, भूमिका
23. वही, पृ. 7
24. वही, भूमिका
25. वही, भूमिका, पृ. 7
26. वही, पृ. 13
27. नवल, नन्दकिशोर, भूमिका, नामवर संचयिता, राजकमल प्रकाशन, नई दिल्ली, 2003, पृ. 25
28. सिंह, नामवर, दूसरी परम्परा की खोज, राजकमल प्रकाशन, नई दिल्ली, 1982, वही, पृ. 20
29. वही, पृ. 14
30. वही
31. वही, पृ. 14-15
32. वही, पृ. 15
33. वही, पृ. 16
34. वही, पृ. 17
35. वही
36. वही, पृ. 18
37. वही, पृ. 19
38. वही, पृ. 20
39. वही
40. वही, पृ. 21
41. मधुरेश, हिन्दी आलोचना का विकास, 2004, पृ. 186
42. द्विवेदी, हजारीप्रसाद, हिन्दी साहित्य की भूमिका, राजकमल प्रकाशन, नई दिल्ली, संस्करण, 1979, पृ. 129
43. सिंह, नामवर, पं. बनारसी दास चतुर्वेदी के पत्र से उद्धृत, दूसरी परम्परा की खोज, राजकमल प्रकाशन, नई दिल्ली, 1982, पृ. 25
44. वही, पृ. 26
45. वही
46. वही, पृ. 28
47. वही, पृ. 27
48. सिंह, नामवर, पत्र से उद्धृत, दूसरी परम्परा की खोज, 1982, पृ. 28
49. वही
50. वही
51. वही, पृ. 29
52. सिंह, नामवर, दूसरी परम्परा की खोज, राजकमल प्रकाशन, नई दिल्ली, 1982, पृ. 32
53. वही, पृ. 33
54. वही, पृ. 35

55. सिंह, नामवर, दूसरी परम्परा की खोज, राजकमल प्रकाशन, नई दिल्ली, 1982, पृ. 37
56. वही, पृ. 38
57. वही, पृ. 39
58. द्विवेदी, हजारीप्रसाद, 'भीष्म को क्षमा नहीं किया गया', नामवर सिंह, दूसरी परम्परा की खोज से उद्धृत, राजकमल प्रकाशन, नई दिल्ली, 1982, पृ. 41
59. सिंह, नामवर, दूसरी परम्परा की खोज, राजकमल प्रकाशन, नई दिल्ली, 1982, पृ. 42
60. वही, पृ. 42
61. सिंह, नामवर, दूसरी परम्परा की खोज, राजकमल प्रकाशन, नई दिल्ली, 1982, पृ. 43
62. वही
63. वही, पृ. 44
64. शुक्ल, रामचन्द्र, हिन्दी साहित्य का इतिहास, नागरी प्रचारिणी सभा, वाराणसी, 2001 वि., पृ. 75-76
65. द्विवेदी, हजारीप्रसाद, कबीर, राजकमल प्रकाशन, नई दिल्ली, 1990, पृ. 132
66. सिंह, नामवर, दूसरी परम्परा की खोज, राजकमल प्रकाशन, नई दिल्ली, 1982, पृ. 55
67. वही, पृ. 56
68. वही, पृ. 58
69. शुक्ल, रामचन्द्र, हिन्दी साहित्य का इतिहास, नागरी प्रचारिणी सभा, वाराणसी, 2001, पृ. 45
70. सिंह, नामवर, दूसरी परम्परा की खोज, राजकमल प्रकाशन, नई दिल्ली, 1982, पृ. 58
71. वही, पृ. 61
72. वही, पृ. 63
73. वही, पृ. 64
74. वही, पृ. 64-65
75. वही
76. वही
77. वही, पृ. 65-66
78. वही, पृ. 66
79. वही
80. वही, पृ. 67
81. वही
82. वही, पृ. 68
83. वही, पृ. 71
84. वही
85. वही
86. वही
87. शुक्ल, रामचन्द्र, हिन्दी साहित्य का इतिहास, नागरी प्रचारिणी सभा, वाराणसी, 2001, वही, पृ. 56
88. सिंह, नामवर, दूसरी परम्परा की खोज, राजकमल प्रकाशन, नई दिल्ली, 1982, पृ. 73
89. वही

90. वही
91. वही, पृ. 74
92. वही, पृ. 75
93. वही
94. वही, पृ. 76
95. वही
96. वही
97. वही, पृ. 78
98. वही
99. वही
100. वही
101. वही, पृ. 79
102. वही
103. वही, पृ. 80
104. वही, पृ. 84
105. वही, पृ. 80-81
106. वही, पृ. 81
107. वही, पृ. 82
108. मुक्तिबोध, 'मध्ययुगीन भक्ति-आन्दोलन का एक पहलू', गोपेश्वर सिंह (सम्पादक), भक्ति आन्दोलन के सामाजिक आधार, भारतीय प्रकाशन संस्थान, नई दिल्ली, 2007, पृ. 113
109. सिंह, नामवर, दूसरी परम्परा की खोज, राजकमल प्रकाशन, नई दिल्ली, 1982, पृ. 84
110. वही
111. वही, पृ. 85
112. वही, पृ. 86
113. वही
114. अशोक के फूल
115. सिंह, नामवर, दूसरी परम्परा की खोज, राजकमल प्रकाशन, नई दिल्ली, 1982, पृ. 88
116. वही
117. वही
118. हिन्दी साहित्य की भूमिका वही, पृ. 88
119. सिंह, नामवर, दूसरी परम्परा की खोज, राजकमल प्रकाशन, नई दिल्ली, 1982, वही, पृ. 89
120. वही
121. वही, पृ. 91
122. वही, पृ. 92
123. वही, पृ. 93
124. वही, पृ. 94
125. वही, पृ. 95
126. वही

127. वही, पृ. 96
128. वही
129. वही, पृ. 96-97
130. वही, पृ. 96
131. वही, पृ. 97
132. वही, पृ. 99
133. द्विवेदी, हजारीप्रसाद, पुनर्नवा, राजकमल प्रकाशन, नई दिल्ली, 1992, पृ. 42
134. सिंह, नामवर, दूसरी परम्परा की खोज, राजकमल प्रकाशन, नई दिल्ली, 1982, पृ. 99
135. वही, पृ. 99
136. वही, पृ. 101
137. वही
138. वही
139. वही, पृ. 102
140. वही
141. वही, पृ. 103
142. वही
143. वही, पृ. 103-104
144. शुक्ल, रामचन्द्र, हिन्दी साहित्य का इतिहास, नागरी प्रचारिणी सभा, वाराणसी, 2001, पृ. 11-12
145. वही, पृ. 12
146. सिंह, नामवर, दूसरी परम्परा की खोज, राजकमल प्रकाशन, नई दिल्ली, 1982, पृ. 104
147. द्विवेदी, हजारीप्रसाद, हिन्दी साहित्य : उद्‌भव और विकास (1952), राजकमल प्रकाशन, नई दिल्ली, सातवीं आवृत्ति, 2006, पृ. 248
148. सिंह, नामवर, दूसरी परम्परा की खोज, राजकमल प्रकाशन, नई दिल्ली, 1982, पृ. 106
149. वही, पृ. 107
150. वही, पृ. 107-08
151. वही, पृ. 108
152. वही, पृ. 109-10
153. हिन्दी साहित्य : उद्‌भव और विकास
154. सिंह, नामवर, दूसरी परम्परा की खोज, राजकमल प्रकाशन, नई दिल्ली, 1982, पृ. 110
155. बाणभट्ट की आत्मकथा
156. सिंह, नामवर, दूसरी परम्परा की खोज, राजकमल प्रकाशन, नई दिल्ली, 1982, पृ. 111
157. वही, पृ. 112
158. वही
159. वही, पृ. 113
160. अशोक के फूल
161. दूसरी परम्परा की खोज
162. पांडेय, मैनेजर, आलोचना की सामाजिकता, वाणी प्रकाशन, नई दिल्ली, 2005, पृ. 69
163. वही

164. विलियम्स, रेमंड, 'प्रतिबद्धता और सम्बद्धता', मैनेजर पांडेय (अनुवादक एवं सम्पादक), संकट के बावजूद, वाणी प्रकाशन, नई दिल्ली, 1998, पृ. 154
165. नीरद, जयसिंह, सृजन संवाद, अंक-9, अप्रैल, 2003, पृ. 49
166. पांडेय, मैनेजर, आलोचना की सामाजिकता, वाणी प्रकाशन, नई दिल्ली, 2005, पृ. 69
167. वही
168. वही
169. वही, पृ. 70

नई कहानी, आन्दोलन और नामवर सिंह

हिन्दी में 'नई कहानी आन्दोलन' की चर्चा 1956 के आसपास शुरू होती है, जिसकी पृष्ठभूमि में स्वातंत्र्योत्तर दशक की राष्ट्रीय सजगता का बोध एवं साहित्यशास्त्र के प्रति उपेक्षा एवं विरोध का रवैया मौजूद था। वैसे, ध्यान देनेवाली बात यह भी है कि हिन्दी में कहानी की चर्चा भी 1955 के आसपास ही दिखाई देती है। यद्यपि प्रेमचन्द ने '1938' में 'कहानी' नामक पत्रिका निकाली पर इसमें मुख्य चर्चा उनके उपन्यासों की ही हुई। इस प्रकार कहानी सिर्फ चर्चा तक ही सीमित रही, परन्तु वह बौद्धिक चर्चा के रूप में स्थापित न हो सकी।

अर्थात् 1955 में जब 'कहानी' पत्रिका का पुन:प्रकाशन हुआ तब कहानी सम्बन्धी नई समीक्षा का भी सूत्रपात हुआ। इस सन्दर्भ में मोहन राकेश का 'नये बादल'; राजेन्द्र यादव का 'जहाँ लक्ष्मी कैद है', आदि महत्त्वपूर्ण कहानी-संग्रह हैं। अत: 60 के दशक के प्रारम्भ में 'कहानी' को लेकर काफी बहसें होनी शुरू हो गई थीं। जो भी हो, नई कहानी की वास्तविक शुरुआत 1957 में हो चुकी थी। देवीशंकर अवस्थी के शब्दों में : "नई कहानी के अस्तित्व का प्रश्न यदि 1956 में उठाया गया था तो दिसम्बर, 1957 में प्रयाग में होनेवाले 'साहित्यकार सम्मेलन' तक नई कहानी अभिधान तक लगभग स्वीकार कर लिया गया था।"[1]

वैसे मधुरेश के अनुसार नई कहानी के अस्तित्व का प्रश्न डॉ. नामवर सिंह ने 'कहानी' के वार्षिक अंक (1956) में 'कहानी की नई आवश्यकताओं' के सवाल के माध्यम से उठाया था। इस बात को उनके विरोधी भी स्वीकारते हैं।

आलोचक मधुरेश यह स्वीकारते हैं : "भैरव प्रसाद गुप्त के सम्पादन में प्रकाशित 'नई कहानियाँ' में जनवरी, 1960 से दिसम्बर, 1962 के बीच नामवर सिंह का स्तम्भ 'हशिये पर' इस दृष्टि से अपने महत्त्व में ऐतिहासिक भी माना जा सकता है।"[2] इस उद्धरण के माध्यम से इस निष्कर्ष पर पहुँचा जा सकता है कि नई कहानी आन्दोलन को स्थापित करने का श्रेय डॉ. नामवर सिंह एवं भैरव प्रसाद गुप्त को जाता है। उनके प्रयास से ही कहानी, चर्चा और समीक्षा के केन्द्र में आई और कहानी को स्तरीय धरातल भी प्राप्त हुआ। नामवर सिंह भी भैरव प्रसाद गुप्त को 'नई कहानी' की शुरुआत का श्रेय देते हैं। उनके शब्दों में : " 'इस दृष्टि से कहानी : नववर्षांक

1956' का ऐतिहासिक महत्त्व है और इसका अधिकांश श्रेय कृती सम्पादक भैरव प्रसाद गुप्त को है। 'कहानी : नववर्षांक-1956' इसलिए भी उल्लेखनीय है कि इसी में पहली बार स्पष्टत: प्रश्न के रूप में 'नई कहानी' की बात उठाई गई।"[3]

प्राय: कहानीकार और आलोचक यह मानते हैं कि 50 के बाद की कहानी में निश्चित रूप में परिवर्तन आया। यह परिवर्तन वस्तुगत और शिल्पगत, दोनों था।

परन्तु 60 के आसपास नई कहानी आन्दोलन की धारा मंद पड़ने लगी जिसे नामवर सिंह ने भी स्वीकार किया है। वास्तविकता यह भी है कि जब सन् 1963-64 के आसपास भैरव प्रसाद गुप्त 'नई कहानियाँ' पत्रिका के सम्पादक पद से हट गए, तब नई कहानी के आन्दोलनात्मक दौर का भी प्राय: अन्त हो गया। इस प्रकार नई कहानी आन्दोलन की समय-सीमा लगभग 1953 ई. से 1963 ई. के आसपास स्वीकार की जा सकती है।

नई कहानी : 'नयेपन' का स्वरूप

वैसे नामवर सिंह मूलत: कविता के आलोचक के रूप में जाने जाते हैं और इसे उन्होंने खुद स्वीकार भी किया है। फिर भी, महत्त्वपूर्ण बात यह है कि उन्होंने कहानी के मूल्यांकन की जो पद्धति विकसित की, उसने कहानी-आलोचना को नई दृष्टि एवं नई दिशा प्रदान की। इस पुस्तक की भूमिका में वे कहते हैं : "यह पुस्तक लगभग एक दशक (1956-65) की चिन्तन-यात्रा की पगडंडी है जिससे मैंने कथा-समीक्षा की एक पद्धति निकालने की कोशिश की है।"[4]

इस कथा समीक्षा के अन्तर्गत वे कालक्रम की पद्धति अपनाते हैं और नई कहानी के सम्बन्ध में उठनेवाली ठोस बहसों पर केन्द्रित रहते हैं। नामवर सिंह की इस कहानी समीक्षा पर एक आरोप भी है कि वे कविता के प्रतिमानों से ही कहानी का मूल्यांकन करते हैं। परन्तु नामवर सिंह कहानी आलोचना को विश्लेषणात्मक पद्धति की कसौटी पर कसते हैं।

नई कहानी का प्रश्न उपस्थित करते हुए वे नई कविता से तुलना करते हुए नये विशेषण को खोलते हैं। वे मानते हैं कि कहानी में : "जो नयापन आया है, वह कविता की अपेक्षा बहुत कम है।"[5] अर्थात् वे यह मानते हैं कि कहानी का नयापन कविता के नयेपन की भाँति स्पष्ट नहीं है। कविता में जो रूप और शिल्प का नयापन आया वह उस रूप में कहानी में नहीं आया या प्राय: कम आया।

नयेपन की पृष्ठभूमि : नई कहानी के 'नयेपन' को विश्लेषित करने से पहले नयेपन की पृष्ठभूमि से परिचित होना भी जरूरी है; अर्थात् स्वातंत्र्योत्तर भारत की राजनीतिक, सामाजिक और आर्थिक पृष्ठभूमि ने भी नई कहानी के नयेपन के साधन जुटाए। द्वितीय विश्वयुद्ध समाप्त होते ही भारत की स्वाधीनता निश्चित हो गई।

सन् 1947 में भारत स्वाधीन और विभाजित भी हुआ। फलस्वरूप परतंत्रता से मुक्ति का उल्लास तथा दंगों की अमानवीय पीड़ा भारतीय जनता ने भोगी। जवाहरलाल नेहरू की सरकार ने विदेश नीति में सफलता पाई और गुटनिरपेक्षता की नीति को बढ़ावा दिया, जिससे भारत तीसरी दुनिया के नेतृत्व में आया। परन्तु 1962 के चीन आक्रमण ने भारत की नीतियों को खतरे में डाल दिया, जिससे भारतीय जनता में मोहभंग की स्थिति पैदा हुई। साथ ही 1956 और 1971 के भारत-पाक युद्ध ने भारतीय जनमानस को गहरे स्तर पर प्रभावित किया। नेहरू ने समाजवादी सिद्धान्तों को अपनाने की पहल की। अत: पंचवर्षीय योजनाएँ, आम चुनाव तथा घरेलू एवं विदेश नीतियों के कार्यान्वयन को लक्ष्य बनाया गया। फलस्वरूप स्वातंत्र्योत्तर भारत परिवर्तित हुआ। उद्योग, शिक्षा, विज्ञान, तकनीकी, यातायात, संचार के साधनों के विकास के साथ नगर और गाँव काफी करीब आ गए।

भारत में आम चुनावों से लोगों में नई चेतना का प्रसार हुआ। जनसंचार के माध्यमों ने भी इसमें अहम् भूमिका निभाई। अत: इन स्थितियों ने क्रान्तिकारी परिवर्तन की भूमिका निभाई। परिणामत: शताब्दियों से पददलित, पीड़ित, अधिसंख्य जनता को शासन में सहभागी होने का अधिकार प्राप्त हुआ। साथ ही महत्त्वाकांक्षा, असन्तोष, मोहभंग और भ्रष्टाचार का वातावरण भी पैदा हुआ। भारत ने न तो पूरी तरह समाजवादी व्यवस्था को अपनाया और न ही पूँजीवादी व्यवस्था को। अत: इस मिश्रित नीति का दुष्परिणाम यह हुआ कि निजी क्षेत्र और पूँजीवाद के प्रभाव वैसे ही बने रहे। व्यक्तिगत सम्पत्ति का मोह बढ़ता गया। फलस्वरूप ईमानदारी, नैतिकता, परोपकार का अभाव होता गया और स्वार्थपरता को बढ़ावा मिला। यही नहीं, इसने 'क्षेत्रीय, भाषायी' एवं साम्प्रदायिक संकीर्णता में भी वृद्धि की। देश की सामान्य जनता के जीवन स्तर में थोड़ा सुधार तो हुआ पर अमीरी-गरीबी की खाई बढ़ती गई। कुल मिलाकर स्वातंत्र्योत्तर भारत की जनता का चरित्र जटिल और परस्पर विरोधी हुआ।

यूरोप की दो प्रमुख विचारधाराओं 'अस्तित्ववाद एवं मार्क्सवाद' का प्रभाव भी साहित्य जगत और बुद्धिजीवी वर्ग पर पड़ा। पूँजीवाद से जिस मोहभंग, कुंठा, निराशा आदि का जन्म हुआ, उससे अस्तित्ववाद को पनपने का अवसर प्राप्त हुआ, साहित्य के अन्तर्गत 'महानगरीय अकेलापन' इसी की देन है। साथ ही औद्योगिक एवं शहरी परिवेश तथा संयुक्त परिवार के विघटन ने भी मनुष्य को अकेला कर दिया, शिक्षा के प्रसार के कारण स्त्री चेतना में जो अभिवृद्धि हुई, उससे स्त्री-पुरुष सम्बन्धों पर भी प्रभाव पड़ा। अब स्त्री आत्मनिर्भर और जागरूक हुई। संविधान से स्त्री को तो समानता प्राप्त हुई, परन्तु पुरुष वर्ग उसे मन से स्वीकार नहीं कर पा रहा था, फलस्वरूप स्त्री-पुरुष सम्बन्धों में तनाव की स्थितियाँ भी पैदा हुईं। स्त्री-पुरुष के वैवाहिक सम्बन्धों के बिखराव ने बच्चों की मानसिकता को भी कुप्रभावित किया।

इस प्रकार नई कहानी की मूल संवेदना कहीं-न-कहीं इन्हीं परिस्थितियों से उपजी हुई प्रतीत होती है। अत: इन्हीं आधारों पर नई कहानी की प्रवृत्तियों के 'नये' विशेषण को समझने में काफी मदद मिलती है। अत: नई कहानी के अन्तर्गत भारत विभाजन, संयुक्त परिवार विघटन, रूढ़ियों के प्रति विद्रोह, पुरानी पीढ़ी के प्रति अवज्ञा और उपेक्षा, प्रेम, पति-पत्नी सम्बन्धों में अन्तर, स्त्री-पुरुष प्रेम, शिक्षित तथा आर्थिक रूप से स्वावलम्बी स्त्री की स्थिति, सम्बन्धों पर अर्थ का प्रभाव, बेरोजगारी, महानगरीयता, अजनबीपन और अकेलापन, व्यर्थता-बोध, मृत्युबोध, संत्रास, घुटन, ऊब, विभिन्न विचारधाराओं का प्रभाव, विभाजित व्यक्तित्व, आंचलिकता, विशिष्ट चरित्र, उपेक्षित पात्रों के प्रति सहानुभूति, मध्यवर्गीय जीवन के विभिन्न पहलू, मोहभंग, अराजकता और व्यंग्य आदि उभरकर आए।

शिल्पगत प्रवृत्तियों में कथानक ह्रास, कहानी सम्बन्धी अवधारणा में अन्तर, कथासूत्रों में विशृंखलता, सूक्ष्म कथानक, मिश्रित शिल्प-शैली प्रयोग, मनोविज्ञान, सांकेतिकता, प्रतीकात्मकता, बिम्ब, भाषा, व्यंग्यात्मकता, और आंचलिकता आदि का उभार हुआ।

नई कहानी के इस प्रवृत्तिगत विश्लेषण के अन्तर्गत नयेपन की परख थोड़ी उलझ जाती है क्योंकि किसी-न-किसी रूप में यह स्थूल विश्लेषण पूर्ववर्ती कहानी की परम्परा से जुड़ जाता है।

विश्वनाथ त्रिपाठी ने भी 'नई कहानी' का पुनर्मूल्यांकन किया है। 'कुछ कहानियाँ : कुछ विचार' नामक पुस्तक में वे यह मानते हैं : "नई कहानी के कहानीकार अनेक प्रवृत्तियों के थे।"[6] नई कहानी में नयेपन की विविधता उपस्थित है।

जहाँ तक नई कहानी आन्दोलन के कहानीकारों की बात है, डॉ. विश्वनाथ त्रिपाठी के अनुसार नई कहानी की परम्परा में निर्मल वर्मा ही नहीं, अमरकान्त, भीष्म साहनी, रेणु, कृष्णा सोबती, शानी, मार्कण्डेय, शिवप्रसाद सिंह, शेखर जोशी, विद्यासागर नौटियाल, श्यामनारायण शुक्ल, कृष्ण बलदेव वैद आदि भी थे। साथ ही राजेन्द्र यादव, कमलेश्वर, मोहन राकेश, शानी और परसाई ने भी नई कहानी की परम्परा को समृद्ध किया। अत: इनकी कहानियाँ 'अभूतपूर्व' हैं। डॉ. त्रिपाठी यही कहना चाहते हैं कि परिन्दे ही सिर्फ अभूतपूर्व नहीं हैं। उनके शब्दों में : "अभूतपूर्व को ही नई कहानी के विशेषण के रूप में नई कहा जाता है।"[7]

इस 'अभूतपूर्व' को डॉ. त्रिपाठी ने विश्लेषित करते हुए मोहकता, संगीतात्मकता, द्वंद्वात्मकता, स्वतंत्रता, अनवरुद्ध मानसिकता, वर्तमानता की धार, अकेलापन, दिशाहारात्व टूटन, कस्बाई एवं नगरीय बोध, संयुक्त परिवार विघटन आदि को 'नयेपन' के अन्तर्गत शामिल किया है। परन्तु 'नई कहानी' के नयेपन के बारे में डॉ. त्रिपाठी यह मानते हैं : "नई कहानी के विषय में यह बात बिलकुल ठीक है कि

उसने ऐतिहासिक व्यक्ति को परिभाषित किया। ऐतिहासिक व्यक्ति अन्तर्सम्बन्धता के बिना परिभाषित नहीं हो सकता।"[8]

अत: नई कहानी का नयापन काफी विस्तृत मौलिक और द्वंद्वपूर्ण है। यही वजह है कि इस आन्दोलन ने कहानी की सीमा का अतिक्रमण कर कहानी के क्षेत्र में अन्वेषण और प्रयोग का मार्ग प्रशस्त किया।

वैसे इस 'नई' शब्द को लेकर काफी विवाद भी पैदा हुआ जो 'नयेपन' को परिभाषित करने के लिए भी था; अर्थात् यह सवाल था कि शहरी कथा बनाम ग्राम कथा लेखक किस रूप में नये यथार्थ को ग्रहण कर रहे हैं?

1957 के आसपास यह बहस भी पैदा हुई कि नई कहानी को व्याख्यायित करनेवाले आलोचकों का अभाव है। अत: यही समय है, नामवर जी ने इन चुनौतियों को स्वीकार करते हुए और नये प्रश्नों से जूझते हुए नई कहानी की समीक्षा की। इस दिशा में 1959 में 'कहानी' पत्रिका का शीर्षक 'आज की कहानी' भी महत्त्वपूर्ण है, जिसका उद्देश्य था हिन्दी कहानी—उसकी विभिन्न धाराओं पर कहानीकारों की दृष्टि से प्रकाश डालना।

यद्यपि 1961 में कहानी को समझने की ठोस प्रक्रिया आरम्भ हुई। नामवर सिंह ने नई और पुरानी कहानी का अन्तर स्पष्ट किया। परम्परा की सीमाओं का अतिक्रमण कर नई कहानी के स्वतंत्र अस्तित्व पर बल दिया, साथ ही नई कहानी की दुर्बलताओं को भी उद्घाटित किया। इस प्रकार 1962 में नई कहानी एस्टेब्लिशमेंट का एक हिस्सा बनी, पर कई विवाद भी पैदा हुए। इन विवादों के बावजूद जो अच्छी चीज उभरकर आई कि कहानी लेखन की एक नई पीढ़ी तैयार हुई और उसने किस्सागोई को एक सिरे से खारिज किया, फलत: नई कहानी को प्रतिष्ठा भी प्राप्त हुई।

नई कहानी का स्वरूप-परिवर्तन

यद्यपि नामवर जी यह भी स्वीकारते हैं कि कहानी में रूप को लेकर नये प्रयोग भी हुए हैं, भले ही वे कम क्यों न हों। इस सम्बन्ध में वे प्रयोगशील कहानी का उदाहरण देते हैं और यह भी मानते हैं कि कहानी के आन्तरिक रूप-परिवर्तन में भी बड़ी सघनता आई है। इस दृष्टि से कहानी, निबन्ध, स्केच, रिपोर्ताज आदि को अलग करना मुश्किल हो जाता है।

कहानी के स्वरूप-परिवर्तन के सम्बन्ध में नामवर जी यह मानते हैं कि कहानी के दृश्य अर्थात् कथावस्तु में भी परिवर्तन हुआ है और "कथानक की धारणा (कंसेप्ट) बदल गई है।"[9] बदलाव उनके अनुसार यह है कि कथानक लगभग गौण हो गया है और कथानक की जगह जीवन का कोई खंड, प्रसंग, घटना, विशिष्ट व्यक्ति

आदि लेता जा रहा है। इसे कुछ लोग कथानक के ह्रास के रूप में देखते हैं। परन्तु नामवर सिंह के शब्दों में : "परन्तु वास्तविकता यह है कि ह्रास कथानक का नहीं, बल्कि कथा का हुआ है।"[10]

एक तरह से जो कभी कथानक के अवान्तर प्रसंग थे, वही कथानक बनकर प्रस्तुत होने लगे। नामवर जी के अनुसार, कहानी बातों से बात निकालने की प्रक्रिया में ही बनती गई। परन्तु यह मामला उतना आसान नहीं था। वे कहते हैं : "परन्तु यह कौशल वही दिखला सकता है, जिसके पास बातचीत की उत्कृष्ट कला हो और साथ ही भाषा की बारीकियाँ भी।"[11]

फिर भी इस परिवर्तन को नामवर सिंह अधूरा मानते हैं और कहते हैं कि अंग्रेजी में जिस 'टेबल टॉक' की प्रवृत्ति है, उसका हिन्दी में अभाव है।

सत्तर के दशक तक कहानीकार का ध्यान न तो कथानक की नाटकीयता की ओर रहा और न ही पाठक वर्ग की ओर। यानी कहानी के स्थूल उपकरण महत्त्वहीन हो गए। अत: कहानीकारों ने अन्य साधनों के रूप में 'मार्मिक खंड की संवेदनीयता' तथा 'विचार स्फुलिंग' को माध्यम बनाया। साथ ही प्रभावशाली घटना प्रसंगों का उपयोग किया। ऐसे कहानीकारों में नामवर सिंह ने मोहन राकेश और राजेन्द्र यादव को शामिल किया है।

'नई कहानी' का नयापन आंचलिकता एवं जनपदीयता से भी सम्बन्धित है। परन्तु नामवर सिंह यह मानते हैं जनपदीयता कभी-कभी रूमानी रंग लेने लगती है जिसे वे दुर्बलता के रूप में देखते हैं : "लोक जीवन का मुग्ध चित्रण अपने-आपमें कोई बहुत ऊँची चीज नहीं है।"[12]

नामवर जी कहानी में 'मुग्धता' के प्रति सतर्क हैं और वे सामाजिकता को ही विशेष महत्त्व देते हैं। उनके शब्दों में : "इन किशोर कहानीकारों के पास एक ही चीज की कमी है और वह है पैनी सामाजिक दृष्टि।"[13] वैसे वे फणीश्वरनाथ रेणु, मार्कण्डेय, केशव मिश्र, शिवप्रसाद सिंह को आंचलिक कहानीकारों के अन्तर्गत जागरूक एवं प्रौढ़ मानते हैं। 'नई कहानी' के रूप में वे प्रतीकवादी कहानियों की भी चर्चा करते हैं पर इनमें वे सम्भावनाएँ कम ही देख पाते हैं। वे मानते हैं कि नये कहानीकार भाषा के प्रति काफी सतर्क हैं इसलिए गद्य का रूप भी निखरा है। निष्कर्षत: नई कहानी की सामाजिक शक्ति पर टिप्पणी करते हुए कहते हैं : "हिन्दी कविता की अपेक्षा कहानी में स्वस्थ सामाजिक शक्ति कहीं अधिक है और आज उपन्यास की तरह कहानी सामाजिक परिवर्तन के लिए जोरदार साहित्यिक शस्त्र का काम कर रही है।"[14]

इस प्रकार नामवर सिंह नई कहानी को सामाजिक परिवर्तन की कारक स्थितियों के रूप में देखते हैं। उनकी दृष्टि में कहानी का महत्त्व उसकी सामाजिक शक्ति के कारण है।

कहानी पाठ की प्रक्रिया और पाठक वर्ग

मधुरेश ने 'हिन्दी आलोचना का विकास' में डॉ. नामवर सिंह की कहानी-समीक्षा की विशिष्टता की ओर संकेत करते हुए लिखा है : "नामवर सिंह की कहानी-समीक्षा का सबसे विशिष्ट और महत्त्वपूर्ण पक्ष कहानी-पाठ की समूची प्रक्रिया है। कहानी-पाठ की यह प्रक्रिया भैरव प्रसाद गुप्त के सम्पादन में निकलनेवाली पत्रिका 'नई कहानियाँ' में हाशिए पर स्तम्भ से आरम्भ हुई और इस श्रृंखला के चौदह निबन्धों ने कहानी के मूल्यांकन की जैसे दिशा ही बदल दी।"[15]

मधुरेश ने इस बात की ओर भी हमारा ध्यान आकृष्ट किया है कि नामवर सिंह ने 'पाठकों की साझेदारी' को महत्त्वपूर्ण बताया तथा 'निष्क्रिय पाठक वर्ग' के बदले सक्रिय, सचेत और जागरूक पाठक वर्ग के महत्त्व की पहल की। परन्तु : "ऐसे पाठक कितने हैं जो कहानी पढ़ते-पढ़ते खुद भी कहानी बन जाना चाहते हैं।"[16] इशारा साफ है : 'जागरूक-पाठक वर्ग की ओर'। अत: वे यह मानते हैं कि पाठकों की संख्या में तो कमी नहीं, परन्तु गुणवत्ता में कमी है। उनके शब्दों में : "फ्रेंच कथाकार सार्त्र ऐसे ही लेखकों में हैं जिनकी चिन्ता यह है कि हमारे पाठक तो हैं लेकिन पब्लिक नहीं हैं—वी हैव रीडर्स बट वी हैव नो पब्लिक।"[17]

परन्तु नामवर जी द्वारा पाठक-समुदाय की इस चुनौती के बारे में सुरेन्द्र चौधरी की टिप्पणी विपरीत है। 'हिन्दी कहानी प्रक्रिया और पाठ' में वे नामवर सिंह के आत्मविश्वास पर टिप्पणी करते हुए कहते हैं : "हिन्दी का पाठक समुदाय बहुत विशाल और विविध है।...खुद नामवर सिंह को हिन्दी का पाठक समुदाय ज्ञान, दृष्टि और रुचि-भेद की दृष्टि से विविध मालूम पड़ता है। फिर क्या कारण है कि इन सबके बाद उनके द्वारा अच्छी नई कहानी का चुना जाना सन्देहास्पद हो। डॉ. साहब का सीधा-सा उत्तर यह है कि उनके पढ़ने का ढंग असाहित्यिक है। बात स्पष्ट नहीं होती, वस्तुत: ज्ञान-दृष्टि और रुचि ही संग्रह का, विग्रह का विवेक पैदा करते हैं, फिर सन्देह क्यों? साहित्यिकता या असाहित्यिकता ज्ञान, रुचि और दृष्टि के भेद के अतिरिक्त और कहाँ रहती है?"[18]

यदि ध्यान दें तो सुरेन्द्र चौधरी ने पाठक समुदाय के जिस वैविध्य की ओर संकेत किया है, वह तर्कसंगत है। परन्तु नामवर सिंह की मुख्य चिन्ता पाठकों की गुणवत्ता को लेकर नहीं बल्कि व्यर्थ की संख्या बढ़ोतरी को लेकर है जिसे खोलते हुए नामवर जी लिखते हैं : "जिसे कहानी बनना है, वह मनुष्य है, संख्या नहीं। संख्या दूसरों का मुँह बन्द कर सकती है, लेकिन लेखक का हृदय नहीं भर सकती।"[19]

इन स्थितियों को हम साहित्य पर बाजारवाद के प्रभाव को भी देख सकते हैं कि संख्या किस तरह लेखक के बड़प्पन का निर्धारण कर रही है। अत: नामवर जी की यह चिन्ता वाजिब ही है : "पाठकों का दायरा लगातार बढ़ रहा है। पाठकों के

दायरे के साथ लेखक का यश बढ़ता है। कभी-कभी यश का दायरा और भी बड़ा हो जाता है। नाम की रफ्तार किताब की रफ्तार को भी मात दे जाती है। किताब आँख के सामने नहीं पहुँचती, नाक, कान तक पहुँच जाता है।"[20]

नामवर जी इन स्थितियों को सार्त्र के शब्दों में साहित्यिक 'इनफ्लेक्शन' कहते हैं; अर्थात् वे 'ठोस पाठक' तैयार करने पर बल देते हैं क्योंकि पाठकों की संख्या की दृष्टि से यदि विचार किया जाए तो देवकीनन्दन खत्री, प्रेमचन्द की तुलना में बड़े दिखाई देंगे जबकि साहित्य की कसौटी पर वास्तविकता इसके विपरीत है। अत: 'ठोस पाठक' अर्थात 'वास्तविक पाठक' अथवा 'पाठकों का साहित्यिक समाज' भी एक बड़ी सचाई है। इस बहस को आगे बढ़ाते हुए वे साहित्य की अधोगति के लिए भी पाठकों को जिम्मेदार ठहराते हैं। नामवर जी कहते हैं : "अगर अच्छी या बुरी सरकार की जिम्मेदारी किसी देश की जनता पर है तो अच्छे या बुरे साहित्य की जिम्मेदारी पाठकों पर है।"[21]

अत: पाठक वर्ग से नामवर जी जिस 'आत्मपूर्ण ग्रहणशीलता' की माँग करते हैं, उसे सुरेन्द्र चौधरी उचित नहीं मानते। वे पाठक-समुदाय की वास्तविकता का एक दूसरा पहलू भी हमारे सामने उपस्थित करते हैं, जिसकी अनदेखी नहीं की जा सकती : "हिन्दी पाठक समुदाय ही एक अर्सा पहले जिस स्थिति में था, उसमें आज नहीं है। पर ऐसा कभी नहीं होता है कि एकबारगी ही समस्त पाठक-समुदाय प्रबुद्ध और आत्मचेता बन जाए। फिर इस आत्मपूर्ण ग्रहणशीलता की शर्त भी कुछ कम जटिल नहीं है। क्या हिन्दी में आत्मपूर्ण ग्रहणशील पाठक समुदाय है ही नहीं। ऐसी बात नहीं है। जब तक कोई व्यक्ति उद्‌बोधक तत्त्वों के प्रति सजग रहता है और उस सजगता से क्रियाशील बना रहता है तब तक हमें यह कहने का कोई हक नहीं है कि वह आत्मपूर्ण रूप से ग्रहणशील या चेतन नहीं है।"[22]

निस्सन्देह चौधरी जी के इस कथन से सहमत होते हुए यह कहा जा सकता है कि हिन्दी पाठक वर्ग की स्थितियाँ पहले से काफी समृद्ध हुई हैं। समय-समय पर पत्रिकाओं में प्रकाशित होनेवाले पाठकों की प्रतिक्रिया और टिप्पणियाँ भी कम महत्त्वपूर्ण प्रतीत नहीं होतीं। परन्तु सुरेन्द्र चौधरी उद्‌बोधक तत्त्वों के प्रति जिस सजगता की माँग करते हैं, वह किसी खास अर्थात् जागरूक पाठक वर्ग से जुड़ ही जाता है। उसकी भूमिका भी कम महत्त्वपूर्ण नहीं होती। नामवर सिंह कहते हैं : "कौन लेखक है जिसे तोल्स्तोय, तुर्गनेव और चेखव की कलाकृतियों से सुखद ईर्ष्या नहीं होती? लेकिन कितने लोगों ने इस ओर ध्यान दिया है कि उस महिमामय साहित्य के निर्माण में बहुत अधिक हाथ रूसी पाठक समुदाय का है?"[23]

इस प्रकार पाठक समुदाय की भूमिका श्रेष्ठ और महान साहित्य के निर्माण में होती है। इस तथ्य से भी इनकार नहीं किया जा सकता। अत: सुरेन्द्र चौधरी भी घूम-फिरकर नामवर जी की बात से कहीं-न-कहीं सहमत होते हुए दिखते हैं :

"हाँ, अधिकतर लोगों के लिए पाठ और विशेषत: कथा-साहित्य का पाठ, एक 'सोपोरिफिक' क्रिया ही है। अधिकांश कथा-पाठकों का समुदाय समय काटने, मनोरंजन करने और नींद लाने के लिए कहानियाँ पढ़ता है। उसे जरूर आप लेखक के दृष्टिकोण के प्रति समर्पित पाठक की कोटि में रख सकते हैं। किन्तु समस्त पाठक समुदाय इतना ही निस्सहाय हो, इसे मानने को जाने क्यों जी नहीं करता।"[24] जी के मानने न मानने से सचाई नहीं बदल जाती बल्कि सचाई को स्वीकारने के लिए कभी-कभी जी को बदलना पड़ता है। यानी समस्त पाठक समुदाय नहीं तो अधिकांश पाठक समुदाय के साथ यह दुर्बलता है ही।

जो भी हो, नामवर जी पाठकों के समुदाय से यह माँग करते हैं कि कथा के चरित्र पाठकों के जीवन के अंग हो सकें। वे कहते हैं : "एकदम जीवन से उठाए हुए जीवन्त पात्र भी अभी तक हमारे जीवन में दुबारा प्रवेश नहीं प्राप्त कर सके हैं।"[25]

वे यह कहना चाहते हैं कि अभी बहुतों के लिए कहानी-उपन्यास गल्प ही है, जीवन नहीं; अर्थात् पाठकों ने 'कथा साहित्य' को गम्भीरता से नहीं लिया। परिणामत: 'खतरनाक और हानिकारक' कथा-कृतियाँ भी अपने भाग्य पर छोड़ दी गईं। हुआ यह कि "पाठकों की ओर से लेखक एकदम मुक्त है—एकदम स्वतंत्र।"[26] और विडम्बना यह भी है कि हिन्दी का पाठक अपनी उदारता के कारण हर किसी के द्वारा इस्तेमाल होता है। नामवर जी के अनुसार हर कोई अपने को साधारण पाठक कहने लगा है, भले ही उसमें कॉमन सेंस अथवा सहज बोध का अभाव ही क्यों न हो। लगभग यही चिन्ता सुरेन्द्र चौधरी की भी है। समर्पित पाठकों के बारे में वे कहते हैं : "ऐसे पाठकों का अपना कोई दृष्टिकोण नहीं होता। जीवन के प्रति कोई अपना, कोई व्यक्तिगत अनुभवजन्य रुख नहीं होता। वे बड़ी सहजता से लेखकीय दृष्टिकोण धारण कर लेते हैं। ऐसे लोगों की ग्रहणशीलता बहुत कुछ दूसरों पर निर्भर करनेवाली होती है। यह स्थिति वांछनीय है।"[27] अत: डेनिस थॉम्पसन के मतानुसार, चौधरी जी के इस निष्कर्ष से सहमत हुआ जा सकता है : "जो व्यक्ति सामान्य मानवीय अस्तित्व के प्रति तत्पर अर्थात् सचेत नहीं, वह कला के प्रति भी तत्पर नहीं हो सकता।"[28] नामवर जी की तरह सुरेन्द्र चौधरी ने भी पाठकों पर पड़नेवाले प्रभावों एवं उनकी परिष्कृत रुचि का प्रश्न उठाया है : "आज रुचि को विकृत करने के साधन अनेक हैं और निरन्तर उनका प्रसार ही होता जा रहा है। सस्ती पत्रिकाएँ, सामान्य से भी सामान्यतर रुचि के लेखक, 'अपील' का आग्रह, ये सारी चीजें रुचि-परिष्कार में बाधक हैं।"[29] अर्थात् पाठकों पर ही सारा दोष नहीं मढ़ा जा सकता। प्रकाशन की पूँजीवादी व्यवस्था और बाजारीकरण, लेखक का बाजार की गिरफ्त में होना आदि भी पाठकों के गिरते स्तर के लिए जिम्मेवार है। अत: नामवर जी के मत का खंडन करते हुए सुरेन्द्र चौधरी पाठकों की स्थिति का आकलन करते हुए कहते हैं : "किन्तु इन कुरुचिपूर्ण साधनों के विकास के साथ ही

इनके प्रति चेतना का अनुपात भी बढ़ता जा रहा है। आज पाठक अच्छी कहानियों की माँग ज्यादा करता दीख पड़ता है। वह सस्ते स्तरों की कहानी को या तो ध्यान से बाहर कर देता है या उनके समाजघाती होने पर उनकी कड़ी आलोचना करता है। आज के हिन्दी कथा साहित्य के पाठक की रुचि पर सन्देह करना एक प्रकार की असावधानी (शायद सायास बरती गई) कही जाएगी।"[30]

यद्यपि नामवर सिंह साधारण पाठक में सहज बोध उद्‌बुद्ध करने का आग्रह रखते हुए कहानी पढ़ने की प्रक्रिया पर विचार करते हैं, उनके शब्दों में : "कहानी स्वयं एक प्रक्रिया है—ऐसी प्रक्रिया, जिससे होकर लिखते समय लेखक गुजरता है तो पढ़ते समय पाठक। पाठक इस प्रक्रिया को याद करे तो लिखने की प्रक्रिया के भी कुछ सूत्र हाथ आ सकते हैं, साथ ही कहानी का ज्यादा से ज्यादा रूप पकड़ में आ सकता है।"[31]

इस प्रकार कहानी सम्बन्धी मूल्यांकन में नामवर सिंह लेखक और पाठक की भूमिका को समान रूप से महत्त्व देते हैं जो उनके मौलिक दृष्टिकोण का परिचायक है। यदि वे पाठक वर्ग के प्रति विशेष चिन्तित हैं तो इसीलिए पाठक को वे रचना के बाहर की चीज नहीं समझते, अर्थात् समर्पित पाठक ही कहानी सृजन की ओर उन्मुख होता है। नामवर सिंह ने नई कहानी विवेचन के अन्तर्गत कहानी पाठ की प्रक्रिया के एक कमजोर पहलू के रूप में प्रभाव की चर्चा की है : "लेकिन प्रभाव कहानी और पाठक के बीच में धुएँ के हल्के बादल की तरह क्रमश: फैलता चला जाता है। स्वयं कहानी अलग है, कागज में बन्द है और खामोश है।"[32]

इस प्रभाव के दुष्प्रभाव के बारे में, नामवर जी यही मानते हैं कि इससे पाठक या तो प्रभाव में डूब जाता है या फिर 'अच्छे और बुरे' के निर्णय में उलझ जाता है।

नामवर सिंह कहानी-पाठ की प्रक्रिया में 'मन की दुहरी क्रिया' को शामिल करते हैं। यही नहीं, इसे वे दुहरी प्रतीक्षा भी मानते हैं। और दूसरी प्रतीक्षा की वास्तविकता यह है कि "...अनागत शब्द पाठक का इन्तजार करते हैं तो पाठक अनागत शब्द का। एक भविष्य है जो शब्दों से भरा है और हजारों शब्दों के द्वारा पाठक को एक अन्त से अलगाए हुए है।"[33]

अत: नामवर सिंह इस निष्कर्ष पर पहुँचते हैं कि 'कहानी-प्रतिमा' के निर्माण में पाठक की अहम् भूमिका है, जिस भूमिका का निर्माण पढ़ने के जरिये ही होता है। इसलिए उनके शब्दों में : "पढ़ना भी एक रचनात्मक कार्य है।"[34] यानी पढ़ते हुए 'प्रभाव' के भाव पुन: रूप प्राप्त करते हैं। इस प्रकार वे 'पढ़ने' को एक तरह का अनुवाद भी मानते हैं। इसे वे कहानी के अनुवाद से जोड़कर देखते हैं। मूलत: उनका यही कहना है कि 'पढ़ना' एक तरह की 'बड़ी जिम्मेदारी' है : "बहुत बड़ी जिम्मेदारी, जिसके लिए आत्मीयता, समझदारी और यथाशक्ति मूल की रक्षा करने की क्षमता अपेक्षित है।"[35] इसके उपरान्त वे पाठक की दुहरी जिम्मेदारी का

भी एहसास कराते हैं, यह जिम्मेदारी है : "अपनी मानसिक प्रतिक्रिया के साथ ही लेखक की भी मानसिक प्रतिक्रिया को प्राप्त करना तथा पढ़ने की क्रिया के भीतर से लिखने की क्रिया तक पहुँचना।"[36]

अत: कहानी पाठ की प्रक्रिया कहानी-लेखन की प्रक्रिया बन जाती है, लेखक और पाठक के बीच वे 'होड़' की स्थिति नहीं। वे चुनौती की स्थितियों को महत्त्व देते हैं : "कहानीकार यदि कला-सिद्ध है तो पाठक के लिए चुनौती है कि उस कला-सिद्धि की प्राप्ति में स्वयं कहानीकार से आगे निकल जाए।"[37]

परन्तु समीक्षक सुरेन्द्र चौधरी कहानी पाठ की प्रक्रिया के अन्य प्रश्नों की ओर भी इशारा करते हैं, उसे भी ध्यान में रखा जाना जरूरी है : "इनका सबसे पहला पहलू है स्तरीय पाठ (Surface Reading) के दोष।"[38] इस दोष को वे नगेन्द्र के प्रेमचन्द-सम्बन्धी मूल्यांकन में भी पाते हैं। क्योंकि नगेन्द्र प्रेमचन्द के कथा साहित्य को 'द्वितीय स्तर' का मानते हैं। अत: सुरेन्द्र चौधरी 'कहानी पाठ' की प्रक्रिया में मर्म को खोलने पर बल देते हैं। साथ ही चौधरी जी स्तरीय पाठ अर्थात् कथात्मक स्तर के अतिरिक्त अन्य समानान्तर स्तर को भी महत्त्व देते हैं; दूसरे शब्दों में 'वृहद् सांस्कृतिक परिप्रेक्ष्य' भी कहानी पाठ की प्रक्रिया का हिस्सा है।

कहानी के अन्य स्तरों की चर्चा में सुरेन्द्र चौधरी ने 'कथा स्तर' या 'कथात्मक स्तर' को रखा है। उनके शब्दों में : "इस स्तर पर कहानीकार चरित्र और घटनाओं के अन्वय, अन्तर्क्रिया और विकास के द्वारा कथानक का रूप निर्मित करता है।"[39] कथात्मक स्तर की बात नामवर सिंह कुछ दूसरे ढंग से स्वीकारते हैं। वे इसे 'जीवन्त तत्त्व' कहकर हिन्दी कहानीकारों के दायित्वबोध का प्रश्न उठाते हैं : "आज की हिन्दी कहानी के विकसित तत्त्वों के रसास्वादन के लिए यथोचित अभिरुचि का वातावरण बनाने की जिम्मेदारी सबसे पहले आज के जागरूक कहानीकारों की है। अभिरुचि के द्वारा ही सुरुचि-सम्पन्न पाठकों का समुदाय तैयार किया जा सकता है, जो कि आज की हिन्दी कहानी के जीवन्त तत्त्व के विकास की खास शर्त है।"[40]

परन्तु सुरेन्द्र चौधरी समीक्षकों के दायित्व-बोध पर टिप्पणी करते हुए यह कहते हैं : "हिदी में कहानियों की पाठ-सम्बन्धी समस्याओं पर गम्भीरता से विचार नहीं किया गया है। इस सम्बन्ध में कथा साहित्य के समीक्षकों का एक निश्चित दायित्व है। इधर 'नई कहानियाँ' के सम्पादक ने पाठक की रुचि के प्रश्न पर और उसकी व्यावहारिक समस्याओं पर थोड़ी टिप्पणियाँ लिखी हैं, किन्तु टिप्पणियों, स्वीपिंग कथनों और आक्षेपों से इसका निराकरण सम्भव नहीं।"[41] इस प्रकार कहानी विकास की प्रक्रिया में किसी एक वर्ग को ही जिम्मेदार नहीं ठहराया जा सकता। जितनी भूमिका कहानीकार की है, उतनी पाठक या समीक्षक की भी। अत: नामवर सिंह और सुरेन्द्र चौधरी का यह विवेचन एकांगी दृष्टि का परिचायक हैं।

जो भी हो, नामवर सिंह कहानी समीक्षा में कहानी मूल्यांकन की वास्तविकता को कहानी-पाठ की प्रक्रिया से जोड़कर दिखाते हैं जो उनकी कहानी आलोचना की विशिष्ट उपलब्धि है।

नामवर सिंह कहानी पाठ की प्रक्रिया में यह भी चिन्ता जाहिर करते हैं : "कहानी का यह दुर्भाग्य है कि वह मनोरंजन के रूप में पढ़ी जाती है और शिल्प के रूप में आलोचित होती है। मनोरंजन उसकी सफलता है तो शिल्प उसकी सार्थकता।"[42]

अत: कहानी के दुर्भाग्य की नई बहस नामवर सिंह छेड़ते हैं और आलोचना तथा पाठ की प्रक्रिया को अलगाते हुए उसकी सार्थकता को भी नये कोण से देखते हैं। उन्होंने यह चिन्ता भी व्यक्त की कि शास्त्रीय आलोचना में कहानियों के उदाहरण नहीं दिये जाते बल्कि कविताओं और उपन्यासों के दिये जाते हैं। इस सम्बन्ध में वे डॉ. शर्मा के प्रेमचन्द-सम्बन्धी मूल्यांकन का हवाला देते हैं; अर्थात् रामविलास शर्मा ने प्रेमचन्द की महानता के आधार के रूप में उनके औपन्यासिक योगदान को चुना है, कहानी-लेखन को नहीं। इस प्रकार नामवर सिंह बड़े आलोचकों द्वारा कहानी के प्रति उपेक्षापूर्ण रवैये की ओर इशारा करते हैं। 'नई कहानी' के सम्बन्ध में नामवर जी ने सफलता की बजाय सार्थकता को महत्त्व दिया है, साथ ही सार्थकता की कसौटी भी निर्धारित की है।

कविता के प्रतिमान से कहानी की ओर

नामवर सिंह कहते हैं : "जीवन के जिन मूल्यों की कसौटी पर हम कविता, उपन्यास आदि साहित्य-रूपों की परीक्षा करते हैं, उन्हीं पर कहानी की भी परीक्षा होनी चाहिए। इससे कहानी समीक्षा का एक ढाँचा तैयार होगा, साथ ही साथ मानवीय मूल्यों के सम्बन्ध में हमारा ज्ञान भी बढ़ेगा और सम्पूर्ण साहित्य के मानों की अपर्याप्तता भी क्रमश: कम होगी।"[43]

इस प्रकार नामवर सिंह पर 'कविता के प्रतिमानों से कहानी के प्रतिमान निर्धारण' का जो आरोप है, वह आंशिक रूप में सही सिद्ध होता है। लेकिन यदि ध्यान दें तो जीवन के प्रतिमान के अन्तर्गत ही सारी विधाएँ शामिल हैं अर्थात् अन्तर्वस्तु जीवन की अपेक्षा नहीं कर सकता चाहे कविता हो, कहानी हो या उपन्यास हो। यह सही है कि शिल्प या रूप के प्रतिमान ही विधाओं की भिन्नता निर्धारित करते हैं। वैसे नामवर सिंह की यह खुली स्वीकृति है : "मेरी अपनी सीमा यह है कि मैं अब तक मुख्यत: काव्य का पाठक रहा हूँ जिसका आभास इस कहानी सम्बन्धी लेख में भी लाचारी के कारण आ गया है। कहानियाँ मैंने कम पढ़ी हैं और उसमें अन्तर्निहित सत्य को समझने तथा व्यक्त करने की भाषा भी अब तक तय नहीं कर पाया हूँ।"[44]

इस प्रकार रमेश उपाध्याय एवं धनंजय वर्मा का यह आरोप सही साबित होता है कि नामवर सिंह कविता के प्रतिमानों से कहानी का मूल्यांकन करते हैं। यह तथ्य और भी स्पष्ट हो जाता है, जब 'कहानी : नई कहानी' के तीसरे अध्याय में नामवर सिंह प्रयोग, सम्प्रेषणीयता, सांकेतिकता, बिम्ब, प्रतीक आदि का प्रश्न उठाते हुए कहते हैं : "अभी तक जो शब्द नई कविता के लिए बदनाम थे, उन्हीं से कहानी भी अलंकृत हो रही है। और महत्त्वपूर्ण बात तो यह है कि ये जुमले स्वयं कहानीकार की कलम से बोलने लगे हैं—क्या कहानी पर भी नई कविता हावी हो रही है?"[45]

इस प्रकार वे नई कहानी और नई कविता के प्रतिमानों को समानान्तर उपस्थित करते हैं और इस जुमले को नई कहानी के मूल्यांकन का आधार बना डालते हैं।

नई कहानी के अन्तर्गत बिम्बों पर विचार करते हुए नामवर सिंह यह भी कहते हैं : "ध्यान देने की बात यह है कि बिम्बों की प्रधानता नई कविता में भी है।"[46]

इस प्रकार कहानी मूल्यांकन में नामवर जी कविता के जिन प्रतिमानों का उपयोग करते हैं, उन प्रतिमानों की सीमाबद्धता के बावजूद उनकी भूमिका को नजरअन्दाज नहीं किया जा सकता। अत: आलोचक मधुरेश के इस निष्कर्ष से सहमत हुआ जा सकता है : "लेकिन जब कहानी की आलोचना जैसी कोई चीज हिन्दी में थी ही नहीं, तो कहीं-न-कहीं से मूल्यांकन के प्रतिमान लेकर उसकी शुरुआत की जानी थी।"[47]

इसलिए राजेन्द्र यादव भी व्यंग्यपूर्वक कहते हैं : "इसलिए मुझे लगता नहीं है, 'कवि बनाम कथाकार' का छायायुद्ध बहुत दूर तक नामवर जी का साथ देगा। कहानी में कविता, संगीत, लय, सिम्फनी तलाश करना और कविता में गद्य का ठोसत्व खोजकर 'यूरेका! यूरेका!' (या भेड़िया-भेड़िया) की गुहार मचाना नामवर जी का पुराना शगल है।"[48] वैसे राजेन्द्र यादव नामवर सिंह की इन टिप्पणियों को एक तरह से खारिज तो करते हैं पर 'विधाओं की अन्तर्निर्भरता और अन्तर्मुक्ति' की बात भी 'अप्रत्यक्ष' रूप से स्वीकार करते हैं।

कहानी सम्बन्धी मूल्यांकन को नामवर सिंह वास्तविकता के पहलू से भी जोड़कर देखते हैं : "साहित्यकार कविता में वास्तविकता का एक पहलू दिखता है, तो उपन्यास में दूसरा, कहानी में तीसरा।"[49] अत: वे यह मानते हैं कि एक युग में रची गई कविता, कहानी, उपन्यास वास्तविकता के विभिन्न पहलुओं को दर्शाते हैं। असल में वास्तविकता के विभिन्न पहलू विभिन्न विधाओं में नहीं आते, बल्कि वास्तविकता के पहलुओं का विधाओं की सीमा के अनुसार विस्तार होता है। अत: कविता वास्तविकता के जिस पहलू को दर्शाती है, उससे अधिक उस वास्तविकता से उपजी संवेदना को दर्शाने के लिए तैयार होती है। परन्तु कहानी में वास्तविकता को दर्शाने का स्पेस कविता की तुलना में अधिक होता है और उपन्यास तो विभिन्न पहलुओं की समग्रता और विस्तार को प्रस्तुत करता ही है।

नामवर जी ने यह भी मन्तव्य किया है कि "विधाओं के माध्यम एक दूसरे के चूकने पर उत्पन्न होते हैं और ये जीवन को समझने के भिन्न-भिन्न माध्यम हैं।"[50]

इस सम्बन्ध में यही कहा जा सकता है कि भिन्न-भिन्न माध्यम जीवन को भिन्न-भिन्न ढंग से व्याख्यायित करते हैं।

कहानी समीक्षा की परम्परागत कसौटी बनाम नई कसौटी

नई कहानी की चर्चा करते हुए नामवर सिंह कहानी-समीक्षा की परम्परागत कसौटी का प्रश्न भी उपस्थित करते हैं : "लिहाजा, हम कहानी को कथानक, चरित्र, वातावरण, भावनात्मक प्रभाव, विषयवस्तु आदि अलग-अलग अवयवों के रूप में देखने के अभ्यस्त हो गए हैं। कॉलेज-जीवन में डायग्राम बनाकर कथानक के क्रमिक विकास की जो बात भर दी गई है, वह आगे चलकर भी साथ नहीं छोड़ती।"[51]

यह सवाल निस्सन्देह प्रासंगिक है और अभ्यास ऐसा हो जाता है कि पाठक कहानी के निर्दिष्ट फ्रेम में ही कहानी को मढ़ने की कोशिश करता है। यही स्थिति 'प्रधानता' के आधार पर कहानियों के मूल्यांकन की भी है अर्थात् 'कथानक प्रधान', 'चरित्र प्रधान', 'भाव प्रधान' और 'वातावरण प्रधान' आदि। नामवर जी की मुख्य चिन्ता यह है कि इन स्थितियों ने आलोचना को और भी कमजोर किया है। अत: नामवर सिंह का विचार है कि कहानी में 'जीवन सत्य', 'भावबोध या अनुभूति की एक सम्पूर्ण इकाई' के रूप में देखे जाएँ।

नामवर जी ने शिल्पवादी प्रवृत्ति की कहानियों को भी आड़े हाथों लिया है। ऐसी कहानियों को वे श्रीपतराय के शब्दों में 'असफल' मानते हैं। उन्होंने समकालीन कहानीकारों को इस प्रवृत्ति में लिप्त पाया है। नामवर जी कहते हैं : "यदि कोई कहानीकार शिल्प के किसी विशेष अवयव की रचना करके सफलता का ढोल पीटता है तो यही समझना चाहिए कि वह कहानी को एक 'शिल्प' समझता है।"[52]

नामवर जी ऐसे कहानीकारों में परिश्रम और अभ्यास की कमी पाते हैं और ऐसी कहानियों को फार्मूलाबद्ध कहानी मानते हैं। इन कहानियों में उन्होंने अज्ञेय की 'कलाकार की मुक्ति', देवीसिंह तथा अमृतराय की 'नंगा आदमी', 'नंगा जख्म' कहानियों को उद्धृत किया है। अत: शिल्प कहानी का साधन हो सकता है, साध्य नहीं।

कहानी और कहानीपन

नामवर सिंह यह मानते हैं कि कहानी के रूप का बदलाव प्रेमचन्द और चेखव जैसे कहानीकारों ने भी किया परन्तु कहानीपन की रक्षा भी इन्होंने की। इन्होंने कथानक सम्बन्धी प्रचलित धारणाओं का भी खंडन किया परन्तु कहानीपन तब भी जीवित

रही। कुल मिलाकर कहानीपन तभी सुरक्षित रह सकता है जब कहानीकार पूरी तरह कहानी में संलिप्त हो। नामवर सिंह के शब्दों में : "कहानी शिल्प के भी मालिक वही हैं, जो उसके गुलाम हैं।"[53]

नामवर जी मानते हैं कि शिल्प नवीन होने की स्थिति में ही कहानीपन सुरक्षित रह सकता है। अत: कहानीपन 'कहानी' के मूल ढाँचे के साथ छेड़छाड़ न करने की स्थिति में ही बच सकता है। कहानीपन की रक्षा तथा शिल्प के नये प्रयोग की स्थितियाँ वे कमलेश्वर द्वारा रचित कहानियों में बेहतर ढंग से पाते हैं। उनकी धारणा है : "यह आकस्मिक नहीं है कि कहानीपन की उपेक्षा करके केवल शिल्प के लिए लिखी हुई एक भी श्रेष्ठ कहानी नहीं बन सकी।"[54]

अर्थात् पत्र शैली और डायरी शैली की कहानियाँ भी अपना असर नहीं दिखा सकीं। दूसरी ओर वे कहानीपन की दृष्टि से सफल कहानियों में तेजबहादुर चौधरी कृत 'हत्या भरन', निर्गुण कृत 'छोटा डाक्टर', भीष्म साहनी कृत 'चीफ की दावत', शशि तिवारी कृत 'गिद्ध और सेवंती के फूल', विद्यासागर नौटियाल कृत 'भैंस का कटरा' तथा अमरकान्त कृत 'जिन्दगी और जोंक' को उद्धृत करते हैं।

'कहानीपन' को और खोलते हुए नामवर सिंह कहते हैं : "कविता में जो स्थान लय का है, कहानी में वही स्थान कहानीपन का है।"[55] यह कहानीपन असल में कहानी कहने की 'कलात्मक वृत्ति' है। इसे नामवर सिंह एक महत्त्वपूर्ण सांस्कृतिक कार्य मानते हैं और कहानीपन के साथ उद्देश्य का अभिन्न सम्बन्ध दिखाते हैं तथा वर्तमान समय में उद्देश्य और कहानीकार को अलगाना असम्भव मानते हैं। इसे वे एलेन पो के 'एकान्विति' शब्द के पर्याय के रूप में देखते हैं। यह विचित्र किस्म का विरोधाभास है कि एक शब्द एक सन्दर्भ में नकारात्मक हो उठता है तो दूसरे सन्दर्भ में सकारात्मक। 'कहानी : नई कहानी' में 'एकान्विति' शब्द पर व्यंग्य किया गया है। नामवर जी कहानीपन और वस्तुव्यंजना को एक मानते हैं। निष्कर्ष, वे कहते हैं : "इसलिए कहानी के कहानीपन की सफलता का अर्थ है उसकी अर्थवत्ता या सार्थकता।"[56]

नामवर सिंह ने कहानीपन की धारणा को कमलेश्वर के कथनों के माध्यम से व्यक्त किया है, जिसे वे 'राजा निरबंसिया की कहानी' की भूमिका से उद्धृत करते हैं : "केवल सोद्‌देश्यता की पृष्ठभूमि में ही आज के लेखक की कहानियों का अध्ययन किया जा सकता है।"[57]

'सोद्‌देश्यता' को नामवर सिंह सतही अर्थ में ग्रहण नहीं करते; बल्कि वे यह मानते हैं : "इसका अर्थ है एक इशारा—इशारा एक दिशा की ओर या अनदेखी स्थिति की ओर।"[58]

इस प्रकार वे कहानी के अन्तर्गत उद्‌देश्य की प्रचलित 'धारणा' का अतिक्रमण करते हुए नई दृष्टि प्रदान करते हैं। उद्‌देश्य को प्राय: दृश्यमान ही मान लिया

जाता रहा है जिससे अलग और मौलिक अर्थ नामवर सिंह प्रस्तुत करते हैं। वे कहते हैं : "दर्द से छटपटाते हुए जिस व्यक्ति अथवा समाज को यह पता न हो कि दर्द कहाँ है और क्या है, उसके लिए दुखती रग पर हाथ रख देना भी बहुत बड़ी बात है।"[59]

सार्थकता और निरर्थकता

नामवर सिंह ने कहानी के अन्तर्गत सार्थकता-निरर्थकता का प्रश्न भी उपस्थित किया है, जो प्राय: सनातन प्रश्न हो चला है। उनके शब्दों में : "परन्तु लघुता में निरर्थकता का खतरा सबसे अधिक है। कहानी की सृष्टि इसी लघुता को सार्थकता प्रदान करने के लिए हुई थी।"[60]

मूल बात यह है कि हर छोटी बात महत्त्वहीन हो, यह आवश्यक नहीं। उनके अनुसार, कहानी की सार्थकता का अर्थ यह है : "...कहानी हमारे जीवन की छोटी-से-छोटी घटना में भी अर्थ खोज लेती है।"[61]

अर्थात् 'घटना' का महत्त्व उसकी अर्थवत्ता से निर्धारित होता है। अर्थवत्ता के अभाव में बड़ी घटना भी महत्त्वहीन साबित हो सकती है।

अन्तर्विरोध का प्रश्न

नामवर सिंह कहानी पर विचार करते हुए अन्तर्विरोध के प्रश्न को भी महत्त्व देते हैं। वे कहते हैं : "यह एक विरोधाभास है कि कहानी जैसा एकान्वित शिल्प अन्तर्विरोध पर निर्मित होता है।"[62]

उनके अनुसार 'विडम्बना' के साथ अन्तर्विरोध की स्थिति जुड़ी होती है और जो कहानीकार ऐसा कर पाते हैं, वे सफल हैं। नामवर जी यह मानते हैं कि कहानी में सिर्फ अन्तर्विरोध ही नहीं, और भी बहुत कुछ होता है : "कहानी जीवन के टुकड़े में निहित अन्तर्विरोध को पकड़ने की कोशिश करती है और ठीक से पकड़ में आ जाने पर यह खंडगत अन्तर्विरोध की वृहद् अन्तर्विरोध के किसी-न-किसी पहलू का आभास दे जाता है।"[63]

यही नहीं, नामवर सिंह खंडगत अन्तर्विरोध का महत्त्व भी स्वीकारते हैं। उनके अनुसार यह खंडगत अन्तर्विरोध की श्रेष्ठ कहानियों के कथानक में नाटकीय मोड़ चरित्र के साथ वस्तु-स्थिति का संघर्ष, चरित्र के भीतर संकल्प-विकल्प की दुविधा या चिन्तन कार्य की विडम्बना को उभारने में सक्षम होते हैं।

इन स्थितियों को स्पष्ट करते हुए नामवर सिंह 'चीफ की दावत' का उदाहरण प्रस्तुत करते हुए कहते हैं : "इससे स्पष्ट हो सकता है कि समर्थ कहानीकार किस

प्रकार जीवन की छोटी-से-छोटी घटना में अर्थ के स्तर उद्‌घाटित करता हुआ उसकी व्याप्ति को मानवीय सत्य की सीमा तक पहुँचा देता है। ऐसे अर्थगर्भत्व को मैं सार्थकता कहता हूँ।"[64]

इस प्रकार नामवर जी के अनुसार कहानी की सार्थकता छोटी घटना में भी अर्थ के महत्त्वपूर्ण स्तर उद्‌घाटित होती है, वह जीवन के 'प्रत्येक प्रसंग के अन्तर्विरोधों' को पकड़ती है। इस सम्बन्ध में उन्होंने राजेन्द्र यादव की कहानी 'जहाँ लक्ष्मी कैद है' का हवाला दिया है। परन्तु अन्तर्विरोध की भी अपनी स्थिति है। नामवर जी के शब्दों में : "जहाँ अन्तर्विरोध है, वहाँ विरोधी तत्त्वों में से किसी को भी झटककर निकाला नहीं जा सकता।"[65]

वे मानते हैं कि 'अन्तर्विरोध की सम्पूर्ण तीव्रता' को ग्रहण करके ही कहानी सार्थक होती है। अत: न तो अन्तर्विरोध को कम किया जाना चाहिए और न ही तीव्रता को। ये दोनों ही स्थितियाँ घातक हैं अर्थात् पहली स्थिति 'सपाटता' की है तो दूसरी 'दिमागी ऐयाशी' की। ऐसी दुर्बलताओं में नामवर सिंह राजेन्द्र यादव की कहानी 'कमजोर लड़कियाँ' को पाते हैं और 'उलझा हुआ लेखन' जैसे लगे आरोपों का समर्थन भी करते हैं। इसी क्रम में वे 'खेल-खिलौने' से लेकर 'जहाँ लक्ष्मी कैद है' तक को शामिल करते हुए उसमें उलझन और पेचीदगी भी ढूँढ़ लेते हैं तथा साथ ही उनके लेखन पर 'अतिरिक्त तीव्रता' का आरोप भी लगाते हैं।

नई कहानी और युगबोध का सवाल

'अन्तर्विरोध' पर विचार करते हुए नामवर सिंह कहानी को 'घटना' और 'युग' के परिप्रेक्ष्य में देखते हैं।

अभिप्राय यह है कि कहानीकार यदि हर घटना में कहानी ढूँढ़ ले तो वह निस्सन्देह उसकी बड़ी उपलब्धि है परन्तु ऐसी स्थिति के प्रति सतर्क करते हुए नामवर सिंह कहते हैं : "यथार्थ की इस विविधता में 'सुपरफ्लुअस' होने का बहुत बड़ा खतरा है।"[66]

ऐसे कहानीकारों में वे मोहन राकेश और यशपाल को पाते हैं। वे मानते हैं कि मोहन राकेश की कहानियाँ मन में एक 'फ्लैश' की तरह कौंध जाती हैं परन्तु कमजोरी यह है कि वे 'अपनी यात्राओं में कहानियाँ बटोरते' चलते हैं। परिणामस्वरूप कहानियों में 'गहरी मानवीय संवेदना' का अभाव हो जाता है। अभिप्राय यह है कि कहानी यात्रा में 'अतिरिक्त संवेदनशीलता' या फिर 'नितान्त संवेदनहीनता' कहानी को 'सुपरफिशल' बनाती है। अत: वे अंग्रेजी कहानीकार सॉमरसेट मॉम की श्रेणी में मोहन राकेश को पाते हैं और दूसरों की तरह वे भी उन्हें डाक बँगलों का कहानीकार के रूप में स्वीकारते हैं। अन्तत: वे मोहन राकेश की उक्तियों से ही मोहन राकेश

की कमजोरी ढूँढ़ लेते हैं। यानी मोहन राकेश की धारणा यह है कि 'यायावर को अपनी यात्रा में उड़ती हुई कहानियों का टूटा हुआ सत्य' ही मिल पाता है।

निष्कर्षत: वे कहते हैं : "...जो कुछ साथ लग जाए या दृष्टि में पड़ जाए, वह सब सार्थक नहीं है। हर घटना में अन्तर्विरोध लक्षित करना एक बात है लेकिन युग के मुख्य अन्तर्विरोध के प्रवाह में सार्थक घटनाओं को लक्षित करना दूसरी बात है।"[67]

नामवर सिंह मुख्य रूप से इस बात पर बल देते हैं कि कहानीकार अपनी कहानी की सामग्री के चयन में 'युग के मुख्य अन्तर्विरोधों के प्रवाह' को ध्यान में रखे, वरना "युग की दबी हुई शक्तियाँ उभर आती हैं और उभरी हुई शक्तियाँ दब जाती हैं।" अत: वे आगाह करते हुए कहते हैं : "इस प्रकार सामाजिक अन्तर्विरोध का रूप ही नहीं बदलता, बल्कि उसमें भाग लेनेवाली हर सामाजिक इकाई के भीतर अन्तर्विरोध के रूप भी बदल जाते हैं।"[68]

इसके उपरान्त वे नये कहानीकारों की भूमिका को लेकर विचार करते हैं। नामवर जी के अनुसार इन कहानीकारों में दो वर्ग हुए। एक ने : "मध्यवर्गीय वास्तविकताओं के चित्रण में ही अपनी कला की सार्थकता समझी, वहाँ दूसरे कहानीकारों ने इसमें सम्भवत: कोई रस न पाकर नव-जीवन के प्रतीक गाँवों की ओर दृष्टि दौड़ाई।"[69]

नये कहानीकारों के इस प्रयास को नामवर सिंह 'पलायन' नहीं मानते बल्कि 'व्यापक जन शक्ति' का माध्यम स्वीकारते हैं और इन कहानीकारों की निर्वैयक्तिकता की सराहना करते हैं। इन कहानीकारों में उन्होंने रांगेय राघव की 'गदल', मार्कण्डेय की 'गुलरा के बाबा', 'हंसा जाई अकेला', शिवप्रसाद सिंह की 'कर्मनाशा की हार' आदि को शामिल किया है, जिन्होंने गाँव के जीवन को लेकर भी महत्त्वपूर्ण वातावरण और चरित्रों की सृष्टि की है। उनके शब्दों में : "इन कहानियों ने निरर्थक प्रतीत होनेवाले वर्तमान जीवन में भी शक्ति और सौन्दर्य की झलक दिखाकर जीवन की सार्थकता में आशा बँधाई है।"[70]

साथ ही वे यह भी मानते हैं कि "वर्तमान जीवन के सार्थक सत्य को पहचानने में नये कहानीकारों को उतनी सफलता नहीं मिली है जितनी अन्य अनुभव सत्यों के चित्रकार कहानी लेखकों को मिल चुकी है।"[71] इसकी वजह वे यही मानते हैं कि इन्हें बनी-बनाई परिपाटी प्राप्त थी। अत: इन्हें नये अनुभव और अभ्यास से काम लेना पड़ेगा। यह अभ्यास 'संयोजित चेतना' के उपयोग द्वारा ही सम्भव है।

नई कहानी : नये प्रश्न

'कहानी : नई कहानी' के तीसरे अध्याय में नामवर सिंह ने नई कहानी के सन्दर्भ में नये प्रश्नों पर विचार किया है। इन प्रश्नों में प्रमुख हैं : "सम्प्रेषणीयता, सांकेतिकता, प्रभावान्विति, बिम्बात्मकता, प्रतीकात्मकता तथा अन्वेषणपरकता।"

'सम्प्रेषणीयता' के सवाल को नामवर सिंह नई कहानी के सन्दर्भ में पहला सवाल मानते हैं। वे स्वीकारते हैं कि 'सम्प्रेषणीयता' का सम्बन्ध सिर्फ 'भाषा' या 'माध्यम' से नहीं है बल्कि यह 'किसी गहरे सांस्कृतिक संकट का लक्षण' है। अत: इस प्रकार कहानी-शिल्प की जो परम्परागत अवधारणा 'सम्प्रेषणीयता' के सम्बन्ध में प्रचलित थी, उसे नामवर सिंह खारिज करते हैं तथा युगीन सन्दर्भों को ध्यान में रखकर परिभाषित करते हैं।

'सम्प्रेषणीयता' का एक सम्बन्ध 'सांकेतिकता' से भी है। नामवर सिंह के मतानुसार नई कहानी सांकेतिकता से भरी हुई है। उनके शब्दों में : "पहले की तरह आज की कहानी आधारभूत विचार का केवल अन्त में संकेत नहीं करती, बल्कि नई कहानी का समूचा रूप-गठन (स्ट्रक्चर) और शब्द गठन (टेक्सचर) ही सांकेतिक हैं।"[72]

अत: वे सांकेतिकता को परम्परागत प्रयोग मानते हैं तथा कहते हैं कि यह सांकेतिकता प्रेमचन्द की 'कफन', 'पूस की रात' तथा जैनेन्द्र, यशपाल, अज्ञेय आदि की कहानियों में भी है। अन्तर यह है कि इनमें यह 'आधारभूत' रूप में है जबकि नई कहानी के पूरे गठन में यह मौजूद है। 'सांकेतिकता' की एक स्थिति 'प्रभावान्विति' है। यह स्थिति काफी पुरानी है : "किन्तु प्रभाव की सम्पूर्ण अन्विति को सांकेतिक बनाने का श्रेय एकदम नई कहानी को है।"[73] इस प्रकार नई कहानी अपनी प्रभावान्विति को सांकेतिकता द्वारा स्थापित करती है। अत: वे आगे यह कहते हैं : "नई कहानी संकेत करती नहीं बल्कि स्वयं संकेत है।"[74]

नई कहानी की उपलब्धि यह है कि नई कहानी ने अपना ध्यान कथानक और चरित्र से हटाकर 'वातावरण' पर केन्द्रित किया अर्थात् इसका उद्‌देश्य विचारों और भावों को 'सांकेतिकता' प्रदान करना था। इस प्रकार वातावरण सांकेतिकता का आधार है। नामवर सिंह इस 'वातावरण' को व्यापक अर्थ में परिभाषित करते हैं। यह वातावरण प्रकृति का बोध कराते हुए 'भीतरी जीवन' का भी बोध कराता है। वे कहते हैं : 'नई कहानी' का 'वातावरण' पूर्ववर्ती कहानियों के वातावरण से भिन्न है अर्थात् पहले के कहानीकार वातावरण का चित्रण कहानी को 'सजाने के लिए', तो 'कभी यथार्थ का रंग देने' के लिए करते थे। "किन्तु नई कहानी में वातावरण अलंकरण मात्र नहीं हैं बल्कि अन्त:करण हैं। वातावरण निर्माण में नये कहानीकार प्राय: बिम्ब विधान का सहारा लेते हैं।"[75]

इस प्रकार बिम्बों का प्रयोग भी नई कहानी की विशिष्टता है जिसकी तुलना करते हुए नामवर सिंह नई कविता का उदाहरण प्रस्तुत करते हैं; अर्थात् बिम्ब प्रयोग की समानधर्मिता को वे आकस्मिक संयोग नहीं मानते। उनके शब्दों में : "बिम्ब वस्तुत: आधुनिक युग की कलात्मक अभिव्यक्ति का अनिवार्य माध्यम हो गया है।"[76]

उनकी यह भी स्थापना है कि 'बिम्बों द्वारा निर्मित वातावरण' से आंचलिक कहानियाँ जीवन्त हो उठी हैं। इन कहानियों में नामवर सिंह 'कोसी का घटवार' (शेखर जोशी), 'दीनू के साथ एक सुबह' (शिवप्रसाद सिंह), 'नया मकान और प्रश्नवाचक पेड़' (राजेन्द्र यादव), 'आर्द्रा' (मोहन राकेश), 'तीसरा गवाह' (निर्मल वर्मा) आदि को शामिल करते हैं।

नामवर सिंह ने नये कहानीकारों के बिम्ब प्रयोग को विकसित ऐन्द्रियबोध से सम्बन्धित माना है। इस दृष्टि से उन्होंने निर्मल वर्मा की कहानियों की सराहना की है। उनके शब्दों में : "इस दृष्टि से निर्मल वर्मा की कहानियाँ सबसे अधिक प्रभावशाली हैं। संगीत की जैसी सूक्ष्म संवेदना निर्मल ने व्यंजित की है, वह नई कहानी की बहुत बड़ी उपलब्धि है।"[77] इस दृष्टि से उन्होंने 'परिन्दे' एवं 'दहलीज' कहानी की चर्चा भी की है और यह भी स्वीकारा है कि निर्मल की कहानियों के सजीव बिम्बों के निकट अन्य कहानीकारों की कहानियाँ नहीं पहुँच पातीं।

निर्मल वर्मा के जरिये नामवर सिंह 'टेक्सचर' को नई कहानी की अन्यतम विशेषता स्वीकारते हैं। उनके अनुसार, 'टेक्सचर' वाक्यों की ऐसी लयबद्ध शृंखला है जिसमें "सम्पूर्ण विन्यास अनजाने ही मन को संगीत की लहरों पर आरोह-अवरोह के साथ बहाते चलता है।" और "अनजाने ही कहानी का यह विन्यास कथानक, चरित्र, वातावरण आदि द्वारा उत्पन्न प्रभावान्विति को समृद्ध कर जाता है।"[78]

नई कहानी की विशिष्टता में 'प्रतीक' और 'संकेत' भी महत्त्वपूर्ण हैं पर इन्हें नामवर जी 'फिसलन भरा' तथा 'खतरनाक' मानते हैं। उनके शब्दों में : "संकेत इतना बारीक भी हो सकता है कि पाठक ताकता ही रह जाए—कभी कहानी की ओर और कभी लेखक के अदृश्य मुँह की ओर। ऐसी स्थिति में कहानी के सर्वथा विचारशून्य हो जाने का भारी खतरा है।"[79]

इस दृष्टि से उन्होंने राजेन्द्र यादव की 'अन्धा शिल्पी' और 'आँखोंवाली राजकुमारी', 'अभिमन्यु की आत्महत्या' तथा 'कुलटा' आदि कहानियों की भर्त्सना की है। नामवर सिंह कहते हैं : "अनुभूति और सौन्दर्य के लिए बहुतों ने अपना दृष्टिकोण खोया है और जिनके पास कोई दृष्टिकोण ही नहीं था, उन्होंने अपनी कला भी खोई है।"[80]

अत: नई कहानी के अन्तर्गत विकसित होनेवाली प्रतीक संकेत पद्धति भटकाव की स्थितियाँ भी तैयार कर रही थी जिसकी ओर ध्यान दिलाते हुए नामवर सिंह कहते हैं : "सचमुच यह प्रतीक संकेत-पद्धति बहुत-सी अस्वस्थ प्रवृत्तियों के लिए आवरण बन रही है। सेक्स संकेत इन्हीं में से एक है।"[81]

इस सन्दर्भ में वे पुन: राजेन्द्र यादव तथा मोहन राकेश को उद्धृत करते हैं। यहाँ तक कि निर्मल वर्मा को भी शामिल करते हैं अर्थात् संकेत-प्रतीक पद्धति के दुरुपयोग के प्रति उनकी चिन्ता है।

फिर वे इस प्रतीक-संकेत पद्धति के दूसरे खतरे का जिक्र करते हैं अर्थात् इस पद्धति के कारण 'अनावश्यक काव्यात्मकता' भी लादी गई है। वे गद्य की भाषा को काव्य की भाषा की तुलना में अधिक उत्तरदायी मानते हैं। इसी चिन्ता के तहत वे शिवप्रसाद सिंह की कहानियों में उपमा प्रयोग की बहुलता पर व्यंग्य करते हैं, राजेन्द्र यादव की निबन्धात्मक भाषा की भी भर्त्सना करते हैं, साथ ही मोहन राकेश द्वारा प्रयुक्त आलोचनात्मक एवं निरीक्षणात्मक भाषा पर अफसोस जाहिर करते हैं। परन्तु यह भी नोटिस लेते हैं कि मोहन राकेश, मार्कण्डेय और रेणु अपनी भाषा का परिमार्जन भी कर रहे हैं। उन्होंने 'नई कहानी की भाषा की परम्परा के अनुशासन' का सवाल उठाया है और यह मन्तव्य किया है : "सवाल नई वास्तविकता के अनुरूप उतनी ही यथातथ्य, कठोर, चुस्त, संवेदनशील, सजीव भाषा के निर्माण का है।"[82]

इन चुनौतियों के तहत नामवर जी सार्त्र और अल्वेयर कामू की भाषा का आदर्श प्रस्तुत करते हैं, अतएव इस दिशा में नये कहानीकारों को प्रयत्नशील भी पाते हैं। इनमें वे अमरकान्त की भाषा को आदर्श उदाहरण के रूप में देखते हैं, साथ ही थोड़ी और संवेदनशीलता की उम्मीद रखते हैं।

प्रतीक-संकेत पद्धति की एक विडम्बना वे यह भी मानते हैं कि इससे कथानक में 'नाटकीय मोड़' उत्पन्न होता है परन्तु यदि वह चमत्कार की सृष्टि करता है तो वह अनावश्यक है। मोहन राकेश की कहानी 'उसकी रोटी' के हवाले से वे कहानीकारों की चमत्कार प्रवृत्ति पर व्यंग्य करते हुए कहते हैं : "जो कहानीकार समूचे आदमी को उठाने की जगह केवल उसकी भौंहें उठाकर रह जाता है, उसके लिए भी भौंहें ही उठ सकती हैं। वैसे, कथाकार के लिए भी चमत्कार का शौक बड़ा महँगा पड़ता है। पाठक को एक बार चौंकाते जाने के लिए तैयार रहना और इसके लिए दूसरी तरह की तैयारी अपेक्षित होती है।"[83]

इसके लिए वे राजेन्द्र यादव को भी दोषी मानते हैं। 'अन्वेषण' कहानी के हवाले से नामवर जी ही कहना चाहते हैं कि प्रतीकों का उलझा हुआ और रूढ़ प्रयोग कहानीकार न करें। उनकी चिन्ता है : "इतनी विशाल और समृद्ध जिन्दगी का जंगल सामने लहरा रहा है और आप हैं कि जाने किन सूक्ष्म मान्यताओं और रूढ़ प्रतीकों के 'एब्सट्रैक्शंस' में झख मार रहे हैं!"[84]

इस प्रकार वे नये कहानीकारों को दिशाहीन होने से सचेत करते हैं। आगे वह यह भी कहते हैं : "जिन्दगी के गहन जंगल में आज भी न जाने कितनी सजीव वस्तुएँ पड़ी हैं जिनको अभी तक किसी कहानीकार से नाम नहीं मिल सका है, जिन्हें किसी की भी आँखें नहीं मिल पाती हैं और जो बोल कहानीकार की वाणी के अभी तक मुहताज हैं।"[85] फिर भी वे अमरकान्त की कहानियों को नये कहानीकारों के लिए चुनौती मानते हैं। कारण यह कि अमरकान्त ने निम्न-मध्यवर्ग की जिन्दगी

की तहों से बहुत कुछ नया ढूँढ़ निकाला है। जिन्दगी के बहुत-से पर्दों को बेपर्दा भी किया है। इस दृष्टि से वे हरिशंकर परसाई को अमरकान्त के समकक्ष पाते हैं।

अत: वे 'संकेत' को इशारेबाजी तक सीमित नहीं मानते, बल्कि यह उम्मीद रखते हैं कि 'जिन्दगी की अँधेरी गलियों में रोशनी तलाशने' में वे सक्षम हों। इसलिए नामवर जी कहते हैं : "पाठक तो यह देखना चाहेगा कि सारा संकेत किस ओर है।"[86]

अन्तत: नामवर सिंह कहानी-कला की प्रचलित और रूढ़ अवधारणा को खारिज करते हुए नये प्रतिमानों में नया अर्थ भी भरते हैं। निष्कर्षत: उनका यही कहना है : "निस्सन्देह कहानी बेहद नाजुक कला है। ज्यादा कलाबाजी से भी कुम्हला सकती है और रूखे हाथों के स्पर्श से भी।"

नई कहानी : उपलब्धियाँ और सीमाएँ

'कहानी : नई कहानी' के चौथे अध्याय के अन्तर्गत नामवर सिंह ने नई कहानी की उपलब्धियों की चर्चा की है, जो मूलत: 'अच्छी कहानियाँ' हैं। परन्तु इन कहानियों का मूल्यांकन वे आज के सामाजिक और साहित्यिक विकास के रूप में करते हैं। अत: इस सम्बन्ध में नामवर जी कई ऐतिहासिक प्रश्न उभारते हैं और मूल्यांकन की ओर प्रवृत्त होते हैं।

कहानी चर्चा के अन्तर्गत 'ग्रामकथा बनाम शहरी कथा', 'परम्परा बनाम प्रयोग या प्रगति', 'जातीय कहानी' आदि प्रश्न उभरते रहे हैं। परन्तु 'विदेशी कहानी' का प्रश्न नामवर जी की दृष्टि में बड़ा गम्भीर है। वे इस बात की ओर ध्यान दिलाते हैं कि प्रश्न चर्चा से ज्यादा महत्त्वपूर्ण है। प्रश्नों को सही रूप से उठाना, वरना ऐसे में भटकाव की स्थिति पैदा हो सकती है।

सबसे पहले वे 'ऐतिहासिक दाय' बनाम परम्परा का प्रश्न उठाते हुए कहते हैं : "जो बार-बार अपने ऐतिहासिक दाय की दुहाई देते हैं, वे भी परम्परा प्राप्त कहानी-शिल्प में नवीनता पैदा करने के लिए उत्सुक हैं।"[87] यही नहीं, 'जातीय साहित्य का ढोल पीटनेवाले भी कहानी-कला की विश्वव्यापी बिरादरी' से जुड़े हैं। ऐसे में विदेशी लेखकों की भूमिका महत्त्वपूर्ण है और विदेशी तथा परम्पराच्युत कहे जानेवाले कहानीकार भी। अत: नये कहानीकार अपनी सामर्थ्य की सीमा के बावजूद 'परम्परा', 'जातीयता' और 'नवीनता' को स्वीकार कर रचना में चरितार्थ कर रहे हैं। इस धारणा के साथ नामवर सिंह 'अच्छी कहानी' को विश्लेषित करते हैं। उनके अनुसार, 'अच्छी कहानी कलाकृति के रूप में अखंड इकाई हैं', जिनमें अनेक तत्त्वों का योग है। इसे स्पष्ट करते हुए वे कहते हैं : "वे जिस वस्तु, सत्य की जीवन्त कला सृष्टि हैं, उसमें जातीय जीवन तथा व्यक्तिगत अनुभूति, परम्परागत दाय तथा नवीन परिवर्तन, यथार्थ आधार तथा कल्पना का आवरण आदि बहुत-सी

नई-पुरानी बातों का समवाय हो सकता है।"[88] परन्तु इस समवाय को नामवर जी 'ऐतिहासिक नवीनता' से जोड़ते हैं और यह स्थापित करते हैं कि इस नवीनता के कारण ही कहानी सार्थक होती है।

इस सन्दर्भ में वे 'नये' विशेषण के सम्बन्ध में उठनेवाली आशंका अर्थात् 'बौद्धिक तृप्ति' के लिए अन्वेषण, प्रयोग, प्रतीक आदि को निर्मूल सिद्ध करते हैं, साथ ही इसे 'आत्मविश्वास की कमी' भी मानते हैं। कुछ लोग नई विशेषण को नई कविता के विशेषण से सम्बद्ध मानने की भी भूल करते हैं।

नामवर सिंह इस नयेपन की उपलब्धि में 'साहित्य की बाड़ेबन्दी' का विरोध करते हैं और यह मानते हैं कि "एक अरसे से साहित्य की समस्त विधाएँ आपस में आदान-प्रदान करते हुए आगे बढ़ रही हैं।"[89]

यहाँ तक कि ललित कलाओं और अन्य विधाओं का भी विनिमय हो रहा है। नामवर जी के शब्दों में तथ्य यह है कि "इस बीच अपने यहाँ कहानी, उपन्यास, नाटक, रेखाचित्र, डायरी, संस्मरण आदि विविध गद्य रूपों तथा कविता के बीच आपसी विनिमय काफी हुआ है।"[90] अत: नई कहानी की ऐतिहासिक उपलब्धि यह है कि साहित्य के रूप परस्पर मिश्रित हुए हैं, रूढ़ ढाँचे टूटे हैं और एक नये स्तर पर वास्तविकता निर्मित हुई है। ऐसी कहानियों में नामवर सिंह, रेणु की 'रसप्रिया' निर्मल वर्मा की 'परिन्दे' तथा राजेन्द्र यादव की 'एक कमजोर लड़की की कहानी' को शामिल करते हैं। इसे वे 'मिश्रित शिल्प की उत्तम कहानियाँ' कहते हैं। इस मिश्रित शिल्प को रेणु ने भी अपनाया है जिसे वे 'ठुमरी धर्मा' कहते हैं।

नई कहानी की उपलब्धियों के अन्तर्गत फ्लैश बैक पद्धति की चर्चा की जाती है। नामवर सिंह के अनुसार, यह कहानी का अपना शब्द नहीं है, सिनेमा-शिल्प का शब्द है। वे कहते हैं कि फिर भी 'फ्लैश बैक' से उन्हें उतनी चिढ़ नहीं है, जितनी नई कविता वाले शब्दों से। ऐसे ही लोग प्रेमचन्द की ग्राम कथाओं में 'अस्वाभाविकता, कृत्रिमता, डिस्टॉरसन' आदि ढूँढ़ लेते हैं जिनके बारे में नामवर जी की टिप्पणी है : "...उन्हें कहानी के नवीनतम विकास की समझ नहीं है।"[91]

नई कहानी पर एक आरोप पुन:प्रस्तुतीकरण का भी है, विशेषत: शहरी कहानियों को लेकर। नामवर जी ने यह उद्धृत किया है कि इन पर मोराविया, सारोयान, हेमिंग्वे, कामू आदि कथाकारों के अनुकरण का आरोप है। वैसे वे यह भी स्वीकारते हैं : "आज भी कहानी के क्षेत्र में लीक पीटनेवालों की कमी नहीं है।"[92]

इन प्रश्नों के उत्तर में वे कहानी को माध्यम बनाते हैं और कहते हैं : "वहाँ दृश्य भी हैं और दृष्टि भी। ये कहानियाँ जीवन की सीधी आलोचना ही नहीं बल्कि जीवन के अधिक से अधिक संवेदनशील पहलुओं का चित्र भी हैं। कुछ कहानियाँ ऐसी हैं, जिनमें आलोचना-पक्ष पर जोर कम है, संवेदनशील पहलुओं के ग्रहण का आग्रह अधिक है।"[93]

इस प्रकार नामवर जी कहानी-आलोचना के उपकरण कहानी से ही ढूँढ़ लेते हैं; अर्थात् नई कहानी में जीवन का आलोचना पक्ष एवं संवेदनशील पक्ष मौजूद है जिन्हें पहचाने बगैर नई कहानी की उपलब्धियों को नहीं जाना जा सकता।

नई कहानी की एक उपलब्धि चित्र कला के उपयोग की भी है। इस कला का उपयोग नामवर जी के अनुसार रेणु, मार्कण्डेय, निर्मल वर्मा और राजेन्द्र यादव ने भी किया है। पर कुछ लोगों ने इसे 'यथार्थ को विकृत करने' का आरोप लगाया है। परन्तु नामवर जी के शब्दों में : "वस्तुतः यह एक दूसरे स्तर पर यथार्थ के जटिलतर रूप की उपलब्धि है।"[94]

नई कहानी की इस उपलब्धि को वे मौलिक मानते हैं और कहते हैं : "यह नवीनता केवल शिल्पगत नहीं है, बल्कि इसके मूल में कहानीकार की नवीन दृष्टि है। रचनात्मक दृष्टि का यह परिवर्तन कहानीकार के समूचे व्यक्तित्व के परिवर्तन का द्योतक है। इसलिए कथा-दृष्टि की सीमाओं पर विचार करते समय उन ऐतिहासिक-सामाजिक तत्त्वों को ध्यान में रखना जरूरी है, जिनके कारण वर्तमान समाज में कहानीकार की स्थिति नियत होती है।"[95]

अतः यह नामवर सिंह की महत्त्वपूर्ण स्थापना है कि नई कहानी का नयापन कहानीकारों के व्यक्तित्व का भी नयापन है, जिसे वर्तमान समय की ऐतिहासिक-सामाजिक परिस्थितियों ने निर्मित किया है।

इनमें एक संकट 'विचित्र प्रकार के अकेलेपन' का भी है, जो कहीं-न-कहीं अतिरिक्त संवेदनशीलता का शिकार है। अतः नामवर सिंह की टिप्पणी है : "इस प्रकार की संवेदनशीलता ने परिस्थितियों के बारे में कहानीकार की समझ को भी सीमित किया है। इसी सीमित समझ के फलस्वरूप इन कहानियों में वस्तु-चयन काफी यादृच्छिक दिखाई पड़ता है। समस्याएँ या तो उठाई ही नहीं जातीं या फिर उठाई जाती हैं, तो ऐसी, जिनका सम्बन्ध हमारे जीवन के मुख्य संघर्ष से नहीं है।"[96] इसलिए : "जागरूक कथाकार की हर कहानी उसके सामाजिक संघर्ष की दिशा में एक कदम होती है और यही दिशा उसकी हर छोटी से छोटी कहानी को वृहत्तर अर्थवत्ता प्रदान करती है।"[97]

नई कहानियों की सीमा यह भी है कि यथार्थ चित्रण में व्यापक परिवेश का अभाव, जो कहीं-न-कहीं कहानी को कमजोर बना देता है। नामवर जी के शब्दों में : "प्रश्न यथार्थ-खंड के नये-नये पहलुओं को उभारने का नहीं है, बल्कि उस यथार्थ-खंड को घेरनेवाले व्यापक परिवेश की ओर संकेत करने का भी है।"[98]

नामवर सिंह उपलब्धि के नाम पर इतना स्वीकारते हैं : "इन कहानीकारों को छोटी-छोटी अनुभूतियों के चित्रण में जितनी उपलब्धि हुई है, उतनी ऐतिहासिक परिवेश की दिशा में नहीं है।"[99]

अत: इस 'परिवेश-बोध' की कमी के कारण कभी-कभी 'कथागत संवेदनाएँ' नितान्त काल्पनिक प्रतीत होने लगीं और कहानी का समस्त रूपाकार शिल्प-चमत्कार होकर रह गया।

नई कहानी की उपलब्धि के तौर पर नई संवेदनाओं की उपलब्धि की चर्चा होती है। यह भी कहा जाता है कि वह अधिक संवेदनापूर्ण और विभिन्न स्तर की अनुभूतियों से परिपूर्ण है। अत: इस प्रसंग में वे पहले संवेदनाओं और अनुभूतियों की वास्तविकता पर प्रकाश डालते हैं : "लेकिन संवेदनाओं और अनुभूतियों का चित्रण हवा में नहीं होता। संवेदनाएँ किसी मूर्त मानव व्यक्ति का आधार लेकर खड़ी होती हैं और एक निश्चित सन्दर्भ में पैदा होती हैं।"[100]

पुन: वे संवेदनाओं का सम्बन्ध संघर्ष से स्थापित करते हैं और कहते हैं : "नई संवेदनाएँ व्यक्ति और उसके समाज के नवीन संघर्ष की सूचक होती हैं।"[101] संघर्ष को नामवर सिंह 'स्थूल युद्ध या लड़ाई' न मानकर 'व्यक्तियों और समुदायों के आपसी सम्बन्धों की प्रतिक्रिया' के रूप में देखते हैं। इस प्रकार वे नई कहानी में संघर्ष का भिन्न रूप देखते हैं और इसे 'आज की परिस्थिति का संघर्ष' मानते हैं। इस सन्दर्भ में मार्कण्डेय के किसान चरित्रों को वे प्राय: सफल मानते हैं। भीष्म साहनी, मोहन राकेश तथा अमरकान्त की कहानियों में 'निम्न-मध्यवर्गीय व्यक्तियों की लाचारी, पीड़ा, आत्मप्रवंचना और जिजीविषा के कलापूर्ण चित्रण के साथ राजेन्द्र यादव, निर्मल वर्मा, कृष्णा सोबती तथा मन्नू भंडारी के 'निम्न मध्यवर्गीय स्त्री-पुरुष' के सामाजिक सम्बन्धों के भावपूर्ण एवं मौलिक चित्रण को भी वे एक विशिष्ट उपलब्धि के रूप में स्वीकारते हैं। राजेन्द्र यादव, मन्नू भंडारी, कृष्णा सोबती, निर्मल वर्मा की कहानियों के सम्बन्ध में उनकी टिप्पणी है : "इन कहानियों के नारी चरित्रों की लाचारी और मुक्ति की कामना, बदली हुई सामाजिक रूढ़ियों की जटिलता तथा नारी की नवीन मानसिकता का पता देती है। इसी प्रकार इन कहानियों के पुरुष चरित्रों, स्त्री गठन सम्बन्धी दृष्टिकोण में भी पहले से परिवर्तन मिलेगा।"[102]

नई कहानी की महत्त्वपूर्ण उपलब्धि के रूप में वे 'तरुण व्यक्ति चरित्र' को रखते हैं, वे कहते हैं : "आज की हिन्दी कहानी के चरित्र हमारे जीवन की वास्तविकता के ऐतिहासिक विकास के प्रतीक हैं।"[103] उनके अनुसार, पुरानी पीढ़ी के चरित्र, परिवर्तन का अनुभव करते हैं, परिस्थितियों के साथ अपनी संगति बिठाने का प्रयत्न भी करते हैं और अति उत्साह में नई पीढ़ी का साथ भी देते हैं। जहाँ तक नई तरुण पीढ़ी की बात है, वे मानते हैं कि नई पीढ़ी के चरित्रों में 'एकरूपता' नहीं, बल्कि भिन्नता है और यह भिन्नता कहानीकारों की अपनी परिस्थिति, जीवन-दृष्टि तथा अनुभव-सीमा से उपजी है। इसके साथ वे इन कहानीकारों की दुर्बलताओं की ओर भी इशारा करते हैं। वे कहते हैं : "जागरूक

कहानीकार बहुत कम हैं, जिनके युवक चरित्र अपने वर्तमान को व्यापक स्तर पर गहराई से अनुभव करते तथा समझते हुए भविष्य का पथ-प्रशस्त करने में संलग्न हों।"[104] इस प्रकार वे चरित्र के अन्तर्गत वर्तमान की समझ और भविष्य-दृष्टि के समन्वय को महत्त्व देते हैं।

वृहत्तर मानवीय संवेदना नई कहानी की अन्यतम उपलब्धियों में से एक है। नामवर जी के शब्दों में : "नई संवेदना लेने की नहीं बल्कि देने की भी चीज है।"[105] साथ ही यह भी विचारने की चीज है कि संवेदना 'किसे किस रूप' में और 'किस स्तर पर' दी जा रही है क्योंकि : "कहानीकार की यही संवेदना हर पाठक के लिए अन्ततः उपलब्धि है।"[106]

वे मानते हैं कि नये कहानीकारों ने 'बहुत-से उपेक्षितों' को अपनी 'संवेदना' प्रदान की है जिनमें 'कंजड़, नट, मुसहर, मीरासी, हिजड़े, रमन्तू नर्तक, यायावरीय मनुष्य, किसान, शहर के निम्न-मध्यवर्ग, बूढ़े-बूढ़ियाँ, अनमेल ब्याही महिलाएँ, कुमारी कन्याएँ, आदि शामिल हैं। ऐसे कहानीकारों में वे विशेषतः शिवप्रसाद सिंह की कहानियों को शामिल करते हैं। वे यह चिन्ता भी जाहिर करते हैं कि संवेदनाओं में परम्परा विरोध देखना एक तरह की संकीर्णता है। उनके शब्दों में : "संवेदना एक नैतिक दायित्व है, जिसके अनुसार : 'आज के उपेक्षितों और कल के अपेक्षितों के लिए' साहित्य रचने की आवश्यकता है।"[107]

अन्ततः वे यह स्वीकारते हैं कि 'प्रलोभन' के बावजूद नये कहानीकारों ने अपने 'नैतिक दायित्व' का निर्वाह किया है, कहीं-कहीं 'कमजोरियाँ' भी उभरी हैं, कहीं 'अतिरिक्त संवेदनाएँ' भी। परन्तु : "वय और युग को देखते हुए यह कचाई क्षम्य है।"[108]

नामवर जी यह भी ध्यान दिलाते हैं कि कहानीकार 'वास्तविकता के निषेधात्मक पक्ष' की बजाय 'विधेयात्मक पक्ष' के उभार पर बल दें और अपने 'नैतिक प्रयत्न' के लिए तत्पर रहें। इस प्रकार वे कहानी के 'जीवन्त तत्त्व के विकास' के लिए आशावान दिखते हैं।

कहानी

'नई कहानी' के पाँचवें अध्याय में नामवर सिंह ने कहानी-संग्रह 'परिन्दे' को 'नई कहानी' की पहली कृति के रूप में स्थापित किया है। इस स्थापना का मुख्य कारण यह है कि वे यह मानते हैं कि 'परिन्दे' ने 'पुराने सामाजिक संघर्ष के स्थूल धरातल' को तोड़कर आज के मनुष्य की गहन आन्तरिक समस्या को उठाया है। अतः संघर्ष-चित्रण के स्तर पर निर्मल वर्मा पूर्ववर्ती कथा साहित्य की परम्परा और लीक से हटकर कहानियाँ रचते हैं, जो नामवर सिंह के अनुसार कहानी का नयापन है।

दूसरा कारण वे मानते हैं यानी निर्मल वर्मा की कहानियों के चरित्र भले ही जाने-पहचाने हों, परन्तु वे 'इतिहास की विराट नियति' के रूप में उपस्थित होते हैं और उनके वाक्य 'युगव्यापी प्रश्न' बनकर सामने आते हैं। इस प्रकार नामवर जी यह मानते हैं कि निर्मल वर्मा की कहानियों में चरित्र का नयापन भी है। 'परिन्दे' कहानी की 'लतिका' के वाक्य को उद्धृत करते हुए नामवर सिंह कहते हैं कि यह युगव्यापी प्रश्न है और : "प्रश्न मामूली है, लेकिन कहानी के माहौल में वह सिर्फ पक्षियों का या लतिका का व्यक्तिगत प्रश्न नहीं रह जाता।...'हम कहाँ जाएँगे'—यह वाक्य सारी कहानी पर अर्थ-गम्भीर विषाद की तरह छाया रहता है।"[109] इसके उपरान्त वे निर्मल वर्मा की इस विशेषता को चेखव के समानान्तर रखते हैं। इसी सन्दर्भ में नामवर सिंह 'सितम्बर की एक शाम' कहानी के नवयुवक का वाक्य उद्धृत करते हैं और यह स्थापित करते हैं कि नवयुवक के एक ही वाक्य में 'आज की सम्भावना और व्यर्थता' का अन्तर्विरोध झलकता है। अत: नामवर जी निर्मल वर्मा के पात्रों में आज की व्यक्तिगत स्थिति की बजाय जागतिक स्थिति का प्रश्न उपस्थित पाते हैं और इसे 'नई कहानी' की एक स्थिति के रूप में स्वीकारते हैं।

नामवर जी निर्मल वर्मा की कहानियों में स्वतंत्रता या मुक्ति का प्रश्न भी उपस्थित पाते हैं, जिसे वे 'समकालीन विश्व साहित्य के मुख्य प्रश्न' के रूप में देखते हैं। 'परिन्दे' कहानी की लतिका के प्रसंग में वे कहते हैं : "एक तरफ से देखा जाए तो 'परिन्दे' की लतिका की समस्या स्वतंत्रता या मुक्ति की समस्या है—अतीत से मुक्ति, स्मृति से मुक्ति, उस चीज से मुक्ति, जो हमें चलाए चलती है, जो अपने रेले में हमें घसीट ले जाती है।"[110] इस प्रकार वे मानते हैं कि निर्मल वर्मा की सारी कहानियों में 'मुक्ति के पीड़ा' की मार्मिक अभिव्यंजना है। इससे भी बड़ी उपलब्धि वे यह पाते हैं कि निर्मल वर्मा की कहानियों के मनुष्य स्वयं को 'इतिहास से मुक्त' करते हैं और खुद ही साक्षी बनते हैं। अत: नामवर जी निर्मल वर्मा की कहानियों में 'मानव मुक्ति' जैसे बड़े मूल्य को उपस्थित पाते हैं।

नामवर जी के अनुसार, निर्मल वर्मा हिन्दी कहानी को 'परिपाटी मुक्त' करते हैं। वे कहते हैं : "सच्ची रचना वही शुरू होती है, जब लेखक अपनी स्मृति को जीवन-सम्बन्धी प्रचलित 'साहित्यिक' यथार्थ से मुक्त कर लेता है।"[111] अर्थात् वह 'विरासत के फार्मूले' से मुक्त हो 'जीवन का साक्षात्कार' करता है, 'जिन्दगी की जटिलताओं में प्रवेश' करता है, तत्पश्चात् वह सृजन में प्रवृत्त होता है। इस धरातल पर वे 'तीसरा गवाह' कहानी को उपस्थित करते हैं, जिसकी एक घटना कई 'व्याख्याओं' को खोलती हुई नये-नये 'भावबोध' को जन्म देती है। यह नया भावबोध ही नामवर जी के अनुसार हिन्दी कहानी के 'नये मोड़ की सूचना' है। सन्दर्भ यह है कि 'तीसरा गवाह' कहानी के 'रोहतगी साहब' प्रेम और विवाह के

सम्बन्ध में वकील साहब की घिसी-पिटी धारणा पर टिप्पणी करते हुए कहते हैं कि "हम केवल अनुमान ही लगा सकते हैं। सच्ची बात उस लड़की के अलावा कोई नहीं जान सकेगा और मुझे सन्देह है कि क्या वह खुद भी सही कारण जान पाएगी?" अत: जीवन को इन जटिलताओं के संकेत और नये भावबोध को ध्यान में रखते हुए नामवर सिंह यह विचार रखते हैं : "...जिसे चाहें तो 'नई कहानी' की शुरुआत भी कह सकते हैं।"[112]

नये कहानीकार निर्मल की उपलब्धि के बारे में नामवर जी की धारणा यह है कि उनकी कहानियों में एक नया गद्य है जो 'प्रयोजन के अनुसार निर्मित' हुआ है। वे कहना यही चाहते हैं कि निर्मल के पहले का गद्य या तो 'भावोच्छ्वसित' है या 'नितान्त कामकाजी'। साथ ही वह 'इतना संवेदनशील' भी नहीं है। इस बारे में वे 'नई कविता के प्रयोग' को भी अधूरा मानते हैं। 'पिक्चर पोस्टकार्ड' कहानियों में वे 'छोटे-छोटे संवादों में भी गद्य का निखरा हुआ आधुनिक रूप' देखते हैं।

नामवर सिंह के अनुसार, 'प्रभावान्विति' निर्मल वर्मा की कहानियों की बुनियादी विशेषता है और चरित्र, कथानक आदि उसके साधन हैं। अत: प्रभाव बनाम चरित्र पर उनकी टिप्पणी है : "चरित्र वही याद आते हैं, जहाँ भाव कमजोर होता है और शिल्प प्रबल, दूसरे शब्दों में जहाँ कहानी के ढाँचे में दरार रहती है। और साफ है कि दरारों वाली कहानी अभीष्ट प्रभाव उत्पन्न नहीं कर सकती।"[113]

अत: वे यही मानते हैं कि निर्मल वर्मा की कहानियों में चरित्र या घटनाएँ याद न हों परन्तु प्रभाव बना रहता है। इस सम्बन्ध में वे दूसरे कहानीकारों की दुर्बलताओं को ध्यान में रखते हैं जो 'अपना प्रभाव पैदा करने' के लिए 'अजीबोगरीब चरित्र' गढ़ते हैं। ऐसी कहानियाँ अक्सर प्रभावशून्य सिद्ध होती हैं।

वे मानते हैं कि चरित्र, कथानक, वातावरण का 'कलात्मक रचाव' निर्मल की कहानियों में है। नामवर जी की यह धारणा है कि निर्मल के चरित्र 'प्राकृतिक वातावरण' में उपस्थित होते हुए 'प्रकृति के अंग' बन जाते हैं। इस सम्बन्ध में वे 'परिन्दे' तथा 'अँधेरे में' कहानी का हवाला देते हैं।

'प्रभावान्विति' को नामवर जी संगीत कला का अभिन्न हिस्सा मानते हैं। इस कला की श्रेष्ठ अभिव्यक्ति निर्मल वर्मा की कहानियों में मिलती हैं, जिसे वे एडगर एलेन पो के समकक्ष उपस्थित करते हैं। उन्होंने यह स्पष्ट किया है कि निर्मल वर्मा की प्राय: कहानियों में किसी-न-किसी वाद्य यंत्र के संगीत का प्रभाव विद्यमान है और साथ ही : "निर्मल ने संगीत का चित्रण, केवल वातावरण चित्रण के लिए ही नहीं किया है बल्कि संगीत के उस रागधर्म को भी व्यक्त किया है, जिसके द्वारा विविध वस्तुएँ पिघलकर अपनी पृथक् सत्ता खोती हुई एक भावधारा में बदल जाती हैं।"[114] उनकी मान्यता यह भी है कि निर्मल वर्मा के यहाँ रागधर्म ही नहीं है, बल्कि वे संगीत-अनुभव को अर्थ भी प्रदान करते हैं। निष्कर्षत: वे कहते हैं : "ऐसा प्रतीत

होता है कि संगीत-वर्ण निर्मल के लिए कहानी में केवल शोभा नहीं है बल्कि सम्पूर्ण रचना-प्रक्रिया ही संगीत-धर्मी है।"[115]

इसे ही नामवर सिंह इर्विंग होवे के जरिये 'स्टोरी टोन' मानते हैं, जिसमें कहानी के सभी तत्त्व मिलकर प्रभावान्विति की स्थिति पैदा करते हैं। नामवर सिंह प्रभाव के अन्तर्विरोध की भी चर्चा करते हैं और यह मानते हैं कि प्रभाव भले ही अपने-आपमें कहानी न हो परन्तु कहानी के जरिये ही प्रभाव का ग्रहण होता है और जो पाठक कहानी के "विशेष प्रभाव को पकड़ लेता है, वह कहानी की आत्मा के सबसे निकट होता है।" अत: नामवर जी के शब्दों में : "निर्मल की अधिकांश कहानियाँ अतीत की स्मृति हैं।"[116] साथ ही वे मानते हैं कि इनमें स्मृति का दुहराव भी है। परन्तु इन स्मृतियों को कहानी में बुनने के पीछे भी निर्मल वर्मा की एक निश्चित दृष्टि है; अर्थात् : "...समय का अन्तराल तात्कालिकता के आवेग को काफी कम कर देता है।"[117] अत: नामवर सिंह इस निष्कर्ष पर पहुँचते हैं : "ऐसा प्रतीत होता है कि तात्कालिक आवेग की भावुकता को कम करने के लिए ही निर्मल समय का इतना अन्तराल दे देते हैं।"[118] स्मृतियों के विविध रूपों का उल्लेख नामवर सिंह 'डायरी का खेल', 'माया का मर्म', 'सितम्बर की एक शाम', 'परिन्दे', 'पिक्चर पोस्टकार्ड' आदि कहानियों के माध्यम से करते हैं।

'माया का मर्म' और 'सितम्बर की एक शाम' के बारे में नामवर सिंह की टिप्पणी है : "इन कहानियों के नायक वर्तमान से सहसा अपने को मुक्त करके स्मृतिहीन व्यक्ति बन जाते हैं।"[119]

नामवर सिंह इस बात की ओर भी ध्यान दिलाते हैं कि स्मृति के साथ 'व्यथा की गहनता' भी निर्मल वर्मा की कहानियों में मौजूद है। इसी कारण उनके पात्र 'खामोश' हैं और खामोशी उनके व्यक्तित्व का अभिन्न अंग बन जाती है। इस सम्बन्ध में वे 'तीसरा गवाह' का मिस्टर रोहतगी, 'पिक्चर पोस्टकार्ड' का परेश, 'अँधेरे में' का छोटा लड़का जैसे पात्रों को प्रस्तुत करते हैं।

निर्मल वर्मा की कहानियों में प्रभावान्विति का एक पक्ष 'करुण प्रसंगों' के वर्णन में 'अनासक्त एवं तटस्थ' हो जाता है। नामवर सिंह के अनुसार, इनमें 'आत्मीयता' तो है पर भावावेग का अभाव है। इसे वे 'डायरी का खेल' में बिट्टो का चुपचाप रोना के जरिये व्यक्त करते हैं। इसके साथ वे भावुकता की स्थिति पर महत्त्वपूर्ण टिप्पणी करते हैं : "भावुकता का निर्णय पाठकों के अपने-अपने मानसिक प्रभावों से नहीं होता। विचारणीय यह है कि स्वयं कृति में भावुकता है या नहीं, लेखक में कलागत संयम कितना है। भावात्मक संयम और कलात्मक संगति, दोनों पर्याय हैं और जहाँ प्रभाव की गहराई है, वहाँ इनका होना निश्चित है।"[120]

इस प्रकार नामवर सिंह यह प्रमाणित करते हैं कि निर्मल वर्मा की कहानियों में 'प्रभाव की गहराई' है और 'कला का संयम' भी है। यही कारण है कि निर्मल

वर्मा इस 'कला-संयम' के बल पर 'दुखान्त स्थिति को भी जिजीविषा और आशा से अनुप्राणित' कर देते हैं। नामवर जी के अनुसार, यह शक्ति उन्हें 'घोर निराशा की स्थितियों के अतिक्रमण' का रास्ता भी प्रदान करती हैं। उन्होंने तपेदिक मरीज बिट्टो की जीवन और मृत्यु के द्वंद्व के उदाहरण से उपरोक्त स्थितियाँ स्पष्ट की हैं। नामवर सिंह 'पिक्चर पोस्टकार्ड' के परेश, नीकी और सीडी जैसे बेकार नवयुवकों के हवाले से भी यह प्रमाणित करते हैं कि "निर्मल के चरित्र कहीं-कहीं जीवन की व्यर्थता में भी अर्थ खोजने की कोशिश करते दिखाई पड़ते हैं और निरुद्देश्य में भी एक उद्देश्य, एक आस्था की तलाश करते हैं।"[121]

नामवर जी के अनुसार निर्मल वर्मा की 'प्रतीक्षा' बड़ी 'विशद' है, जो कालान्तर में 'मानव नियति का प्रश्न' बन जाता है। परन्तु ये प्रश्न सिर्फ प्रश्न नहीं हैं, नामवर सिंह के शब्दों में : "जीवन का यही व्यापक परिवेश बोध है जिसके कारण निर्मल की प्रेम-कहानियाँ नितान्त प्रेम-कहानी न होकर जीवन की अन्य समस्याओं से जुड़ जाती हैं।"[122] वे यह भी संकेत देते हैं कि निर्मल वर्मा के यहाँ जो 'खामोशी' है, वह उनकी अपनी है। अत: वे कहते हैं : "निर्मल की कहानियों के प्रभाव के पीछे जीवन की गहरी समझ और कला का कठोर अनुशासन है।"[123]

निर्मल वर्मा की कहानियों की प्रभावान्विति का एक पहलू 'प्रभाव की तीव्रता' को भी नामवर सिंह उद्धृत करते हैं और यह भी मानते हैं कि इस तीव्रता के कारण 'बारीकियाँ' नहीं दिखतीं परन्तु दिशा संकेत सहजता से उपस्थित हो जाते हैं, जिससे 'निरर्थक और छोटी बातें भी सार्थक' हो उठती हैं। वे यह भी स्वीकारते हैं कि उनकी कहानियों में यह दिशा-संकेत 'अप्रत्याशित ढंग से उपस्थित' हो जाता है।

निर्मल वर्मा की कहानियों में प्रभावान्विति के तहत नामवर सिंह 'दृश्य चित्र', 'सूक्ष्म ऐन्द्रिय-बोध को जाग्रत करनेवाली छवियाँ', 'अनुभूतिपूर्ण क्षण' को ही अन्तिम रूप में नहीं स्वीकारते बल्कि इनके अतिक्रमण की माँग भी पाठकों से करते हैं। वे कहते हैं : "निर्मल ने अपनी रचना के द्वारा प्रमाणित कर दिया है कि जो सबका अतिक्रमण करने की क्षमता रखता है, वही सबको सजीव चित्रों में उरेहने की सिद्ध भी प्राप्त करता है।"[124]

इस अतिक्रमण की यात्रा में निर्मल वर्मा 'स्थूल यथार्थ एवं तात्कालिक वर्तमान' का अतिक्रमण करते हैं, जो उन्हें 'कहानी-कला के प्रचलित दायरे' से बाहर निकालता है। ये स्थितियाँ भी प्रभाव की गहराई को व्यक्त करती हैं। अत: नामवर सिंह निर्मल वर्मा की भाषा के बारे में कहते हैं : "उनका गद्य 'शुद्ध गद्य' है, ठेठ वाचक शब्द, विशेषणहीन संज्ञाएँ, उपमा-रहित पद तथा स्वतंत्र वाक्य। अलग-अलग करके देखने पर हर शब्द मामूली है, हर वाक्य साधारण है, लेकिन पूरा प्रभाव जबर्दस्त है। गद्य की रुखाई से भी, वे स्थितियों के अनुरोध से, कवित्वपूर्ण प्रभाव उत्पन्न कर ले जाते हैं।"[125]

फैंटेसी और कहानी

'कहानी : नई कहानी' पुस्तक के अन्तर्गत नामवर सिंह ने कहानी के अन्तर्गत फैंटेसी के सवाल पर भी विचार किया है, जो नई कहानी की अन्यतम उपलब्धियों में से एक है। परन्तु फैंटेसी पर विचार करने से पहले वे ऐन्द्रजालिक कहानियों की परम्परा पर विचार करते हैं, जिसकी सचाई यह है कि पाठक इन कहानियों को नजरअन्दाज नहीं कर पाते। 'जासूसी', 'ऐयारी', 'सनसनीखेज' कहानियाँ इसी कोटि की हैं। वे मानते हैं कि भले ही इन कहानियों को "सस्ता मनोरंजन कहकर उपेक्षा की जाती रही हो, परन्तु बड़े से बड़े बौद्धिक, दार्शनिक और चिन्तक भी इस गढ़े हुए झूठ में दिलचस्पी लेते देखे जाते हैं।...विज्ञान की उन्नति से इनको कोई क्षति नहीं पहुँची बल्कि जिन देशों में विज्ञान की जितनी ही प्रगति हुई है, उनमें इस तरह की असम्भव और अवास्तविक कहानियाँ उतनी ही अच्छी लिखी जा रही हैं।"[126] इस प्रकार उनकी दृष्टि में वैज्ञानिकता के बावजूद अवास्तविकता प्रति कौतूहल और बढ़ा है।

इसके साथ वे अवास्तविक और असम्भव के प्रति आकर्षण का सवाल उठाते हुए परियों की कहानियों का हवाला देते हुए यह स्थापित करते हैं कि 'यथार्थवाद से आतंकित' होने के कारण : "ऐन्द्रजालिक कहानियों की व्याख्या भी जब तक हम सत्य के रूप में नहीं कर लेते, हमें सन्तोष नहीं होता।"[127]

नामवर सिंह फैंटास्टिक अथवा ऐन्द्रजालिक कहानियों के माध्यम से 'अवास्तविकता' की पड़ताल करते हैं और काफ्का की 'मेटामार्फोसिस' कहानी को सामने रखते हैं : "मेटामार्फोसिस ऐन्द्रजालिक कहानी इसलिए है कि वह एक ऐसी दुनिया की कहानी है—जिसमें इस दुनिया के कायदे-कानून लागू नहीं होते। अर्थात् उसके कायदे-कानून अलग हैं और अपने हैं।"[128]

साथ ही वे यह भी मानते हैं कि इस वजह से उस दुनिया को 'अवास्तविक' नहीं माना जा सकता। अत: नामवर जी विज्ञान के उदाहरणों को रखते हुए यह स्थापित करते हैं कि 'जादुई दुनिया' की 'वास्तविकता' में सन्देह करना 'पागलपन' है और 'कल्पना सृष्टि' कहकर इसकी उपेक्षा करना भी गलत है। अत: वास्तविकता और कल्पना के इस संयोग के कारण ही फैंटेसी-प्रधान कहानियों को 'जादुई यथार्थवाद की कहानियाँ' कहा जाता है। इस जादुई यथार्थवाद का अर्थ खोलते हुए विश्वनाथ त्रिपाठी लिखते हैं : "जादुई यथार्थवाद में जादू तो सिर्फ कहने को होता है, यथार्थ ज्यादा होता है। वस्तुत: यथार्थ ही अपनी धार बनाने के लिए कार्य-कारण का क्रम लाँघकर झटके में एक फैंटेसी रचता है, वेदना की धार की पहचान कराने में सक्षम बिम्ब का उच्छलन करता है।"[129]

इस प्रकार फैंटेसी-प्रधान कहानियों की वास्तविकता ही कहानी का बुनियादी आधार है, कल्पना भले ही कहानी में दिखे, वह सतही चीज है।

फैंटेसी का आधार

नामवर जी के अनुसार ऐन्द्रजालिक या फैंटेसी-प्रधान कहानियों का मूल आधार 'आकस्मिक बोध' है। 'आकस्मिक बोध' की स्थिति में लोगों को "अचानक लगता है कि या तो वे स्वयं एकदम बदल गए हैं या फिर एक अजीब-सी परिस्थिति में आ गए हैं। यह आकस्मिक बोध ही फैंटेसी को जन्म देता है।"[130]

नामवर सिंह की दृष्टि में इस 'आकस्मिक बोध' का महत्त्व इसीलिए है कि ऐसी कहानियाँ 'ख्वाब से जगाती हैं'। फैंटेसी-प्रधान कहानियों का महत्त्व इस बात में है : "दुनिया को बदलने के लिए लेखक अपनी कहानी की दुनिया बदल देता है, दुनिया के नियमों को तोड़ने के लिए लेखक अपनी दुनिया को दूसरे नियमों से बनाता है।"[131]

नामवर जी के अनुसार लेखक को इसकी आवश्यकता इसलिए पड़ती है कि वर्तमान समय में लोग यथार्थ के नाम पर 'वर्तमान से चिपक' भी जाते हैं और शिकायत भी करते हैं कि 'दुनिया हमारे साथ बहुत ज्यादा है'। ऐसी स्थिति में : "ऐन्द्रजालिक कहानियाँ समय के इस सिमटते दायरे को तोड़ती हैं।"[132]

इस प्रकार कहानी के साथ समय का सम्बन्ध और संघर्ष, दोनों चलता है। अत: नामवर जी कहानी को 'समय की कला' कहते हैं। उनके अनुसार यही कला कहानी के "वर्षों को समेटकर एक क्षण में और कभी क्षण को खोलकर वर्षों में फैला देती है।" यदि ध्यान दें तो वर्ष का सिमटना और क्षण का फैलना 'अनुभव के रूपान्तरण के आवेग' से निर्धारित होता है। विश्वनाथ त्रिपाठी के शब्दों में : "अनुभव के एक झटके से परिचित दुनिया का मर जाना, परिचित दुनिया का एक नई दुनिया में रूपान्तरण है। रूपान्तरण का यह द्रुत आवेग जादुई यथार्थ, लोकवार्ता, पुराण वार्ता, फैंटेसी जैसे शिल्प का आग्रह करता है।"[133]

इस प्रकार अनुभव के यथार्थ का दूसरी दुनिया में रूपान्तरण ही फैंटेसी को जन्म देता है और इसी वजह से फैंटेसी से निर्मित दुनिया, आँखों-देखी दुनिया से अधिक वास्तविक हो जाती है।

अत: अगला सवाल फैंटेसी के सन्दर्भ में नामवर सिंह ने अवास्तविक फैंटेसी बनाम वास्तविक फैंटेसी का उठाया है। इस अन्तर को स्पष्ट करने के उद्देश्य से वे आस्कर वाइल्ड को आधार बनाते हुए कहते हैं : "सफल झूठ वह है जिसके लिए किसी अन्य प्रमाण की आवश्यकता न हो।"[134] इसी आधार पर वे फैंटेसी की सफलता के बारे में कहते हैं : "सफल फैंटेसी वही है जो स्वत: सिद्ध हो, अपने-आपमें असन्दिग्ध हो।"[135]

अत: कहानी की इस चर्चा में नामवर सिंह का मुख्य ध्यान कहानियों की 'अमरता और श्रेष्ठता' की ओर नहीं, बल्कि 'वास्तविकता' की ओर है। दूसरा ध्यान उनका प्राचीन शैली की फैंटेसी और नई शैली की फैंटेसी के अन्तर की ओर भी है। आलोचक सुरेन्द्र चौधरी ने फैंटेसी की इस वास्तविकता को महत्त्व देते हुए कहा

है : "फैंटेसी केवल ऐन्द्रजालिकता नहीं है, वह वास्तव के प्रति सर्वथा एक नवीन दृष्टि भी बन सकती है। फर्क इतना ही है कि सत्य से, वास्तविकता की आँच से हम बचना चाहते हैं और सहसा जानने का झटका बर्दाश्त करने को हम तैयार नहीं हैं।"[136]

अत: नामवर सिंह का यह विवेचन—वास्तविक फैंटेसी बनाम अवास्तविक, एवं सफल फैंटेसी बनाम असफल, उचित ही है; अर्थात् सफल फैंटेसी वह है जो ऐन्द्रजालिकता की बजाय वास्तविकता को आधार बनाकर रची जाती है।

वैसे मूल शब्द के तौर पर देखें तो 'फैंटेसी' मनोविज्ञान का शब्द है जिसका सम्बन्ध स्वप्न और अवचेतन मन में घटित होनेवाली घटनाओं से है परन्तु साहित्य में यह एक तकनीक, रूपक या शैली के रूप में प्रयुक्त होती है। आलोचक सुरेन्द्र चौधरी के शब्दों में : "फैंटेसी का बहुत सामान्य अर्थ है अतिरंजना,"[137] परन्तु इस अतिरंजना की सार्थकता का सवाल भी कहीं-न-कहीं जुड़ा हुआ है। परिस्थिति व्यापार की समर्थ योजना से ही अतिरंजना सार्थक रूप में उपस्थित हो सकती है अन्यथा नामवर सिंह के अनुसार, फैंटेसी लिखना खतरनाक और मुश्किल भी हो सकता है।

यद्यपि इस अतिरंजना की सीमाएँ भी हैं जिनकी ओर संकेत करते हुए नामवर जी की तरह सुरेन्द्र चौधरी भी कहते हैं : "सामान्य रूप से और सभी परिस्थितियों को लेकर अतिरंजना करना कहानीकार की कमजोरी ही मानी जाएगी।"[138]

वैसे, सुरेन्द्र चौधरी यह आरोप लगाते हैं कि 'हिन्दी में अब तक कोई सफल फैंटेसी नहीं' लिखी गई : "रोमांस और आत्मशोधक कहानियाँ ज्यादा लिखी गई हैं।"[139] सुरेन्द्र चौधरी का यह आरोप इसलिए भी सही है कि नामवर जी भी सफल फैंटेसी के रूप में उनकी तरह 'काफ्का' की कहानियों का हवाला ही अधिक दे पाते हैं।

फैंटेसी की कसौटी पर 'नीलम देश की राजकन्या' (जैनेन्द्र) और 'स्वर्ग के खँडहर' (प्रसाद)

जैनेन्द्र की कहानी 'नीलम देश की राजकन्या' पर विचार करते हुए नामवर सिंह यह मानते हैं कि यह 'एकदम जादुई दुनिया की कहानी' है और इसमें कुछ भी वास्तविक नहीं है। आगे वह यह भी कहते हैं : "यही नहीं बल्कि उसमें तो पात्र भी नहीं है, घटना भी नहीं है, केवल वातावरण है।"[140] इस वातावरण को जैनेन्द्र अमर मानते हैं परन्तु नामवर सिंह अमरता और श्रेष्ठता को कहानी का मानदंड नहीं मानते बल्कि वास्तविकता को मानते हैं। इसलिए 'नीलम देश की राजकन्या' का राजपुत्र कहानी के अन्त तक 'वहम' बनकर रह जाता है, जिसे नामवर सिंह जैनेन्द्र की 'आत्मवादी दृष्टि' कहते हैं। इसी आत्मवादी दृष्टि के कारण वे जैनेन्द्र की फैंटेसी को सफल नहीं मानते। वे मानते हैं कि "...वहम से पैदा होनेवाली फैंटेसी कला नहीं, बल्कि कला का वहम पैदा करती है।"[141] जैनेन्द्र की दुर्बलता को रेखांकित करते हुए वे

कहते हैं : "जैनेन्द्र को अपने भीतर से फुरसत नहीं है। इसलिए वे वहम को दूर करने के लिए भीतर से दूसरे वहम को पैदा कर लेते हैं।"[142] इस प्रकार नामवर सिंह यह भी स्वीकारते हैं कि फैंटेसी लिखना एक चुनौती भरा कार्य है।

वैसे आलोचक सुरेन्द्र चौधरी भी 'नीलम देश की राजकन्या' को एक रूपक तो मानते हैं पर फैंटेसी नहीं। साथ ही वे इस कहानी में 'व्यक्तिबोध को विरोटबोध से मिलाकर देखनेवाला रुझान' के रूप में उपस्थित पाते हैं। निष्कर्षत: चौधरी जी यही मानते हैं : "जैनेन्द्र अपनी अतिरंजित दृष्टि को 'मिथ' बनने देना पसन्द करते हैं।"[143]

इसलिए सुरेन्द्र चौधरी निष्कर्षत: यही कहते हैं कि "जैनेन्द्र फैंटेसी से अधिक रूपक गढ़ते हैं।"[144] और यह भी कहते हैं कि एक कुतर्की का रूपक हमेशा पेचदार होता है। परन्तु दूसरी ओर जब वे स्वतंत्र रूप से 'नीमल देश की राजकन्या' पर विचार करते हैं तो कहते हैं : "प्रस्तुत कहानी में फैंटेसी का शिल्प बहुत स्पष्ट रूप से प्रयुक्त हुआ है, क्योंकि इसमें राजकुमारी के विचार की कोई प्रत्यक्ष दिशा नहीं है।"[145] इस प्रकार आलोचक चौधरी के कथन में एक तरह का अन्तर्विरोध है।

आलोचक सुरेन्द्र चौधरी मार्कण्डेय के हवाले से यह भी कहना चाहते हैं कि "कहानी के पूरे विवरण के अनुसार राजकुमारी राजकन्या के 'नहीं' में भी है।" और जब राजकन्या को इस सत्य का बोध हो जाता है तो उसे जीवन की सार्थकता प्राप्त हो जाती है, पर पाठक को तो अब तक राजकुमार की खोज बनी हुई है। जबकि नामवर सिंह यह कहते हैं : "गरज कि जैनेन्द्र की राजकन्या के पास इतनी इच्छा-शक्ति नहीं है कि राजपुत्र को मूर्तिमान कर सके। आखिर तक वह राजपुत्र एक वहम ही रह जाता है—उसकी वास्तविकता का एहसास नहीं हो पाता—न सखियों को, न राजकन्या को और न पाठकों को।"[146] नामवर सिंह द्वारा वहम के इस प्रश्न के उत्तर में सुरेन्द्र चौधरी कहते हैं : "पाठक की खोज को ध्यान में रखकर कही गई कथा में जो पूर्ण आनन्द होता है, वह आवश्यक नहीं है कि सर्वत्र प्राप्त हो ही जाए।"[147]

इस कहानी को विश्लेषित करते हुए सुरेन्द्र चौधरी यह भी कहते हैं : "वैसे इस कहानी में कोई घटना नहीं है। यह एक मूड है—आत्मविस्मृति का 'मूड'। बाहरी प्रसाधन उस अभाव को पूरा नहीं कर सकते, आत्मपीड़ा में ही शायद उसे पाया जा सकता है।...यह 'अभाव' भी चूँकि आन्तरिक ही है, शारीरिक नहीं, इसलिए इसे बाहर भी ढूँढ़ना वस्तुत: पाठक का प्रमाद ही होगा।"[148]

इस प्रकार नामवर सिंह और सुरेन्द्र चौधरी के मूल्यांकन से इतना तो स्पष्ट है कि यह कहानी फैंटेसी के धरातल पर पूरी तरह खरी नहीं उतरती। दोनों आलोचकों ने इस कहानी को भिन्न-भिन्न आधारों पर विश्लेषित किया है। नामवर सिंह के यहाँ यह कसौटी 'वास्तविकता' की है तो सुरेन्द्र चौधरी के यहाँ 'आत्मविस्मृति' और 'आत्मपीड़ा'। फिर भी वर्तमान चुनौती के मद्देनजर नामवर सिंह फैंटेसी का अर्थ विस्तार करते हुए वास्तविक फैंटेसी को ही महत्त्व देते हैं।

यद्यपि आलोचक सुरेन्द्र चौधरी के इस मत को नजरअन्दाज नहीं किया जा सकता : "प्रत्येक कहानी को, उसकी विधा पहचाने बगैर, 'बोध की वास्तविकता' की दृष्टि से परखना उचित नहीं है।"[149]

फिर भी 'वास्तविकता' विधाओं के मूल्यांकन की भी एक बड़ी कसौटी है और इससे विधाओं की जीवन्तता भी कहीं-न-कहीं जुड़ी है। अत: अपनी सीमाओं के बावजूद नामवर जी की यह कसौटी फैंटेसी-प्रधान कहानियों के लिए महत्त्वपूर्ण है।

जयशंकर प्रसाद की कहानी 'स्वर्ग के खँडहर' को भी नामवर जी पूरी तरह से सफल फैंटेसी नहीं मानते। क्योंकि "जितनी कल्पनाशक्ति से प्रसाद जी ने स्वर्ग का निर्माण किया, उतनी ही पैनी यथार्थ दृष्टि से उसे ध्वस्त भी कर दिया।"[150] नामवर जी का आरोप यह है कि प्रसाद जी "कल्पना से स्वर्ग का वातावरण तो रचते हैं पर उस पर टिक नहीं पाते।" नामवर जी ऐसी कहानी को परियों की कहानी कहते हैं। परन्तु इन कहानियों की परम्परा के महत्त्व को भी वे स्वीकारते हैं : "यदि हजारों साल की ऐन्द्रजालिक कहानियों की परम्परा पर दृष्टि डालें तो उस पर हर युग की अपनी एक अलग छाप मिलेगी।"[151]

इसी युगबोध के तहत छायावादी कवि प्रसाद 'स्वर्ग के खँडहर' की सृष्टि करते हैं जो उनकी महत्त्वपूर्ण उपलब्धि है। अत: नामवर जी इसके समक्ष जैनेन्द्र की कहानी 'नीलम देश की राजकन्या' को कमजोर कहानी मानते हैं। नामवर जी यह लक्षित करते हैं कि प्रसाद जी भले ही कल्पना से स्वर्ग का मनोरम वातावरण रचते हों परन्तु कल्पना के अतिरेक के प्रति सजग वे भी हैं और यही सजगता उन्हें धरती के यथार्थ पर लाकर खड़ा करती है। जब कहानी की नायिका लज्जा के मुख से प्रसाद यह कहलवाते हैं कि "पृथ्वी का गौरव स्वर्ग बन जाने से नष्ट हो जाएगा। तो इसे ही नामवर सिंह 'चुस्त फैंटेसी' मानते हैं।"

परन्तु इस कहानी के बारे में विजयमोहन सिंह की राय थोड़ी भिन्न है। सबसे पहले वे इसे 'रहस्य की सबसे महत्त्वपूर्ण कहानी' मानते हैं और घोषित करते हैं कि 'स्वर्ग का खँडहर' हिन्दी की पहली फैंटेसी है। और फिर फैंटेसी को परिभाषित करते हुए कहते हैं : "फैंटेसी इस हद तक अवास्तविक होती है कि वह 'रहस्य' प्रतीत होती है और यह रहस्य वास्तविकता को जानने का सबसे विश्वसनीय रूप है।"[152]

विजयमोहन यह भी स्पष्ट करते हैं कि प्रसाद का उद्देश्य फैंटेसी की रचना करना नहीं है, बल्कि इस स्वर्ग की हकीकत दर्शाना है। अत: प्रसाद की यह कहानी "अनेक प्रकार की जन्नतों का पर्दाफाश करती है।" स्वर्ग की कल्पना में प्रसाद जी 'आत्मविस्तार की सीमा' दर्शाते हैं। निष्कर्षत: विजयमोहन सिंह कहते हैं : "आत्मविस्तार की सीमा से बाहर जानेवाली रचनाएँ इसी प्रकार कालजयी बनती हैं। प्रत्येक ऐसे स्वर्ग को अन्तत: खँडहर में तब्दील होना पड़ता है।"[153]

इस प्रकार 'स्वर्ग के खँडहर' कहानी फैंटेसी की सफल शुरुआत के रूप में स्वीकार की जा सकती है। स्वर्ग का ध्वस्त होना या खँडहर में तब्दील होना 'पैनी यथार्थ दृष्टि भी है और आत्मविस्तार भी'। अत: दोनों आलोचकों की दृष्टि में यह कहानी वास्तविकता के निकट है।

इस प्रकार निष्कर्षत: नामवर सिंह फैंटेसी को 'सत्योद्घाटन' को आधार के रूप में स्वीकारते हैं। भले ही उसमें प्रकट होनेवाली वास्तविकता अद्भुत, अनूठी और भिन्न प्रतीत हो : "आश्चर्य की बात तो यह है कि अब किसी बात पर आश्चर्य ही नहीं होता। इसलिए किसी असाधारण या लोक असाधारण घटना की चर्चा करके आज के आदमी को चकित करना काफी मुश्किल है। यह आश्चर्य ही आज की फैंटेसी की प्रेरक है।"[154]

इस प्रकार विस्मय की दुनिया से फैंटेसी का जन्म होता है, जरूरी नहीं कि यह विस्मय किसी 'दूसरी दुनिया' का हो बल्कि वह इसी दुनिया का हो सकता है, परन्तु लोग, चीज, नाम और लेविल से अलग होता हुआ, वह अनजान और अपरिचित हो जाता है। इसीलिए वह लोगों को अजीबोगरीब भी लगता है। अन्तत: नामवर जी का मन्तव्य फैंटेसी को नयेपन के आग्रह से जोड़ता है : "...फैंटेसी केवल एक ऐतिहासिक तथ्य नहीं, बल्कि जीवित सत्य है। इसका महत्त्व केवल कथा-साहित्य के उद्भव की चर्चा तक सीमित नहीं है, बल्कि नवीनतम कथा सृष्टि में भी है।"[155]

नई कहानी आन्दोलन के सन्दर्भ में नामवर सिंह प्रतिमानों को आधार बनाते हुए कहानी-सम्बन्धी मूल्यांकन को प्रस्तुत करते हैं, जिनसे वे नई कहानी की विशिष्टताओं एवं कमियों को रेखांकित करते हैं। नामवर सिंह की स्थापना है कि कहानी स्वरूप परिवर्तन के कारण ही नई है। यह परिवर्तन शिल्प और कथ्य, दोनों स्तर पर हुआ। कथानक का ह्रास हुआ और कहानी में नाटकीयता, जनपदीयता, सम्प्रेषणीयता, सांकेतिकता, प्रतीकात्मकता, बिम्बात्मकता एवं संगीत की अभिव्यक्ति हुई। 'नई कहानी' में संगीत के प्रभाव को स्वीकार करते हुए वे निर्मल वर्मा को सफल कहानीकार मानते हैं। साथ ही वे 'नई कहानी' की विशिष्टताओं में भी अन्तर्निहित दुर्बलता की ओर पाठकों को सचेत करते हैं। नामवर सिंह के कहानी-सम्बन्धी मूल्यांकन में सबसे महत्त्वपूर्ण बात कहानी-पाठ की प्रक्रिया है। उनके अनुसार पढ़ना रचनात्मक कार्य है, जिम्मेदारी है। नामवर जी की सीमा यह है कि निर्मल वर्मा के प्रभाव में वे अन्य नये कहानीकारों की विशिष्टताओं को नहीं उभार पाते।

सन्दर्भ

1. अवस्थी, देवीशंकर, नई कहानी : सन्दर्भ और प्रकृति, राजकमल प्रकाशन, नई दिल्ली 1973, पृ. 15

2. मधुरेश, हिन्दी कहानी, अस्मिता की तलाश, आधार प्रकाशन, पंचकूला, प्रथम संस्करण, 1997, पृ. 332
3. सिंह, नामवर, भूमिका, कहानी : नई कहानी (1982), लोकभारती प्रकाशन, इलाहाबाद, पृ. 180, संस्करण 2002
4. वही, भूमिका
5. वही
6. त्रिपाठी, विश्वनाथ, कुछ कहानियाँ : कुछ विचार, राजकमल प्रकाशन, नई दिल्ली, पहला संस्करण, 1998, पृ. 100
7. वही, पृ. 101
8. वही, पृ. 106
9. सिंह, नामवर, कहानी : नई कहानी लोकभारती प्रकाशन, इलाहाबाद, 2002, पृ.14
10. वही
11. वही
12. वही, पृ. 16
13. वही
14. वही, पृ. 17
15. मधुरेश, हिन्दी आलोचना का विकास, सुमित प्रकाशन, इलाहाबाद, 2004, पृ. 180
16. सिंह, नामवर, कहानी : नई कहानी, लोकभारती प्रकाशन, इलाहाबाद, 1992, पृ. 69
17. वही, पृ. 70
18. चौधरी, सुरेन्द्र, हिन्दी कहानी : प्रक्रिया और पाठ, राधाकृष्ण प्रकाशन, नई दिल्ली, प्रथम संस्करण, 1995, पृ. 124
19. सिंह, नामवर, कहानी : नई कहानी, लोकभारती प्रकाशन, इलाहाबाद, 1982, पृ. 70
20. वही
21. वही
22. चौधरी, सुरेन्द्र, हिन्दी कहानी : प्रक्रिया और पाठ, राधाकृष्ण प्रकाशन, नई दिल्ली, 1995, पृ. 124
23. सिंह, नामवर, कहानी : नई कहानी, राधाकृष्ण प्रकाशन, नई दिल्ली, 1982, पृ. 71
24. चौधरी, सुरेन्द्र, हिन्दी कहानी : प्रक्रिया और पाठ, राधाकृष्ण प्रकाशन, नई दिल्ली, 1995, पृ. 124
25. सिंह, नामवर, कहानी : नई कहानी, लोकभारती प्रकाशन, इलाहाबाद, 1982, पृ. 71
26. वही, पृ. 72
27. चौधरी, सुरेन्द्र, हिन्दी कहानी : प्रक्रिया और पाठ, राधाकृष्ण प्रकाशन, नई दिल्ली, 1995, पृ. 125
28. वही
29. वही
30. वही
31. सिंह, नामवर, कहानी : नई कहानी, लोकभारती प्रकाशन. इलाहाबाद, 1982, पृ. 73
32. वही
33. वही, पृ. 74

34. वही
35. वही
36. सिंह, नामवर, कहानी : नई कहानी, 1982, पृ. 75
37. वही
38. चौधरी, सुरेन्द्र, हिन्दी कहानी : प्रक्रिया और पाठ, राधाकृष्ण प्रकाशन, नई दिल्ली, 1995, पृ. 126
39. वही, पृ. 128
40. सिंह, नामवर, कहानी : नई कहानी, लोकभारती प्रकाशन, इलाहाबाद, 2002, पृ. 51
41. चौधरी, सुरेन्द्र, हिन्दी कहानी : प्रक्रिया और पाठ, राधाकृष्ण प्रकाशन, नई दिल्ली, 1995, पृ. 134
42. सिंह, नामवर, कहानी : नई कहानी, लोकभारती प्रकाशन, इलाहाबाद, 1982, पृ. 18
43. वही, पृ. 19
44. वही, पृ. 30
45. वही, पृ. 31
46. वही, पृ. 33
47. मधुरेश, हिन्दी कहानी : अस्मिता की तलाश, आधार प्रकाशन, पंचकूला, प्रथम संस्करण, 1997, पृ. 332
48. यादव, राजेन्द्र, कहानी अनुभव और अभिव्यक्ति, वाणी प्रकाशन, नई दिल्ली, 1996, पृ. 176
49. सिंह, नामवर, कहानी : नई कहानी, लोकभारती प्रकाशन, इलाहाबाद, 1982, पृ. 20
50. वही
51. वही
52. वही, पृ. 21
53. वही, पृ. 22
54. वही, पृ. 23
55. वही, पृ. 24
56. वही
57. वही
58. वही
59. वही
60. वही
61. वही
62. वही, पृ. 25
63. वही
64. वही, पृ. 26
65. वही
66. वही, पृ. 27
67. वही, पृ. 28
68. वही, पृ. 29

69. वही
70. वही
71. वही, पृ. 30
72. वही, पृ. 32
73. वही, पृ. 33
74. वही
75. वही
76. वही
77. वही, पृ. 34
78. वही
79. वही, पृ. 35
80. वही
81. वही, पृ. 36
82. वही
83. वही, पृ. 37
84. वही, पृ. 38
85. वही
86. वही, पृ. 39
87. वही, पृ. 42
88. वही, पृ. 42-43
89. वही, पृ. 44
90. वही
91. वही, पृ. 45
92. वही
93. वही
94. वही, पृ. 46
95. वही
96. वही
97. वही, पृ. 42
98. वही, पृ. 47
99. वही
100. वही
101. वही
102. वही, पृ. 49
103. वही
104. वही
105. वही
106. वही
107. वही

108. वही, पृ. 50
109. वही
110. वही, पृ. 52
111. वही, पृ. 53
112. वही
113. वही, पृ. 54
114. वही, पृ. 58
115. वही
116. वही
117. वही
118. वही, पृ. 60-61
119. वही, पृ. 62
120. वही, पृ. 62-63
121. वही, पृ. 63
122. वही, पृ. 64
123. वही, पृ. 65
124. वही, पृ. 77
125. वही, पृ. 78
126. वही, पृ. 79
127. त्रिपाठी, विश्वनाथ, कुछ कहानियाँ : कुछ विचार, राजकमल प्रकाशन, नई दिल्ली, प्रथम संस्करण, 1998, पृ. 136
128. सिंह, नामवर, कहानी : नई कहानी, लोकभारती प्रकाशन, इलाहाबाद, 1982, पृ. 80
129. वही
130. वही
131. त्रिपाठी, विश्वनाथ, कुछ कहानियाँ : कुछ विचार, राजकमल प्रकाशन, नई दिल्ली, 1998, पृ. 136
132. सिंह, नामवर, कहानी : नई कहानी, लोकभारती प्रकाशन, इलाहाबाद, 1982, पृ. 85
133. वही
134. चौधरी, सुरेन्द्र, हिन्दी कहानी, प्रक्रिया और पाठ, राधाकृष्ण प्रकाशन, नई दिल्ली प्रथम संस्करण 1995, पृ. 113-14
135. वही, पृ. 114
136. वही
137. वही, पृ. 115
138. सिंह, नामवर, कहानी : नई कहानी, लोकभारती प्रकाशन, इलाहाबाद, 1982, पृ. 82
139. वही, पृ. 86
140. वही
141. चौधरी, सुरेन्द्र, हिन्दी कहानी : प्रक्रिया और पाठ, राधाकृष्ण प्रकाशन, नई दिल्ली, 1995, पृ. 117
142. वही, पृ. 115

143. वही, पृ. 142
144. सिंह, नामवर, कहानी : नई कहानी, लोकभारती प्रकाशन, इलाहाबाद, 1982, पृ. 84-85
145. चौधरी, सुरेन्द्र, हिन्दी कहानी : प्रक्रिया और पाठ, राधाकृष्ण प्रकाशन, नई दिल्ली, 1995, पृ. 143
146. वही
147. वही, पृ. 145
148. सिंह, नामवर, कहानी : नई कहानी, लोकभारती प्रकाशन, इलाहाबाद, 1982, पृ. 85
149. वही, पृ. 87
150. सिंह, विजयमोहन, कथा समय (1993), राधाकृष्ण प्रकाशन, नई दिल्ली, द्वितीय संस्करण, 2002, पृ. 20
151. वही, पृ. 21
152. सिंह, नामवर, कहानी : नई कहानी, लोकभारती प्रकाशन, इलाहाबाद, 1982, पृ. 88
153. वही
154. वही, पृ. 88
155. वही

नई कविता, अकविता और नामवर सिंह

नई कविता का आरम्भ

'नई कविता' आन्दोलन का 'प्रयोगवादी कविता' आन्दोलन से किसी-न-किसी रूप में एक निकट सम्बन्ध रहा है, जिसकी अनदेखी नहीं की जा सकती। बावजूद इसके 'नई कविता' को प्रयोगवाद का पर्याय नहीं माना जा सकता। सचाई यह भी है कि 'नई कविता' के आरम्भ को लेकर 'नई कविता' के कवि भी आपस में सहमत नहीं हैं। यहाँ तक कि आलोचकों का एक वर्ग यह मानता है कि 'प्रयोगवाद' और 'नई कविता' अलग-अलग काव्यधाराएँ हैं, जबकि दूसरा वर्ग यह मानता है कि 'प्रयोगवाद' का विकास ही 'नई कविता' के रूप में हुआ। रामविलास शर्मा के शब्दों में : "नई कविता, प्रयोगवाद से भिन्न होकर, एक रूढ़ अर्थ में तब प्रयुक्त होने लगी जब 1954 में इलाहाबाद से 'नई कविता' नामक संकलन प्रकाशित होने लगा।"[1]

जबकि गिरिजाकुमार माथुर प्रयोगवाद और नई कविता को अलग-अलग नहीं मानते, बल्कि वे इन आन्दोलनों को आधुनिकता की भिन्न स्टेज मानते हैं। लेकिन रामस्वरूप चतुर्वेदी कहते हैं कि 'नई कविता' के पहले अंक के आते ही "नई कविता आधुनिक वैचारिक रचनाशीलता का प्रतिमान बन गई।"[2] अत: नई कविता किसी-न-किसी रूप में आधुनिकता से जुड़ी है।

नई कविता का नामकरण भले ही अज्ञेय ने किया हो पर अज्ञेय के साथ-साथ 'परिमल' (1944) साहित्यिक संस्था की भी विशेष भूमिका है।

जहाँ तक नई कविता के कवियों का प्रश्न है, 1950 के आसपास लिखनेवाले प्राय: कवि नई कविता आन्दोलन से जुड़े थे। नई कविता के अन्तर्गत मुख्यत: दो धाराओं के कवि दीखते हैं—एक आधुनिकतावादी और प्रयोगवादी कवि, जिनमें अज्ञेय के साथ-साथ गिरिजाकुमार माथुर, भारतभूषण अग्रवाल तथा श्रीनरेश मेहता आदि कवि थे तो दूसरी ओर साम्यवादी, जनवादी और प्रगतिशील धारा का नेतृत्व करनेवाले कवि जिनमें मुक्तिबोध के साथ शमशेर, केदारनाथ सिंह, रघुवीर सहाय आदि कवि थे। इनके अतिरिक्त वे कवि भी थे, जिन्होंने मार्क्सवाद और प्रगतिवाद का जमकर विरोध किया। इनमें लक्ष्मीकान्त वर्मा, विजयदेव नारायण साही, कुँवर

नारायण, धर्मवीर भारती, सर्वेश्वरदयाल सक्सेना, श्रीकान्त वर्मा आदि थे। रामविलास शर्मा ने नई कविता के आरम्भ पर जो टिप्पणी की है, उससे यह और भी विवादास्पद हो उठता है : "बहुत-से लोग नई कविता की शुरुआत 'तार सप्तक' से मानते हैं। मैंने इस धारणा का खंडन किया है।"[3] इस प्रकार, डॉ. शर्मा के पहले और दूसरे संस्करणों के वक्तव्यों में अन्तर है। 'नई कविता और अस्तित्ववाद' पुस्तक में उन्होंने जो तीन अध्याय रखे हैं, उससे 'नई कविता' का उद्‌भव 1935-36 के आसपास ठहरता है। इन अध्यायों के शीर्षक हैं—'नई कविता : तार सप्तक के पहले', 'नई कविता : तार सप्तक और उसके बाद' तथा 'नई कविता : स्वाधीनता-प्राप्ति के बाद'। उन्होंने यह भी लिखा है : "सन् 1938 से नई कविता की शुरुआत मानें तो तीस साल, सन् 1947 से मानें तो बीस साल में ये सम्भावनाएँ किस रूप में चरितार्थ हुई हैं। पन्द्रह साल की अवधि में छायावाद की उपलब्धियों की तुलना में बीस-तीस साल की सम्भावनाएँ कैसी ठहरती हैं। पिछले बीस साल में जो कविताएँ लिखी गई हैं, उनसे छायावादी और प्रगतिशील ढंग की रचनाएँ अलग कर दें तो जो बच रहती हैं, वे कोई मूल्यवान निधि सिद्ध नहीं होतीं।"[4]

इस उद्धरण से यह स्पष्ट है कि डॉ. शर्मा नई कविता के आरम्भ की सम्भावना 1938 से ही देखने लगते हैं। अत: उनके वक्तव्यों में अन्तर्विरोध दिखाई देता है। नामवर सिंह भी 1938 को परिवर्तन की विभाजक रेखा मानते हैं और रामविलास शर्मा की तरह, निराला को नये परिवर्तन का प्रतिनिधि मानते हैं। "निराला की 'अनामिका' में संकलित 1937-38 की कविताओं और आगे चलकर 1941 में प्रकाशित 'कुकुरमुत्ता' शीर्षक लम्बी कविता से स्पष्ट है कि हिन्दी में 'तार सप्तक' के प्रकाशन से पहले ही नये परिवर्तन की जोरदार हवा वह बह चुकी थी।...सामान्यत: 1938 को इस परिवर्तन की विभाजक रेखा मान सकते हैं।"[5] इस सम्बन्ध में नामवर सिंह की महत्त्वपूर्ण स्थापना यह है कि "समकालीन संकट की स्वीकृति, मानसिक विभाजन का प्रतिरोध और यथार्थग्राही यथातथ्य काव्यभाषा का निर्माण—ये तीनों कार्य 1938 के आसपास शुरू हो गए थे।"[6] यद्यपि नामवर सिंह 'नई कविता' का सम्बन्ध 'अनुभूति' के सन्दर्भ में 'छायावाद' से मानते हैं और 'नई कविता' का आरम्भ 1951 की 'प्रतीक' पत्रिका एवं 'तार सप्तक' (दूसरा सप्तक) से मानते हैं : "उल्लेखनीय है कि 1951 में 'प्रतीक' के सम्पादक ने काव्य में 'ईमानदारी' का नारा दिया, जिससे आगे चलकर 'अनुभूति की प्रामाणिकता' की अवधारणा विकसित हुई। बौद्धिकता का स्थान रागात्मकता ने ले लिया और छायावाद युग का प्रिय शब्द 'अनुभूति' पुन: प्रचलन में आ गया। ये सभी मान्यताएँ अन्त में 'व्यक्तित्व की खोज' का दार्शनिक रूप लेकर सामने आई। 'प्रयोग' शब्द को वाद-दूषित पाकर 'नई कविता' नामक संज्ञा का प्रचलन हुआ। 1951 में दूसरा सप्तक के प्रकाशन के साथ 'नई कविता' के जिन सिद्धान्तों का सूत्रपात किया गया, उनका विस्तार तीसरा

सप्तक के प्रकाशन-काल 1959 तक अबाध गति से होता रहा।"[7] इस सम्बन्ध में जितेन्द्रनाथ पाठक की उक्ति भी महत्त्वपूर्ण है : "इलियट, एजरा पाउंड, ऑडेन, स्पेंटर डाइलन, टॉमस आदि कवि प्रथम विश्व-महायुद्ध से द्वितीय महायुद्ध तक लगभग एक ही दिशा में गतिशील विश्व परिस्थितियों के सन्दर्भ को स्वीकार करते हुए नवीन जीवन-मूल्यों का शोध अपनी पुष्ट और समृद्ध काव्य-चेतना आधुनिकता के इस अत्यावश्यक सन्दर्भ को द्वितीय विश्व-महायुद्ध के आसपास अवश्य स्वीकार करने लगी किन्तु नवीन आस्थाओं और जीवन-मूल्यों के शोध की ओर वह लगभग सन् 1952 ई. के बाद तत्पर हुई।"[8] वैसे, अज्ञेय ने 1952 में इलाहाबाद से प्रसारित रेडियो वार्ता में पहली बार 'नई कविता' शब्द का प्रयोग किया। पर 'नई कविता' शब्द का प्रचलन जगदीश गुप्त द्वारा सम्पादित पत्रिका 'नई कविता' पत्रिका से ही हुआ, जहाँ तक नई कविता की सीमा का प्रश्न है, मोटे तौर पर 1950 से 1960 तक की कविता 'नई कविता' है और 'तीसरा सप्तक' (1959), 'नई कविता' का प्रतिनिधि संग्रह है।

तार सप्तक और नई कविता : 'नई कविता' का 'तार सप्तक' के साथ भी एक गहरा रिश्ता रहा है, इसीलिए बहुत से विद्वान 'नई कविता' का आरम्भ 1943 ई. में सम्पादित पत्रिका 'तार सप्तक' से मानते हैं। 'तार सप्तक' पर रामविलास शर्मा की टिप्पणी : "सन् 1943-44 में पन्त-नरेन्द्र-केदार-शमशेर कविता की जिस धारा के प्रतिनिधि हैं, 'तार सप्तक' उसमें प्रवाह की एक लहर है, नदी का स्थिर द्वीप नहीं।"[9]

रामविलास शर्मा ने 'नई कविता : तार सप्तक और उसके बाद' शीर्षक अध्याय के अन्तर्गत 'नई कविता' का सम्बन्ध स्वाधीनता-आन्दोलन के काल से तार सप्तक तक दिखाया है और उसे छायावाद से आगे यथार्थवाद की भूमि पर विकसित होनेवाली कविता के रूप में देखा है। जहाँ तक नामवर सिंह का प्रश्न है वे मानते हैं कि "तार सप्तक के प्रकाशन से चार-पाँच वर्ष पूर्व 'तार सप्तक' के कवियों के अतिरिक्त केदारनाथ अग्रवाल, शमशेर बहादुर सिंह, त्रिलोचन, भवानी प्रसाद मिश्र जैसे अनेक समर्थ कवि नये ढंग की काव्य-रचना कर रहे थे। इस बीच नरेन्द्र शर्मा ने भी रूमानियत से अलग हटकर नये काव्य प्रयोग किये। निराला की 'अनामिका' में संकलित 1937-38 की कविताओं और आगे चलकर 1941 में प्रकाशित 'कुकुरमुत्ता' शीर्षक लम्बी कविता से स्पष्ट है कि हिन्दी में 'तार सप्तक' के प्रकाशन के पहले ही नये परिवर्तन की जोरदार हवा बह चुकी थी।"[10]

निष्कर्षत: नामवर सिंह यही मानते हैं कि 'तार सप्तक', 'रूपाभ', 'उच्छृंखल', 'हंस', 'विशाल भारत' जैसे पत्रिकाओं और इनसे सम्बन्धित कवियों द्वारा निर्मित जीवन्त परिवेश की उपज और अभिव्यक्ति है। इसलिए नामवर जी यह कहते हैं : "...'तार सप्तक' नई काव्यात्मक क्रान्ति का अग्रधावक नहीं, बल्कि उसकी कुछ आरम्भिक प्रवृत्तियों की सामूहिक अभिव्यक्ति-मात्र है।"[11]

जो भी हो, पर इतना सही है कि कविता-सम्बन्धी विवादों के केन्द्र में 'तार सप्तक' रही है, जिसके अन्तर्गत 'प्रयोग' और 'अन्वेषण' पर जोरदार बहस हुई। फिर भी हिन्दी कविता में 'बौद्धिकता' की प्रतिष्ठा में 'तार सप्तक' की मुख्य भूमिका रही है। रामस्वरूप चतुर्वेदी के शब्दों में : " 'तार सप्तक' के प्रकाशन से हिन्दी साहित्य में आधुनिक संवेदना का सूत्रपात माना जाता है।"[12]

नई कविताकालीन परिस्थितियाँ

जहाँ तक नई कविताकालीन परिस्थितियों की बात है, 1947 में स्वाधीनता-प्राप्ति के उपरान्त विदेशी दासता से मुक्ति का उल्लास तो था, परन्तु एक सन्देह भी था कि राजनीतिक स्वतंत्रता के बावजूद भारत सामाजिक-आर्थिक रूप से साम्राज्यवादी चंगुल से मुक्त होगा अथवा नहीं। नामवर सिंह के शब्दों में : "परिवर्तन की प्रकृति को ठीक-ठीक पहचानना और पहचानकर उसके साथ अपनी संगति बैठाना आसान न था।"[13]

साथ ही, स्वतंत्रता-प्राप्ति के बाद देश की सत्ता जिनके हाथों में आई, उससे जनता की समस्याओं का समाधान सम्भव नहीं था। अत: जनता का असन्तोष बढ़ा, आर्थिक विषमता बढ़ी, असन्तुलित विकास हुआ। फलस्वरूप राष्ट्रीय एकता के खतरे भी उत्पन्न होने लगे एवं बाहरी दबावों की सृष्टि हुई। मुक्तिबोध के शब्दों में : "स्वाधीनता-प्राप्ति के उपरान्त भारत में अवसरवाद की बाढ़ आई, शिक्षित मध्यवर्ग में भी उसकी जोरदार लहरें पैदा हुईं। साहित्यिक लोग भी उसके प्रवाह में बहे और खूब ही बहे। इस भ्रष्टाचार, अवसरवाद, स्वार्थपरता की पार्श्वभूमि नई कविता के क्षेत्र में पुराने प्रगतिवाद पर जोरदार हमले किये और कुछ सिद्धान्तों की एक रूपरेखा प्रस्तुत की गई। ये सिद्धान्त और उनके हमले, वस्तुत: उस शीत-युद्ध के अंग थे जिसकी प्रेरणा लन्दन और वाशिंगटन से ली गई थी।"[14] इस प्रकार, इस राष्ट्रीय स्थिति ने मध्यवर्ग के बुद्धिजीवियों को कुंठित और निराश किया।

नामवर सिंह ने नई कविताकालीन परिस्थितियों को 'नेहरू-युग' के परिप्रेक्ष्य में देखा है। वे यह जरूर स्वीकारते हैं कि 1951 के आसपास देश के वातावरण में स्थिरता आई। परन्तु संविधान निर्माण, गणतंत्र की घोषणा, बालिग मताधिकार, आम चुनाव तथा जनतांत्रिक सरकारों के गठन के साथ नेहरू-युग का आरम्भ हुआ। अत: मुक्तिबोध ने साहित्यिकों के भ्रष्टाचार की बात स्वीकार की है। नामवर जी ने भी कहा है : "...1951 का 'आत्मान्वेषण' भी नेहरू की नई स्थिति से असम्बद्ध न था, यह कहना अप्रासंगिक न होगा कि अज्ञेय ने अपनी अंग्रेजी कविताओं की भूमिका ही नेहरू से नहीं लिखवाई बल्कि 1951 में नेहरू

की साठवीं वर्षगाँठ के अवसर पर नेहरू अभिनन्दन का सम्पादन भी किया। इसलिए 1951 में नये भारत के नेता के रूप में नेहरू को प्रतिष्ठित देखकर यदि 'तार सप्तक' युग के कवियों में पूर्ववर्ती तनाव के स्थान पर कुछ आत्मतोष, कुछ आत्मविश्वास, कुछ आशा और कुछ उत्साह का भाव आ गया तो अप्रत्याशित नहीं है।"[15]

नामवर सिंह इसे स्वाधीनता की पहली लहर के नव रोमनवाद का पुनरुत्थान मानते हैं और यह भी कहते हैं : "निस्सन्देह नेहरू-युग के अन्तर्विरोध जल्द ही अपने असली रूप में सामने आने लगे, और कुछ ही दिनों बाद यह स्पष्ट हो गया कि जिसे स्वाधीनता-प्राप्ति के आरम्भिक दौर में सत्य समझा जा रहा था, वह वस्तुत: भ्रम था।"[16]

जहाँ तक विश्व परिदृश्य की बात है द्वितीय विश्वयुद्ध के बाद साम्राज्यवादी शिविर और समाजवादी शिविर के बीच तनाव बढ़ने लगे। जिनका असर बुद्धिजीवियों एवं साहित्यकारों पर भी हुआ। साथ ही युद्धों की विभीषिका ने यूरोप तथा अन्य देशों के जनजीवन को पूरी तरह झकझोर कर रख दिया। लोगों में मृत्यु और विनाश का भय जन्म लेने लगा और भोगवाद की ओर झुकाव होने लगा।

दूसरी ओर समाजवादी और साम्राज्यवादी शिविरों के बढ़ते तनाव ने शीत युद्ध को जन्म दिया। इस स्थिति को स्पष्ट करते हुए रामस्वरूप चतुर्वेदी कहते हैं : "युद्धकालीन जीवन की क्षिप्रता और गति शान्तिकालीन जीवन की तुलना में कहीं अधिक होगी, और उस युद्धकाल के उखड़े हुए मूल्य परिवार, धर्म, परम्परागत नैतिकता आदि के मौलिक सन्दर्भों में—फिर नहीं जम सके। क्योंकि महायुद्ध तो समाप्त हो गया, पर उसके स्थान पर आसानी से समाप्त न होनेवाला शीत युद्ध आरम्भ हो गया।"[17]

इस प्रकार युद्ध की मन:स्थिति और युद्ध के आतंक ने सारे विश्व को प्रभावित किया। ऐसे ही दौर में कुछ साहित्यिक एवं सांस्कृतिक संगठनों का जन्म हुआ, जिन्होंने मार्क्सवादी विचारधारा का और समाजवादी देशों का जमकर विरोध किया। इन संगठनों ने यह भी दुष्प्रचारित किया कि मार्क्सवाद हर तरह की स्वतंत्रता का अपहरण करता है। यही नहीं, यह भी प्रचारित किया गया कि पूँजीवाद और समाजवाद तथा वामपंथ और दक्षिणपंथ जैसे भेद आज अनावश्यक हैं। फिर भी 'नई कविता' मार्क्सवाद के प्रभाव से मुक्त नहीं रही। भले उसमें एक धारा अस्तित्ववाद की मौजूद रही हो। पर इतना तय है कि स्थिति राष्ट्रीय हो या अन्तरराष्ट्रीय दिग्भ्रमित परिस्थितियों की पृष्ठभूमि में ही 'नई कविता' उद्भव हुई। यद्यपि नई कविता के लिए 'भ्रम' सिर्फ विध्वंसात्मक न था : "किन्तु कभी-कभी 'भ्रम' भी काव्य में रचनाशीलता के लिए उपयोगी सिद्ध होता है, और कहना न होगा कि इस ऐतिहासिक 'भ्रम' के बावजूद नई कविता ने अनेक महत्त्वपूर्ण रचनात्मक कृतियों की सृष्टि

की।"[18] किन्तु नामवर सिंह निष्कर्षत: उसी कृति को श्रेष्ठ मानते हैं जो भ्रम-मुक्त है और इसी अर्थ में वे नई कविता के अन्तर्गत मुक्तिबोध को महत्त्वपूर्ण कवि के रूप में स्वीकारते हैं।

नई कविता और नयेपन का प्रश्न

'नई कविता' के सन्दर्भ में यह सवाल विवादास्पद रहा ही है कि 'नई कविता' को 'नई' कहना कहाँ तक उचित है एवं किन अर्थों में कहना उचित है। जबकि पूर्ववर्ती काव्यधाराएँ भी अपनी पूर्ववर्ती काव्यधाराओं से भिन्न होकर नई हो सकती हैं। इस अर्थ में नई कविता न तो अपनी पूर्ववर्ती काव्यधाराओं से भिन्न है और न ही उसकी छाया से मुक्त। वैसे जगदीश गुप्त के अनुसार : "कविता में नवीनता की उत्पत्ति सच्ची कविता लिखने की आकांक्षा से होती है।"[19] परन्तु उन्होंने यह भी कहा है : "किसी काव्य कृति का 'कविता' होने के साथ 'नई' होना अभीष्ट है। वह 'नई' हो और 'कविता' न हो, यह स्थिति साहित्य में कभी स्वीकार्य नहीं हो सकती।...अतएव 'नया क्या है?'—इस प्रश्न के साथ ही यह प्रश्न भी जीवन्त प्रश्न है कि 'कविता क्या है'।"[20]

डॉ. गुप्त के इस उद्धरण में एक असन्तुलन है। एक तरफ वे हर कविता में ही नयापन ढूँढ़ने की सम्भावना देखते हैं तथा दूसरी ओर वे कविता के पुनर्विचार की चिन्ता से मुक्त नहीं हो पाते।

नामवर सिंह का आरोप है कि जगदीश गुप्त कविता के अनिवार्य तत्त्व के रूप में जिस सृजनात्मकता (Creativity) की बात करते हैं, वह कविता की परिभाषा में गायब हो जाता है। इस स्थिति को नामवर जी परम्परा से जुड़ने की महत्त्वाकांक्षा के रूप में देखते हैं। इसी क्रम में वे लक्ष्मीकान्त वर्मा को भी आड़े हाथों लेते हैं।

परन्तु जगदीश गुप्त के निम्नलिखित उद्धरण को यदि ध्यान में रखें, तो नामवर जी का तर्क कमजोर दीखता है : "नई कविता ऐसे स्वातंत्र्य पर विश्वास नहीं करती जो दायित्वविहीन हो। अतएव उसके समक्ष उन कवियों का दायित्व गुरुतर हो जाता है जो परम्परानुमोदिता पक्ष से हटकर अपने युग की नई वास्तविकता के अनुरूप एक ऐसे मार्ग का निर्माण करना चाहते हैं जिसके द्वारा उनकी काव्यानुभूति अधिक ईमानदारी औचित्य और शक्ति के साथ व्यक्त की जा सके। जितना अनुशासन कविता को कविता बनाए रखने के लिए अनिवार्य है, उतना नये कवि को यदि परम्परा से उपलब्ध नहीं होता है तो उसे अपने संवेदनशील सजग कवि-व्यक्तित्व से स्वयं अर्जित करना होगा।"[21]

कहना न होगा कि नई कविता के सन्दर्भ में जिस दायित्व की बात जगदीश गुप्त कहते हैं, उसमें सृजनात्मकता की कहीं भी उपेक्षा नहीं है, बल्कि वह बुनियादी

रूप में मौजूद है। नई कविता के नयेपन को नये भावबोध के इतिहास के परिप्रेक्ष्य में समझना जरूरी है। द्वितीय विश्वयुद्ध के कारण सारे विश्व को मानवीय मूल्यों के विघटन, अनास्था, यंत्रणा आदि की असहनीय पीड़ा से गुजरना पड़ा जिसका कुप्रभाव सर्जनात्मकता पर भी पड़ा। यही नहीं, विज्ञान और टेक्नोलॉजी ने धर्म, परिवार, नैतिकता आदि पर गहरा आघात किया। फलस्वरूप मनुष्य अकेला और निराश होते हुए अपनी प्रकृति और इतिहास से दूर होता गया। इन चुनौतियों को मद्देनजर रखते हुए आलोचक जगदीश गुप्त ने कहा है : "अगर कवि के आत्मरंजन, भावाभिव्यक्ति एवं संवेदना-सम्प्रेषण के अतिरिक्त कविता का कोई इतर उद्देश्य हो सकता है, और मैं समझता हूँ कि हो सकता है, तो कहना होगा कि ऐसे मनुष्य की प्रतिष्ठा करना ही नई कविता का उद्देश्य है।"[22] डॉ. गुप्त ने 'नई' शब्द को विशिष्ट एवं व्यापक अर्थ में प्रस्तुत किया है, जो एक तरह से आधुनिक चेतना का पर्याय है। डॉ. गुप्त ने यह भी कहा है : "नई कविता ही क्यों नहीं कला, नये दर्शन, सबका आग्रह इसी उद्देश्य की पूर्ति है। और यदि ऐसा नहीं है तो 'नया' या 'नई' शब्द का प्रयोग तत्त्वत: निरर्थक मानना चाहिए। संवेदनाओं का एक स्तर वह है, जहाँ संवेदनाएँ सीधे-सीधे अपने वास्तविक अविकृत अकलुष रूप में सामने आती हैं। आधुनिक चेतना इस स्तर को पहले की अपेक्षा अधिक महत्ता देती है और इसी के सहारे रूढ़िबद्ध पुराने मूल्यों को ढहाती-गिराती नये मूल्यान्वेषण में तत्पर होती है।"[23]

परन्तु नई कविता के सन्दर्भ में नामवर सिंह की मुख्य चिन्ता नये प्रतिमानों को लेकर है, 'नई' विशेषण को लेकर नहीं। इससे आगे बढ़कर वे नये प्रतिमान बनाम पुराने प्रतिमान का प्रश्न उठाते हुए पुराने प्रतिमान को पुराने संस्कार के रूप में देखते हैं। वे कहते हैं : "...किन्तु यह तथ्य है कि कविता के वास्तविक मूल्यांकन में बौद्धिक स्तर पर स्वीकृत सिद्धान्तों की अपेक्षा बद्धमूल संस्कार अधिक निर्णायक भूमिका अदा करते हैं। इस दृष्टि से आज नये-से-नये प्रतिमान के लिए सबसे बड़ी चुनौती छायावादी संस्कार हैं।"[24]

अत: नामवर सिंह नई कविता के सन्दर्भ में छायावादी संस्कारों का विश्लेषण करते हैं और इस खतरे की ओर संकेत करते हैं : "...छायावादी काव्य संस्कार आज भी कितने प्रबल हैं। इस संस्कारों के रहते नई कविता की स्वीकृति का कोई अर्थ नहीं। जब तक नई कविता इस संस्कार को तोड़कर अपने लिए उसमें जगह नहीं बनाती अथवा स्वयं ही वह संस्कार सच्चे अर्थों में अपनी सीमा तोड़कर नई कविता को अन्तर्भुक्त करने का प्रयास नहीं करता। तब तक नई कविता बौद्धिक रूप से स्वीकृत होकर भी काव्य-बोध के स्तर पर हिन्दी साहित्य के इतिहास में एक तथ्य-मात्र है।"[25]

इसलिए नामवर सिंह की मुख्य आपत्ति परम्परा द्वारा प्राप्त काव्य संस्कार तथा उस पर आधारित प्रतिमानों को लेकर है। इसलिए उनकी नई कविता से

यही शिकायत है : "प्रयोगशील नई कविता ने आरम्भिक प्रतिक्रिया के बावजूद छायावादी संस्कारों को निर्मूल करने का गम्भीर प्रयास नहीं किया।"[26] अपने इस मत के समर्थन में वे केदारनाथ सिंह को उद्धृत करते हैं; अर्थात् केदारनाथ सिंह के मतानुसार नई कविता के प्राय: कवियों ने रोमांटिक भावुकता से छुटकारा दिलाने की बजाय, समझौतावादी रुख अपनाते हुए इन्हें प्रतिध्वनित किया। अत: नामवर सिंह की दृष्टि में—मुक्तिबोध ने ही इसका विरोध किया। अत: मुक्तिबोध के बारे में उनकी टिप्पणी है : "वे लगातार इस बात पर जोर देते रहे कि यथार्थ दर्शन से उत्पन्न होनेवाली कुंठा किस प्रकार रोमांटिक ढंग की सौन्दर्याभिरुचि में किस प्रकार मुँह छिपाने की कोशिश कर रही है।"[27]

नामवर सिंह के अनुसार मुक्तिबोध नई कविता के दौर से बाहर एवं उपेक्षित रहे और उन्हें नई कविता के साहित्य के प्रतिष्ठानों से बाहर रखा गया। निष्कर्षत: नामवर सिंह की राय में : "मुक्तिबोध को छोड़कर नई कविता का स्वीकृत होना इस बात का पक्का प्रमाण है कि नई कविता ने कहीं-न-कहीं पूर्ववर्ती रोमांटिकता के साथ चुपचाप समझौता कर लिया था।"[28]

यदि नई कविता की इस प्रवृत्ति पर ध्यान दें तो नई कविता कहीं-न-कहीं रुग्ण पुरातनता से ग्रसित थी। रामविलास शर्मा ने भी नई कविता की इस रोमांटिक दुर्बलता की छानबीन की है और इसे यूरोप की रोमांटिक कविता की दुर्बलता से भी जोड़कर देखा है : "नई कविता से यदि ये पिरामिड, ममी, केकड़े, मकड़े, कछुए, केंचुए हटा दिये जाएँ तो उसका मूल भाव-तत्त्व उत्तरकालीन छायावाद, उन्नीसवीं सदी के उत्तरार्द्ध वाली यूरोपीय रूमानियत से कहाँ भिन्न है। कवि का ऊब, उसका अकेलापन, आत्मनिर्वासन की भावना, आत्महत्या की आकांक्षा कुछ भी नया नहीं है, पूँजीवादी सभ्यता के आरम्भ से साहित्य में यह सब घटित होता आया है। औद्योगिक पूँजीवाद के प्रसार के बाद वह सब और घनीभूत हुआ है।"[29] ऐसे नये कवियों में डॉ. शर्मा ने श्रीकान्त वर्मा, गिरिजाकुमार माथुर, रघुवीर सहाय, जगदीश चतुर्वेदी, कैलाश वाजपेयी, सर्वेश्वरदयाल सक्सेना, भारतभूषण अग्रवाल, लक्ष्मीकान्त वर्मा, पीयूष वर्मा आदि की कविताओं की दुर्बलता को रेखांकित किया है। यह दुर्बलता रामविलास शर्मा के अनुसार अस्तित्ववादी अकेलेपन की है जिसके समक्ष न तो शेक्सपियर, मिल्टन ने घुटने टेके और न प्रसाद, निराला जैसे छायावादी कवियों ने, क्योंकि वे अपनी सामाजिक प्रतिबद्धता को जानते थे। इसलिए डॉ. शर्मा का यह सवाल वाजिब लगता है : "हिन्दी के नई कविता लेखकों की सामाजिक प्रतिबद्धता कहाँ है?...इन्होंने अपने भीतर नया क्या देखा है जो इनके पूर्वजों ने नहीं देखा था। उन देखी हुई पुरानी बातों को ही देखा था। उन देखी हुई पुरानी बातों को ही अपनी नवीन, मौलिक अनुभूति के बल पर कलात्मक संवेदनशीलता से चित्रित करते, वह नहीं किया।"[30] डॉ. शर्मा ने यह भी लक्षित किया कि यूरोप की

रोमांटिक कविता में, यथार्थ से मुँह मोड़कर व्यक्तिगत आशा-निराशा, सुख-दुख, स्वप्नशीलता, पलायनप्रियता में उलझ जाने की प्रवृत्ति थी, उसे प्राय: नई कविता के कवियों ने अपना लिया। परिणामत: "रोमांटिक काव्य की व्यक्तिवादी प्रवृत्ति क्रमश: विकृत होती हुई अब अस्तित्ववाद के रूप में प्रकट हुई है।...अस्तित्ववाद ने मानव-मूल्यों की अस्वीकृति को ही एक रूढ़ि का रूप दे दिया। यह बात फ्रांस के अस्तित्ववादियों पर उतना लागू नहीं होती जितना हिन्दी में उनके अनुवर्तियों पर। रोमांटिक कवियों में एक प्रदर्शनवादी रुझान था। दुनिया को यह दिखाने की आकांक्षा थी कि वह कितने पतित, पीड़ित अथवा त्रस्त हैं। नई कविता में यह रूमानी प्रदर्शनप्रियता चरम सीमा तक पहुँच गई है।"[31]

इस प्रकार, नई कविता के रूमानीपन का विरोध नामवर सिंह और रामविलास शर्मा, दोनों ने ही किया है। जहाँ नामवर सिंह उसे छायावादी संस्कार के दुहराव के रूप में देखते हैं, वहीं डॉ. शर्मा उसे यूरोप की रोमांटिक कविता की दुर्बलता के रूप में। अत: यह सही है कि नई कविता का यह संस्कार उसका नयापन नहीं बल्कि उसकी दुर्बलता ही सिद्ध हुई। नामवर सिंह नई कविता की विशिष्टता के रूप में 'अनुभूति' को देखते हैं परन्तु उसे छायावाद की अनुभूति से अलगाते हुए यह भी सावधान करते हैं : "...नई कविता के सन्दर्भ में कविता के शाश्वत तत्त्व के रूप में केवल 'अनुभूति' का नाम लेना काफी नहीं है—नाकाफी नहीं, बल्कि भ्रामक है।"[32]

विजयदेव नारायण साही के हवाले से नामवर सिंह यह कहते हैं कि अज्ञेय और प्रसाद भले ही 'अनुभूति' की तथ्य और सत्य से जोड़नेवाली कड़ी माने, पर प्रक्रिया के स्तर पर इनमें भिन्नता है : "तात्पर्य यह कि छायावादी काव्य-रचना की प्रक्रिया जहाँ भीतर से बाहर की ओर है, वहाँ नई कविता की रचना-प्रक्रिया बाहर से भीतर की ओर है। एक में रूप पर भाव का आरोपण है तो दूसरी में रूप का भाव में रूपान्तरण है। ये विपरीत प्रक्रियाएँ अनुभूति और विचार के सम्बन्ध में भी दृष्टिगोचर होती है।"[33]

नामवर सिंह की इस धारणा का व्यंग्यपूर्वक खंडन करते हुए रामविलास शर्मा कहते हैं : "छायावादी कवि पहले मन में कोई भाव पैदा कर लेते थे। फिर सामने रूप दिखाई दिया तो उसी पर भाव आरोपित कर देते थे। इसके विपरीत नई कविता वाले की निगाह पहले रूप पर पड़ती है। इसके बाद वह रूप को भाव में बदल देता है। रूप गायब रह जाता है, केवल भाव रह जाता है। लक्ष्मीकान्त वर्मा ने इसी को 'अमूर्तन के प्रति आग्रह' कहा है।"[34]

इस सम्बन्ध में ध्यान देनेवाली बात यह है कि रूप और भाव कविता के बुनियादी आधार हैं जिसे हम अन्तर्वस्तु और शिल्प के रूप में भी देख सकते हैं। जहाँ तक छायावादी काव्य में रूप पर भाव के आरोपण का प्रश्न है, यदि यह न होता तो मानवीकरण की स्थितियाँ न बनतीं, जबकि नई कविता में रूपान्तरण के

कारण ये स्थितियाँ नहीं हैं। दोनों काव्यान्दोलनों में शिल्प का यह अन्तर निस्सन्देह रूप और भाव की भिन्न प्रक्रिया के कारण है। प्रयोगवादी कवि रूप को भावों में रूपान्तरित तो कर ही रहे थे। यही नहीं, नामवर सिंह ने छायावाद और नई कविता की इन स्थितियों को और स्पष्ट करते हुए कहा है : "...नई कविता छायावाद के समान ही 'अनुभूति' पर बल देते हुए भी भावों की शाश्वतता के प्रति उतनी आश्वस्त नहीं है, इसलिए नये कवि अनुभूति से अधिक अनुभूतियों के परिवर्तित सन्दर्भ पर विशेष बल देते हैं। स्पष्टत: उनका बल रागात्मकता से अधिक रागात्मक सम्बन्धों पर है।"[35] इस प्रकार जहाँ अनुभूतियों का सिर्फ परिवर्तित सन्दर्भ ही है, वहाँ शाश्वतता का अभाव भी है—जो नई कविता की विशिष्टता भी है और कमजोरी भी।

दूसरी बात यह है कि भाव का आरोपण हो या रूपान्तरण, रूप या भाव कोई भी गायब नहीं होता। जैसाकि डॉ. शर्मा का निष्कर्ष है। इतना निश्चित है कि कविता का स्वरूप भिन्न हो जाता है। इसलिए नामवर सिंह पहले ही अनुभूति को शाश्वत रूप में मानने की सलाह नहीं देते।

रामविलास शर्मा ने लक्ष्मीकान्त वर्मा के 'अमूर्तन के प्रति आग्रह' का सवाल उठाया है। वह सिर्फ आग्रह भर नहीं, उसके पीछे एक व्यापक दृष्टि भी है। लक्ष्मीकान्त वर्मा के शब्दों में : "यह अमूर्तन या एब्स्ट्रैक्शन मूलत: वह आकारवादी मनोवृत्ति के विरोध में आता है जो पूर्व व्यवस्था को नई व्यवस्था देना चाहता है या पूर्व व्यवस्था के समक्ष नई व्यवस्था प्रतिष्ठित करना चाहता है।...अमूर्तन के प्रति कला में भी आग्रह दिनोंदिन बढ़ता जा रहा है और इसके भी बढ़ने का मुख्य कारण है एक नई व्यवस्था (अरेंजमेंट) की चेष्टा। आदमी तो महज एक प्रतीकात्मक फर्जी व्यक्ति भी हो सकता है, लेकिन आदमीयत या पेड़पन शायद उस बाह्य पहचान से अधिक मूल्यवान लगता है।"[36] इस प्रकार डॉ. शर्मा जिस दृष्टि से अमूर्तन को व्याख्यायित करते हैं, वह एकांगी है। अमूर्तन का आग्रह यदि व्यवस्था परिवर्तन का है तो यह जायज है। यदि ध्यान दें तो मुक्तिबोध की कविता में भी अमूर्तन का आग्रह विद्यमान है।

जो भी हो, नामवर सिंह कहते हैं : "छायावाद के विपरीत नई कविता में जिस प्रकार रूप, भाव ग्रहण करता है, तथ्य सत्य हो जाता है और अन्तत: अनुभूति निर्वैयक्तिक हो जाती है। उससे स्वयं कविता की संरचना में भी गहरा परिवर्तन आ जाता है।"[37]

इस प्रकार भाव के रूपान्तरण से कविता की संरचना बदलती है। अत: नामवर सिंह की यह उक्ति ध्यातव्य है : " ...किसी रचना के प्रति पूजाभाव भले ही न सही, काव्य की अर्थगत सम्भावनाओं से युक्त समग्र काव्यानुभव के लिए एक खुलापन अभीष्ट है।"[38] इसी खुलेपन के कारण नामवर सिंह के कविता के प्रतिमान बदलते रहते हैं। किसी स्थायी प्रतिमान को आधार बनाकर हर युग की कविता का मूल्यांकन

नहीं किया जा सकता। मूल्यांकन के लिए जिस गतिशील चेतना की आवश्यकता होती है, वह नामवर सिंह के 'कविता के नये प्रतिमान' में मौजूद है। "कविता के नये प्रतिमान उस जड़ीभूत सौन्दर्याभिरुचि पर आक्रमण करती है, कविता के नये उपकरणों की विशद पहचान और व्याख्या करती है और कविता को वापस वहाँ ले जाकर रोपती है जहाँ से वह उगी थी।"[39]

कविता के नये उपकरणों की पहचान से पूर्व नामवर सिंह काव्य-भाषा पर विचार करते हैं। क्योंकि आधुनिक काल में काव्य-भाषा को गौण मानकर काव्य-समीक्षा की गई। अत: वे काव्य-भाषा के सवाल पर रामस्वरूप चतुर्वेदी के इस मत का खंडन करते हैं कि नई कविता में कविता के सभी परम्परागत भेदक लक्षक (रस, छन्द, अलंकार, लय आदि) विलुप्त होने लगे हैं। अत: काव्य-भाषा को समझने के शास्त्रीय उपकरणों का विरोध यदि रामस्वरूप चतुर्वेदी करते हैं तो नामवर सिंह उसे पूरी तरह खारिज नहीं करते, पर इतना जरूर कहते हैं : "काव्य-भाषा के ये प्राचीन काल्पनिक विभाग आज अनुपयोगी और अपर्याप्त प्रतीत हो सकते हैं और इनके स्थान पर काव्य-भाषा विवेचन के लिए नये विभाग कल्पित किए जा सकते हैं किन्तु इसका अर्थ तो नहीं कि प्राचीन कवियों ने 'काव्य-भाषा' का महत्त्व समझा ही नहीं और इस प्रकार काव्य-भाषा का उपयोग नहीं किया।"[40] नामवर सिंह सचेत करते हुए यह भी कहते हैं : "सन्दर्भ बदल जाने के कारण पूर्ववर्ती कवियों की 'काव्य-भाषा' आज के कवि को अपने सृजन के लिए अनुपयोगी लग सकती है, किन्तु प्राचीन काव्य के लिए आलोचक को यदि प्राचीन काव्य का मूल्यांकन करना है तो उसे प्राचीन काव्य-भाषा को तिरस्कृत करने का कोई हक नहीं, बल्कि उसे प्राचीन काव्य-भाषा को समूचे सन्दर्भ के साथ आधार बनाना होगा।"[41]

काव्य-भाषा के प्रतिमान की चिन्ता कवि और आलोचक को समान रूप से करनी पड़ती है। सीमा यह है कि "नया आलोचक अधिक-से-अधिक आलोचना की प्राचीन भाषा को तिरस्कृत कर सकता है, जैसे कि नया कवि प्राचीन काव्य-भाषा को तिरस्कृत करता है। वैसे यहाँ भी पुराने शब्दों में नये अर्थ भरने के प्रयास दोनों स्तरों पर हो सकते हैं—किन्तु यह उन सम्बन्धों की अर्थ सम्भावना और प्रयोक्ता की सन्दर्भ चेतना तथा सृजनात्मक क्षमता पर निर्भर है।"[42] इस उद्धरण से यह स्पष्ट है कि नामवर सिंह अज्ञेय की इस धारणा से सहमत हैं कि शब्दों को नया अर्थ देना ही महत्त्वपूर्ण है।

नई कविता की काव्य-भाषा को नामवर सिंह 'तटस्थ' और 'वस्तुनिष्ठ' ही नहीं मानते, वैयक्तिक भी मानते हैं। जबकि नई कविता के कवि इनसे मुक्त नहीं हैं।

काव्य-भाषा को लेकर नामवर सिंह की यह आपत्ति भी है : "किसी कविता के कथ्य को मूल्यवान मानते हुए उसकी भाषा को सदोष अथवा दुर्बल कहने का भी चलन है। जो सम्भवत: पहली प्रवृत्ति से अधिक बड़ी नासमझी का सूचक

है।"[43] उन्होंने यह भी लक्षित किया है कि हिन्दी आलोचना में लम्बे समय तक काव्य-भाषा के आधार पर सम्पूर्ण काव्यकृति के मूल्यांकन की उपेक्षा हुई है। वैसे किसी काव्यकृति का मूल्यांकन सिर्फ काव्य-भाषा के आधार पर करना एकांगी और भ्रामक हो सकता है। न्यायसंगत यह है कि आलोचना जितना महत्त्व कथ्य को देती है, उतनी ही वह भाषा को भी दे।

नामवर सिंह मुख्य बल भाषा की शिल्पगत नवीनता की स्वीकृति को देते हैं। पर इस कोशिश में वे "कविताओं की भाषागत सूक्ष्मता और घनत्व को अलगाने का पक्ष नहीं लेते। क्योंकि इससे कविता से बाहर जाकर आलोचना करने का रास्ता खुल जाता है। नामवर सिंह के शब्दों में : "स्पष्टतः भाषा विषयक यह दृष्टि खंडित और विभक्त हैं, किन्तु इस दृष्टि की विफलता भाषा तक ही सीमित नहीं है। इसका सम्बन्ध भावात्मक और बौद्धिक विभाजन से हैं।"[44]

नामवर सिंह इस बौद्धिक विभाजन को नैतिक विफलता से जोड़कर देखते हैं और इस प्रसंग में नई कविता की भूमिका की सराहना करते हैं : "इस नैतिक विभाजन की दरार को पाटने के लिए प्रयोगशील कवियों ने सबसे पहले भाषा के सम्बन्ध में अपना रुख स्पष्ट किया। नये प्रयोगशील कवि की दृष्टि में भाषा कवि के प्रयोग का साधन है और इस प्रकार कविता भाषा का प्रयोग है।"[45]

इस प्रकार नामवर सिंह नई कविता की उपलब्धि को भाषा-प्रयोग से सम्बद्ध देखते हैं और अज्ञेय की 'प्रयोग' मान्यता पर मुहर लगाते हुए कहते हैं : "इस मान्यता की नवीनता यह है कि इसमें भाषा को जानने का भी साधन माना गया है, इससे पहले भाषा केवल अभिव्यक्ति का ही साधन मानी जाती थी।"[46]

नई कविता का भाषा-संस्कार बहुत कुछ अज्ञेय की देन है। विशेषतः जब अज्ञेय ने कविता को कवि का परम वक्तव्य कहा। फिर भी नामवर सिंह के अनुसार, अज्ञेय के वक्तव्य का नई कविता में दृढ़ता से निर्वाह नहीं हुआ। पर : "कविता में भाषा की सृजनशीलता अथवा सर्जनात्मकता की धारणा का प्रादुर्भाव हुआ।"[47] यह सृजनशीलता अन्वेषण का भी पर्याय है। इस सम्बन्ध में नामवर सिंह ने रघुवीर सहाय और पंत जैसे कवियों को उदाहरण बनाया है।

काव्य-भाषा के सन्दर्भ में नामवर सिंह ने एक महत्त्वपूर्ण सवाल उपस्थित किया है, वह है काव्य-भाषा बनाम काव्याभास भाषा का। अर्थात् काव्याभास भाषा, भाषिक शैथिल्य और बौद्धिक शैथिल्य का परिचायक है। और यही फर्क रघुवीर सहाय की 'नया शब्द' और पंत के 'लोकायतन' में है। निष्कर्ष यही है कि नामवर सिंह रघुवीर सहाय की भाषा को काव्यात्मक भाषा के रूप में स्वीकार करते हैं : "इस प्रकार काव्य-भाषा की कसौटी पर 'काव्यात्मक भाषा' और 'काव्याभास भाषा' के बीच भेद करना सम्भव है जिससे वास्तविक काव्य को छद्म काव्य से अलग करने में मदद मिलती है।"[48] अतः नामवर काव्य-भाषा के प्रतिमान का भी निर्धारण करते हैं।

नई कविता की उपलब्धि यह है कि उसने बोलचाल की भाषा को काव्य-भाषा के रूप में महत्त्व दिया। नामवर सिंह के शब्दों में : "नई प्रयोगशील कविता के साथ काव्य-भाषा के निर्माण की दिशा में जो यह मान्यता आई कि कविता की भाषा का आधार बोलचाल की भाषा होनी चाहिए, वह केवल भाषागत स्वाभाविकता अथवा स्थूल प्रकृतिवादी (नेचुरलिस्ट) प्रवृत्ति का ही सूचक नहीं, बल्कि उसके साथ कवि का एक गम्भीर नैतिक साहस जुड़ा हुआ है, जिसके अनुसार अपने आसपास की दुनिया में हिस्सा लेते हुए ही कविता को इस दुनिया के अन्दर एक दूसरी दुनिया की रचना करना आवश्यक हो जाता है।"[49]

परन्तु इस बोलचाल की भाषा में भी एक खतरा है, जिसे नामवर सिंह विजयदेव नारायण साही के हवाले से आगाह करते हैं : "कविता को बोलचाल की भाषा के निकट लाने का अर्थ केवल बोलचाल के शब्दों को अपनाने तक ही सीमित नहीं है; बल्कि सही माने में आज के जीवन की धड़कन को व्यक्त करनेवाली लय को गहरे स्तर पर पकड़ना है।"[50] ऐसी कविता के उदाहरण के रूप में नामवर सिंह ने साही की कविता 'एक आत्मीय बातचीत की याद' शीर्षक कविता को उपस्थित किया है।

अत: नई कविता की भाषा सृजनशील, अन्वेषक, द्वंद्वात्मक, काव्यात्मक रही है, जो 'परिपाटी' ग्रस्त अभिव्यक्ति और बाजारू अभिव्यक्ति से अपने को मुक्त करने की कोशिश करती हुई विकसित हुई है।

नई कविता की काव्य-संरचना

नई कविता के सन्दर्भ में काव्य-संरचना का भी महत्त्व है। नामवर सिंह के शब्दों में : "काव्य-रचना में संरचना के महत्त्व को अस्वीकार करनेवाला शायद ही कोई कवि या आलोचक मिले जो स्वीकार नहीं करता तो संरचना-सम्बन्धी समझ और धारणा की अपनी विशिष्ट सीमा।"[51] काव्य-संरचना का ही रूप तार्किक अन्विति है। परन्तु इस तार्किक अन्विति का भी एक भिन्न रूप नामवर सिंह स्वीकार करते हैं और इसके अन्तर्गत अज्ञेय की कविता 'कलगी बाजरे की' और पंत की कविता 'रूपतारा' को आमने-सामने रखते हैं और अज्ञेय की कविता को श्रेष्ठ मानते हैं। शमशेर की कविता 'बात बोलेगी' को भी नामवर सिंह काव्य-संरचना की दृष्टि से बेहतर मानते हैं। यद्यपि विजयदेव नारायण साही ने नई कविता के केन्द्रीय अर्थ को तरंग की तरह और हीरे के क्रिस्टल की तरह देखा है। नामवर सिंह भी कहते हैं : "स्पष्ट है कि पूरी कविता की संरचना जहाँ स्फटिक या क्रिस्टल के रूप में होती है, वहाँ संरचना के तार्किक और अतार्किक सिद्धान्तों का विभाजन नहीं है बल्कि वह मानसिक अन्तर्ग्रथन है, जिसमें समूची कविता एक अविभाज्य ठोस बिम्ब के रूप में निर्मित होती है।"[52]

काव्य-संरचना के सन्दर्भ में छोटी और लम्बी कविताओं की संरचना का सवाल भी उपस्थित होता है। अमरीकी आलोचक आइवर विंटर्स के हवाले से नामवर सिंह यह स्वीकारते हैं कि "छोटी कविता और लम्बी कविता में दो काव्य सिद्धान्तों का अन्तर है। छोटी कविता मूलत: प्रगीत कविता है, जबकि लम्बी कविता नाटकीय कविता है।"[53] हालाँकि ये सिद्धान्त स्थायी तो नहीं हो सकते पर संरचना के स्तर पर प्रगीत और नाटकीय कविताओं में अन्तर तो होता है। अत: नामवर सिंह का निष्कर्ष यही है कि "प्रगीत कविता अनुभव-सम्बन्धी अनुभव अथवा अनुभव को अनुभव करने की कविता है। इसलिए इसे अहं केन्द्रित या अनुचिन्तनात्मक कविता कहा जाता है।"[54] यद्यपि नामवर सिंह इस निष्कर्ष के अपवाद के रूप में अज्ञेय की 'असाध्य वीणा' राजकमल चौधरी की 'मुक्तिप्रसंग' आदि कविताओं को भी रखते हैं और आत्मपरकता की सीमा से बाहर निकलने के लिए प्रेरित करते हैं। क्योंकि "कविता के प्रतिमान को व्यापकता प्रदान करने की दृष्टि से 'आत्मपरक' नई कविता की दुनिया से बाहर की कविताओं को भी विचार-क्षेत्र की सीमा में ले आना आवश्यक हो उठा है।"[55] अर्थात् जो काव्यानुभूति में आत्मपरक होकर भी संरचना में अप्रगीतात्मक है। नामवर सिंह की दृष्टि में श्रीकान्त वर्मा की 'समाधि लेख', रघुवीर सहाय की 'आत्महत्या के विरुद्ध' और राजकमल चौधरी की 'मुक्ति-प्रसंग' ऐसी ही कविताएँ हैं। दूसरी तरफ नामवर सिंह के अनुसार, कुछ कविताएँ संरचना में नाटकीय एकालाप प्रस्तुत करती हैं, इनमें हरिवंशराय बच्चन की 'दिन जल्दी-जल्दी ढलता है', अज्ञेय की 'कितनी शान्ति, कितनी शान्ति' और भवानी प्रसाद मिश्र की 'जी हाँ, हुजूर, मैं गीत बेचता हूँ' आदि कविताएँ हैं।

काव्य-संरचना में आवृत्ति का भी अपना अर्थ है। रघुवीर सहाय की 'आत्महत्या के विरुद्ध' की काव्य-संरचना पर नामवर सिंह की टिप्पणी है : "हर सन्दर्भ में एक ही वाक्य अपनी आवृत्ति के बावजूद नया अर्थ ध्वनित करता है।...कविता में आवृत्ति के लिए चुने हुए वाक्य में भी गहरी सूझ है। जीवन में रोज इसकी आवृत्ति दर्जनों बार सुनाई पड़ती है, वह आवृत्ति जो इसे निरर्थक बना देती है।"[56]

रघुवीर सहाय की काव्य-संरचना के सन्दर्भ में लय की भी विशिष्ट भूमिका है। नामवर सिंह के शब्दों में : "कहना न होगा यह लय इस कविता का सबसे समर्थ तत्त्व है, जो शुद्ध वक्तृत्व गुण के द्वारा कविता के मूल अर्थ को सम्प्रेषित कर देता है।"[57] राजकमल चौधरी की कविता 'मुक्ति-प्रसंग' के बारे में नामवर जी की राय है कि 'ईमानदारी' का स्वर यदि कविता की शक्ति है तो 'प्रतिमानहीनता एक लम्बे प्रगीत की आत्मनिष्ठ छाया'।

अत: लम्बी नाटकीय कविताओं में विजयदेव नारायण साही की 'अलविदा' और मुक्तिबोध की 'अँधेरे में' कविता की संरचना पर नामवर सिंह अलग से विचार

करते हैं। इन कविताओं में वे नाटकीय एकालाप और फैंटेसी को बुनियादी तौर पर उपस्थित पाते हैं। 'अँधेरे में' की काव्य-संरचना पर उनकी टिप्पणी है : " 'अँधेरे में' शीर्षक कविता की पटभूमि हर तरह से विशाल है। कविता स्वप्न-चित्रों की लड़ी है। स्वप्न-चित्रों का रूपबन्ध किसी फिल्म की पटकथा के समान है। जगह-जगह 'कट' और 'क्लोज अप' इस्तेमाल किये गए हैं। ध्वनि और रूप, दोनों का अन्तर्वेशी नियोजन है। वैसे, मूल कथ्य है सम्भावित आत्मरूप या अस्मिता की खोज, जिसे मनोविज्ञान की भाषा में 'सर्च फार आइडेंटिटी' कहते हैं।"[58]

अत: 'अँधेरे में' की काव्य-संरचना भिन्न और गहन है। नामवर जी ने इसे फैंटेसी का दुहरा प्रयोग भी कहा है। इस प्रकार : "कविता की संरचनात्मक सघनता काव्यानुभूति की शक्ति और काव्य-कथ्य की ऊर्जा का प्रतिबिम्ब है।"[59]

कविता के नये प्रतिमान विसंगति और विडम्बना

कविता के नये प्रतिमान के रूप में 'विसंगति' और 'विडम्बना' रही है। इस प्रतिमान के निर्धारण में नामवर सिंह रघुवीर सहाय की कविता 'शराब के बाद का सबेरा' को प्रस्तुत करते हैं। कविता के बारे में उनकी टिप्पणी है : "कविता के पूरे सन्दर्भ से स्पष्ट है कि खिलवाड़ मालूम होनेवाली हरकत की तह में एक गहरी व्यथा की विडम्बना है।"[60] निराला ने भी 'सरोज-स्मृति' में इस विडम्बना को व्यक्त किया है। यद्यपि नये कवियों की दृष्टि में विडम्बना मात्र शब्दों का खेल नहीं है, बल्कि ऐतिहासिक विसंगतियों का गहरा बोध है। अज्ञेय के मतानुसार किसी गम्भीर बात को अगम्भीर तरीके से कहना ही विसंगति है। अज्ञेय ने भवानी प्रसाद मिश्र की कविता 'गीत फरोश' के माध्यम से यह बात कही है। परन्तु लक्ष्मीकान्त वर्मा के शब्दों में : "महान के 'गम्भीर' की अपेक्षा लघु की 'अ-गम्भीर' गम्भीरता अधिक श्रेयस्कर है। आज प्रयोगवाद का अधिकांश और नई कविता का भी महान की गम्भीरता से ओत-प्रोत, अ-गम्भीर जीवन दर्शन या तो प्रतीक है या दर्द सहलाता मर्म।"[61] यही नहीं, वर्मा जी यह भी स्वीकारते हैं कि हम विसंगतियों के बीच जी रहे हैं, जो जीवन के हर क्षेत्र में एब्सर्डिटी व्याप्त है और चारों ओर सिनिसिज्म अर्थात् अराजकता पनप रही है। पश्चिम की विसंगति विडम्बना जिस औद्योगिकीकरण और मशीनीकरण से उपजी, वही स्थिति हिन्दी की नई कविता के भी साथ है।

विडम्बना के साथ 'आत्म-विडम्बना' का प्रश्न भी जुड़ा हुआ है जिसे नामवर जी आलोचकों द्वारा छायावाद की प्रतिक्रिया के रूप में पाते हैं परन्तु उनका यह मानना है कि यह 'आत्म-विडम्बना' काव्य का स्थायी मूल्य न हो सकी। वे नगेन्द्र के विचारों पर टिप्पणी करते हुए यह भी स्थापित करते हैं कि अंग्रेजी की प्रयोगवादी कविता में विडम्बना का महत्त्व प्राय: ऐतिहासिक और स्थायी है। वैसे, इस सम्बन्ध में नामवर

सिंह भवानी प्रसाद मिश्र की 'गीत फरोश' और रघुवीर सहाय की 'आत्महत्या के विरुद्ध' की सराहना करते हैं।

नई कविता के अन्तर्गत आज की विडम्बना की सम्भावनाएँ नामवर सिंह नाटकीय काव्य में देखते हैं : "स्पष्ट है कि आज की विडम्बनापूर्ण स्थिति के सम्मुख नाटकीय काव्य के लिए अपार सम्भावनाएँ हैं और नाटकीय रचनाएँ ही इस स्थिति की चुनौती को अच्छी तरह स्वीकार भी कर सकती हैं।"[62] नाटकीय रचनाओं के अन्तर्गत नामवर सिंह 'अन्धायुग' को महत्त्वपूर्ण मानते हैं और 'आत्म-विडम्बना' के संवादों से परिपूर्ण भी, जो समूचे कथ्य को विडम्बनापूर्ण बना देता है। यही नहीं, मुक्तिबोध की कविता 'चंबल की घाटी' और 'अँधेरे में' जैसी कविताओं में वे विडम्बनाओं का सर्जनात्मक उपयोग का एहसास करते हैं।

यद्यपि नामवर सिंह को यह शिकायत भी है : "कविता के प्रतिमान में अब तक यदि इस क्रीड़ा भाव से उत्पन्न होनेवाली विडम्बना को उचित स्थान नहीं मिला, तो साहित्यिक कारणों के अतिरिक्त एक साहित्येतर कारण भी है और वह है इन कविताओं की आक्रामक क्षमता का भय।"[63]

अनुभूति की जटिलता और तनाव

नई कविता का सम्बन्ध किसी-न-किसी रूप में जटिलता और तनाव से भी रहा है। जहाँ तक अनुभूति का प्रश्न है, नामवर सिंह काव्यानुभूति की माप का प्रश्न उठाते हैं और नगेन्द्र की रसानुभूति की धारणा को खारिज करते हैं और यह भी प्रमाणित करते हैं कि नगेन्द्र आई.ए. रिचर्ड्स की 'फिलॉसफी ऑफ रेटरिक' (1936) को 30 साल बाद दुहरा रहे हैं। रस की मात्रा और विस्तार के आधार पर कविता का मूल्य निर्णय नहीं किया जा सकता और विस्तार में जटिलता का प्रश्न भी खो जाता है। इसी क्रम में आइ.ए. रिचर्ड्स की धारणा 'रस के मात्रा-भेद की समाहिति' का खंडन करते हैं। लेकिन रिचर्ड्सकृत काव्य-विभाजन 'अन्तर्वेशी काव्य' (Poetry of Inclusion) और 'अपवर्जी काव्य' (Poetry of Exclusion) को स्वीकारते हैं। उनके शब्दों में : "अपवर्जी काव्य वह है जिसमें अन्विति के लिए विसंवादी अनुभूतियों का बहिष्कार कर दिया जाता है। इसके विपरीत अन्तर्वेशी काव्य में विसंवादी अनुभूतियों के बावजूद अन्विति के लिए प्रयास रहता है। अन्तर्वेशी काव्य अपवर्जी काव्य से इसलिए श्रेष्ठ है कि एक की अन्विति अथवा सन्तुलन दूसरे से अधिक जटिल है।"[64] इस अन्विति को स्पष्ट करते हुए नामवर सिंह कहते हैं : "...कविता की अन्विति इस बात पर कायम है कि पाठक भी उसे एक विशेष रोशनी में और एक विशेष कोण से देखता है। लेकिन ज्यों ही पाठक के प्रासंगिक सन्दर्भ का विस्तार हो जाता है और वह एक भिन्न कोण से उसी कविता को देखता है।

कविता का छिछलापन अनायास उद्‌घाटित हो जाता है।"[65] इस आधार पर नामवर सिंह अन्तर्वेशी काव्य को महत्त्व देते हैं क्योंकि वह अनुभव के विसंवादी तत्त्वों को समेटता है और अपने सन्दर्भ का विस्तार करता है। इस धारणा को नामवर सिंह रॉबर्ट पेन वैरेन की 'शुद्ध और अशुद्ध कविता' (Pure and Impure Poetry) से जोड़ते हुए दिनकर की 'शुद्ध कविता की खोज' (1966) से भी जोड़ते हैं। इसे स्पष्ट करते हुए बच्चन एवं अज्ञेय की कविताओं को आमने-सामने रखते हैं। और निष्कर्षत: अज्ञेय की कविता 'हरी घास पर क्षण भर' को अधिक व्यापक, यथार्थ और सघन मानते हुए तथा अनुभूति की जटिलता को स्वीकार करते हुए अन्तर्वेशी काव्य के अन्तर्गत शामिल करते हैं।

नामवर सिंह का निष्कर्ष यही है कि "काव्यानुभूति की जटिलता चित्तवृत्तियों की संख्या पर निर्भर नहीं, बल्कि संवादी-विसंवादी वृत्तियों के द्वंद्व पर आधारित है।"[66] अत: वे नगेन्द्र की द्वंद्व-सम्बन्धी अवधारणा का खंडन करते हैं और यह कहते हैं कि द्वंद्व की शुरुआत छायावादी कविता से होती है, लेकिन छायावादी कविता और नई कविता के द्वंद्व में अन्तर है। फिर भी नामवर जी की दृष्टि में : "महत्त्वपूर्ण द्वंद्व का स्वीकार या अस्वीकार नहीं; बल्कि देखने की बात यह है कि यह द्वंद्व चेतना के किस स्तर पर और किन चौहद्दियों के भीतर घटित होता है।"[67] नामवर सिंह के अनुसार, छायावादी कविता के द्वंद्व की सीमा यह थी कि इसमें सामंजस्य या सन्तुलन अधिक था, क्योंकि वे असामंजस्य अर्थात् विद्रोह को दुखद मानते थे पर वे द्वंद्व को अस्वीकार नहीं करते थे। जबकि छायावादोत्तर कविता ने युग-संकट का सामना करने की बजाय सरल समाधान ढूँढ़ा और कविता की अनुभूति और बनावट में अतिसरलीकरण की स्थिति पैदा हो गई। "फलस्वरूप कविता की एक नई परिभाषा सामने आई और कविता के मूल्यांकन के लिए एक नया अद्वंद्वमूलक मानदंड तैयार हुआ।"[68] इसी अद्वंद्वमूलक मानदंड की परिणति के कारण नगेन्द्र नई कविता की बौद्धिकता का विरोध करते हैं, जिसे नामवर सिंह 'हृदयवाद' कहते हैं। परन्तु वे यह भी कहते हैं : "प्रश्न वस्तुत: बौद्धिकता की स्वीकृति और अस्वीकृति का नहीं बल्कि हृदय और बुद्धि के द्वंद्व के रूप में व्यक्त होनेवाले मूलभूत आन्तरिक और बाह्य द्वंद्व का साक्षात्कार करने का है। हृदय और बुद्धि तो उस द्वंद्व के उपलक्षण मात्र हैं।"[69]

बौद्धिकता के सवाल को आगे बढ़ाते हुए नामवर सिंह, नगेन्द्र के साथ-साथ नन्ददुलारे वाजपेयी तक की आलोचना करते हैं और यह प्रमाणित करते हैं कि यह बौद्धिकता प्रसाद, महादेवी, निराला तक में मिलती है, जिसको स्वीकृति दी गई है। यहाँ तक कि अज्ञेय और धर्मवीर भारती की बौद्धिकता को आंशिक रूप में स्वीकृति है तो मुक्तिबोध की बौद्धिकता की स्वीकृति क्यों नहीं है? अभिप्राय स्पष्ट है कि नई कविता की बौद्धिकता का ही प्रतिफलन द्वंद्व और तनाव है। इस प्रकार :

"नई कविता यदि द्वंद्व और तनाव को काव्य के प्रतिमान के रूप में प्रतिष्ठित करना चाहती है तो वह हिन्दी आलोचना की गौरवशाली परम्परा को ही आगे बढ़ा रही है। ऐतिहासिक सन्दर्भ को देखते हुए भी कविता में आज द्वंद्व और संघर्ष के मूल्य पर जोर देना अप्रासंगिक नहीं है।"[70] परन्तु लक्ष्मीकान्त वर्मा छायावाद की बौद्धिक दुर्बलता को स्वीकार तो करते हैं परन्तु नई कविता की बौद्धिकता को भी बड़ी उपलब्धि नहीं मानते। अत: उनकी यह टिप्पणी भी विचारणीय है : "छायावाद का बौद्धिक पक्ष कमजोर था ही, इसीलिए उससे पृथक् जो भी आन्दोलन प्रयोगवाद या नई कविता के रूप में विकसित हुआ, वह केवल उस कमजोर पक्ष को प्रौढ़ करने में ही लगा रहा। उसने अपने लिए न तो नई भाव-भूमि ढूँढ़ी और न नया भावबोध।"[71] हालाँकि वर्मा जी के कथन में भी थोड़ा अतिरेक है, क्योंकि यदि नई भावभूमि नई कविता ने निर्मित न की होती तो मुक्तिबोध का आविर्भाव न होता—भले ही, अज्ञेय की बौद्धिकता और मुक्तिबोध की बौद्धिकता में अन्तर क्यों न रहा हो। यदि ध्यान दें तो 'अँधेरे में' कविता बौद्धिकता की अभिजात सोच से मुक्त सर्वहारा सोच में ढलनेवाली कविता है। मुक्तिबोध की कविता 'नई कविता' में अनायास उपस्थित नहीं होती, बल्कि एक बौद्धिक सजगता के उपरान्त उपस्थित होती है। इसीलिए मुक्तिबोध बौद्धिकता को सही रूप में परिभाषित करते हुए नई कविता की बौद्धिकता को नकारते हैं : "छायावादी काव्य-दृष्टि भावुकता-प्रधान है, अत्यधिक भावुकता-प्रधान। इसके विपरीत नई काव्य-दृष्टि में हमें तथाकथित बौद्धिक दृष्टि दिखाई देती है। यहाँ बौद्धिक शब्द भ्रामक है। वस्तुत: नई काव्य-दृष्टि में हमें व्याख्यात्मक, विवेचनात्मक, विश्लेषणात्मक तत्त्व बहुत कम दिखाई देते हैं। इसीलिए मेरा अपना खयाल है कि नई काव्य-दृष्टि को हम बौद्धिक नहीं कह सकते। यह सोचना गलत है कि जहाँ भावुकता का अर्थात् भावात्मक व्याकुलता का अभाव है, वहाँ बौद्धिकता है। बौद्धिकता वस्तुत: ज्ञान-दृष्टि है। ज्ञान में तथ्यबोध, विवेचन, विश्लेषण और मूल्यांकन होता है।"[72] जो भी हो, नामवर सिंह मुक्तिबोध के माध्यम से यह स्थापित करते हैं कि नई कविता सामंजस्य के बदले द्वंद्व को महत्त्व देती है, इसलिए वहाँ तनाव और घिराव, दोनों हैं। पर वे यह भी मानते हैं : "निस्सन्देह मुक्तिबोध के 'तनाव' और अज्ञेय के 'तनाव' की प्रकृति में अन्तर है। अज्ञेय की दृष्टि में 'मानसिक तनाव' प्रमुख है, जो जीवन की विविधता का बोध विशृंखल करता है। इसके विपरीत मुक्तिबोध का तनाव दुहरा है : एक ओर अपने परिवेश के साथ, दूसरी ओर स्वयं अपने अन्दर।"[73]

नामवर जी का निष्कर्ष यही है कि अज्ञेय की कविताओं में परिवेश के साथ सामंजस्य अधिक है, जहाँ स्वयं को बदलने की कोशिश अधिक है। अत: "कहना न होगा कि जहाँ समर्पण है, वहाँ तनाव नहीं है।"[74] इसीलिए अज्ञेय की कविताओं में : "स्थान ले लिया है एक थकान भरी शान्त मुद्रा ने।"[75]

निस्सन्देह यह तनाव मुक्तिबोध से भिन्न है। इस प्रकार नई कविता किसी-न-किसी रूप में अनुभूति की जटिलता और तनाव के ताने-बाने में बुनी हुई है।

ईमानदारी और प्रामाणिक अनुभूति

नई कविता के जरिये नामवर सिंह ने प्रतिमान के रूप में ईमानदारी और प्रामाणिक अनुभूति का सवाल उपस्थित किया है।

इस सन्दर्भ में नामवर सिंह ने हिन्दी कविता के अन्तर्गत 'ईमानदारी' की परम्परा पर विचार किया है। वे छायावादी अनुभूति को 'ईमानदारी' के रूप में स्वीकारते हैं। जयशंकर प्रसाद की 'आत्मकथा' एवं सूर्यकान्त त्रिपाठी निराला की 'सरोज-स्मृति' शीर्षक कविता को वे 'ईमानदारी' की अभिव्यक्ति मानते हैं। परन्तु उत्तर छायावादी दौर के कवि हरिवंशराय बच्चन को वे ईमानदारी के बहाने कमजोरी का बखान मानते हैं। अत: व्यंग्यपूर्वक नामवर सिंह कहते हैं : "मधुशाला, मधुबाला, मधुकलश आदि में जितनी 'हाला' है, उतनी यदि जिन्दगी में होती तो जाने क्या होता!...अतिशयोक्ति ने ईमानदारी को और पुष्ट कर दिया।"[76] प्रगतिवाद के बारे में नामवर सिंह की धारणा है कि इसने : "...अपनी ईमानदारी का दावा तो नहीं किया, लेकिन दूसरों की ईमानदारी पर शक जरूर किया।"[77]

नई कविता के कवियों के बारे में नामवर सिंह की धारणा है कि "...उन्हें एकबारगी यह महसूस हुआ कि प्रगतिवाद के दबाव के कारण कविता से ईमानदारी गायब हो गई है। यह पृष्ठभूमि नये सिरे से ईमानदारी के आग्रह का कारण बनी।"[78] इस प्रकार नई कविता के प्रतिमान के रूप में रघुवीर सहाय के जरिये नामवर सिंह 'ईमानदारी' को मौलिक और निरपेक्ष गुण मानते हैं और उसे अविभाजित बुद्धि के एक स्तर के रूप में स्वीकारते हैं जो हमें वस्तुओं की वास्तविकता का सही अनुभव प्रदान करती है। वे यह भी स्वीकारते हैं कि ईमानदारी में वास्तविकता के समानान्तर एक द्वंद्वात्मकता भी होती है। अत: नामवर जी के शब्दों में : "...ईमानदारी कोई स्वत:सिद्ध और प्रदत्त गुण नहीं बल्कि प्रयत्नसाध्य अर्जित क्षमता है जिसके संवर्द्धन के लिए अनवरत प्रयत्न की आवश्यकता पड़ती है। अखंड और अविभाज्य होते हुए भी ईमानदारी की प्रकृति द्वंद्वात्मक होती है। इस द्वंद्वात्मकता का सम्बन्ध वास्तविकता से है।...इस प्रकार 'ईमानदारी' एक बौद्धिक संघटन है। गरज कि ईमानदारी समझदारी का दूसरा नाम है।"[79] इस समझदारी के जरिये वे रघुवीर सहाय की कमजोरी प्रकट करते हैं कि उन्होंने 'अनुभूति' पर अधिक बल दिया है, 'प्रामाणिकता' पर नहीं। इसके साथ ही लक्ष्मीकान्त वर्मा की पुस्तक 'नई कविता के प्रतिमान' की भी आलोचना करते हैं। परन्तु नागेश्वरलाल ने यह कहा है : "मेरे विचार से कविता का कोई एक नया प्रतिमान हो तो वह यथार्थ अनुभव का ही हो

सकता है।"[80] वे यह भी कहते हैं कि यथार्थ का आग्रह जब अर्थपूर्ण होगा तब अपने-आपमें मूल्यवान भी होगा। इस प्रकार ईमानदारी का सम्बन्ध समझदारी और मूल्य, दोनों से है और ईमानदारी का आग्रह भी बड़ी महत्त्वपूर्ण चीज है।

जो भी हो, नामवर सिंह नई कविता के अन्तर्गत मुक्तिबोध को 'ईमानदारी' के प्रश्नों की जटिलता से जुड़नेवाले कवि के रूप में देखते हैं। मुक्तिबोध की 'एक साहित्यिक की डायरी' के जरिये नामवर सिंह नई कविता के अन्तर्गत मुक्तिबोध की महत्त्वपूर्ण भूमिका को रेखांकित करते हैं।

"...मुक्तिबोध ने ईमानदारी को आत्मनिष्ठता के दलदल से निकालकर वस्तुनिष्ठता की ठोस भूमि पर प्रतिष्ठित किया और ईमानदारी में सत्यता के प्रश्न को जोड़कर मूल्यांकन के लिए एक वस्तुनिष्ठ वैज्ञानिक औजार प्रदान किया। इस वस्तुनिष्ठ प्रतिमान के आधार पर मुक्तिबोध नई कविता के अन्दर चलनेवाली आत्म-प्रवंचना का उद्‌घाटन कर पाने में समर्थ हुए।"[81] नामवर जी ने मुक्तिबोध के माध्यम से 'ईमानदारी' के अन्तर्गत सच्चे संघर्ष को महत्त्व दिया है और यह स्थापित करने का प्रयास किया है : व्यक्तिगत ईमानदारी एक ऐसा संघर्ष है जो आसानी से नहीं बल्कि बड़े कष्ट से प्राप्त होती है।

फिर भी, नामवर जी इस 'ईमानदारी' को मुक्तिबोध के अतिरिक्त अन्य नये कवियों में नहीं पाते। उनकी दृष्टि में मुक्तिबोध की : "...चेतावनी के बावजूद नई कविता 'ईमानदारी' की रोमांटिक सीमाओं से उबरने में समर्थ न हो सकी।"[82]

जहाँ तक प्रामाणिक अनुभूति का प्रश्न है, नामवर सिंह इसे प्रतिमान के रूप में नहीं बल्कि कमजोरी के रूप में स्वीकारते हैं। मलयज के माध्यम से नामवर सिंह इस बात पर मुहर लगाते हैं कि 'अनुभूति की प्रामाणिकता' शीत युद्ध की उपज थी और यह कम्युनिज्म विरोधी रवैया था। अत: अनुभूति के प्रति विशिष्ट आग्रह ने रूमानीपन और आत्मनिष्ठता को ही अधिक बढ़ावा दिया। परन्तु अनुभूति को यदि व्यापक अर्थ में ग्रहण करें तो यह 'ईमानदारी' का ही एक पर्याय बनकर उपस्थित होता है। लक्ष्मीकान्त वर्मा ने अनुभूति के चार पक्षों की चर्चा की है :

1. व्यक्ति-मर्यादा,
2. युगबोध के प्रभावों की सापेक्षता,
3. यथार्थ के गतिशील आयामों के प्रति जागरूकता,
4. जीवन की समग्रता और उसकी व्यंजनाओं में व्यक्त विभिन्न स्तरों के सामंजस्य की क्षमता।

इसके साथ ही वर्मा जी यह भी कहते हैं : "हम जो कुछ देखते, सुनते अथवा कहते हैं या जो कुछ हम वहन करते या भोगते हैं, जब वह हमें यथार्थ के नये सन्दर्भ से जोड़ता है, तभी हमारी अनुभूति पूर्ण और सार्थक होती है। दूसरे शब्दों में मात्र संवेदना और संवेदना से उद्‌भूत परिवेक्षण अनुभूति नहीं बन पाता। परिवेक्षण

जब हमारे बौद्धिक और रागात्मक अस्तित्व को संस्कार देते या उसमें नये तत्त्व जोड़ते हैं, तब वे अनुभूति के स्तर पर पहुँच पाते हैं। वस्तुत: अनुभूति में उपलब्धि का अंश मिला होता है। कला और साहित्य में अनुभूति उसी अंश तक सार्थक होती है, जिस अंश तक उसमें अनुभूति का समावेश होता है।"[83]

अत: लक्ष्मीकान्त वर्मा ने अनुभूति को एक व्यापक अर्थ में व्याख्यायित किया है। उसे सिर्फ शीतयुद्ध की साजिश के साथ जोड़कर नहीं देखा जा सकता। फिर भी 'अनुभूति की प्रामाणिकता' और 'क्षण की अनुभूति' के बहाने नई कविता ने जिस रूमानीपन और आत्मरति को बढ़ावा दिया, उसका नामवर सिंह ने विरोध किया है। अरुण कमल के शब्दों में : "स्पष्टत: डॉ. सिंह आत्मनिष्ठता के विरुद्ध वस्तुनिष्ठता तथा व्यक्ति सत्य की अपेक्षा वस्तु-सत्य को महत्त्व दे रहे हैं।"[84]

नई कविता की भाषा

नई कविता की भाषा पर विचार करने से पहले नामवर सिंह, रामस्वरूप चतुर्वेदी की मान्यता—छन्द, अलंकार, रस आदि काव्य-भाषा को समझने के शास्त्रीय उपकरण नहीं, बल्कि वास्तविक अंग मानते हुए इसे अभिनवगुप्त के विचारों का दुहराव मानते हैं। और यह मत व्यक्त करते हैं : "सन्दर्भ बदल जाने के कारण पूर्ववर्ती कवियों की 'काव्य-भाषा' आज के कवि को अपने सृजन के लिए अनुपयोगी लग सकती है, किन्तु प्राचीन काव्य के लिए आलोचक को यदि प्राचीन काव्य का मूल्यांकन करना है—तो उसे प्राचीन काव्य-भाषा को तिरस्कृत करने का कोई हक नहीं, बल्कि उसे प्राचीन काव्य-भाषा को समूचे सन्दर्भ के साथ आधार बनाना होगा। नया आलोचक अधिक से अधिक आलोचना की प्राचीन भाषा को तिरस्कृत करता है। वैसे यहाँ भी, पुराने शब्दों में नये अर्थ भरने के प्रयास दोनों स्तरों पर हो सकते हैं—किन्तु यह सम्बन्धों की अर्थ सम्भावना और प्रयोक्ता की सन्दर्भ चेतना तथा सृजनात्मक क्षमता पर निर्भर है।"[85]

इस प्रकार नामवर सिंह भाषा सन्दर्भ को विशेष महत्त्व देते हैं और उस प्रयोक्ता को भी, जो शब्दों को अपनी सृजनात्मक क्षमता के बल पर नया अर्थ देता है। इसलिए वे पुन: रामस्वरूप चतुर्वेदी के मत का खंडन करते हुए काव्य-भाषा के प्रतिमान को 'सुनिश्चित, तटस्थ, पूर्वग्रह-मुक्त, व्यक्तिगत रुचि के अनपेक्षित्व तत्त्व से रहित एवं ऑब्जेक्टिव' नहीं मानते हैं। अत: उनकी दृष्टि में ऐसे प्रतिमानों का कोई अर्थ नहीं रह जाता क्योंकि काव्य-भाषा वैयक्तिक होती है। इसलिए वे काव्य-कृति को वस्तुनिष्ठ मानते हैं और उसकी सापेक्ष स्वतंत्रता पर बल देते हैं। वे भाषा को अदोष और सदोष कहने का भी विरोध करते हैं। साथ ही वे उन आलोचकों का भी विरोध करते हैं जो पुराने संस्कारों में पले होने के कारण नई विषय-वस्तु के साथ

तालमेल नहीं बिठा पाते। अत: इसी वजह से उनकी दृष्टि में नये प्रयोगशील कवियों का महत्त्व है क्योंकि "नये प्रयोगशील कवि की दृष्टि में भाषा कवि के प्रयोग का साधन है और इस प्रकार कविता भाषा का प्रयोग है।"[86] आगे वह यह भी कहते हैं : "इस मान्यता की नवीनता यह है कि इसमें भाषा को जानने का भी साधन माना गया है। इससे पहले भाषा केवल अभिव्यक्ति का ही साधन मानी जाती थी।"[87] इसलिए नामवर सिंह ने अज्ञेय के इस वक्तव्य को महत्त्व देते हैं कि "कविता ही कवि का परम वक्तव्य है।" परन्तु इस परम वक्तव्य तक पहुँचने के लिए परिवेश का बोध नितान्त जरूरी है इसलिए नई कविता की भाषा पर अफसोस करते हुए तथा अज्ञेय के वक्तव्य का स्मरण करते हुए नामवर सिंह कहते हैं : "नई कविता की आलोचना में इस वक्तव्य का निर्वाह दृढ़ता से हुआ होता, तो आज स्थिति कुछ और होती।"[88] चाहे जो हो, पर अज्ञेय के इस वक्तव्य का आंशिक प्रभाव तो पड़ा ही। अत: नामवर सिंह कहते हैं : "बहरहाल इस मान्यता के द्वारा कविता में भाषा की सृजनशीलता अथवा सर्जनात्मकता की धारणा का प्रादुर्भाव हुआ।... काव्य-भाषा के स्तर पर सृजनशीलता बहुत कुछ अन्वेषण का पर्याय है। किसी नये शब्द खोजने का अर्थ ही है, किसी नये अनुभव खंड अथवा वास्तविकता के किसी नये पहलू की खोज।"[89]

'तीसरा सप्तक' की भूमिका में अज्ञेय ने कहा है जिससे उनकी भाषा प्रयोग सम्बन्धी गहरी समझ का पता चलता है : "प्रत्येक शब्द का प्रत्येक समर्थ उपयोक्ता उसे नया संस्कार देता है। इसी के द्वारा पुराना शब्द नया होता है, यही उसका कल्प है।"[90] हालाँकि अज्ञेय ने उन नये कवियों की भर्त्सना भी की है जो पुरानी लीक पर चल रहे थे और नये के आग्रह में पुराने को मिटा रहे थे। अत: अज्ञेय ने भाषा के सम्बन्ध में सृजनशील दृष्टि अपनाई है : "प्रयोक्ता के सम्मुख दूसरी समस्या सम्प्रेष्य वस्तु की है। यह बात कहने की आवश्यकता नहीं होनी चाहिए कि काव्य का विषय और काव्य की वस्तु (कंटेंट) अलग-अलग चीजें हैं;...यह बिलकुल सम्भव है कि हम काव्य के लिए नये से नया विषय चुनें पर वस्तु उसकी पुरानी ही रहे, जैसे यह भी सम्भव है कि विषय पुराना रहे पर वस्तु नई हो।...निस्सन्देह देश-काल की संक्रमणशील परिस्थितियों में संवेदनशील व्यक्ति बहुत कुछ नया देखे-सुने और अनुभव करे; और इसलिए विषय के नयेपन के विचार का भी अपना स्थान है ही; पर विषय केवल 'नये' हो सकते हैं, 'मौलिक' नहीं—मौलिकता वस्तु से ही सम्बन्ध रखती है। विषय सम्प्रेष्य नहीं है, वस्तु सम्प्रेष्य है।"[91] वैसे अज्ञेय के उपरोक्त कथन से भले ही कोई पूर्णत: सहमत न हो पर इतना निश्चित है कि उन्होंने नयेपन को सृजनशीलता के साथ सम्बद्ध कर भाषा को परखने की कोशिश की। अत: नामवर सिंह भी नई कविता की भाषा के सन्दर्भ में उन कवियों को महत्त्व नहीं देते जिनकी भाषा में भावबोध की दुर्बलता है या वास्तविकता की

पकड़ ढीली है। इसलिए वे धर्मवीर भारती की 'कनुप्रिया' को बौद्धिक रूप से अपरिपक्व मानते हैं। निस्सन्देह इस वृत्ति को सारे नये कवियों ने मानक नहीं बनाया। अत: "नई प्रयोगशील कविता के साथ काव्य-भाषा के निर्माण की दिशा में जो यह मान्यता आई कि कविता की भाषा का आधार बोलचाल की भाषा होनी चाहिए, वह केवल भाषागत स्वाभाविकता अथवा स्थूल प्रकृतिवादी (नेचुरलिस्ट) प्रवृत्ति का ही सूचक नहीं, बल्कि उसके साथ कवि का एक गम्भीर नैतिक साहस जुड़ा हुआ है, जिसके अनुसार अपने आसपास की दुनिया में हिस्सा लेते हुए ही कविता को इस दुनिया के अन्दर एक दुनिया की रचना करना आवश्यक हो जाता है।"[92] नई कविता की भाषागत उपलब्धियों को नामवर सिंह, विजयदेव नारायण साही के मान्यता के जरिये प्रकट करते हुए कहते हैं : "...कविता को बोलचाल की भाषा के निकट लाने का अर्थ केवल बोलचाल के शब्दों को अपनाने तक सीमित नहीं है, बल्कि सही माने में आज के जीवन की धड़कन को व्यक्त करनेवाली लय को गहरे स्तर पर पकड़ना है।"[93]

यद्यपि नई कविता के कवियों में विशेषत: धर्मवीर भारती और साही की काव्य-भाषा के बारे में फर्क करते हुए उन्होंने यह दिखाया है कि बातचीत की भाषा का सरलीकरण भी हो सकता है और उसे घनीभूत लय भी प्रदान किया जा सकता है। अत: सच्चे अर्थों में जो कविता परिपाटीग्रस्त अभिव्यक्ति और बाजारू अभिव्यक्ति से दूर रहकर जीवन्त रूप में उपस्थित होती है, वह सच्चे अर्थों में सृजनशील होती है। इन स्थितियों में नामवर सिंह मुक्तिबोध का स्मरण करते हुए यह मानते हैं कि उनकी काव्य-भाषा ऊबड़-खाबड़ है, अपरिचित समासबद्ध संस्कृत के शब्दों से भारी है। अत: मुक्तिबोध की भाषा में : "...एक रीतिबद्ध भाषा की चमक, लालित्य, प्रसन्नता आदि गुण भले ही न हों, किन्तु वह प्राणशक्ति असन्दिग्ध है, जो सर्जनशीलता की अनिवार्य शर्त है। भाषा की इस प्राणशक्ति का अत: नई कविता की भाषा ने प्रयोग की विधि अपनाकर नये सत्यों को सम्प्रेष्य बनाकर उसका साधारणीकरण किया। नये कवियों ने गद्य और पद्य के अन्तर को मिटाकर भाषा को जीवन-संघर्ष का रूप प्रदान किया। मुक्तिबोध की कविता इसका प्रमाण है, इस प्रकार नई कविता भाषा को एक प्रतिमान के रूप में स्थापित करती है। भाषा की इस प्राणशक्ति का सम्बन्ध भाषा के नाटकीय प्रयोग से है और कहना न होगा कि मुक्तिबोध की प्राणवान काव्य-भाषा उनके प्राणवान कथ्य की प्रतिध्वनि है।"[94]

अत: नामवर सिंह यह भी स्वीकारते हैं कि भाषा को फार्मूलाबद्ध नहीं किया जा सकता। भाषा और कथ्य के बीच का सम्बन्ध द्वंद्वात्मक है और उसमें एक तरह की 'विरोधपूर्ण एकता' है।

'नई कविता' के सन्दर्भ में और विशेषत: अज्ञेय की कविता 'असाध्य वीणा' सन्दर्भ में नामवर सिंह भाषा के मौन का प्रश्न उठाते हैं। 'असाध्य वीणा' कविता-

विन्यास को वे उभयनिष्ठ मौन कहते हैं, जो आदि से लेकर अन्त तक विद्यमान है। नामवर सिंह इस काव्य-भाषा को छायावाद और रीतिवाद का मेल मानते हुए इसे अशक्यता का पर्याय भी मानते हैं। उनका निष्कर्ष है : "असाध्य वीणा का मौन अपनी सारी वर्णन-चातुरी नाटकीयता और शब्द-प्रयोग सम्बन्धी सतर्कता के बावजूद आधुनिक परिवेश के साथ एक समझौते का सूचक है।"[95] जबकि अज्ञेय की इस कविता में रचनाकार का संघर्ष वस्तु और रूप के साथ निरन्तर चलता है जिसमें कला की निर्वैयक्तिकता तो मौजूद है ही, व्यक्तित्व का विसर्जन भी है, जिससे वह परम्परा को परिवर्तित कर रहा है।

नई कविता का काव्य-बिम्ब

नामवर सिंह कहते हैं कि छायावाद के उपरान्त छायावादोत्तर कविताओं में वक्तव्य की बाढ़ आ गई, ऐसे में कविता बौद्धिक आलेख में बदलने लगी। नई कविता भी इसके प्रभाव में आ गई। फलस्वरूप केदारनाथ सिंह ने जब घोषणा की कि वे कविता में सबसे अधिक बिम्ब विधान पर ध्यान देते हैं, तो इससे कविता में बिम्ब स्थापना को महत्त्व मिला। नामवर सिंह ने उनकी कई महत्त्वपूर्ण उक्तियों को उद्घाटित कर नई कविता में बिम्ब का प्रश्न उठाया है। 'तीसरा सप्तक' में केदारनाथ सिंह बिम्ब की महत्ता के बारे में कहते हैं : "बिम्ब-विधान का सम्बन्ध जितना काव्य की विषयवस्तु से होता है, उतना ही उसके रूप से भी। विषय को वह मूर्त और ग्राह्य बनाता है, रूप को संक्षिप्त और दीप्त।"[96] इस प्रकार :

"बिना चित्रों, प्रतीकों, रूपकों, बिम्बों की सहायता के मानव अभिव्यक्ति का अस्तित्व प्राय: असम्भव है।...बिम्ब निर्माण की यह प्रक्रिया पूरे मानव-जीवन में फैली हुई है।"[97] इस प्रकार नई कविता की विशिष्टता की जाँच तो बिम्ब निर्माण की प्रक्रिया के आधार पर की जा सकती है, साथ ही : "एक आधुनिक कवि की श्रेष्ठता की परीक्षा उसके द्वारा आविष्कृत बिम्बों के आधार पर ही की जा सकती है। उसकी विशिष्टता और उसकी आधुनिकता सबसे अधिक उसके बिम्बों में ही व्यक्त होती है।"[98]

नामवर सिंह मूल्यांकन के प्रतिमान के रूप में केदारनाथ सिंह द्वारा बिम्ब को स्थापित करने का पहला प्रयास मानते हैं। फिर भी वे यह कहते हैं कि केदारनाथ सिंह का यह प्रयास दुर्भाग्यपूर्ण साबित हुआ क्योंकि एक ओर नई कविता में बिम्बों के अन्धानुकरण की प्रवृत्ति बढ़ी, तो दूसरी ओर बिम्बों के विज्ञापित नुस्खे का भी प्रचलन बढ़ा। अत: नई कविता बिम्बों की रूढ़ियों से ग्रसित हुई। इसकी पुष्टि वे केदारनाथ सिंह की कविता 'अनागत' से ही करते हैं, जिसकी रचना-प्रक्रिया को वे जटिल मानते हैं। यद्यपि वे सर्वेश्वरदयाल सक्सेना की कविता 'वह खिड़की' के बिम्ब को वे पूर्ण और स्वतंत्र मानते हैं। इस प्रकार नामवर सिंह बिम्ब को गतिमयता

से जोड़कर देखते हैं। इसके अन्तर्गत उन्होंने अज्ञेय, केदारनाथ सिंह आदि की छोटी कविताओं को उद्धृत किया है।

नामवर सिंह मूर्तिमत्ता और बिम्ब-योजना को एक नहीं मानते। राजकमल चौधरी की 'मुक्ति-प्रसंग' कविता को वे मूर्तिमत्ता को ही उदाहरण मानते हैं। जाहिर है कि नई कविता के अन्तर्गत बिम्बों के प्रयोग पर यंत्र युग की मशीनी सभ्यता का प्रभाव पड़ा। फ्रायड के मनोविश्लेषण का प्रभाव अज्ञेय जैसे कवियों के बिम्बों पर पड़ा। यदि ध्यान दें तो गिरिजाकुमार माथुर ने रंगों का बहुतायत प्रयोग किया। शमशेर ने आत्मगत बिम्ब दिये तो मुक्तिबोध ने विकृति-आकृति वाले बिम्ब दिये। यही नहीं, नई कविता में वैज्ञानिक बिम्बों के साथ मध्ययुगीन गाथाओं, मिथकों, दंतकथाओं के बिम्बों का भी प्रचलन हुआ। मुक्तिबोध की कविता ब्रह्मराक्षस इसका प्रमाण है।

कुल मिलाकर, बिम्ब नई कविता की शैली का अंग है।

अकविता

प्रथम और द्वितीय विश्वयुद्ध के उपरान्त पूरे विश्व में मृत्यु और विनाश का भय जनमानस में व्याप्त हो गया, जिसने इस सोच को प्रश्रय दिया कि आस्था, आदर्श, मूल्य, प्रगति, भविष्य—सभी कुछ मिथ्या है, सत्य है तो केवल मृत्यु। इसने लोगों को स्वार्थकेन्द्रित तथा आत्मकेन्द्रित बनाया जिससे व्यक्ति स्वातंत्र्य के नारे को बल मिला और समाजवादी तथा मार्क्सवादी सोच शिथिल पड़ने लगी। भारत में भी सन् 1947 के बाद बढ़ते औद्योगिकीकरण एवं मशीनीकरण ने मनुष्य को भावनात्मक स्तर पर अकेला, असहाय, स्वार्थी और लोभी बना डाला। कवियों ने भी सारी समस्याओं की जड़ औद्योगिकीकरण को मानना शुरू किया। इस प्रकार नई कविता से व्यक्तिवादी आधुनिकता की धारा पनपी और साठोत्तरी कविता में यह धारा प्रबल होती गई, इसके साथ : "...देश के राजनीतिक तंत्र की सड़ाँध और विदेशी सम्पन्नता, दोनों ने इस प्रवृत्ति को हवा दी।"[99] इसी वजह से इस कविता ने 'विवेक की विदाई' का नारा दिया। अत: इस दौर के युवा कवियों ने 'एंटी पोएट्री' अर्थात् 'अकविता' का नारा दिया। अत: मोटे तौर पर अकविता सन् 1960 के बाद की कविता है। नामवर सिंह अकविता आन्दोलन को 'संक्रमण काल' की भारतीय राजनीति से जोड़कर देखते हैं। उनके अनुसार, 1962 का भारत-चीन युद्ध, 1964 में जवाहरलाल नेहरू की मृत्यु, 1965 में भारत-पाक युद्ध और 1962 से 1967 तक 'गैर-कांग्रेसवाद की हवा', अकविता आन्दोलन की पृष्ठभूमि में मौजूद है। नामवर सिंह कुमार संभव के साथ साक्षात्कार में कहते हैं : "इस दौरान एक गहरा असन्तोष, विरोध, विद्रोह का माहौल बना था—मोटे तौर पर, जिसे व्यवस्था-विद्रोह जैसा अमूर्त और गोल-मोल नाम दिया गया था। इस बीच असन्तोष या आक्रोश का या अराजकतावादी-सा

साहित्य लिखा गया। यह वह दौर है जिसमें अकहानी और अकविता का आन्दोलन प्रबल था, जिसके प्रतीक आप राजकमल चौधरी को समझ सकते हैं।"[100]

नामवर सिंह अकविता आन्दोलन को 'दिशाहीन' एवं 'पेट्टी बुर्जुआ असन्तोष और विरोध का आन्दोलन' मानते हैं। इस आन्दोलन के स्वरूप को स्पष्ट करते हुए नामवर सिंह कहते हैं : "यह वही दौर था जिसमें 'जीभ और जाँघ के चालू भूगोल', 'देह की राजनीति' वाली कविताएँ लिखी गईं। ज्यादातर यह शहराती निम्न-मध्यवर्गीय लोगों के असन्तोष, आक्रोश और कुंठा की अभिव्यक्ति थी, जिसमें राजनीति बहुत धूमिल थी और इसका जनता की आशाओं और आकांक्षाओं से कोई सम्बन्ध न था।"[101] यही वजह थी कि इस दौर के कवियों के लिए जनता केवल भीड़ थी और उसके प्रति इन कवियों के मन में घृणा और नफरत थी। इस दौर में स्त्री सिर्फ देह बनकर रह गई। व्यक्तिवाद का आग्रह इस कदर बढ़ा कि साठोत्तरी कवि भी कई गुटों में बँट गए। फलस्वरूप एक ही दौर की हिन्दी कविता में आन्दोलनों की भरमार लग गई, जिनमें अकविता, अन्यथावादी कविता, विद्रोही कविता, सनातन सूर्योदयी कविता, सीमान्तक कविता, अभिनव कविता, अधुनातन कविता, निर्दिशायामी कविता, ऐब्सर्ड या ऊलजलूल कविता, नवप्रगतिवादी कविता, साम्प्रतिक कविता, ठोस या कांक्रीट कविता, कोलाज-पोस्टर कविता, ताजी कविता, श्मशानी कविता, विचार कविता, प्रहार कविता, अगीत कविता आदि काव्यान्दोलन थे। हालाँकि ये जितनी जल्दी पैदा हुए उतनी जल्दी समाप्त भी हो गए। इस प्रकार 1967 तक कविता आन्दोलन काफी दिशाहीन रहा। सन् 1967 के बाद कविता आन्दोलन को सही दिशा मिली, जिसे समकालीन कविता आन्दोलन के नाम से जाना जाता है। नामवर सिंह के अनुसार, 1967 के बाद दिशाहीन व्यवस्था-विरोध का अन्त हुआ और एक स्पष्ट राजनीतिक चेतना उभरकर आई। "अत: सन् 1967-68 के बाद यह काम तो कम-से-कम हुआ ही कि ऐसे क्षुब्ध, जीवन्त और जागरूक लेखकों को अपनी जमीन, अपने ग्रामीण समाज की याद आई और यहीं से साहित्य निश्चित रूप से एक नया मोड़ लेता नजर आता है।"[102]

नामवर सिंह ने अकविता आन्दोलन को 'युवा-लेखन' के रूप में सम्बोधित किया है। उनके लेखन की भिन्नता का कारण वे यह मानते हैं कि "युवा पीढ़ी ने एकदम आजादी के बाद भारत में ही आँखें खोली...व्यक्ति के रूप में युवा लेखकों का मानस-संस्कार स्वातंत्र्योत्तर भारत में बना तो इतिहास के रूप में झेलने को मिला, साठोत्तरी युग-परिवर्तन। व्यक्तित्व भी भिन्न, परिवेश भी भिन्न। परिवेश और व्यक्तित्व का यह विशिष्ट घात-प्रतिघात ही युवा-लेखन की भिन्नता का आधार है।"[103] जहाँ तक अकविता आन्दोलन के आरम्भ की बात है, इसकी शुरुआत 1958-59 के आसपास होती है : "श्रीकान्त वर्मा और श्रीनरेश मेहता द्वारा सम्पादित पत्रिका 'कृति' इस प्रवृत्ति की प्रमुख पत्रिका के रूप में प्रकट हुई

थी। यह पत्रिका 1958 में शुरू हुई और शायद 1964 या 1965 में बन्द हो गई। इसने निश्चित रूप से साहित्यिक परिवर्तन में ऐतिहासिक भूमिका अदा की थी।"[104] इसके अतिरिक्त कई लघु पत्रिकाओं ने इस परिवर्तन में अपनी भूमिका निभाई। अजमेर से निकलनेवाली 'लहर' और भारतीय ज्ञानपीठ की पत्रिका 'ज्ञानोदय' की भी एक निश्चित भूमिका थी। नामवर सिंह ने कहा है : "साठ की जगह बासठ, तिरसठ या चौंसठ जो चाहे कर लीजिए, क्योंकि यह कोई पत्रा का मुहूर्त नहीं है... तथ्य यही है कि छठे दशक के साथ एक युगान्त की धारणा पुष्ट हो जाती है, जिसे सुविधा के लिए राजनीतिक भाषा में नेहरू-युग का अन्त कह सकते हैं।"[105] परन्तु 'आजकल' पत्रिका (1980) में सुरेश शर्मा को दिये गए साक्षात्कार में उन्होंने स्पष्ट तौर पर कहा है : "...यह तथ्य है कि अकविता सन् 1960 के बाद की कविता का ही एक अंग है।"[106]

इससे निष्कर्ष यही निकलता है कि 'अकविता' सन् 1960 के बाद ही उभरकर आई, अत: 1960 के बाद सिर्फ राजनीतिक स्थितियों में ही परिवर्तन आया। 1963 में जगदीश चतुर्वेदी के सम्पादन में 14 कवियों की कविताओं का संग्रह 'प्रारम्भ' का प्रकाशन हुआ, जिसमें सम्पादक ने 'नई कविता' के उत्तरोत्तर विकास की स्वस्थ परम्परा का दावा किया। रमेश कुन्तल मेघ एवं गंगाप्रसाद विमल द्वारा सम्पादित 'अभिव्यक्ति-1' (1964) में 'अभिनव काव्य' की चर्चा हुई। जगदीश गुप्त के शब्दों में : "जगदीश चतुर्वेदी ने स्वयं कदाचित् 'अभिनव काव्य' शब्द को अपर्याप्त और अप्रेरक समझते हुए उसके पहले 'एंटी कविता' का सानुवाद लेबल लगा देना आवश्यक समझा और शीर्षक का रूप हुआ 'अ' (एंटी) कविता और 'अभिनव काव्य' किन्तु वर्गीय नाम में 'अ-कविता' का ही बोलबाला रहा।"[107] वैसे, जगदीश गुप्त ने इस तथ्य पर भी प्रकाश डाला है कि 'अकविता' शब्द 'नई कविता' के संयुक्तांक (1960-61) में भिन्न अर्थों में प्रयुक्त हो चुका था। साथ ही 'अर्थ'-3 में श्याम परमार, अकविता को कविता विरोधी तो नहीं पर 'अन्तर्विरोधों की अन्वेषक कविता' कह रहे थे। परन्तु उसी श्याम परमार ने 'युयुत्सा, दिसम्बर-66' के अंक में कहा : " 'अकविता' कोई आन्दोलन नहीं है और वह अगर 'अ-कविता' हो जाए तो उससे अकविता को प्रसन्नता होगी। उसमें लय नहीं है, अनगढ़ता है, 'उखड़ापन' है, आदि-आदि।"[108] कुमार विमल के अनुसार भी 'परिवेश के प्रति निष्क्रिय होकर' अकविता का कवि एक गैर-जिम्मेदार आदमी हो जाता है।"

इस प्रकार अकविता की निष्क्रियता यह थी कि वह नकार और निषेध से ही संचालित हुई, अत: "अधिकांश युवा-लेखन में निहित मानव में गहरे स्तर पर अपनी नगण्यता का बोध बद्धमूल है। आत्मदया, असहायता, आक्रोश, जिज्ञासा, उदासीनता आदि सभी मन:स्थितियाँ इस नगण्यता से ही उत्पन्न और परिचालित होती हैं।"[109] परिणाम यह हुआ कि अकविता अपने उद्देश्य से भटक गई, अत:

'धर्मयुग' (दिसम्बर, 1996) ने भी लिखा कि "अकविता वालों ने भले ही कविता से अलगाने के लिए अकविता नाम दे दिया। किन्तु किसी मौलिक आधार पर अकविता को कविता से अलग नहीं कर सके। उनके पास कोई मौलिक दृष्टि नहीं है। इसलिए अकविता के नाम पर या तो कविता छापते हैं या घटिया कविता। परन्तु नामवर जी अकविता के इस नगण्यता बोध को सकारात्मक अर्थ में भी स्वीकारते हैं जो कि उनकी प्रगतिशील दृष्टि का परिचायक है : "नगण्यता के इस बोध ने जागरूक युवक लेखक को नगण्य-से-नगण्य वस्तु और व्यक्ति को देख सकने की क्षमता दी है। यदि बारीक से बारीक ब्योरे की दृष्टि से युवा लेखन समृद्धतर है, तो इसी क्षमता के कारण।"[110] यही सही है कि अकविता नई कविता की जड़ चित्रमयता के विरुद्ध खड़ी हुई परन्तु वह एलेंस गिंसबर्ग के प्रभाव की यौन शब्दावली से मुक्त न हो सकी। जगदीश गुप्त के शब्दों में : "नई कविता को स्थानान्तरित करने के अपने सजग प्रयत्न में 'अकविता' अपने प्रवर्तन केन्द्र में ही असफल सिद्ध हुई और लोगों में उसके प्रति आकर्षण बढ़ने के स्थान पर जुगुप्सा ही बढ़ी।"[111] अकविता के बारे में जगदीश गुप्त की यह टिप्पणी भी सार्थक प्रतीत होती है : "अकविता 'साइकिक शॉर्टहैंड' हो सकती है पर वह 'लिटरेरी शॉर्टकट' नहीं हो सकती।"[112]

वैसे 'अकविता' आन्दोलन' से जुड़नेवाले कवियों की दो धाराएँ हैं : पहली धारा के अन्तर्गत वे कवि हैं, जो वर्तमान परिवेश की विसंगतियों को केन्द्र में रखते हुए निषेध, नकार और अस्वीकृति को अभिव्यक्ति देते हैं। इनमें जगदीश चतुर्वेदी, श्याम परमार, सौमित्र मोहन, गंगाप्रसाद विमल आदि हैं।

अकविता की दूसरी धारा के अन्तर्गत वे कवि हैं जो प्रारम्भ में 'अकविता' से प्रभावित तो होते हैं पर कालान्तर में वे लोहियावादी समाजवाद से प्रेरित होते हुए विरोध, विद्रोह और आक्रोश को कविता में अभिव्यक्त करते हैं, इनमें राजकमल चौधरी, रमेश गौड़, धूमिल आदि प्रमुख हैं।

साठोत्तरी कविता और विशेषत: अकविता की मुख्य प्रवृत्तियों पर ध्यान दें तो श्री प्रकाश शुक्ल की निम्नलिखित धारणा से सहमत हुआ जा सकता है :

"1. चूँकि इसकी प्रवृत्ति तीव्र अस्वीकार व असन्तोष की रही है। अत: एक अस्वीकार आत्मलिप्त होकर निषेधात्मक हो गया है। यही मूल्य दृष्टि का कारण बना, जिसे अकविता कहा गया।
2. दूसरा, सामाजिक समस्याओं से जुड़कर सत्ता का प्रतिपक्ष रचने लगा, जिसके प्रतिनिधि मुक्तिबोध, शमशेर, रघुवीर सहाय आदि को माना जा सकता है।
3. तीसरा, लोकधर्मी चेतना से मिलकर लोकजीवन में हो रहे परिवर्तनों को लक्षित करने लगा।"[113]

इस प्रकार श्री प्रकाश शुक्ल ने ठीक ही निष्कर्ष निकाला है कि साठोत्तरी हिन्दी कविता को आत्मबद्धता से मुक्त होकर लोक-सौन्दर्य के विकास के रूप में देखा जा सकता है।

अकविता : विसंगति और विडम्बना

'विडम्बना' नई कविता का प्रतिमान तो है ही, वह अकविता का भी प्रतिमान है। नामवर सिंह कहते हैं : "अकवितावादी कवि, जिनके बारे में विडम्बना यह है कि विसंगति के प्रति अपनी जागरूकता की घोषणा करते हुए भी वे अपनी कविता में 'विसंगति' की व्यंजना विसंगति शैली में न करके, भावावेश का स्फालन ही अधिक करते हैं।"[114] इस विसंगतियों का प्रभाव भाषा पर भी पड़ा है। अकविता के अन्तर्गत नगण्य शब्द भी रचना का विधान करते हैं : "इसी से भाषा में यथातथ्यता की प्रवृत्ति बढ़ी है, यहाँ तक कि तथ्य ही भाषा बन गया।"[115] इस प्रकार यह स्पष्ट है कि 'अकविता' आन्दोलन के अन्तर्गत भावों का स्खलन ही अधिक है। नन्दकिशोर नवल ने भी कहा है : "साठोत्तरी कविता की मूल अन्तर्वस्तु आक्रोश था, जिसके परिणामस्वरूप साठोत्तरी कवियों ने भाषा के अभिजात को चीथने के नाम पर कविता में अनेक बार वर्जित शब्दों का प्रयोग कर उसकी पवित्रता नष्ट करने का प्रयास किया। यह दुखद है कि कुछ कवि-लेखक आज भी हिन्दी में भाषागत अभिजात का विरोध करते हुए उसकी जगह यथार्थ को पूरी तीक्ष्णता के साथ उपस्थित करनेवाले शब्दों की नहीं, अश्लील और फूहड़ शब्दों की सत्ता स्थापित करना चाहते हैं।"[116]

अकविता की सबसे बड़ी विडम्बना यह थी कि उसकी अश्लीलता, फूहड़ता शब्दों से लेकर अर्थों तक व्याप्त थी, जबकि अश्लील शब्द यदि किसी व्यापक समकालीन यथार्थ को व्यक्त करते हैं तो वे श्लील अर्थ की अभिव्यक्ति करते हैं अर्थात् शब्द अश्लीलता के दायरे से बाहर निकल जाते हैं। धूमिल ने परवर्ती दौर में यही किया कि अश्लील शब्दों को उन्होंने स्वस्थ सोच के साथ प्रस्तुत किया।

'अकविता आन्दोलन' के सवाल को रखते हुए नामवर सिंह लक्ष्मीकान्त वर्मा के 'ताजी कविता' आन्दोलन को निशाना बनाते हैं। वे कहते हैं : "उन्होंने कविता के अन्तर्गत विसंगति, विडम्बना, विद्रूप आदि के महत्त्व को प्रतिष्ठित करने के लिए 'ताजी कविता' के नाम से एक आन्दोलन चलाने का संकल्प किया। अगम्भीरता की स्थापना के लिए गम्भीर मुद्रा अपनाकर लक्ष्मीकान्त वर्मा ने अपनी विसंगति प्रकट कर दी।"[117] इस प्रकार यह 'विसंगति' सिर्फ अकविता आन्दोलन तक ही सीमित नहीं है बल्कि आलोचकों पर भी इसका प्रभाव पड़ा। इसे नामवर सिंह जीवन के प्रति 'सिनिकल एप्रोच' मानते हैं। वैसे, वे यह भी

मानते हैं कि सिनिसिज्म का रचनात्मक उपयोग भी किया जा सकता है, जैसा मुक्तिबोध ने किया है पर : "काव्य रचना का अर्थ ही है 'सिनिसिज्म' पर मानसिक विजय।"[118]

निस्सन्देह अकविता ने सिनिनिज्म पर मानसिक विजय ही नहीं पाई और इसलिए वह टिक भी नहीं पाई। 'अकविता' का 'सिनिसिज्म' जिस विद्रोह में तब्दील होता है, उसकी वास्तविकता यह है : "यानी अकविता के संसार में उसके विद्रोह का आलम्बन। सेक्स या यौन जीवन ही सबसे महत्त्वपूर्ण तत्त्व हो गया है।...स्पष्ट ही मानव और यथार्थ का यह सर्वथा अतिरंजित या कि विकृत रूप है।"[119]

तनाव और अकविता

कविता के प्रतिमान के रूप में नामवर सिंह ने 'तनाव' को केन्द्र में रखा है। वे मानते हैं, ऐसे 'तनाव' का कोई सर्जनात्मक उपयोग नहीं हो सकता जो परिवेश की 'नकली उदासीनता' और 'सतही दिलचस्पी' को व्यक्त करती है। यद्यपि : "लगाव और अलगाव के तनाव में ही कवि अकविता के रूप में 'अपनी एक मूर्ति बनाता है और ढहाता है', जो उसके सर्जनात्मक तनाव का प्रतीक है।"[120] यदि 'अकविता' के 'तनाव' पर विचार करें तो नामवर सिंह के शब्दों में : "...आज के तथाकथित अ-कवितावादी कवियों की आक्रोशपूर्ण कविताओं का विश्लेषण करें तो स्पष्ट हो जाता है कि मानसिक तनाव उनकी कविता का विषय भले ही हो, स्वयं कविताएँ तनावहीन, आविष्ट प्रलाप हैं।"[121] श्रीप्रकाश शुक्ल 'अकविता' के तनाव का स्वरूप स्पष्ट करते हुए कहते हैं : "यह वह तनाव था जो बाह्य वास्तविकता और भीतरी यथार्थ के बीच के सम्बन्ध सूत्र के खो जाने के बाद पैदा होता है और इस स्थिति में यह नकारात्मक तेवर का शिकार होता है।...और यह नकारात्मक तेवर ही इन कवियों की सबसे बड़ी कमजोरी बन जाती है।"[122] यही वजह है कि "इनके वृहत्तर सामाजिक सन्दर्भ नहीं उभर पाते और यह एक प्रकार के मैनरिज्म का शिकार हो जाती है। इन कवियों को पढ़ने से ऐसा लगता है कि जीवन ठहर-सा गया है। अब उसमें कोई सम्भावना नहीं है जबकि जीवन तो सम्भावनाओं से युक्त है।"[123]

अकविता : ईमानदारी और प्रामाणिक अनुभूति

कविता के प्रतिमानों में नामवर सिंह ने ईमानदारी को भी केन्द्र में रखा है, जिसकी कसौटी पर मुक्तिबोध सम्पूर्ण रूप से खरे उतरते हैं। पर जहाँ तक नये कवियों की कविताओं का प्रश्न है, नामवर सिंह 'ईमानदारी' के उपयोग का प्रश्न उठाते हैं : "किन्तु काव्य समीक्षा में 'ईमानदारी' के उपयोग की आवश्यकता सबसे ज्यादा

आत्मपरक कविताओं में पड़ती है—इनमें भी आत्मस्वीकृतियों में। आत्मस्वीकृति की कविताएँ सामान्यत: ईमानदारी का असन्दिग्ध दस्तावेज मानी जाती हैं।"[124]

यही नहीं, इस आधार पर नामवर सिंह रमेश गौड़ की 'मेरी पीढ़ी एक आत्मस्वीकृति' और राजकमल चौधरी की 'मुक्ति-प्रसंग' की तुलना करते हुए यह निष्कर्ष प्रस्तुत करते हैं कि "'मेरी पीढ़ी : एक आत्म-स्वीकृति' के कथ्य में आत्मभर्त्सना है, किन्तु स्वर में गर्वोक्ति है।"[125] काव्यात्मक ईमानदारी की दृष्टि से उनकी राय में : "कुल मिलाकर कविता में बड़बोलापन साफ है जो आत्मस्वीकृति की काव्यात्मक ईमानदारी के खिलाफ जाता है।"[126]

यद्यपि राजकमल चौधरी की कविता 'मुक्ति-प्रसंग' को नामवर सिंह बड़बोलापन का शिकार मानते हैं : "किन्तु कविता के स्वर में ऐसा तनाव है कि बड़बोलापन डूब जाता है, और गहरे स्तर पर अन्तरावलोकन का एहसास होता है।...इस प्रकार आत्मस्वीकृति होते हुए भी 'मुक्ति-प्रसंग' अनात्म होने की उस मुक्त दशा का एहसास कराती है, जिसमें ईमानदारी रचनात्मक गल्प का रूप ग्रहण करके भी विश्वसनीय लगती है।"[127]

'ईमानदारी' के प्रश्न को नामवर सिंह अस्मिता (आइडेंटिटी) के प्रश्न से भी जोड़ते हैं। उनके शब्दों में : "आज की कविता में ईमानदारी का ही एक रूप है, 'अस्मिता' (आइडेंटिटी) की खोज, जिसे आज की भाषा में 'अस्मिता का संकट' (क्राइसिस ऑफ आइडेंटिटी) कहा जा रहा है।"[128] हालाँकि नामवर सिंह अमरीकी मनोवैज्ञानिक एरिक एरिक्सन के जरिये यह उद्घाटित करते हैं कि अस्मिता का संकट एक रोग है, जो युद्धग्रस्त मरीजों में प्रकट हुआ था। पर नामवर जी की यह धारणा है कि "अस्मिता का संकट युद्ध-ग्रस्तता के बिना भी सम्भव है।"[129] 'ईमानदारी' पर विचार करते हुए नामवर सिंह ईमानदारी के अतिरेक का भी प्रश्न उपस्थित करते हैं, वे कहते हैं : "'ईमानदारी के अतिरेक' से कवि कभी-कभी कविता को छोड़कर फ्रांसीसी कवि रैंबो की तरह बाहर चला जाता है।" उन्होंने 'एन.आर.एफ.' पत्रिका के सम्पादक ज्याक रिविएर के मत को उद्धृत किया है, जो ईमानदारी के सन्तुलन की माँग करता है : "'ईमानदारी' का यह अतिरेक अन्तत: साहित्य के बाहर ले जानेवाला। जब किसी के दिमाग में यह सवाल उठे कि हम क्यों जीते हैं, तो समझना चाहिए कि इसका अन्त या तो आत्महत्या में होगा या फिर धार्मिक आस्था में। उसी प्रकार जब किसी लेखक के मन में यह सवाल उठता है कि वह क्यों लिखे, तो लेखन छोड़ देने का खतरा पैदा हो जाता है।"[130] अत: इस उद्धरण के हवाले नामवर सिंह अकविता का मूल्यांकन करते हुए यह भी कहते हैं : "इसे हिन्दी के युयुत्सावादी और अकवितावादी लेखन में देखा जा सकता है।"[131]

अत: 'अकविता' की ईमानदारी के अतिरेक ने उसकी आत्मघाती प्रवृत्ति को बढ़ावा दिया और आन्दोलन लम्बे समय तक नहीं टिक सका। परन्तु "अकविता

की सर्वोत्तम देन राजकमल चौधरी और धूमिल हैं।"[132] इसके अतिरिक्त : "सबसे महत्त्वपूर्ण बात यह हुई कि साहित्य की भाषा बदल गई। यही नहीं कि भाषा बोलचाल के बहुत नजदीक आई बल्कि उसमें खास तरह का लड़ाकूपन आया।"[133]

अकविता और सपाटबयानी

सपाटबयानी की शुरुआत सातवें दशक में हो चुकी थी, जो अकविता से ही उत्पन्न हुई थी, जिसका लक्ष्य था—कविता को बिम्ब से मुक्त करना। नामवर सिंह के अनुसार, कविता में सपाटबयानी का आग्रह गद्य-सुलभ जीवन्त वाक्य-विन्यास को पुन: प्रतिष्ठित करने के लिए था, जिसके मार्ग में बिम्बवादी रुझान बाधक था।

सपाटबयानी ने कविता को बोलचाल की भाषा से दूर वाक्य-विन्यास की शक्तियों को, विशेषणों को, क्रियाओं को उपेक्षित कर, इन कमजोरियों से मुक्त किया। इसने रोजमर्रा की जिन्दगी से रचे-पचे बिम्बों को महत्त्व दिया। अत: हुकुमचन्द राजपाल नामवर सिंह से असहमत होते हुए कहते हैं : "प्राय: धूमिल को वक्तव्यों के आधार पर सपाटबयानी का कवि स्वीकार किया जाता है और साथ ही यह भी कहा जाता है कि उसकी कविताओं में प्रतीकों तथा बिम्बों का प्रयोग नहीं हुआ है।"[134] सपाटबयानी की यह विशेषता है कि वह भाषा के अनुरूप नहीं चलती, बल्कि भाषा को अपने अनुरूप चलाती है। अत: सपाटबयानी अकविता की एक महत्त्वपूर्ण उपलब्धि है। रामविलास शर्मा ने 'अकविता' से सम्बन्धित कवियों की कड़ी आलोचना की है। उन्होंने 'नई कविता' के कवियों के तौर पर ही इनकी आलोचना की है 'अकविता' के कवियों के तौर पर नहीं। डॉ. शर्मा ने 'अस्तित्ववाद' को मार्क्सवाद का विरोधी मानते हुए यह प्रमाणित किया है कि ऐसे कवियों पर अस्तिववाद का, और विशेषत: किर्केगार्ड, यास्पर्स, सार्त्र का प्रभाव है। उन्होंने सार्त्र के उपन्यास 'उबकाई' (अंग्रेजी में 'नैशिआ') के नायक अन्तवान रोकान्तैं की भर्त्सना करते हुए कहा : "हिन्दी के अधिकांश नई कविता लिखनेवालों का हाल रोकान्तैं जैसा है। ऊब, उबकाई, अकेलापन, बुरे-बुरे सपने, त्रास, आत्महत्या की चाह, सड़ाँध का बोध, भीड़ में अजनबीपन का एहसास होने की समस्या से परेशानी आदि-आदि लक्षण इनमें भी मिलते हैं। बीमार आदमी को कभी-कभी हर चीज बीमार ही नजर आती है; इन कवियों को चीजें बीमार ही नहीं, मुर्दा भी नजर आती हैं।"[135]

डॉ. शर्मा ने इस आधार पर सर्वेश्वरदयाल सक्सेना, गिरिजाकुमार माथुर, राजकमल चौधरी, विजयदेव नरायण साही, लक्ष्मीकान्त वर्मा, जगदीश गुप्त, श्रीकान्त वर्मा, भारतभूषण अग्रवाल, कैलाश वाजपेयी, शकुन्तला माथुर, जगदीश चतुर्वेदी आदि कवियों की कड़ी भर्त्सना की है; जबकि नामवर सिंह कविता के प्रतिमान निर्धारित करते समय नई कविता के कवियों की उतनी आलोचना नहीं करते जितनी

अकवितावादियों की, वैसे अकवितावादियों की उपलब्धियों पर भी उनका ध्यान रहा है। परन्तु रामविलास शर्मा उन सारे कवियों को आड़े हाथों लेते हैं, जो अस्तित्ववाद की दुर्बलताओं के शिकार हैं।

नामवर सिंह की दूसरी सीमा यह भी है कि कविता के प्रतिमान निर्धारण और 'नई कविता एवं अकविता' के मूल्यांकन में उनकी दृष्टि मुक्तिबोध पर ही अधिक केन्द्रित रही है। चाहे बात विसंगति की हो, विडम्बना की हो, तनाव की हो या ईमानदारी की, डॉ. शर्मा यहाँ तक कहते हैं कि "मुक्तिबोध का महत्त्व विज्ञापित करने के लिए नये प्रतिमानों की अपेक्षा शुक्ल जी के पुराने प्रतिमान ही ज्यादा काम आते हैं।"[136] परन्तु यह एक तरह का सरलीकरण है क्योंकि शुक्ल जी के द्वारा व्यवहृत शब्द नामवर जी ने भले ही प्रयोग किया हो, पर उन्होंने अपनी सन्दर्भ चेतना और सृजनात्मक क्षमता के आधार पर उन शब्दों को नये प्रतिमान का रूप दिया है—चाहे 'तनाव' हो, 'ईमानदारी' हो, 'विसंगति' हो या 'विडम्बना' हो। सिर्फ यही नहीं, प्रतिमानों से जुड़े शब्द एक-दूसरे में समाहित भी हैं। नामवर सिंह के शब्दों में :

"...विसंगति का बोध ही वास्तविक बोध है और कोई चाहे तो इसे ईमानदारी भी कह सकता है।"[137] पुन: नामवर सिंह ईमानदारी को इतिहास से जोड़कर व्याख्यायित करते हैं, जो उनके आलोचना की एक बड़ी उपलब्धि है : "कविता के पिछले पचास वर्षों के इतिहास से स्पष्ट है कि हर नये उन्मेष के मूल में ईमानदारी की आवाज है, किन्तु हर दौर की ईमानदारी की अपनी भाषा है। छायावाद की ईमानदारी आत्मानुभूति तो है, तो उत्तरछायावादी ईमानदारी 'नीयत'; प्रगतिवादी की ईमानदारी का आधार 'वर्ग चेतना' है, तो प्रयोगशील नई कविता की ईमानदारी 'प्रामाणिक अनुभूति'; और अब सातवें दशक में 'विसंगति बोध ही ईमानदारी का पर्याय है।' साहस और विद्रोह किसी-न-किसी रूप में हर दौर की ईमानदारी के साथ हैं—चाहे उस साहस का रूप जो भी हो।"[138] अत: इस व्याख्या के उपरान्त ही नामवर सिंह 'ईमानदारी' को काव्य के मूल्यांकन के एक मूल्य के रूप में स्थापित करते हैं।

नई कविता और अकविता के मूल्यांकन के तहत एक बात जो उभरकर आती है :

"नामवर सिंह के लिए हर वह तत्त्व या व्यवहार महत्त्वपूर्ण है जो वास्तविकता को अधिक से अधिक और कविता को अधिक से अधिक 'तेज' और 'सबवर्सिव' बना देता हो।"[139]

काव्य-मूल्यांकन के अन्तर्गत नामवर सिंह वैयक्तिक और आत्मपरक छायावादी संस्कारों का विरोध करते नजर आते हैं। नामवर सिंह ने भारतीय काव्यशास्त्र की सौन्दर्यशास्त्रीय परम्परा एवं मार्क्सवाद एवं यूरोपीय सौन्दर्यशास्त्र की परम्परा को आत्मसात् किया है : "...नामवर सिंह उन प्रतिमानों की रूढ़ियों को फोड़ते हैं जो कविता की रचनाशक्ति में बाधक बनने लगती हैं। चूँकि उनका कार्यक्षेत्र नई कविता

के भावबोध का अनुसन्धान है, इसलिए वे काफी चौकन्ने होकर पुराने संस्कारों को इस इलाके में घुसने से रोकते हैं।"[140] यह संस्कार कहीं नगेन्द्र के हैं, तो कहीं विजयदेव नारायण साही के, तो कहीं लक्ष्मीकान्त वर्मा के। उनकी आलोचना-पद्धति मूलत: विश्लेषणात्मक है। इसी विश्लेषण के बल पर वे इसका विरोध करते हैं कि काव्यशास्त्र के लक्षण अनुपयोगी और पुराने हैं—नई कविता के विवेचन के सन्दर्भ में। और अज्ञेय आदि आलोचकों की यह स्थापना कि भाषा ही एकमात्र आलोचना का आधार रह गई है, इसका भी नामवर जी खंडन करते हैं। इस प्रयास के तहत वे रूपवाद का जोखिम भी उठाते हैं। उन्होंने कहा भी है :

"कथ्य को कथन के रूप में नि:शेष कर देने में, निस्सन्देह, आलोचना के अन्तर्गत रूपवादी रुझान का खतरा है, क्योंकि कुछ आलोचक कथन की भाषागत विशेषताओं के विश्लेषण को ही समूची काव्यकृति का विश्लेषण समझने की भूल करते हैं।"[141] इसलिए आलोचकों की निगाह में यह बात खटकने लगती है। विश्वनाथ प्रसाद तिवारी कहते हैं : "नामवर सिंह की आलोचना का सबसे विवादास्पद पहलू यह है कि वे आलोचना के दोनों छोरों पर अपनी उपस्थिति दर्ज कराते रहते हैं और दोनों छोरों के बीच की जगह में भी। कभी वे समाजशास्त्री दिखाई पड़ते हैं तो कभी रूपवादी।"[142] यहाँ तक कि प्रो. मैनेजर पांडेय की यह राय है : "हिन्दी की मार्क्सवादी आलोचना में वस्तु और रूप का सम्बन्ध निरन्तर विवाद का विषय बना हुआ है। इस विवाद को जीवित रखने में नामवर सिंह का भी योगदान है।"[143] साथ ही नेमिचन्द्र जैन ने भी कहा है : "...'कविता के नये प्रतिमान' में एक बात बहुत अजीब लगती है : मार्क्सवादी नामवर सिंह की सर्वथा रूपवादी आलोचना-दृष्टि की ओर क्रमश: झुकाव।"[144]

नामवर सिंह के इस रूपवादी आरोप की वास्तविकता को 'कविता के नये प्रतिमान' के द्वितीय संस्करण की भूमिका से समझा जा सकता है। उन्होंने बड़े अफसोस के साथ रूपवाद-सम्बन्धी नेमिचन्द्र की टिप्पणी को उद्धृत किया है। सबसे पहली बात नामवर ने काव्य-संसार के सापेक्ष स्वतंत्रता की है, जिसे वे मार्क्सवादी साहित्य दृष्टि का अनिवार्य हिस्सा मानते हैं। पुन: वे जेरेमी हॉथॉर्न के हवाले से यह विचार व्यक्त करते हैं कि "रूपवादी आलोचना के तत्त्वों का उपयोग मार्क्सवादी आलोचना को विस्तृत और समृद्ध करने के लिए हो सकता है।"[145] अत: उद्देश्य यही है कि मार्क्सवादी आलोचना को जड़ होने से बचाया जाए। इसके लिए वे इतिहास से सबक लेने की बात करते हैं अर्थात् चौथे दशक के अन्त तक एफ. आर. लीविस की पत्रिका 'स्क्रूटिनी' की 'नई आलोचना' ने मार्क्सवादी आलोचना को परास्त कर दिया। यानी कि "यदि उस समय मार्क्सवादी आलोचना ने साहित्य की सापेक्ष स्वतंत्रता को ध्यान में रखते हुए कुछ भी सम्मान दिया होता तो स्क्रूटिनी सम्प्रदाय को वह सफलता न मिलती।"[146] नामवर जी

ने इस ओर भी सावधान किया है कि मार्क्सवादी आलोचना ने अक्सर रूप की उपेक्षा की है अत: उनके इस वक्तव्य से कविता के प्रतिमान का वास्तविक लक्ष्य समझ सकते हैं : "मार्क्सवादी आलोचना के इस रूप-तिरस्कार की क्षतिपूर्ति के लिए ही कविता के नये प्रतिमान में काव्य के रूप-पक्ष पर अतिरिक्त बल दिया गया है। रूपवाद का उत्तर स्थूल समाजशास्त्रीयता नहीं बल्कि विषयवस्तु और रूपविधान के द्वंद्वात्मक सम्बन्धों की सही जानकारी पर आधारित सच्ची मार्क्सवादी आलोचना ही हो सकती है।"[147]

इस आधार पर यह कहा जा सकता है कि मूलत: नामवर सिंह की दृष्टि प्रगतिशील है। अत: नन्दकिशोर नवल ने ठीक ही कहा है : "नामवर जी ने कविता के अपने संसार के विश्लेषण के आधार पर ही उसके मूल्यांकन का आग्रह किया है। यह रूपवादी भटकाव नहीं बल्कि मार्क्सवादी आलोचना को अभिप्रायपरक और प्रभावपरक हेत्वाभासों से बचकर सही लीक पर रखने का प्रयास है। रूपवादी भटकाव तब होता, जबकि वे आलोचना को कविता के अपने संसार की व्याख्या तक ही सीमित रखते, उसके मूल्यांकन की बात नहीं करते।"[148]

यद्यपि नई कविता और अकविता को केन्द्र में रखकर नामवर सिंह ने जो प्रतिमान निर्धारित किये उसकी एक सचाई यह भी है, जो उन्होंने 1989 में आयोजित इलाहाबाद विश्वविद्यालय के हिन्दी विभाग में 'कविता के नये प्रतिमान पुनर्विचार' शीर्षक व्याख्यान में स्वीकार किया है अर्थात् यह कि 'अनुभूति' की 'प्रामाणिकता', 'जटिलता', 'तनाव', 'विसंगति', 'विडम्बना', 'ईमानदारी' आदि संकल्पनाएँ अमेरिकी 'नई समीक्षा' की रूपवादी संकल्पनाएँ हैं। साथ में नामवर सिंह ने यह भी कहा "...'नई समीक्षा' की तमाम अवधारणाओं को रूपवादी कहना भी एक तरह का रूपवाद है।"[149]

नामवर जी ने यह स्वीकार किया है अंग्रेजी-अमेरिकी नई आलोचना ने टेंशन, जेश्चर, कांप्लेक्सिटी आदि गैर-साहित्यिक शब्द ग्रहण किए। इसी तरह विडम्बना (आइरनी), बहुलार्थकता (एंबिग्युटी) आदि शब्द भी थे जिनकी शीतयुद्ध में एक राजनीतिक भूमिका थी। ध्यातव्य है कि 'नई कविता' आन्दोलन अन्तरराष्ट्रीय राजनीति और शीतयुद्ध से परे नहीं थी।

सुधीश पचौरी के शब्दों में : "चाहे युद्ध का सवाल हो, चाहे मानव स्वतंत्रता का, चाहे देश के सामाजिक विकास का, चाहे लेखक की भूमिका का—इन सभी सवालों पर शीतयुद्धीय विचारधारा का एक ही उत्तर था, विचारधारा से मुक्ति और व्यक्ति-स्वातंत्र्य का चरम विकास यानी मुक्त दुनिया।"[150] अत: टेंशन, जेश्चर, आइरनी, एंबिग्युटी ऐसी ही सोच से उपजे थे। अत: इसी वजह से ये शब्द कविता के प्रतिमान के रूप में उभरते हैं पर नामवर जी ने इन शब्दों को भारतीय सामाजिक एवं साहित्यिक परिवेश के अनुरूप ढालकर व्याख्यायित किया है।

अत: नामवर सिंह के रूपवाद के बारे में निष्कर्ष यही है : "कविता के नये प्रतिमान का रूपवाद यह है कि उसमें रूपवाद की आलोचना भी रूपवादी ढंग से की गई है अर्थात् तार्किक आधार पर उसका खंडन किया गया है। ऐतिहासिक आधार पर नहीं।"[151]

जो भी हो, 'नई कविता' से लेकर 'अकविता' तक के मूल्यांकन में देखें, तो नामवर सिंह की कहीं-कहीं सीमाएँ भी दिखती हैं। पहली सीमा यह है कि वे मुक्तिबोध को ही केन्द्र में रखकर प्रतिमान गढ़ते हैं जबकि रघुवीर सहाय, सर्वेश्वर दयाल सक्सेना, श्रीकान्त वर्मा जैसे कवियों की कविताएँ भी मौजूद हैं, पर मुक्तिबोध को स्थापित करने के प्रयास में दूसरे कवियों की श्रेष्ठ कविताओं पर उनका ध्यान कम जाता है। इसी तरह नामवर सिंह 'अकविता' के कवियों को पूरी तरह खारिज करते हैं, जबकि अकविता की परम्परा यदि न होती तो धूमिल जैसे कवियों का उभार भी न होता। वैसे धूमिल उनकी चर्चा के केन्द्र में तो हैं पर रमेश गौड़, राजकमल चौधरी; और इनमें भी रमेश गौड़ की भूमिका प्राय: अनुपस्थित है। जैसे : "कविता हमेशा किसी निरंकुशता और वर्चस्व के खिलाफ होने के लिए बाध्य है।"[152] वैसे आलोचना भी। निष्कर्षत: नेमिचन्द्र जैन के शब्दों में कहा जा सकता है : "कुल मिलाकर 'कविता के नये प्रतिमान' का विवेचन नये काव्य के ग्रहण के लिए एकदम नये रास्ते बनाता है और बिन्दु स्थिर करता है जहाँ से आगे बढ़कर ही कविता के बारे में यह सचमुच महत्त्वपूर्ण, दिशादर्शक वयस्क प्रयास है, जिससे सही हिन्दी कविता और सही हिन्दी आलोचना, दोनों को निस्सन्देह बल मिलेगा।"[153]

नामवर सिंह नेहरू-युग को नई कविता की पृष्ठभूमि के रूप में देखते हैं। मृत्यु और विनाश का भय नई कविता को भोगवाद की ओर ले गया। नामवर जी की स्थापना है कि नई कविता मार्क्सवाद के प्रभाव से मुक्त नहीं हो पाई है, भले ही उस पर अस्तित्ववाद का प्रभाव रहा हो। नामवर सिंह भ्रममुक्त कविता को महत्त्व देते हुए मुक्तिबोध को स्थापित करते हैं। वे नई कविता की काव्य-भाषा को वैयक्तिक मानते हैं। वे काव्य-भाषा तथा काव्याभास भाषा के बीच फर्क करते हैं। उनके अनुसार, 'काव्यभास भाषा' बौद्धिक शैथिल्य का परिचायक है। वे मानते हैं कि पश्चिम की तरह, विसंगति और विडम्बना मशीनीकरण की उपज है। उनकी धारणा है कि मुक्तिबोध की कविता विडम्बनाओं का सर्जनात्मक उपयोग करती है। मुक्तिबोध ने ही ईमानदारी को आत्मनिष्ठता के दलदल से बाहर निकाला। वे अज्ञेय और मुक्तिबोध के तनाव में फर्क करते हैं।

नामवर सिंह का विचार है कि यदि आलोचक को प्राचीन काव्य का मूल्यांकन करना है तो उसे प्राचीन काव्य-भाषा को तिरस्कृत नहीं करना चाहिए। बल्कि उसे, प्राचीन काव्य-भाषा को समूचे सन्दर्भ के साथ आधार बनाना चाहिए। आलोचक को चाहिए कि वह कथ्य के साथ भाषा को भी समान महत्त्व दे।

नामवर सिंह समग्र काव्यानुभव के लिए एक खुलेपन की माँग करते हैं, इसी वजह से नामवर सिंह के कविता के प्रतिमान बदलते रहते हैं। उनका मानना है कि किसी स्थायी प्रतिमान को आधार बनाकर हर युग की कविता का मूल्यांकन नहीं किया जा सकता। 'कविता के नये प्रतिमान' कविता के 'जड़ीभूत सौन्दर्याभिरुचि' पर प्रहार करती है।

सन्दर्भ

1. शर्मा, रामविलास, भूमिका, नई कविता और अस्तित्ववाद, राजकमल प्रकाशन, नई दिल्ली, संस्करण, 1978
2. चतुर्वेदी, रामस्वरूप, हिन्दी साहित्य और संवेदना का विकास, लोकभारती प्रकाशन, इलाहाबाद, 2004, पृ. 234
3. शर्मा, रामविलास, भूमिका, नई कविता और अस्तित्ववाद, राजकमल प्रकाशन, नई दिल्ली, प्रथम संस्करण, 1978
4. वही, पृ. 38
5. सिंह, नामवर, कविता के नये प्रतिमान, राजकमल प्रकाशन, नई दिल्ली, 2003, पृ. 83
6. वही, पृ. 88
7. वही, पृ. 90
8. पाठक, जितेन्द्रनाथ, 'नई कविता : एक ऐतिहासिक अनिवार्यता', जगदीश गुप्त तथा अन्य (सम्पादक), नई कविता : सैद्धान्तिक पक्ष (खंड-1), लोकभारती प्रकाशन, इलाहाबाद, 2000, पृ. 178-79
9. शर्मा, रामविलास, नई कविता और अस्तित्ववाद (1978), राजकमल प्रकाशन, नई दिल्ली, 1989, पृ. 20
10. सिंह, नामवर, कविता के नये प्रतिमान (1968), राजकमल प्रकाशन, नई दिल्ली, 2003, पृ. 83
11. वही, पृ. 82
12. चतुर्वेदी, रामस्वरूप, हिन्दी साहित्य और संवेदना का विकास (1986), लोकभारती प्रकाशन, इलाहाबाद, संस्करण 2004, पृ. 192
13. सिंह, नामवर, कविता के नये प्रतिमान (1968), राजकमल प्रकाशन, नई दिल्ली, 2003, पृ. ९0
14. मुक्तिबोध, नई कविता का आत्मसंघर्ष, राजकमल प्रकाशन, नई दिल्ली, 1983, पृ. 45
15. सिंह, नामवर, कविता के नये प्रतिमान, राजकमल प्रकाशन, नई दिल्ली, 2003, पृ. 91
16. वही, पृ. 91
17. चतुर्वेदी, रामस्वरूप, हिन्दी साहित्य और संवेदना का विकास, लोकभारती प्रकाशन, इलाहाबाद, 2004, पृ. 193
18. सिंह, नामवर, कविता के नये प्रतिमान, राजकमल प्रकाशन, नई दिल्ली, संस्करण 2003, पृ. 91

19. गुप्त, जगदीश, 'नई कविता : कविता और अकविता', जगदीश गुप्त तथा अन्य (सम्पादक), नई कविता (खंड-1), लोकभारती प्रकाशन, इलाहाबाद, 2002, पृ. 61
20. वही, पृ. 61
21. गुप्त, जगदीश, 'नई कविता और अकविता', जगदीश गुप्त तथा अन्य (सम्पादक), नई कविता (खंड-1), लोकभारती प्रकाशन, इलाहाबाद, 2000, पृ. 60
22. गुप्त, जगदीश, 'नई कविता : नये मनुष्य की प्रतिष्ठा', जगदीश गुप्त तथा अन्य (सम्पादक), नई कविता (खंड-1), लोकभारती प्रकाशन, इलाहाबाद, 2000, पृ. 35
23. वही
24. सिंह, नामवर, कविता के नये प्रतिमान, राजकमल प्रकाशन, नई दिल्ली, 2009, पृ. 29
25. वही, पृ. 20
26. वही, पृ. 33
27. वही, पृ. 34
28. वही
29. शर्मा, रामविलास, नई कविता और अस्तित्ववाद, राजकमल प्रकाशन, नई दिल्ली, संस्करण 1989, पृ. 128
30. वही, पृ. 128-29
31. वही, पृ. 129
32. सिंह, नामवर, कविता के नये प्रतिमान, राजकमल प्रकाशन, नई दिल्ली, 2003, पृ. 24
33. वही
34. शर्मा, रामविलास, नई कविता और अस्तित्ववाद, राजकमल प्रकाशन, नई दिल्ली, 1989, पृ. 57
35. सिंह, नामवर, कविता के नये प्रतिमान, राजकमल प्रकाशन, नई दिल्ली, 2003, पृ. 25
36. वर्मा, लक्ष्मीकान्त, नये प्रतिमान : पुराने निकष, लोकभारती प्रकाशन, इलाहाबाद, 1996, पृ. 20-21
37. सिंह, नामवर, कविता के नये प्रतिमान, राजकमल प्रकाशन, नई दिल्ली, 2003, पृ. 25-26
38. वही, पृ. 421
39. कमल, अरुण, कविता के नये प्रतिमान (1900-2000), कमला प्रसाद तथा अन्य (सम्पादक), नामवर सिंह : आलोचना की दूसरी परम्परा, वाणी प्रकाशन, नई दिल्ली, 2002, पृ. 269
40. सिंह, नामवर, कविता के नये प्रतिमान, राजकमल प्रकाशन, नई दिल्ली, 2003, पृ. 9७-100
41. वही, पृ. 100
42. वही
43. वही, पृ. 102
44. वही, पृ. 104
45. वही
46. वही
47. वही, पृ. 106
48. वही
49. वही, पृ. 109
50. वही, पृ. 110

51. वही, पृ. 135
52. वही, पृ. 140
53. वही, पृ. 142
54. वही
55. वही, पृ. 143-44
56. वही, पृ. 145
57. वही, पृ. 146
58. वही, पृ. 149-50
59. वही, पृ. 146
60. वही, पृ. 153
61. वर्मा, लक्ष्मीकान्त, नये प्रतिमान : पुराने निकष, लोकभारती प्रकाशन, इलाहाबाद, 1996, पृ. 184
62. सिंह, नामवर, कविता के नये प्रतिमान, राजकमल प्रकाशन, नई दिल्ली, 2003, पृ. 164
63. वही, पृ. 165
64. वही, पृ. 170
65. वही
66. वही, पृ. 173
67. वही, पृ. 175
68. वही, 2003, पृ. 177
69. वही, पृ. 177-78
70. वही, पृ. 180-81
71. वर्मा, लक्ष्मीकान्त, नये प्रतिमान : पुराने निकष, लोकभारती प्रकाशन, इलाहाबाद, 1996, पृ. 177
72. मुक्तिबोध, नई कविता का आत्मसंघर्ष, राजकमल प्रकाशन, नई दिल्ली, 1983, पृ. 154
73. सिंह, नामवर, कविता के नये प्रतिमान, राजकमल प्रकाशन, नई दिल्ली, 2003, पृ. 181
74. वही, पृ. 182
75. वही
76. वही, पृ. 136
77. वही, पृ. 186
78. सिंह, नामवर, कविता के नये प्रतिमान, राजकमल प्रकाशन, नई दिल्ली, 2003, पृ. 187
79. वही, पृ. 188
80. लाल, नागेश्वर, 'कविता के नये प्रतिमान', जगदीश गुप्त (सम्पादक), नई कविता, लोकभारती प्रकाशन, इलाहाबाद, 2000, पृ. 313
81. सिंह, नामवर, कविता के नये प्रतिमान, राजकमल प्रकाशन, नई दिल्ली, 2003, पृ. 189
82. वही
83. वर्मा, लक्ष्मीकान्त, नये प्रतिमान : पुराने निकष, लोकभारती प्रकाशन, इलाहाबाद, 1996, पृ. 169
84. कमल, अरुण, कविता के नये प्रतिमान (1968-2002), कमला प्रसाद तथा अन्य (सम्पादक), नामवर सिंह : आलोचना की दूसरी परम्परा, वाणी प्रकाशन, नई दिल्ली, 2002, पृ. 273

85. सिंह, नामवर, कविता के नये प्रतिमान, राजकमल प्रकाशन, नई दिल्ली, 2003, पृ. 100
86. वही, पृ. 104
87. वही
88. वही, पृ. 106
89. वही
90. अज्ञेय (संकलनकर्ता एवं सम्पादक), तीसरा सप्तक (1952), भारतीय ज्ञानपीठ प्रकाशन, नई दिल्ली, 1984, पृ. 6
91. वही, पृ. 6
92. सिंह, नामवर, कविता के नये प्रतिमान, राजकमल प्रकाशन, नई दिल्ली, 2003, पृ. 109
93. वही, पृ. 110
94. वही, पृ. 111-12
95. वही, पृ. 113
96. सिंह, केदारनाथ, 'वक्तव्य', अज्ञेय (संकलनकर्ता एवं सम्पादक), तीसरा सप्तक (1952), भारतीय ज्ञानपीठ प्रकाशन, नई दिल्ली, 1984, पृ. 127
97. वही, पृ. 128
98. वही, पृ. 127
99. शुक्ल, श्रीप्रकाश, साठोत्तरी हिन्दी कविता में लोक-सौन्दर्य, लोकभारती प्रकाशन, इलाहाबाद, 2001, पृ. 129
100. सिंह, नामवर, कहना न होगा, समीक्षा ठाकुर (सम्पादक), वाणी प्रकाशन, नई दिल्ली, 1994, पृ. 255
101. वही
102. वही, पृ. 256
103. सिंह, नामवर, वाद विवाद संवाद (1989), राजकमल प्रकाशन, नई दिल्ली, 2003, पृ. 120
104. सिंह, नामवर, कहना न होगा, समीक्षा ठाकुर (सम्पादक), वाणी प्रकाशन, नई दिल्ली, 1994, पृ. 233
105. सिंह, नामवर, वाद विवाद संवाद (1989), राजकमल प्रकाशन, नई दिल्ली, संस्करण, 1994, पृ. 120
106. सिंह, नामवर, कहना न होगा, समीक्षा ठाकुर (सम्पादक), वाणी प्रकाशन, नई दिल्ली, 1994, पृ. 233
107. गुप्त, जगदीश, 'नई कविता : किसिम किसिम की कविता', जगदीश गुप्त तथा अन्य (सम्पादक), नई कविता (खंड-1), लोकभारती प्रकाशन, इलाहाबाद, 2000, पृ. 93-94
108. वही, पृ. 112-13
109. सिंह, नामवर, वाद विवाद संवाद, राजकमल प्रकाशन, नई दिल्ली, संस्करण : 1994, पृ. 121
110. वही, पृ. 121
111. गुप्त, जगदीश, 'नई कविता : किसिम किसिम की कविता', जगदीश गुप्त तथा अन्य (सम्पादक), नई कविता (खंड-1), लोकभारती प्रकाशन, इलाहाबाद, 2000, पृ. 115
112. वही

113. शुक्ल, श्रीप्रकाश, साठोत्तरी हिन्दी कविता में लोक-सौन्दर्य, लोकभारती प्रकाशन, इलाहाबाद, 2001, पृ. 128
114. सिंह, नामवर, कविता के नये प्रतिमान, राजकमल प्रकाशन, नई दिल्ली, 2003, पृ. 161
115. सिंह, नामवर, वाद विवाद संवाद, राजकमल प्रकाशन, नई दिल्ली, 1994, पृ. 122
116. नवल, नन्दकिशोर, कविता पहचान का संकट, भारतीय ज्ञानपीठ, नई दिल्ली, 2006, पृ. 225
117. सिंह, नामवर, कविता के नये प्रतिमान, राजकमल प्रकाशन, नई दिल्ली, 2003, पृ. 161
118. वही, पृ. 162
119. चतुर्वेदी, रामस्वरूप, हिन्दी साहित्य और संवेदना का विकास, लोकभारती प्रकाशन, इलाहाबाद, 1986, पृ. 269
120. सिंह, नामवर, कविता के नये प्रतिमान, राजकमल प्रकाशन, नई दिल्ली, 2003, पृ. 183
121. वही
122. शुक्ल, श्रीप्रकाश, साठोत्तरी हिन्दी कविता में लोक-सौन्दर्य, लोकभारती प्रकाशन, इलाहाबाद, प्रथम संस्करण : 2001, पृ. 132
123. वही, पृ. 132
124. सिंह, नामवर, कविता के नये प्रतिमान, राजकमल प्रकाशन, नई दिल्ली, 2003, पृ. 197
125. वही
126. वही, पृ. 198
127. वही, पृ. 199
128. वही, पृ. 200
129. वही
130. वही
131. वही, पृ. 201
132. सिंह, नामवर, कहना न होगा, समीक्षा ठाकुर (सम्पादक), वाणी प्रकाशन, नई दिल्ली, 2003, पृ. 233
133. वही, पृ. 234
134. राजपाल, हुकुमचन्द, समकालीन हिन्दी समीक्षा, वाणी प्रकाशन, नई दिल्ली, 2003, पृ. 30
135. शर्मा, रामविलास, नई कविता और अस्तित्ववाद, 1978, राजकमल प्रकाशन, नई दिल्ली, 1989, पृ. 155
136. वही, पृ. 64
137. सिंह, नामवर, कविता के नये प्रतिमान, राजकमल प्रकाशन, नई दिल्ली, 2003, पृ. 191
138. वही
139. कमल, अरुण, 'कविता के नये प्रतिमान (1968-2002)', कमला प्रसाद तथा अन्य (सम्पादक), नामवर सिंह : आलोचना की दूसरी परम्परा, वाणी प्रकाशन, नई दिल्ली, 2002, पृ. 277
140. वही
141. सिंह, नामवर, कविता के नये प्रतिमान, राजकमल प्रकाशन, नई दिल्ली, 2003, पृ. 109
142. तिवारी, विश्वनाथ प्रसाद, 'नामवर सिंह की आलोचना की सीमाएँ', सुधीश पचौरी (सम्पादक), नामवर के विमर्श, प्रवीण प्रकाशन, नई दिल्ली, 1995, पृ. 269

143. पांडेय, मैनेजर, 'डॉ. नामवर सिंह की आलोचना दृष्टि', सुधीश पचौरी (सम्पादक), नामवर के विमर्श, 1995, पृ. 269
144. जैन, नेमिचन्द्र, 'कविता के प्रतिमानों की खोज', सुधीश पचौरी (सम्पादक), नामवर के विमर्श, 1995, पृ. 321
145. सिंह, नामवर, भूमिका (द्वितीय संस्करण से उद्धृत), कविता के नये प्रतिमान, राजकमल प्रकाशन, नई दिल्ली, 1974
146. वही, भूमिका (द्वितीय संस्करण)
147. वही, भूमिका (द्वितीय संस्करण से उद्धृत)
148. नवल, नन्दकिशोर, हिन्दी आलोचना का विकास (1981), राजकमल प्रकाशन, नई दिल्ली, 2003, पृ. 347-48
149. सिंह, नामवर, भूमिका, नन्दकिशोर नवल (सम्पादक), नामवर संचयिता, राजकमल प्रकाशन, नई दिल्ली, 2003, पृ. 18
150. पचौरी, सुधीश, नई कविता का वैचारिक आधार, राधाकृष्ण प्रकाशन, नई दिल्ली, 1987, पृ. 185-86
151. नवल, नन्दकिशोर (सम्पादक), भूमिका, नामवर संचयिता, राजकमल प्रकाशन, नई दिल्ली, 2003
152. कुमार, विजय, 'यथार्थ की समकालीनता : कविता की समकालीनता', आलोचना, अंक 23, अक्टूबर-दिसम्बर, 2005
153. जैन, नेमिचन्द्र, 'कविता के प्रतिमानों की खोज', सुधीश पचौरी (सम्पादक), नामवर के विमर्श, प्रवीण प्रकाशन, नई दिल्ली, 1995, पृ. 323

समकालीन विचारधारात्मक संघर्ष और नामवर सिंह
(आधुनिकतावाद और उत्तर-आधुनिकतावाद)

यदि समकालीन विचारधारात्म क संघर्ष की पृष्ठभूमि पर विचार करें और बीसवीं सदी को आधार बनाएँ, तो बीसवीं सदी महत्त्वपूर्ण घटनाओं की सदी रही है। सिर्फ घटनाएँ ही नहीं, वैचारिक परिवर्तन और आन्दोलन की दृष्टि से भी इस सदी का महत्त्व रहा है। दो विश्वयुद्धों तथा परमाणु हथियारों के दुरुपयोग का गहरा प्रभाव मनुष्य के विचारों पर पड़ा। इन युद्धों में जो जनसंहार हुए, उसने ईश्वर, दर्शन, धर्म, नीति, निष्ठा, आदर्श आदि पर प्रश्नचिह्न लगा दिया और हताशा, निराशा, भय का परिवेश उत्पत्न हुआ। यदि राजनीतिक परिदृश्य की ओर ध्यान दें तो साम्यवाद, फासीवाद और उत्तर-उपनिवेशवाद ने भी पूरे विश्व को गहरे स्तर पर प्रभावित किया। फलस्वरूप साहित्य-चिन्तन के क्षेत्र में भी नये सिद्धान्तों और विचारों का आगमन हुआ : मार्क्सवाद, आधुनिकतावाद, अस्तित्ववाद। उत्तर-आधुनिकतावाद ने कला और साहित्य को प्रभावित करते हुए नई मानसिकता और नई सोच से भी अवगत कराया। इसी सदी में सूचना, प्रसारण औद्योगिकी तथा तकनीकी समृद्धि ने सारे विश्व का चेहरा बदल दिया। अब दुनिया के लगभग सभी हिस्से 'ग्लोबल' होते चले गए और इसके विस्तार में इंटरनेट, उपग्रह, जनसंचार आदि ने विशिष्ट भूमिका निभाई।

आधुनिकतावाद

आधुनिकतावाद पर विचार करने से पहले, आधुनिक, आधुनिकता शब्दों पर विचार करना जरूरी है। 'आधुनिक' शब्द वर्तमान समय का सबसे प्रचलित शब्द है। बृहत् हिन्दी कोश के अनुसार आधुनिक शब्द का अर्थ है : "आजकल का वर्तमान काल का, नये जमाने का।"[1] फादर कामिल बुल्के ने Modern का अर्थ—'अर्वाचीन'-2 के रूप में भी स्वीकार किया है। अंग्रेजी के 'Modern' का अर्थ : "Of the present and recent times, in current fashion not antiquated."[2] अर्थात् जो फिलहाल उपस्थित है, वर्तमान है और परम्परा के

दबाव से मुक्त होकर नयेपन को स्वीकार करने के लिए तैयार है। इस अर्थ में आधुनिक का एक अर्थ समकालीन भी है।

जहाँ तक 'आधुनिकता' शब्द की बात है, आधुनिकता एक प्रक्रिया है, जिसकी शर्त स्वचेतनता है। स्वचेतनता एक व्यापक और महत्त्वपूर्ण प्रक्रिया है, जो इतिहास के परिवर्तन का बोध तो कराती है, साथ ही विभिन्न ऐतिहासिक प्रक्रियाओं की विवेचन शक्ति भी प्रदान करती है। इस प्रकार आधुनिकता में 'स्व' का सबसे गहरा बोध होता इसलिए आधुनिक व्यक्ति वर्तमान का चिन्तन करते हुए भविष्य को रूपायित करना चाहता है। अत: आधुनिकता सबसे अधिक वर्तमान को महत्त्व देती है। ध्यातव्य है कि आधुनिकता का उदय प्रजातांत्रिक पद्धतियों के अन्तर्गत होता है इसलिए वह सहज ज्ञान को भी स्वीकारता है। मोटे तौर पर आधुनिकता का सम्बन्ध नई जीवन-शैली, नये फैशन, नये मूल्य, नये तत्त्व, नये विचार, नये प्रयोग तथा नई संवेदनाओं से सम्बद्ध है। 'आधुनिकता' का समय-समय पर अर्थ-विस्तार भी हुआ, जिससे वह कभी औद्योगिकीकरण, पश्चिमीकरण, आधुनिकीकरण और पूँजीकरण के अर्थ में प्रयुक्त होती रही है। 'आधुनिकता' के विस्तार में विभिन्न दर्शनों, विज्ञानों, वादों, सिद्धान्तों तथा विचारधाराओं की अहम् भूमिका रही है। फलस्वरूप आधुनिकता कला और साहित्य के एक आन्दोलन में तब्दील हो गई और 'आधुनिकतावाद' के रूप में प्रचलित हुई। 'आधुनिकतावाद' : "एक जटिल पश्चिमी प्रत्यय है।"[3] फिर भी यह साहित्येतिहास, आलोचना तथा सैद्धान्तिक विवेचन के लिए बेहद अनिवार्य है। आधुनिकतावाद का सबसे पहले प्रयोग 1888 में मैक्सिको के लेखक रिकार्डो कंट्रीरास के कार्य की प्रशंसा में डेरियो द्वारा किया गया था। इसके बाद स्पेन में सांस्कृतिक उद्धार तथा स्वायत्तता के अर्थ में एवं लैटिन अमेरिका में 'मॉडर्निज्म' आन्दोलन के रूप में 1890 में किया गया। इस प्रकार यह शब्द नई प्रवृत्तियों के साथ 19वीं सदी के फ्रांस में उत्पन्न हुआ। फिर भी यह कहा गया कि इस शब्द का सम्बन्ध न तो किसी आन्दोलन से है और न ही किसी विशेष स्कूल से है। यह या तो फैशन या भावबोध या कालविशेष का सूचक शब्द है। इसी समय फेडेरिका डि ओनिस ने यह प्रमाणित किया कि आधुनिकता और आधुनिकतावाद के बीच अटूट सम्बन्ध है।

संक्षेप में उत्तर-स्वच्छन्दतावाद के अवसान के उपरान्त अवांगार्दो का आन्दोलन प्रारम्भ हुआ, पर मूलत: द्वितीय विश्वयुद्ध के उपरान्त अवांगार्दो के चिन्तन, कला तथा साहित्य को आधुनिकतावाद के सन्दर्भ में व्याख्यायित किया जाने लगा। अत: 1950 के आसपास यह एक कंसेप्ट के रूप में उभरकर आया। इस विवेचन से पूर्व कॉडवेल की उक्तियों को ध्यान रखना जरूरी है : "जब सामान्य अर्थ में हम 'आधुनिक' शब्द का प्रयोग करते हैं तो हम इसका प्रयोग संस्कृति के उस समूचे ताने-बाने के लिए करते हैं, जो यूरोप में विकसित हुआ और पन्द्रहवीं

शताब्दी से आज तक इससे बाहर की ओर फैलता रहा। शेक्सपियर, गैलीलियो, माइकेल ऐंजेलो, पोप और वाल्तेयर में ऐसा कुछ आधुनिक है जिसे हम होमर, थेल्स, चॉसर बिओवुल्फ से अलग छाँट सकते हैं और जिसकी तुलना वेलरी, सेजां, जेम्स ज्वायस, बर्गसां और आइंस्टाइन से कर सकते हैं। यह ताना-बाना एक आर्थिक आधार पर टिका हुआ है, स्वयं यह ताना-बाना भी परिवर्तनशील है। मानव इतिहास का कोई भी युग इतना विविधतापूर्ण और गतिशील नहीं रहा है, जितना एलिजाबेथ काल से आज तक का हमारा युग रहा है परन्तु इसका आर्थिक आधार भी सामन्ती से बदलकर औद्योगिक हो गया है। यह सांस्कृतिक ताना-बाना उत्पादन में बुर्जुआ क्रान्ति का ऊपरी ढाँचा है। इस क्रान्ति की प्रकृति का पूरा विश्लेषण पहली बार मार्क्स ने पूँजी में किया।"[4] कॉडवेल के इस उद्धरण से स्पष्ट है कि आधुनिकता जड़ता विरोध की संस्कृति के रूप में उभरी, जिसका आर्थिक ढाँचा परिवर्तित होते ही सांस्कृतिक रूप में भी गहरा परिवर्तन हुआ। जो भी हो, आधुनिकता का आरम्भ उन्नीसवीं सदी से लेकर बीसवीं सदी के पूर्वार्द्ध तक माना जाता है। फ्रेंक कर्मोड ने आधुनिकता के दो काल खंड स्वीकार किए : 1. आधुनिकतावाद 1914 से 1920; 2. नव आधुनिकतावाद् 1920 के उपरान्त।

यह काल-विभाजन पूरी तरह स्वीकृत नहीं है, क्योंकि 'तीसरी दुनिया' के देशों में यह प्रक्रिया बहुत बाद में शुरू हुई। अत: आधुनिकतावाद के आरम्भ को लेकर मतभेद है। डी.एच. लारेंस इसकी शुरुआत 1915 में और जान गॉस इसकी शुरुआत 1920 में मानते हैं। विभिन्न देशों विशेषत: फ्रांस, जर्मनी में आधुनिकतावाद लगभग एक ही काल (1890) से प्रारम्भ हुआ जबकि भारत में 1950 के बाद से इसका आरम्भ हुआ। वैसे टी.एस. इलियट की काव्य-कृति 'द वेस्टलैंड' (1922) और जेम्स ज्वायस का उपन्यास 'यूलिसेस' (1922) आधुनिकतावाद की प्रतिनिधि कृतियाँ मानी जाती हैं। आधुनिकतावाद को परम्परा, इतिहास, देश-काल से मुक्ति का आन्दोलन कहा जाता है। लुकाच के अनुसार, यह अमूर्त, इतिहास, निरपेक्ष, तर्केतर और मिथकीय है। विपिन कुमार अग्रवाल के शब्दों में : ...आधुनिकता मूलत: एक खंडित घटना (Discontinious process) है, जिसका बीती हुई घटनाओं से बहुत दूर का ही सम्बन्ध है क्योंकि आधुनिकता की प्रकृति सूक्ष्म है।"[5]

वैसे, फ्रेडरिक हेगेल के दर्शन में भी 'आधुनिकतावाद' के वैचारिक आधार के दर्शन होते हैं। डॉ. बच्चन सिंह के शब्दों में : "आधुनिकतावाद सम्बन्धी अनेक आलोचनाएँ इसी सिद्धान्त पर आधारित हैं कि समाज इतिहास और यथार्थ से उसका नाता नहीं रह गया है।"[6] जो भी हो, पर आधुनिकतावाद में अर्थ एवं उद्देश्य की खोज प्रकृति या धर्म की अपेक्षा इतिहास में आरम्भ हुई, जिसने दैवी चमत्कारों से अपने को मुक्त कर बुद्धि के प्रति समर्पित किया। इस प्रकार कालान्तर में

आधुनिकतावाद, बुद्धिवाद, विज्ञान तथा विकास का पर्याय बना।

हिन्दी में आधुनिकतावाद का आविर्भाव 1940 के आसपास हुआ। दूसरी ओर द्वितीय विश्वयुद्ध की समाप्ति ने भी भारतीय साहित्य को नई संवेदना दृष्टि प्रदान की। वैसे, हिन्दी में भारतेन्दु-युग से आधुनिकता की शुरुआत हो चुकी थी, जिसके अन्तर्गत वैज्ञानिकता तथा तार्किकता को महत्त्व देते हुए रूढ़िवादिता पर प्रहार किया जा रहा था। परन्तु जब हम आधुनिकतावाद की बात करते हैं तो द्वितीय विश्वयुद्ध की परिणति से उत्पन्न संवेदना ही उसका वाहक होती है। अतः 1950 के आसपास हिन्दी में भी सार्त्र, कामू, सेम्युल बेकेट या युनीज आयोनेस्को का प्रभाव हिन्दी आलोचना पर पड़ने लगा। जगदीश्वर चतुर्वेदी के शब्दों में : "आधुनिकतावाद का प्रारम्भ छायावादी दौर में होता है। छायावादी रचनाकारों के यहाँ आधुनिकतावादी काव्य एवं साहित्य चेतना के प्रभाव मिलते हैं।"[7] क्योंकि छायावादी काव्य ने सामन्तवादी, पूँजीवादी तथा साम्राज्यवादी प्रवृत्ति का जमकर विरोध किया, जो आधुनिक चेतना का प्रतिनिधि रूप है : "छायावादी कवियों का प्रकृति की ओर झुकना। प्रकृति को इतना महत्त्व देना प्रकृति की स्वतंत्र सत्ता को काव्य में प्रतिष्ठित करना और प्रकृति के सौन्दर्य को उद्‌घाटित करना, यह सब आधुनिक विज्ञान का परिणाम है।"[8] हिन्दी आलोचना के अन्तर्गत आधुनिकतावाद पर विचार करनेवाले आलोचकों में रामविलास शर्मा, नामवर सिंह, मुक्तिबोध, मैनेजर पांडेय आदि रहे हैं। आचार्य रामचन्द्र शुक्ल और हजारीप्रसाद द्विवेदी ने भी आधुनिकतावादी चिन्तन पर विचार किया है। आधुनिकता को नामवर सिंह भावबोध के स्तर तक स्वीकारते हैं। द्विवेदी जी के बारे में वे 'दूसरी परम्परा की खोज' में टिप्पणी करते हुए कहते हैं : "आधुनिकता भी उनके लिए एक नया फैशन नहीं बल्कि भावबोध के स्तर की वस्तु है।"[9] द्विवेदी जी के बारे में कही गई इस बात से यह स्पष्ट है कि नामवर सिंह आधुनिकता को भावबोध तक अन्तःसंघर्ष की प्रक्रिया में स्वीकारने के पक्षपाती हैं। आधुनिकता के भावबोध पर रामस्वरूप चतुर्वेदी का कहना है : "आधुनिक भावबोध के सम्बन्ध में विचार करते हुए अब तक जिस स्थिति में पहुँचा हूँ, वहाँ आधुनिकता इतिहास की सजग और सचेतन प्रतीति है और उस इतिहास चक्र को द्रुततर चलाने की चेष्टा है।"[10] इसे और भी स्पष्ट करते हुए चतुर्वेदी जी कहते हैं : "आधुनिकता वह जीवन-दृष्टि है जिससे हम अपनी युगीन संस्कृति को समझना चाहते हैं। इसी दृष्टि से आधुनिकता इतिहास की सजग और स्वचेतन प्रतीति है।"[11] नामवर सिंह भी आधुनिकता को लगभग जीवन-दृष्टि के रूप में स्वीकारते हैं; परन्तु स्वचेतना के बारे में उनकी राय भिन्न है। स्वचेतना को नामवर सिंह आत्मसजगता से जोड़कर देखते हैं। आधुनिकतावाद के अन्तर्गत स्वचेतना, आत्मबोध या आत्मसजगता लगभग एक ही अर्थ में प्रयुक्त होते हैं। आधुनिकतावाद व्यक्ति के स्वरूप और आत्मबोध को ही महत्त्व देता है,

सामाजिक समस्याओं को नहीं। अत: व्यक्ति आधुनिकतावाद की मुख्य इकाई है।

जहाँ तक आत्मसजगता की बात है, नामवर सिंह संसार की श्रेष्ठ कृतियों को ध्यान में रखते हुए मदन सोनी से कहते हैं : "श्रेष्ठ कालजयी सर्जनात्मक कृति की रचना के लिए यह 'आत्मसजगता' बाधक है। कवि में तो शायद वह ठीक है। लेकिन स्वयं वह आत्मसजगता रचना में भी अगर आ जाए तो वह एक बाधा होती है, रसभंगकारी होती है।"[12] निर्मल वर्मा की कहानियों को इसलिए वे सफल मानते हैं कि उनकी कहानियाँ आत्मसजगता के प्रभाव से मुक्त हैं। पर विनोद कुमार शुक्ल का उपन्यास 'नौकर की कमीज' के बारे में उनकी टिप्पणी है : "जिस जीवन की विडम्बना से जुड़ा हुआ उसका कथ्य है, उसमें नैरेटर की 'सेल्फ कांशसनेस' स्वयं भी योगदान देती है।"[13] लेकिन नामवर सिंह महाभारत जैसे पुराकथाओं के 'सेल्फ कांशसनेस' एवं आधुनिक युग के कथासाहित्य के 'सेल्फ कांशसनेस' को भिन्न मानते हैं।

आत्मसजगता और आइडियोलॉजी के सवाल पर नामवर सिंह राजेन्द्र धोपड़कर से कहते हैं : "आत्मसजगता की निहित आइडियोलॉजी को यदि परिभाषित ही करना है, तो पहली बात यह है कि आत्मसजगता उस आदमी में होती है, जो आत्मकेन्द्रित, आत्मग्रस्त होता है, उसके लिए सिर्फ मैं, मैं, मैं, मैं, मैं है, उसके अलावा और कुछ नहीं।"[14] अत: वे रघुवीर सहाय को उसका शिकार मानते हैं और कहते हैं कि मामूली-सी बात कहने के लिए रघुवीर सहाय अनेक पेचोखम के साथ चक्कर लगाते हैं तथा उनका चौकन्नापन सन्देह का शिकार हो जाता है।

आत्मसजगता को नामवर सिंह सन्देहवाद के दर्शन से जोड़कर देखते हैं : "आत्मसजगता का दूसरा दर्शन होता है सन्देहवाद। यह दर्शन भी हो तो सन्देह से आत्मसजगता पैदा होती है।"[15] आत्मसजगता की स्थितियों में नामवर सिंह यह भी कहते हैं : "लेकिन यह जो सन्देहवाद है, उससे ज्यादा खतरनाक है नास्तिवाद। सन्देहवाद कभी-कभी सृजनात्मक हो सकता है, जैसे नीत्से का नास्तिवाद। 'ट्रांस वैलुएशन ऑफ वैल्यूज' का उद्घोषक।"[16] वे यह भी कहते हैं : "जहाँ तक स्वचेतनता का सवाल है। वह एक तरह से प्रयोगवाद के आरम्भ में रोमांटिक कविता की प्रतिक्रिया स्वरूप आई। रोमांटिक आत्मविस्मृति के विरुद्ध गैर-रोमांटिक आत्मसजगता, भावुकता के विरुद्ध बौद्धिकता।"[17] नामवर सिंह यह भी स्वीकारते हैं कि यह 'सेल्फ क्रिटिकल' दृष्टिकोण अर्थात् नया बोध, नई कविता के आरम्भिक दिनों में ज्यादा मुखर था। मुख्य बात : "चाहे कविता हो, चाहे कहानी हो—दोनों में प्रयोगधर्मिता महत्त्वपूर्ण है।"[18] प्रसिद्ध आधुनिकतावादी कवि एजरा पाउंड का भी कहना है कि अच्छी कविता कभी भी बीस वर्ष पुरानी शैली में नहीं लिखी जा सकती है। इस प्रकार नामवर सिंह आधुनिकतावाद की प्रवृत्ति-रूप, शिल्प, शैली के नित नये प्रयोग का एक सीमा तक समर्थन करते हैं। आधुनिकतावाद परम्परा के बजाय प्रयोग पर बल देता है। इरविंग हाउ की धारणा है कि सामान्य नैतिकता कृत्रिम है, रुचि भ्रामक है और परम्परा

एक जंजीर है। नामवर सिंह प्रयोग की बात तो स्वीकारते हैं पर परम्परा की उपेक्षा के स्तर पर नहीं। परम्परा और प्रयोग के समन्वय को नामवर सिंह महत्त्व देते हैं : "जब परम्परा और प्रयोग इस अनुपात में एक-दूसरे से जुड़ते हैं, समन्वित होते हैं, जो केवल नई दिशा खोलनेवाला प्रयोग नहीं होता बल्कि जीवन के गम्भीर प्रश्नों से जूझने में अपनी परम्परा से ले करके या जुड़ करके करता है। नये प्रयोग की दृष्टि से देखें तो एजरा पाउंड ज्यादा महत्त्वपूर्ण हैं, इलियट की अपेक्षा। लेकिन कवि के रूप में इलियट पाउंड से ज्यादा महत्त्वपूर्ण हैं।"[19] इस सन्दर्भ में निराला की कविता 'राम की शक्ति-पूजा' को वे परम्परा और नवीनता का समन्वय मानते हैं। 'दूसरी परम्परा की खोज' में भी नामवर सिंह समन्वय की बात करते हैं : "क्या यह नहीं हो सकता कि दो लेखक भिन्न परम्पराओं से आकर प्रगतिशील परम्परा के विभिन्न अंगों को समृद्ध करें।"[20] परन्तु वीरेश चन्द्र के साथ संवाद करते हुए नामवर सिंह 'दूसरी परम्परा की खोज' पर यह टिप्पणी करते हैं : "इस पुस्तक के द्वारा सिर्फ यह कहने की कोशिश की गई है कि हमारे इतने लम्बे इतिहास में अनेक परम्पराएँ हैं और उनके बीच टकराव और सामंजस्य की प्रक्रिया निरन्तर चलती रही है। इसलिए किसी एक परम्परा को मुख्य धारा में स्थापित करने का अर्थ है—अन्य परम्पराओं का दमन। इस सन्दर्भ में 'महान परम्परा' और 'लघु परम्परा' जैसा विभाजन भी उसी वर्चस्ववादी दृष्टि का परिचायक हैं।"[21] अत: नामवर जी का परम्परा-सम्बन्धी यह दृष्टिकोण परिवर्तित होता हुआ दिखता है। एक तरफ समन्वय की बात और दूसरी तरफ दमन की बात, ये स्थितियाँ अन्तर्विरोधी हैं। इस सम्बन्ध में विपिन कुमार अग्रवाल की टिप्पणी सार्थक प्रतीत होती हैं : "आधुनिकता परम्परा की अधूरी कृति मानकर क्रमबद्ध ढंग से उसे पूरा नहीं करती, वरन् उसे कच्चा माल मानती है। जिस और जितनी परम्परा से विरक्त होकर उसे वह कच्चा माल आसानी से मान पाती है, उतनी ही परम्परा आधुनिकता में प्रवेश कर पाती है।"[22] अत: परम्परा का मूल्यांकन परम्परा को आधुनिक अर्थ प्रदान कर किया जा सकता है। निस्सन्देह इस कार्य में नामवर सिंह को सफलता मिली है। पर परम्परा का दमन चाहे किसी की परम्परा हो, अतिवादी दृष्टि है। आधुनिकतावाद की विशिष्टता है कि वह वस्तु यथार्थ की अपेक्षा 'अनुभव की प्रामाणिकता' और 'प्रामाणिक अनुभूति' जैसी धारणा को खारिज करती है। 'कविता के नये प्रतिमान' में कहते हैं : "नई कविता के दौरान निरपेक्ष मूल्य के रूप में प्रचारित 'अनुभूति की प्रामाणिकता' जैसे शब्द वस्तुत: शीत-युद्ध की उपज थे, जिनके मूल में कम्युनिज्म का अन्ध-विरोध भाव था।"[23] अत: एक मार्क्सवादी आलोचक के तौर पर नामवर सिंह 'अनुभूति की प्रामाणिकता' को स्वीकार नहीं करते बल्कि इसकी खतरनाक परिणति की ओर इशारा करते हैं : "नतीजा यह हुआ कि सातवें दशक के आरम्भ में जब इतिहास के थपेड़ों ने 'नई कविता' का मायालोक छिन्न-भिन्न कर दिया तो अनुभूति की प्रामाणिकता सन्दिग्ध हो उठी।"[24] क्योंकि

अनुभूति को प्रमाणित करते हुए अकविता के बहुत-से कवियों ने विकृत मनोवृत्ति की कविताएँ लिखीं, जिससे कविता के दिशाहीन होने का खतरा पैदा हुआ। अत: हर अनुभूति की प्रामाणिकता को कलात्मक अभिव्यक्ति का आधार नहीं बनाया जा सकता। वैसे आधुनिकतावाद विभिन्न कलात्मक आन्दोलन का केन्द्र रहा है। दुर्गाप्रसाद गुप्त के शब्दों में : "आधुनिकतावाद एक समावेशी आन्दोलन है और इसके तमाम छोटे-छोटे आन्दोलनों की प्रकृति एक जैसी नहीं है। कई एक-दूसरे के घोर विरोधी हैं। यह विरुद्धों का सामंजस्य है।"[25] क्योंकि आधुनिकतावादी साहित्यिक आन्दोलन के अन्तर्गत प्रतीकवाद, बिम्बवाद, दादावाद, अतियथार्थवाद, भविष्यवाद, अन्तश्चेतनावाद आदि समाहित हैं। यहाँ तक कि न्यू नॉवेल या एंटी नॉवेल की अवधारणा भी आधुनिकतावाद से प्रभावित हैं। नामवर सिंह भी यह मानते हैं कि "तथाकथित मॉडर्निज्म या आधुनिकतावादी दौर में भी पश्चिम में किसिम-किसिम के कलावादी आन्दोलन चले।"[26] कलावाद कला के प्रति एक विशिष्ट दृष्टिकोण का परिचायक है, यह किसी राजनीतिकवाद या आन्दोलन की तरह का वाद नहीं है। "कलावादी कला को लोकातीत वस्तु, कलाकार को लोकोत्तर प्राणी और कलाजन्य आनन्द को अलौकिक आस्वादयुक्त तथा समाजनिरपेक्ष मानता है।"[27] कलावादी विचारकों के अन्तर्गत प्लेटो, अरस्तू, बूचर, डायोनिसियम, डिमेट्रियस, दांते, तोल्स्तोय, लस्किन, व्हिसलर, बैडले, क्लाइव वेल, रोजन फ्राई आदि का नाम लिया जा सकता है। जहाँ तक नामवर सिंह की बात है, कलावाद के सवाल पर वे अशोक वाजपेयी से कहते हैं : "मार्क्सवादी आलोचना के अतिचार की प्रक्रिया में ही कलावाद उभरा था।"[28] और संकट यह है कि "आज भी नये-नये आनेवाले मार्क्सवादी अपने अतिचार के द्वारा एक नये प्रकार के कलावाद के लिए जमीन तैयार करने में योग दे रहे हैं।"[29] निस्सन्देह यह एक प्रगतिशील आलोचक की सजगता है, जिसकी नजर सामाजिक-राजनीतिक स्थितियों पर पैनी है।

नामवर जी यह मानते हैं कि 1965 से 1975 तक हिन्दी में कलावादी रुझान निष्प्राण हो गया और अज्ञेय के बदले मुक्तिबोध केन्द्र में आ गए। पर : "इस बीच जीवन पर राजनीति का दबाव कुछ इतना बढ़ा और जन असन्तोष इतना भड़का कि कविता ही नहीं, पूरे साहित्य में कलावादी कायदे-कानून चरमराकर टूट गए।"[30] पर नामवर जी चिन्तित होते हैं कि फिलहाल कलावाद पुन: उभरकर आ रहा है, वह प्रेमचन्द को नकार रहा है। 'पूर्वग्रह' के प्रकाशन की इसमें मुख्य भूमिका है। कुल मिलाकर नामवर सिंह आधुनिकतावाद को छठे दशक की शीतयुद्ध की आयातित विचारधारा की साजिश के रूप में देखते हैं। इसके साथ ही वे भाषा की गिरावट की भी चिन्ता करते हैं, जो छद्म और बनावटी तथा अंग्रेजियत से लदी है। इसके लिए वे 'परिमल' वालों को भी दोषी मानते हैं। उनका कहना है : "यह भाषा चिन्ता वस्तुत: आधुनिकता बोध और आधुनिकतावाद का एक महत्त्वपूर्ण अंग है।

हिन्दी में जब से आधुनिकतावाद की हवा बही है, यह भाषा चिन्ता और भी बढ़ी है। और जिस प्रकार इस आधुनिकतावाद का सम्बन्ध हिन्दी की परम्परा से नहीं है, उसी तरह उन आधुनिकतावादियों का गद्य भी हिन्दी की अपनी परम्परा से कटा हुआ है। एक तरह से यह छद्म आधुनिकता है, जिस पर अंग्रेजियत की गहरी छाप है।"[31] मुख्य बात यह है कि नामवर सिंह जितने आधुनिकता के विरोधी नहीं हैं, उससे अधिक छद्म आधुनिकता और उससे भी अधिक छद्म भाषा के विरोधी हैं। जो भी हो, आधुनकितावाद की एक प्रवृत्ति यह है कि वह सत्यता की बजाय ईमानदारी को महत्त्व देता है। अत: नामवर सिंह 'अनुभूति की प्रामाणिकता' को तो नहीं स्वीकार करते पर 'ईमानदारी' को प्रतिमान के रूप में अवश्य स्वीकारते हैं। हालाँकि वे अकविता के दौर की ईमानदारी को सन्दिग्ध मानते हैं क्योंकि : "वस्तुत: ईमानदारी का आग्रह आत्मसाक्षात्कार और आत्मान्वेषण के लिए किया गया है किन्तु उसकी परिणति आत्मरति में हुई।"[32] नामवर सिंह ईमानदारी को व्यापक अर्थ देते हैं और उसकी सीमाओं और खतरों से भी सावधान करते हैं। ईमानदारी के लिए आत्मसजगता को वे आवश्यक मानते हैं। ईमानदारी को लगभग हर युग में परखते हुए वे कहते हैं : "साहस और विद्रोह किसी-न-किसी रूप में हर दौर की ईमानदारी के साथ है।"[33] अत: नामवर जो ईमानदारी को सिर्फ एक नैतिक मूल्य के रूप में ही नहीं स्वीकारते बल्कि इसे काव्य मूल्य के रूप में अनिवार्य रूप में स्वीकारने की बात करते हैं। आधुनिकतावाद की एक प्रवृत्ति यह भी है कि वह प्रतिबद्धता की बजाय निष्पक्षता पर बल देता है। वैसे निष्पक्षता या तटस्थता एक भ्रामक स्थिति है। रेमंड विलियम्स के शब्दों में : "प्रतिबद्धता का वास्तविक अर्थ है सामाजिक यथार्थ, ऐतिहासिक यथार्थ और सामाजिक तथा ऐतिहासिक यथार्थ के विकास के अनुभव का केन्द्र बनाकर उन प्रक्रियाओं के अभिव्यक्ति के असंख्य तरीकों की खोज करना।"[34] इस प्रकार विलियम्स ने प्रतिबद्धता की एक व्यापक अवधारणा प्रस्तुत की है पर सावधान भी किया है कि "अवसरवाद प्रतिबद्धता के मूल अर्थ और उद्देश्य को नष्ट कर देता है।"[35] नामवर सिंह भी प्रतिबद्धता को एक व्यापक समाजशास्त्रीय सन्दर्भ में ग्रहण करते हैं। वे निष्पक्षता को महत्त्व नहीं देते। प्रतिबद्ध को वे 'कमिटमेंट' तथा प्रतिश्रुति, सम्बद्ध, आबद्ध आदि शब्दों के पर्याय के रूप में देखते हैं। वे इस ओर सचेत भी करते हैं : "बहरहाल, प्रतिबद्धता का प्रश्न उठते ही अक्सर लोगों का ध्यान सबसे पहले खूँटे पर ही जाता है और वे जानना चाहते हैं कि आप किस खूँटे से बँधे हैं।"[36] लेखकों द्वारा प्रतिबद्धता का संकीर्ण अर्थ स्तालिन काल में भी लिया गया था; अर्थात् पार्टी के पिछलग्गू के रूप में और समाजवादी आन्दोलन में एक व्यापक बहस छिड़ गई थी, जिसका जिक्र रेमंड विलियम्स ने किया है। नामवर सिंह प्रतिबद्धता के साथ कटिबद्धता शब्द को भी ले आते हैं और फासिस्ट शक्तियों के लिए कटिबद्धता को ही उपयुक्त मानते

हैं। वे कहते हैं : "प्रतिबद्धता यदि सही है तो इस शब्द को सुनकर शरीर में एक सिंहरन-सी दौड़ जाती है। निश्चय ही इस फासिस्ट खतरे के विरुद्ध जबरदस्त प्रतिरोध भी है। जनजीवन में भी और साहित्य में भी। इस प्रतिरोध का हरावल दस्ता भी है, जो परम्परा से अपनी प्रतिबद्धता के लिए जाना जाता है।"[37] इस प्रकार नामवर सिंह प्रतिबद्धता को एक जुझारू सामाजिक संघर्ष से जोड़कर देखते हैं। परन्तु अफसोस जाहिर करते हुए वे कहते हैं : "किन्तु समाजवादी संसार के ध्वस्त हो जाने के बाद अब इस प्रतिरोध में पहले जैसी दृढ़ता और जुझारूपन नहीं दिखता।"[38] अत: प्रतिबद्धता संघर्षशीलता का पर्याय है।

प्रो. मैनेजर पांडेय की टिप्पणी है कि "आधुनिकतावादी आलोचक साहित्य और कला में व्यक्ति की अस्मिता की तलाश करते हैं, समाज की वास्तविकता की नहीं।"[39]

यह सामाजिक प्रतिबद्धता का अभाव है और उससे भी बड़ी कमजोरी यह है : "आत्मालोचन को आधुनिकता की एक प्रमुख विशेषता मानने के बावजूद आधुनिकतावादी अपनी चेतना और चिन्ता की प्रासंगिकता पर विचार नहीं करते।"[40]

निष्कर्ष के तौर पर नामवर सिंह आधुनिकतावाद की बजाय आधुनिकता को स्वीकार करते हैं—भावबोध के स्तर पर एवं चेतना के स्तर पर। वे मानते हैं कि आधुनिकता की पहली अभिव्यक्ति रोमांटिक कविता में हुई और नये तरह के उपन्यासों में हुई और आत्मकथा एक विशेष विधा के रूप में उभरकर आई। अत: अजय तिवारी के साथ संवाद करते हुए नामवर सिंह कहते हैं : "इसका मतलब यह हुआ कि आधुनिकता का शुभारम्भ हिन्दी में विलम्ब से हुआ।"[41] आधुनिकता के बारे में उनकी राय यही है : "आधुनिकता के सन्दर्भ में सारी चर्चा की जाती है। लेकिन इस पर नहीं कि यह विशिष्ट व्यक्तित्व प्राप्त करना, और वह योग से, साधना से नहीं—कर्म से और सर्जनात्मक कर्म से प्राप्त होता है। पहचान प्रदत्त नहीं होती, पहचान रची जाती है, सृजित होती है और वह क्रिएट होती है, सर्जनात्मक कर्म से।"[42]

बावजूद इसके नामवर सिंह का आलोचना-कर्म आधुनिकतावाद के विरोधों का सामंजस्य वाली प्रवृत्ति के काफी निकट है। क्योंकि उन्होंने आधुनिकतावाद की कई प्रवृत्तियों को मार्क्सवादी चिन्तन-प्रणाली में समाहित कर आलोचना को व्यापक परिदृश्य प्रदान किया है। जहाँ तक आधुनिकतावाद के अवसान की बात है, डेनियल बेल ने यह माना कि समसामयिक संस्कृति के अन्तर्गत समाजशास्त्रीय संकट का बोध विद्यमान है। बेरी स्मार्ट के शब्दों में : "बेल का मानना है कि आधुनिक समाज का निर्माण तीन भिन्न क्षेत्रों में सामाजिक संरचना, राजनीति और संस्कृति के असमान सम्मिश्रणों से हुआ है। इन तीनों के बीच एकता के अभाव ने पिछले 150 वर्षों से पश्चिमी समाज में विरोध एवं सामाजिक तनाव पैदा किया है। यह अभाव संस्कृति एवं सामाजिक संरचना (जो बेल की अवधारणा में अर्थ-व्यवस्था

प्रौद्योगिकी और पेशागत पद्धति को शामिल कर बनती है) के क्षेत्र में रूपान्तरित हुआ है, जो वर्तमान में तनाव का प्रधान स्रोत है।"[43] बेल का यह भी मानना है कि यह तनाव अर्थ-व्यवस्था और संस्कृति के क्षेत्र में भिन्न-भिन्न ढंग से व्यंजित हुआ है। ध्यातव्य है कि बेल ने आधुनिकता को सांस्कृतिक स्वभाव के रूप में देखा है।

जो भी हो, पर : "डेनियल बेल का मानना है कि 1890 से लेकर 1930 तक की अवधि शैली एवं रूप के अन्वेषण एवं अनुभव का चरम बिन्दु है। यह तर्क दिया गया कि इस अवधि के बाद संस्कृति के क्षेत्र में वैशिष्ट्य के मूल्य में शायद ही कोई नयापन आया हो। यह एक ऐसा दावा है जिसके आधार पर बेल ने यह निष्कर्ष निकाला कि आधुनिकतावाद समाप्त हो गया।"[44]

बेल ने आधुनिकतावाद की समाप्ति को सहज और स्वाभाविक रूप में स्वीकार किया; परन्तु "बेल की सर्वाधिक गम्भीर टिप्पणी सांस्कृतिक विन्यास को लेकर है जो आधुनिकतावाद के तर्क को उसके दूरस्थ विस्तार तक ले जाता है, अर्थात् उत्तर-आधुनिकतावाद तक। यह उत्तर-आधुनिकतावाद की धारा, उत्तर-आधुनिक स्वभाव, उत्तर-आधुनिक मूड का 1960 में विकास हुआ है, जो स्वच्छन्दता, कामुकता, भावावेग की आजादी और इसी तरह चीजों के नाम पर 'सामान्य' व्यवहार की प्रेरक पद्धति और मूल्य पर लगातार प्रहार करता है। उसे बेल ने मध्यवर्गीय मूल्य के संकट के रूप में चिह्नित किया है।"[45]

"यद्यपि उत्तर-आधुनिकता को सिर्फ मध्यवर्गीय मूल्य-संकट तक सीमित नहीं माना जा सकता। इसके और भी विभिन्न परिप्रेक्ष्य हैं।"

उत्तर-आधुनिकतावाद

पूर्ववर्ती विवरण से यह स्पष्ट है कि बीसवीं शताब्दी के उत्तरार्द्ध में कला, वास्तुशास्त्र, संगीत, समाज, संस्कृति तथा राजनीति आदि में जो परिवर्तन हुए, उत्तर-आधुनिकता इसे परिलक्षित करनेवाला शब्द है। यद्यपि सुधीश पचौरी उत्तर-आधुनिकता को आधुनिकता का आखिरी बिन्दु नहीं मानते, बल्कि यह मानते हैं उत्तर-आधुनिकता आधुनिकता में ही निरन्तर रूप में विद्यमान है, भले ही यह विवादास्पद क्यों न हो। गोपीचन्द नारंग के शब्दों में : "उत्तर-आधुनिकता 'थ्योरी' से अधिक ऐतिहासिक एवं सांस्कृतिक अवस्था है; अर्थात् आधुनिक समाज की तेजी से परिवर्तित होती हुई स्थिति, नये समाज की वृत्ति, समस्याएँ, मानसिक अभिवृत्तियाँ या सामाजिक एवं सांस्कृतिक वातावरण या संस्कृति का परिवर्तन, जो संकट की कोटि में आता है, सब इस नये सन्दर्भ में शामिल हैं। उदाहरणार्थ, यह कह सकते हैं : 'उत्तर-आधुनिक अवस्था' (Post Modern Condition)।[46] अत: 'उत्तर-आधुनिकता' शब्द का इस्तेमाल कई अर्थों में होता रहा है और इससे कई सवाल भी उत्पन्न होते रहे हैं,

अर्थात् क्या यह मनोदशा है, प्रवृत्ति है, फैशन है, विचार है, विभ्रम है, मुक्ति का कोई नया दर्शन है या एक अफवाह है। उत्तर-आधुनिकता (Post Modernism) शब्द का प्रथम प्रयोग चार्ल्स जैक्स के मतानुसार प्रसिद्ध इतिहासकार आर्नाल्ड जे. टॉयनबी ने अपनी प्रसिद्ध पुस्तक 'ए स्टडी ऑफ हिस्ट्री', 1947 में ऐतिहासिक काल खंडों के रूप में किया।

गोपीचन्द नारंग के अनुसार, ललिल कलाओं में उत्तर-आधुनिकतावाद सर्वप्रथम कला सिद्धान्त के रूप में प्रचलित हुआ तथा इसके पश्चात् यह साहित्यशास्त्र एवं समाजशास्त्र में प्रचलित हुआ। लेजली फेडलर ने 1965 में उत्तर-आधुनिकतावाद का प्रयोग किया। 1976 में उत्तर-आधुनिकतावाद को आधार बनाकर इहाब हसन की साहित्यिक पुस्तक 'द डिस्मेम्बरमेंट ऑफ ऑरफियस टूवाड्‌र्स ए पोस्ट मॉडर्न लिटरेचर' प्रकाश में आई। लगभग इसी समय से फ्रांस में उत्तर-आधुनिकता का प्रचलन हुआ और डेनियल बेल, बोदरेला, ल्योतार्द ने 'उत्तर-आधुनिकता' की बहस सिद्धान्त के रूप में जारी रखी।

उत्तर-आधुनिकता के तत्त्वों के बारे में फ्रेडरिक जेम्सन का विचार है : "उत्तर-आधुनिकता के आधारभूत तत्त्वों का प्रतिपादन, अस्तित्व, उपयोगिता या मात्र रहस्यीकरण (Mystification) होने की समस्या, एक ही समय में सौन्दर्यशास्त्रीय और राजनीतिक, दोनों हैं।"[47] यद्यपि गोपीचन्द नारंग के अनुसार द्वितीय विश्वयुद्ध की समाप्ति के उपरान्त ऐतिहासिक एवं वैज्ञानिक उन्नति का स्वप्न खंडित हो गया। फलस्वरूप उसने इस उन्नति से जो अपेक्षाएँ की थीं, उसने समस्याओं के निराकरण के बदले समस्याओं में और वृद्धि कर दी। अत: परवर्ती युग को 'गुमशुदगी' और 'दुरवस्था' का युग कहा गया। कारण यह भी था कि बुद्धिवादी आन्दोलन और विचारधाराएँ डगमगाने लगीं। अस्तित्ववाद भी कमजोर पड़ गया। वैज्ञानिक उन्नति के साथ प्रौद्योगिकी एवं तकनीकी परिवर्तनों से समाज, 'मीडिया समाज' तथा 'तमाशा सोसायटी' में तब्दील हो गया। यही नहीं : "नई व्यावसायिक कार्य-पद्धतियों ने उपभोक्तावाद के ऐसे रूपों को उत्पन्न कर दिया जिनकी कल्पना भी पहले नहीं की जा सकती थी। इसी प्रकार कम्प्यूटर-दिमाग ने ज्ञान के स्वरूप एवं आवश्यकता को बदलकर रख दिया तथा ज्ञान के संचयन एवं प्रतिलब्धि की सर्वथा नूतन समस्याएँ उत्पन्न कर दीं। इन सकल परिवर्तनों एवं सांस्कृतिक वातावरण का यदि कोई पदबन्ध परिवेष्टन कर सकता है, तो वह उत्तर-आधुनिकतावाद ही है।"[48] इस प्रकार उत्तर-आधुनिकता एक जटिल एवं विशाल वैश्विक परिदृश्य का प्रतिनिधित्व करनेवाली विचार प्रणाली है। जगदीश्वर चतुर्वेदी के शब्दों में उत्तर-आधुनिक चिन्तन पर डेनियल बेल की कृति 'दि कमिंग ऑफ पोस्ट इंडस्ट्रियल सोसायटी' (1973) का गहरा प्रभाव माना जाता है। बेल ने उत्तर-औद्योगिक समाज को 'ज्ञान समाज' कहा था।"[49] डेनियल बेल के अनुसार, 'ज्ञान समाज' नये प्रौद्योगिक खोजों के कारण बड़े

पैमाने पर ज्ञान से सम्बन्धित गतिविधियों के विस्तार का समाज है, जिसमें श्रमजीवियों की संख्या काफी बढ़ी है। इस समाज का सम्बन्ध 'विश्व मैन्यूफैक्चरिंग' व्यवस्था से है, जिसमें 'नॉलेज वर्कर' की एक अहम् भूमिका है। यह भूमिका बड़े उद्योगों पर आधिपत्य जमाने तथा बड़े कारखानों की खरीद-फरोख्त के कारण उत्पन्न हुई है। 'ज्ञान समाज' आर्थिक मंदी का भी समाज है जिसकी गिरफ्त में अमरीका जैसे देश भी तबाह हुए हैं।

ल्योतार की पुस्तक 'द पोस्ट मॉडर्न कंडीशन : ए रिपोर्ट ऑन नॉलेज' (1984) उत्तर-आधुनिक विमर्श को सिद्धान्त के रूप में द्वंद्वात्मक दार्शनिक जुर्गन हैबरमास से संवाद करती है। कारण यह है कि 'हैबरमास 'द्वंद्वात्मक दार्शनिक' के रूप में प्रसिद्धि के सभी प्रतिमान तोड़ चुके थे और धाक चाहे, गवात्री हों या फ्रेडरिक जैमिसन या बेंजामिन, सभी पर थी।"[50]

जगदीश्वर चतुर्वेदी के अनुसार : "ल्योतार के लिए सर्वसंग्रहवाद ही संस्कृति है। मौजूदा युग शैथिल्य का युग है। शैथिल्य यानी 'समय के रंग' का बदल जाना। प्रयोगों, क्रान्तियों की जगह 'प्रयोगहीनता' और क्रान्तिहीनता का युग।"[51] हैबरमास ल्योतार्द के अतिरिक्त फ्रांसीसी सिद्धान्तकार देल्युज एवं ग्वात्री, अमरीकी विचारक फ्रेडरिक जेमिसन, मदन सरूप, नोइल सिलिवन आदि ने भी उत्तर-आधुनिकता के सिद्धान्तों पर बहस की है।

गोपीचन्द नारंग ने उत्तर-आधुनिकतावाद को व्याख्यायित करने के लिए प्रमुख चिन्तकों के विचारों को आधार बनाया है। इस आधार पर उन्होंने उत्तर-आधुनिकता के बुनियादी कारकों का विवेचन किया है जिनके अन्तर्गत 'कम्प्यूटर मस्तिष्क : ज्ञान का अभिनव ढब', 'ज्ञान उत्पादक शक्ति के रूप में', 'वैज्ञानिक ज्ञान एवं आख्यान', 'प्रबोध परियोजना : स्वप्न एवं स्वप्न-भंग', 'महाख्यान का लोप एवं सामूहिक अवचेतन', 'आकांक्षा की अतिशयता', 'नीत्से का प्रभाव', 'सृजनात्मकता का अप्रतिहत समारोह' आदि हैं। उत्तर-आधुनिकतावाद और नामवर सिंह—उत्तर-आधुनिकतावाद के सन्दर्भ में यदि हिन्दी साहित्य को ध्यान में रखें, तो यह प्रवृत्ति अकविता आन्दोलन से देखी जा सकती है क्योंकि : "अकविता आदि के नाम से जितने साहित्यान्दोलन आए, वे वस्तुत: अस्वीकार, इतिहास एवं परम्परा का निषेध और निजी अनुभवों को ही सार्वभौम अनुभव मानते थे।"[52] चतुर्वेदी जादुई यथार्थवाद को भी उत्तर-आधुनिकता के परिप्रेक्ष्य से जोड़कर देखते हैं। उत्तर-आधुनिकतावाद के केन्द्र में रखकर हिन्दी के कुछ महत्त्वपूर्ण आलोचकों ने विचार किया है। इनमें नामवर सिंह, सुधीश पचौरी, जगदीश्वर चतुर्वेदी, कपिल कपूर, कृष्णदत्त पालीवाल आदि हैं।

नामवर सिंह ने उत्तर-आधुनिकतावाद पर 'साहित्य की मुक्ति या कछुआ धर्म' शीर्षक लेख में विचार किया है। सबसे पहले नामवर सिंह ने जॉक देरिदा के चिन्तन

को लक्षित करते हुए कहा है : "बोलबाला अब हर जगह टेक्स्ट, डिस्कोर्स और राइटिंग का है। जॉक देरिदा ने साबित कर दिखाया कि दर्शन कोई पद्धति नहीं बल्कि 'लेखन' का ही एक रूप है।"[53] देरिदा का सम्बन्ध 'डिकंस्ट्रक्शन' (विखंडन) के सिद्धान्त से रहा है और वे उसके जनक माने जाते हैं। देरिदा की धारणा के अनुसार : 'टेक्स्ट' में 'स्वयं प्रमाणित अर्थ और सत्य' रहता है। सुधीश पचौरी के शब्दों में : "अर्थ के 'उत्स' और 'उपस्थिति' का यह रहस्यवाद तभी तोड़ा जा सकता है, जब विमर्श की उन काल्पनिक सीमाओं को ध्वस्त कर दिया जाए, जो साहित्य को समीक्षा से या दर्शन को या दर्शनेतर को दोयम और भिन्न मानते हैं। देरिदा इन्हीं काल्पनिक सीमाओं को तोड़कर चलते हैं।"[54] सिर्फ यही नहीं : "साहित्य के विमर्श की इन्हीं काल्पनिक सीमाओं को तोड़ डालने से साहित्य का अब तक का विमर्श उलट जाता है। यही नहीं, वह हमारे पढ़ने के ढंग को भी बदल देता है। वह कहता है कि आलोचनात्मक टेक्स्ट हमें अलग ढंग से पढ़नी चाहिए, जो उसकी 'अन्तर्दृष्टि' के साथ पैदा होती है।"[55] आलोचक नामवर सिंह जॉक देरिदा के इस कथन को 'शापमय वर' कहते हैं। इसलिए कि "लेखन ही लेखन। यत्र-तत्र-सर्वत्र। लेखन के अलावा और कुछ नहीं। कोई वास्तविकता नहीं। जॉक देरिदा के शब्दों में टेक्स्ट के परे कुछ भी नहीं। अन्यत्र भी नहीं।"[56] आशय स्पष्ट है कि नामवर सिंह लेखन को ही समग्र वास्तविकता के रूप में स्वीकार नहीं करना चाहते; अर्थात् 'टेक्स्ट' के परे भी कुछ है। वे यह कहना चाहते हैं कि मुख्य संकट यह है कि "जब यहाँ-वहाँ सब कहीं 'टेक्स्ट' है, लेखन है तो एक ही काम बचा रहता है—मीमांसा या व्याख्या का।"[57] पुन: नामवर सिंह व्यंग्यात्मक लहजे में कहते हैं : "पाठ स्वायत्त है तो व्याख्या भी स्वायत्त क्यों नहीं।" नामवर जी इस ओर ध्यान दिलाते हैं : "पाठ केवल मुद्रित शब्द तो नहीं। शब्दों के बीच की खाली जगह भी तो पाठ का अंग है। जो कहा नहीं गया, वह भी तो ज्यादा अर्थगामी है।"[58] सुधीश पचौरी के अनुसार : आधुनिकतावाद की कला की स्वायत्तता को खंडित करने के लिए 'पाठ' की रणनीति अपनाई गई है। उनके शब्दों में 'पाठ बनाने' की रणनीतियाँ विखंडन के नाम से जानी जाती हैं। पाठ टेक्स्ट जिसमें व्यक्ति, संस्थान या समाज सब आते हैं, इनमें ऐसे तत्त्व हमेशा रहते हैं जिनके होने को पाठ (टेक्स्ट) नकारना चाहते हैं। सच यह है कि यद्यपि हम बहुत कुछ को अलहदा करते हैं, लेकिन कुछ भी अलग नहीं होता। इस विखंडन की रणनीति में पुराना मानवतावाद ध्वस्त हो जाता है, क्योंकि उसमें अस्मिता की खोज होती है, जो आत्म को स्वायत्त बनाती है।"[59] इस प्रकार 'टेक्स्ट' की अवधारणा की भी अपनी वास्तविकता है। फिर भी 'टेक्स्ट' को ही वास्तविकता का समग्र आधार मान लेना एक भूल है। अत: जगदीश्वर चतुर्वेदी की यह चिन्ता सार्थक है : "पाठ की जब इतनी विशाल कक्षा निर्मित कर दी जाएगी तो आलोचना के अर्थहीन हो जाने का खतरा है। क्योंकि पाठ का ज्योंही विखंडन किया

जाएगा तो हाथ में सिर्फ अक्षम पाठ्यगत अनुमानों के अलावा कुछ नहीं बचेगा। इसी तरह जब आप यथार्थ एवं तथ्य का विखंडन करेंगे तो अन्त में कुछ भी ऐसा नहीं बचेगा जिसकी हिमायत या रक्षा की जाए।"[60] इसके बाद की रणनीति यह है कि "असल में विखंडन की रणनीति के जरिये उत्तर-आधुनिक चिन्तक जहाँ एक ओर पाठ, यथार्थ एवं सत्य की सत्ता को विखंडित करते हैं, उसकी हायरार्की को नष्ट करते हैं। वहीं दूसरी ओर 'अन्य' की सृष्टि करते हैं।"[61] अत: डॉ. चतुर्वेदी पश्चिम की इजारेदारी के रूप में उत्तर-आधुनिकतावाद को देखते हैं।

इस प्रकार नामवर सिंह की यह चिन्ता वाजिब ही है कि 'टेक्स्ट' को सर्वस्व मान लेना एक संकटपूर्ण स्थिति है।

उत्तर-आधुनिकतावाद का एक तत्त्व स्वायत्तता भी है जो संघर्ष, स्वत्व और पहचान की समस्याओं को उत्पन्न करता है। पर इसके पूर्व यह ध्यातव्य है : "आधुनिकतावाद में अस्मिता का निर्माण, जो अन्यों के दमन और नियंत्रण से बनता है, राजनीति में बहुत स्पष्ट दिखाई देता है। उत्तर-आधुनिकतावाद की ओर से देखें तो ज्ञात होगा कि राजनीतिक स्तर पर पश्चिम ने अपनी 'अस्मिता' ही दूसरों की अस्मिता पर लादी है। अल्पसंख्यकों और स्त्रियों का दमन तथा गैर-यूरोपीय जातियों का दमन मूलत: पश्चिम के उसी पागलपन का नतीजा है।"[62] यदि ध्यान दें तो 'टेक्स्ट' की जिस सचाई का उल्लेख पचौरी जी ने किया है, उसे झुठलाया नहीं जा सकता। आधुनिकतावाद ने जो अस्मिता दमन की राजनीति की, उसी का उभार उत्तर-आधुनिकता में दिखाई देता है। प्राय: ये स्थितियाँ तो अस्मिता-विरोध को लेकर भी हैं। अपने संवाद में नामवर जी ने महिला-लेखन के सवाल पर कहा था : "ऐसा ही एक सवाल एक बार किसी ने तोल्स्तोय से भी किया था। और उनका जवाब मैं कफन से मुँह उठाकर ही दे सकूँगा। कुछ-कुछ यही मैं भी कहना चाहता हूँ।"[63] परन्तु वही, नामवर सिंह कालान्तर में इस अस्मितामूलक विमर्श को स्वीकृति देते नजर आते हैं, भले ही तर्क का आधार कुछ भी हो :

"मैं समझता हूँ, इधर कुछेक विवाद बेहद जरूरी हैं : जैसे दलित-विमर्श और स्त्री-विमर्श। दलित-विमर्श के सिलसिले में तो एक वैचारिक स्तर पर बहस चल रही है, पर स्त्री-विमर्श में अभी प्रतिपक्ष के विचार नहीं आ पाए हैं। उन पर खुली बहस होनी चाहिए।"[64] वैसे नामवर सिंह इस बात के लिए भी तैयार रहते हैं कि सिर्फ विमर्श से ही काम नहीं चलेगा, इन पर पक्ष-विपक्ष को लेकर खुली बहस भी की जानी चाहिए। उनके अनुसार, बिना संवाद के किसी भी आन्दोलन को सार्थक रूप नहीं दिया जा सकता। सुधीश पचौरी का भी कहना ठीक ही है : "उत्तर-आधुनिकतावाद सिर्फ नकारात्मक विमर्श नहीं है, उसमें विविधता को बनाने का रचनात्मक सुझाव भी निहित है।...वह पश्चिमी विमर्श में 'आजादी' की जगह 'सत्य' के विमर्श की पेशकश करता है। आजादी का विमर्श 'सत्ता' का बनता है।

"सत्य का विमर्श सत्ता का नहीं बनता।"[65] ध्यातव्य है कि नामवर सिंह ने साहित्य की मुक्ति या कछुआ धर्म में कहीं भी उत्तर-आधुनिकता को सकारात्मक अर्थ में ग्रहण नहीं किया है। परन्तु सुधीश पचौरी के साथ संवाद करते हुए फूको के दर्शन को आंशिक रूप में स्वीकार करते हैं : "यद्यपि उस पूरे दर्शन को मैं नहीं मानता हूँ। सारे संघर्ष को सत्ता का संघर्ष ही यदि मान लिया जाए, तो 'सत्य' नाम की कोई चीज तो नहीं रह जाएगी। यह हो जाएगा कि आज जो दमन करनेवाले लोग हैं, जिनके साथ में सत्ता है, वे और दलित जो सत्ता में भागीदारी चाहते हैं इसलिए दोनों समान रूप से दोषी होंगे। इसलिए साहित्य में वह कौन-सी सत्ता है जिसको लेने के लिए, हथियाने के लिए संघर्ष चल रहा है, मैं नहीं जानता।"[66] नामवर सिंह के इस वक्तव्य में सत्य के प्रति एक आग्रह और आस्था दिखाई देती है। वे मानते हैं कि सत्ता से जुड़कर सत्य का स्वधर्म बाधित होता है। यदि ध्यान दें तो मिशेल फूको का प्रसिद्ध कथन है, "केवल सत्य बोलना पर्याप्त नहीं है; सत्य के 'भीतर' होना भी आवश्यक है।" "It is not enough to speak the truth, one must be in the truth."[67]

फूको का यह भी कहना नहीं भूलना चाहिए कि ऐसे विमर्शगत एवं तर्कसंगत वक्तव्य वस्तुत: शक्ति-संघर्ष के जगत के अन्दर उत्पन्न होते हैं। राजनीति, कला, विज्ञान में शक्ति 'विमर्श' से ही लब्ध होती है। 'विमर्श' वह हिंसा है, जो हम वस्तुओं के साथ उचित ठहराते हैं "Discourse is a violence that we do to things." विविध विमर्शगत वक्तव्यों की वस्तुपरकता के सम्बन्ध में जो अध्ययन किए जाते हैं, वे खोटे एवं निर्मूल हैं। विश्व में कोई 'विमर्श' शत-प्रतिशत सच्चा नहीं—विमर्श कम शक्ति-सम्पन्न या ज्यादा शक्ति-सम्पन्न होते हैं : "There are no absolutely true discourses only more or less powerful ones."

फूको की कोई भी कृति उठाकर देखिए, 'विमर्श' की भरमार मिलेगी और जहाँ 'विमर्श' का उल्लेख आएगा, वहाँ शक्ति का उल्लेख अवश्य ही होगा।"[68] यदि ध्यान दें तो फूको भी सत्य को सतही और सामान्य स्तर पर स्वीकार करने के बदले बुनियादी स्तर पर स्वीकारते हैं और 'विमर्श' की समकालीन जरूरत पर नजर रखते हैं। सचाई है कि 'विमर्श' के वक्तव्यों में एक तरह की हिंसा व्याप्त होती है, इसलिए वह शत-प्रतिशत सच से दूर होता है। अत: 'विमर्श' की वस्तुपरकता के यथार्थ से हम पीछा नहीं छुड़ा सकते। नारंग ने फूको की सीमा भी बताई है : "फूको अपने 'विमर्श' के सैद्धान्तिक आधारों को स्पष्ट नहीं करता, एवं स्वयं फूको के विमर्श का अधिकार प्रश्नचिह्न बनकर रह जाता है।"[69]

फूको की एक सीमा यह है कि शत-प्रतिशत सचाई की कोई प्रामाणिकता नहीं होती बल्कि सत्य के अधिक से अधिक निकट पहुँचने का प्रयास ही चिन्तक या विचारक करता है। एक आलोचक के रूप में 'सच' की अवधारणा पर नामवर

यथार्थ को अस्वीकार करता है और अर्थहीनता को प्रश्रय देता है। सन्देह उत्तर-आधुनिकतावाद की एक मुख्य प्रवृत्ति है। साथ ही यह नैतिकताओं की मुक्ति की माँग रखता है। बहुलतावाद को भी यदि उत्तर-आधुनिकता के सन्दर्भ में देखें तो यह स्पष्ट नहीं कि उसका असली चेहरा क्या है। क्योंकि : "उत्तर-आधुनिकतावाद के 'हम' या 'व्यक्ति' की कोटि में दरिद्र नारायण या खेत मजदूर नहीं आता और न ही गन्दी बस्तियों में रहनेवाले मैले-कुचैले लोग ही आते हैं।"[84] इस प्रकार उत्तर-आधुनिकतावाद का बहुलतावाद छद्म साबित होता है। अत: डॉ. चतुर्वेदी के ही शब्दों में : "उत्तर-आधुनिक संस्कृति वस्तुत: 'अन्य' को हजम कर जानेवाली संस्कृति है। यह ऐसी संस्कृति है जो तीसरी दुनिया की संस्कृति को पश्चिमी सभ्यता के पेट में ले जाएगी।"[85] इसी संकट को ध्यान में रखते हुए नामवर सिंह 'डिकंस्ट्रक्शन' को विखंडन नहीं, उच्छेदनवादी पद्धति कहते हैं। और यह चिन्ता भी जाहिर करते हैं : यह उच्छेदवादी परम्परा साहित्य की जड़ों को जनता से, लोकमानस से उखाड़कर एक ऐसे हवाई अमूर्त आक्रोश की भूमि पर अपने को व्यक्त करने लगी है, जहाँ स्वयं साहित्य अपनी आलोचना से अलग हो गया है, बिछुड़ गया है।"[86]

अपनी तमाम जटिलताओं एवं दुर्बलताओं के बावजूद उत्तर-आधुनिकता को पूरी तरह खारिज नहीं किया जा सकता क्योंकि आलोचना अपने द्वंद्वात्मक स्वभाव के जरिये विचारों से संघर्ष करती हुई वरेण्य विचारों को ग्रहण करती है और साहित्य के विकास में अपनी भूमिका अदा करती है। सुधीश पचौरी की यह बात भी महत्त्वपूर्ण है : "उत्तर-आधुनिकता सिर्फ नकारात्मक विमर्श नहीं है, वह सिर्फ हमला नहीं है, उसमें विविधता को बनाने का रचनात्मक सुझाव भी निहित है।"[87]

इस सच के बावजूद कि उत्तर-आधुनिकता यूरोप की विशेष सामाजिक, राजनीतिक, सांस्कृतिक परिस्थितियों में निर्मित हुई है, हम चाहें तो इसे साहित्य के अन्तर्गत अपनी राष्ट्रीय परिस्थितियों के सन्दर्भ में प्रस्तुत कर सकते हैं और वर्तमान साहित्य में इसकी कोशिश जारी भी है। अन्तत: अवधेश कुमार सिंह के शब्दों में : "उत्तर-आधुनिकतावाद चाहे कुछ भी हो। हमारे समाज और हमारी साहित्यिक एवं समीक्षात्मक बिरादरी की इसके प्रति चाहे जो भी प्रतिक्रिया हो—यह अवश्य स्वीकार करना होगा कि हम इससे या तो प्रेम कर सकते हैं या इससे घृणा कर सकते हैं परन्तु इसके प्रति उदासीन नहीं रह सकते क्योंकि इससे बचना अकल्पनीय है।"[88]

अत: नामवर सिंह आधुनिकतावाद हो या उत्तर-आधुनिकतावाद; इसे स्वीकार नहीं करते; बल्कि सौन्दर्यशास्त्रीय दृष्टि से रचना को परखने का आग्रह करते हैं—विशेषत: मार्क्सवादी सौन्दर्यशास्त्र की दृष्टि से। सचाई यह भी है कि उनका आलोचना-कर्म हर विचारधारा से कुछ-न-कुछ ग्रहण तो करता है, पर उसका अन्धानुकरण नहीं करता।

सन्दर्भ

1. प्रसाद, कालिका तथा अन्य (सम्पादक), बृहत् हिन्दी कोश, ज्ञानमंडल लिमिटेड, वाराणसी, संस्करण : 1984, पृ. 126
2. बुल्के, फादर कामिल, अंग्रेजी-हिन्दी कोश, ए.एस. चन्द एंड कम्पनी, नई दिल्ली, संस्करण : 1986, पृ. 498
3. D.K. Illustrated Oxford Dictionary, Doraling Kinderley Ltd. and Oxford University, Press, 2008, p. 524
4. सिंह, बच्चन, आधुनिक हिन्दी आलोचना के बीज शब्द, वाणी प्रकाशन, नई दिल्ली, 2001, पृ. 21
5. कॉडवेल, क्रिस्टोफर, विभ्रम और यथार्थ (Illusion Reality), राजकमल प्रकाशन, भगवान सिंह (अनुवादक), नई दिल्ली, 1998, पृ. 56
6. अग्रवाल, विपिन कुमार, 'आधुनिकता पर एक प्रारम्भिक निबन्ध', जगदीश गुप्त तथा अन्य (सम्पादक), नई कविता (खंड-1), लोकभारती प्रकाशन, इलाहाबाद, 2000, पृ. 276
7. सिंह, बच्चन, हिन्दी आलोचना के बीज शब्द, वाणी प्रकाशन, नई दिल्ली, 2001, पृ. 22
8. चतुर्वेदी, जगदीश्वर, उत्तर-आधुनिकतावाद, स्वराज प्रकाशन, दिल्ली, 2004, पृ. 31
9. सिंह, नामवर, छायावाद (1955), राजकमल प्रकाशन, नई दिल्ली, 2001, पृ. 38
10. सिंह, नामवर, दूसरी परम्परा की खोज, राजकमल प्रकाशन, नई दिल्ली, 2000, पृ. 16
11. चतुर्वेदी, रामस्वरूप, 'आधुनिक भाव-बोध : कुछ और विचार', जगदीश गुप्त तथा अन्य (सम्पादक), नई कविता : सैद्धान्तिक पक्ष (खंड-1), लोकभारती प्रकाशन, इलाहाबाद, 2000, पृ. 283-84
12. वही
13. सिंह, नामवर, कहना न होगा, समीक्षा ठाकुर (सम्पादक), वाणी प्रकाशन, नई दिल्ली, 1994, पृ. 90
14. वही, पृ. 91
15. सिंह, नामवर, कहना न होगा, समीक्षा ठाकुर (सम्पादक), वाणी प्रकाशन, नई दिल्ली, 1994, पृ. 100
16. वही
17. वही
18. वही, पृ. 91
19. वही पृ. 92
20. वही
21. सिंह, नामवर, दूसरी परम्परा की खोज, राजकमल प्रकाशन, नई दिल्ली, 1982, पृ. 20
22. सिंह, नामवर, बात बात में बात, समीक्षा ठाकुर (सम्पादक), वाणी प्रकाशन, नई दिल्ली, 2006, पृ. 194
23. अग्रवाल, विपिन कुमार, 'आधुनिकता : स्वरूप और प्रयोजन', जगदीश गुप्त तथा अन्य (सम्पादक), लोकभारती प्रकाशन, इलाहाबाद, 2000, पृ. 280
24. सिंह, नामवर, कविता के नये प्रतिमान, राजकमल प्रकाशन, नई दिल्ली, 2003, पृ. 190
25. वही, पृ. 189-90

26. गुप्त, दुर्गाप्रसाद, समकालीन सृजन, अंक-21, 2002, पृ. 129
27. सिंह, नामवर, कहना न होगा, वाणी प्रकाशन, नई दिल्ली, 1994, पृ. 107
28. वर्मा, धीरेन्द्र तथा अन्य (सम्पादक), हिन्दी साहित्य कोश (भाग-1) ज्ञानमंडल लिमिटेड, वाराणसी, 1985 पृ. 175
29. सिंह, नामवर, कहना न होगा, वाणी प्रकाशन, नई दिल्ली, 1994, पृ. 33
30. वही, पृ. 32
31. वही, पृ. 33
32. वही, पृ. 33-34
33. सिंह, नामवर, कविता के नये प्रतिमान, राजकमल प्रकाशन, नई दिल्ली, 2003, पृ. 190
34. वही, पृ. 191
35. विलियम्स, रेमंड, 'लेखक : प्रतिबद्धता और सम्बद्धता', मैनेजर पांडेय (अनुवादक एवं सम्पादक), संकट के बावजूद, वाणी प्रकाशन, नई दिल्ली, 1998, पृ. 146
36. वही, पृ. 146
37. सिंह, नामवर, बात बात में बात, समीक्षा ठाकुर (सम्पादक), वाणी प्रकाशन, नई दिल्ली, 2006, पृ. 195-96
38. वही
39. वही, पृ. 196
40. पांडेय, मैनेजर, साहित्य और इतिहास-दृष्टि (1981), वाणी प्रकाशन, नई दिल्ली, 2000, पृ. 37
41. वही
42. सिंह, नामवर, बात बात में बात, वाणी प्रकाशन, नई दिल्ली, 2006, पृ. 287
43. वही, पृ. 287-88
44. स्मार्ट, बेरी, 'आधुनिकता, उत्तर-आधुनिकता और वर्तमान', समकालीन सृजन, अंक-21, 2002, पृ. 157
45. वही, पृ. 158
46. वही
47. नारंग, गोपीचन्द, 'संरचनावाद' उत्तर-संरचनावाद एवं प्राच्य काव्यशास्त्र (2000), देवेश (अनुवादक), साहित्य अकादेमी, नई दिल्ली, 2004, पृ. 376
48. जेम्सन, फ्रेडरिक, 'उत्तर-आधुनिकता की बहसों में विचारधारात्मक अवस्थितियाँ', रघुवंश मणि (अनुवादक), आलोचना (त्रैमासिक), अंक-9, अप्रैल-जून, 2002, पृ. 53
49. नारंग, गोपीचन्द, 'संरचनावाद, उत्तर-संरचनावाद एवं प्राच्य काव्यशास्त्र' (2000), देवेश (अनुवादक), साहित्य अकादेमी, नई दिल्ली, 2004, पृ. 376
50. चतुर्वेदी, जगदीश्वर, उत्तर-आधुनिकतावाद, स्वराज प्रकाशन, दिल्ली, 2004, पृ. 22
51. पालीवाल, कृष्णदत्त, उत्तर-आधुनिकतावाद और दलित साहित्य, वाणी प्रकाशन, नई दिल्ली, 2008, पृ. 49
52. चतुर्वेदी, जगदीश्वर, उत्तर-आधुनिकतावाद, स्वराज प्रकाशन, दिल्ली, 2004, पृ. 59
53. सिंह, नामवर, 'साहित्य की मुक्ति या कछुआ धर्म', सुधीश पचौरी (सम्पादक), नामवर के विमर्श, प्रवीण प्रकाशन, नई दिल्ली, 1995, पृ. 435
54. पचौरी, सुधीश, देरिदा का विखंडन और साहित्य, आधार प्रकाशन, पंचकूला, 1997, पृ. 35

55. वही
56. सिंह, नामवर, 'साहित्य की मुक्ति या कछुआ धर्म', सुधीश पचौरी (सम्पादक), प्रवीण प्रकाशन, नई दिल्ली, 1995, पृ. 437
57. सिंह, नामवर, 'साहित्य की मुक्ति या कछुआ धर्म', सुधीश पचौरी (सम्पादक), प्रवीण प्रकाशन, नई दिल्ली, 1995, पृ. 438
58. वही
59. पचौरी, सुधीश, उत्तर-आधुनिक साहित्यिक विमर्श (1996), वाणी प्रकाशन, नई दिल्ली, 2005, पृ. 19
60. चतुर्वेदी, जगदीश्वर, उत्तर-आधुनिकतावाद, स्वराज प्रकाशन, दिल्ली, 2004, पृ. 78
61. वही, पृ. 78-79
62. पचौरी, सुधीश, उत्तर-आधुनिक साहित्यिक विमर्श (1996), वाणी प्रकाशन, नई दिल्ली, 2005, पृ. 20
63. सिंह, नामवर, कहना न होगा, वाणी प्रकाशन, नई दिल्ली, 1994, पृ. 121
64. सिंह, नामवर, बात बात में बात, वाणी प्रकाशन, नई दिल्ली, 2006, पृ. 321-22
65. पचौरी, सुधीश, उत्तर-आधुनिक साहित्यिक विमर्श, वाणी प्रकाशन, नई दिल्ली, 2000, पृ. 21
66. सिंह, नामवर, 'अस अद्भुत बानी', सुधीश पचौरी (सम्पादक), नामवर के विमर्श, प्रवीण प्रकाशन, नई दिल्ली, 1995, पृ. 492-93
67. नारंग, गोपीचन्द, संरचनावाद उत्तर-संरचनावाद एवं प्राच्य काव्यशास्त्र, देवेश (अनुवादक), साहित्य अकादेमी, नई दिल्ली, 2004, पृ. 153
68. फूको, मिशेल, 'संरचनावाद, उत्तर-संरचनावाद एवं प्राच्य काव्यशास्त्र' से उद्धृत, गोपीचन्द नारंग (लेखक), देवेश (अनुवादक), साहित्य अकादेमी, नई दिल्ली, 2004, पृ. 155
69. नारंग, गोपीचन्द, संरचनावाद, उत्तर-संरचनावाद एवं प्राच्य काव्यशास्त्र, देवेश (अनुवादक), साहित्य अकादेमी, नई दिल्ली, 2004, पृ. 155
70. सिंह, नामवर, नामवर के विमर्श, सुधीश पचौरी (सम्पादक), प्रवीण प्रकाशन, नई दिल्ली, 1995, पृ. 493
71. नारंग, गोपीचन्द, संरचनावाद, उत्तर-संरचनावाद एवं प्राच्य काव्यशास्त्र, देवेश (अनुवादक), साहित्य अकादेमी, नई दिल्ली, 2004, पृ. 389
72. वही
73. वही, पृ. 390
74. मंडलोई, लीलाधर, बात बात में बात, प्रज्ञा ठाकुर (सम्पादक), 2006, पृ. 325
75. वही, पृ. 325-326
76. पचौरी, सुधीश, उत्तर-आधुनिक साहित्यिक विमर्श, वाणी प्रकाशन, नई दिल्ली, 2000, पृ. 116
77. सईद एडवर्ड, साक्षात्कार से उद्धृत, साखी, अंक 13-14, जुलाई-दिसम्बर, 2006, पृ. 374
78. सिंह, नामवर, कहना न होगा, समीक्षा ठाकुर (सम्पादक), वाणी प्रकाशन, नई दिल्ली, 1994, पृ. 107
79. वही
80. वही, पृ. 109

81. वही, पृ. 109-10
82. नारंग, गोपीचन्द, 'संरचनावाद, उत्तर-संरचनावाद एवं प्राच्य काव्यशास्त्र', देवेश (अनुवादक), साहित्य अकादेमी, नई दिल्ली, 2004, पृ. 154
83. सिंह, नामवर, नामवर के विमर्श, सुधीश पचौरी (सम्पादक), प्रवीण प्रकाशन, नई दिल्ली, 1995, पृ. 439
84. चतुर्वेदी, जगदीश्वर, उत्तर-आधुनिकतावाद, स्वराज प्रकाशन, दिल्ली, 2004, पृ. 69
85. वही, पृ. 73
86. सिंह, नामवर, आलोचक के मुख से, खगेन्द्र ठाकुर (सम्पादक), राजकमल प्रकाशन, नई दिल्ली, 2005, पृ. 106
87. पचौरी, सुधीश, उत्तर-आधुनिक साहित्यिक विमर्श, वाणी प्रकाशन, नई दिल्ली, 2005, पृ. 21
88. सिंह, अवधेश कुमार, 'उत्तर-आधुनिकतावाद, उत्तर-उपनिवेशवाद और भारत', आलोचना (त्रैमासिक), नवल किशोर शर्मा (अनुवाद), अंक-12, जनवरी-मार्च, 2003, पृ. 151